뉴욕주민의 진짜 미국식 주식투자

뉴욕주민의
진짜 미국식 주식투자

월스트리트
트레이더에게 배우는
실전 투자의 정석

뉴욕주민 지음

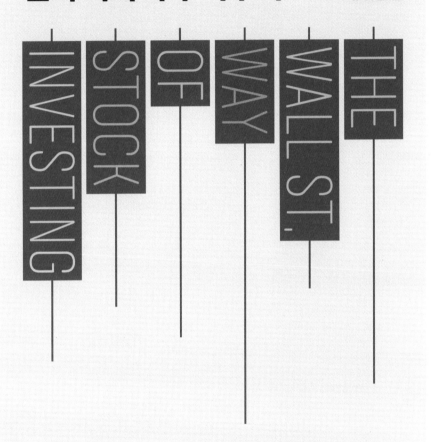

INVESTING STOCK OF WAY WALL ST, THE

비즈니스북스

일러두기

1. 이 책에서 나오는 미국 주식시장의 용어는 되도록 한국 주식시장에 쓰이는 용어로 번역해 실었으나 원어를 그대로 표기하는 것이 의미 전달이 원활한 경우에는 영어 발음 그대로 표기했다. 미국 주식투자를 위한 책이므로 실제 독자들이 미국 기업의 공시를 접하는 데 도움이 되고자 되도록 많은 표현의 영어를 병기했다.

2. 외래어 표기는 대체로 국립국어연구원의 '외래어표기법 및 표기 용례'를 따랐으나 일부 용어의 경우 대중적으로 널리 쓰이는 표기를 따랐다(예: 롱쇼트 → 롱숏).

3. 기업명에 병기된 영어는 거래소와 티커(심볼)를 뜻한다[예: 테슬라(NASDAQ: TSLA)]. 단 ETF의 경우 가독성을 높이기 위해 티커를 먼저 표기하고 ETF의 실제 이름을 작게 병기하는 방식을 취했다[예: QQQ(NASDAQ: Invesco QQQ Trust Series 1)].

4. 책에서 인용하는 수치는 별도의 표현이 없는 한 전면개정판 집필 당시인 2021년 3분기 기준이며, 출간일까지의 시황을 최대한 반영하려고 했다. 다만, 일부 챕터의 경우 초판 원고 기준일인 2020년 8월 시점에서 공시된 자료를 바탕으로 한 분석을 실었다. 시기와 무관하게 적용 가능한 투자나 재무 원론에 대한 내용이나 공시 자료 읽는 법, 재무제표 해석하는 법 등은 언제나 유효하다.

5. 책에서 표 안의 수치는 퍼센테이지나 배수, 개수, 현재 주가를 제외하고 대체로 백만 단위를 생략한 수치다.

6. 본문 구성 중 'Q&A'는 유튜브 콘텐츠를 보고 구독자들이 질문한 내용에서 발췌하거나 해당 주제에 관해 더 알아두면 좋을 내용을 정리한 것이다.

7. 이미지 캡션상의 날짜는 공시 자료의 경우 게시일(Filing Date) 기준이며, 웹사이트를 캡처한 이미지의 경우 캡처한 날짜를 기준으로 했다.

뉴욕주민의 진짜 미국식 주식투자

1판 1쇄 발행 2020년 12월 16일
2판 1쇄 발행 2022년 1월 11일
2판 7쇄 발행 2022년 2월 15일

지은이 | 뉴욕주민
발행인 | 홍영태
편집인 | 김미란
발행처 | (주)비즈니스북스
등 록 | 제2000-000225호(2000년 2월 28일)
주 소 | 03991 서울시 마포구 월드컵북로6길 3 이노베이스빌딩 7층
전 화 | (02)338-9449
팩 스 | (02)338-6543
대표메일 | bb@businessbooks.co.kr
홈페이지 | http://www.businessbooks.co.kr
블로그 | http://blog.naver.com/biz_books
페이스북 | thebizbooks
ISBN 979-11-6254-260-6 03320

비즈니스북스는 독자 여러분의 소중한 아이디어와 원고 투고를 기다리고 있습니다.
원고가 있으신 분은 ms1@businessbooks.co.kr로 간단한 개요와 취지, 연락처 등을 보내 주세요.

2020년 가을 원고 작업을 시작해 그해 겨울 출간됐던 이 책이 세상에 나온 지 벌써 1년이 지났다. 불과 1년 사이에 미국 주식시장은 수많은 획기적인 사건들이 있었고 그로 인한 제도적, 거시적 변화가 있었다. 2020년부터 시작된 코로나 사태로 인한 여파는 2022년이 시작된 지금까지도 벗어나지 못한 상태다. 아직 '신간'에 속함에도 개정판을 작업했던 이유가 여기에 있다. 포스트 코로나로 향하는 과도기적 시장 상황을 책에 반영하고 싶었기 때문이다. 미국 주식시장에 대한 기본적이고도 폭넓은 지식을 전하고자 집필을 시작했던 초심을 다시 떠올리면서 말이다.

　현업에서 투자하던 시절의 관점이 녹아 있던 부분을 최대한 배제하고 일반적인 개인투자자 입장에서 더 현실적이고 실용적인 내용으로 대체하려고 노력했다. 감사하게도 초판을 읽은 수많은 독자가 피드백을 주었고 이를 최대한 반영해 실제 트레이딩과 관련된 현실적인 전략과 사례들을 추가로 실었다. 개인투자자가 따라 하기에는 너무 어렵다는 밸류에이션 예시 부분도 수정했다. 초판에만 다뤄지는 투자 사례 모델, 방법론들이 있지만 그건 초판 독자에 대한 예의로 개정판에서는 중복해서 실지 않았다. 그럼에도 전하고 싶은 내용을 욕심껏 책에 담느라 분량은 더욱 많아졌다. 물론 이 책이 전달하고자 하는 메시지, 즉 미국 주식시장의 이해와 기업 공시를 기본으로 하는 투자 원칙에는 변함이 없다.

사실 고민이 많았다. 한국 주식에 투자하면서도 기업 공시, 재무제표를 제대로 보지 않는 사람이 수두룩한 판에 영어로 된 공시 자료, 어렵게만 느껴지는 기업 분석을 바탕으로 하는 펀더멘털 투자를 내세우는 책이 얼마나 설득력이 있을까, 하는 우려에서다. 힘들게 공부해 투자 판단을 내려도 얻을 수 있는 실익이 크지 않다고 여기고 아예 공시를 보려고도 하지 않는 사람들도 있다.

하지만 중요한 건 숫자가 아니라 맥락이다. 기업이 공시한 자료를 모두 정독하자는 게 아니라 내 주식에 해를 끼칠 주요 포인트를 파악하고 대응하자는 이야기다. 이 책에서는 이론과 재무 쪽 접근은 최대한 배제하고 공시 자료에서 쉽게 볼 수 있는 실용적인 부분을 중심으로 주식투자에 이것을 어떻게 활용할 수 있는지 설명했다. 복잡한 재무, 회계 관련 개념을 이해하려 너무 애쓸 필요는 없다. 다만 공시 자료에서 어떤 내용을 볼 수 있는지, 그것이 어떻게 주가의 향방을 결정짓는지에 대해서만 알아두자.

'왜 미국 주식인가'로 시작했던 초판 서문을 다시 실으며 미국 주식투자의 여정을 함께했던 여러분과 다시 한 번 그 여정을 시작해보려 한다.

왜 미국 주식인가

시작은 여느 때와 다를 것 없는 월요일 이른 아침이었다. 매일 같은 시각, 같은 루틴. 시럽을 들이붓다시피 한 커피를 들고 데스크에 앉으니 7시 정각, 블룸버그를 켜고 시장 동향을 스캔했다. 눈으로는 하룻밤 사이 쏟아진 각종 증시 뉴스와 기업 공시 자료를 훑었지만 그날따라 마음이 더 가는 쪽은 프리마켓Pre-market의 주가 움직임이었다. 전날 밤부터 유가와 선물시장 움직임이 심상치 않았고 이것이 이미 월요일 새벽부터 거래가 이뤄지는 장외시간 주가에 반영되고 있었다.

'큰일인데…'

추가로 매수하려던 포지션이 있었지만 벌써 1,300포인트나 떨어진 다우존스 선물을 보고 일단 모든 거래를 보류했다. 결국 그날 다우존스 산업평균지수DJIA(이후 다우 지수)는 2,014포인트 떨어졌고 이는 미국 주식시장 역사상 가장 낙폭이 심한 하루로 기록에 남았다. 적어도 그날까지는(결국 이 기록은 일주일 사이에 두 번 갈아치웠는데, 하루에 3,000포인트 가까이 폭락한 3월 16일이 역사적인 날로 최종 기록되었다). 사실 떨어지는 지수보다 더 무서웠던 건 장외시간에 본 적 없는 규모로 치솟는 거래량이었다. 개장을 30분 앞둔 9시가 되자 본능이 꿈틀대면서 이대로 가만히 있으면 안 되겠다는 생각이 들었다. 갖고 있던 헤지 포지션을 늘리기 위한 거래 주문을 급하게 끝낸 9시 30분, 주식시장은 개장과 함께 여태껏 한 번도 본 적 없는 속도로 폭락했다. 개장 후 정확히 4분 뒤 S&P500 지수는 7.6%, 크루드오일 가격은 25% 이상 폭락하면서 뉴욕증권거래소 NYSE는 서킷 브레이커를 발동했고 15분간 모든 거래를 정지했다. 11년간 이어져온 미국의 불마켓 Bull Market(강세장)은 그처럼 4분만에 빠르고 허무하게 끝나버렸다. 2020년 3월 9일, 코로나바이러스감염증-19 COVID-19(이하 '코로나19')발 경기침체의 시작이었다.

그동안 미국 주식시장은 유례없는 호황기를 누렸다. S&P500 지수로 본 미국 기업 주가는 지난 11년간 약 280%(연평균 성장률 CAGR로 따지면 13%) 상승해 주주들에게 수익을 안겨주었고 배당금을 포함한 총투자수익률은 374%(연평균 15%)였다. 굳이 같은 기간 코스피와 비교하지 않아도 절대적으로 높은 수익률이다. 물론 무섭게 상승하는 미국 증시에 브레이크를 거는 시장 위기론자는 항상 있었다. 그런데 공교롭게도 시장 조정을 촉발한 건 아무도 예상치 못한 형태로 갑자기 툭 튀어나온 코로나19였다.

위기에는 양면성이 있다. 기회를 붙잡을 준비를 하고 있으면 누군가에게는 위기 상황이 큰 기회로 다가온다. 실제로 미국에서는 코로나19 사태 이후 수많은 개인투자자가 주식시장에 몰리기 시작했다. 오를 대로 올라 주식시장에 선뜻 발을 내딛지 못하다가 폭락으로 주가가 리셋되자 뛰어든 것이다. 이는 기관투자자도 마찬가지였다. 한국 역시 미국 주식에 관심이 높고 투자 열기가 그 어느 때보다 뜨거운데, 지금 같은 시기는 미국 주식에 입문하기에 상당히 좋은 기회다.

코로나19발 첫 폭락장 이후 상승과 하락을 거듭하는 조정장이 벌써 수차례 있었고 이러한 미국의 시장 사이클을 직접 겪어보는 것은 장기적으로 개인의 투자 포트폴리오를 최적화하기에 상당히 유리하다. 특히 경기침체 속에서 역으로 빛을 더 보는 기업들도 있다. 미국 증시 역사가 보여주듯 많은 기업이 불황 속에서 오히려 경쟁력을 강화했고 추후 주가 회복을 넘어 상승 곡선을 그리곤 했다. 발 빠른 투자자는 이미 경기회복 이후를 바라보며 투자 대상을 찾고 있다. 미국 자본시장은 여러 번 호황–침체 사이클을 겪었으며 그 과정에서 끊임없이 성장해왔다. 한국 투자자들이 보다 빨리 미국 주식에 친숙해지는 동시에 그 성장 가도에 올라타 투자수익을 올리고 경제적 자유를 이루기에 지금보다 더 좋은 시기는 없다고 본다.

아직까지 미국 주식시장만큼 주주친화적이고 효율이 높은 시장은 존재하지 않는다. 미국에는 배당금 형태로 주주에게 자본을 환원하는 등의 '보이는' 주주친화성을 넘어 투명한 공시제도라는 '아는 사람에게만 보이는' 주주친화성이 있다. 덕분에 개인투자자도 마음만 먹으면 해당 기업의 모든 정보를 적시에 알아내 주가를 합리적으로 판단할 수 있다. 시장 효율성이 높다는 말은 시장수익률 이상의 알파α 수익을 내기 어렵다는 뜻이다. 하지만 여기에는 '가치 있는' 기업은 시장에서 신속히 주목을 받아 주가 상승으로 이어지고 '문제 있는' 기업은 주식시장에서 빠르게 외면당한다는 의미도 있다. 그야말로 투자자 입장에서는 최적의 환경이다.

엔론Enron, 월드컴WorldCom 사태가 보여주듯 미국에도 회계 비리가 만연하던 시절이 있었으나 이후 회계 투명성을 제고하기 위해 끊임없이 제도를 개선해왔다. 그 과도기를 거쳐 지금은 회계 전반에서 신뢰성과 공시 정보 수준이 한층 높아졌다. 그 영향으로 미국 개인투자자는 재무 정보나 공시의 이해도를 비롯해 금융 지식이 전반적으로 높은 편이다. 여기에 투자자에게 정보를 공시하고 소통하는 기업의 의무와 책임이 제도적으로 잘 갖춰져 IR Investor Relations이 발달했다. 간단히 말해 주주자본주의가 정착된 지 오래되었고 주식시장에서 펀드매니저와 애널리스트의 영향력이 상당히 커서 주어진 환경과 정보를 활용하면 개인투자자가 투자수익을 올리기 쉬운 구조다.

이에 비해 한국 주식시장은 아직 갈 길이 멀다. 기본 회계와 재무 정보 공시 투명성은 물론 IR 시스템조차 제대로 갖추지 않은 회사가 무수히 많다. 글로벌 우량 기업임에도 불구하고 영문으로 작성된 투자자 공시 자료가 없는 경우도 허다하다. 전화나 이메일로 항상 연락할 수 있는 IR 전담 책임자가 없는 기업은 훨씬 더 많다. 무엇보다 안타까운 것은 사람들이 이러한 환경을 당연시한다는 점이다. 투자자는 무엇이 잘못되었는지, 무엇을 개선해야 하는지 언급하지 않고 기업 역시 그동안 해온 방식에서 탈피할 인센티브가 없어 계속 제자리걸음을 하고 있다.

글로벌 주식시장을 공략하는 미국 굴지의 헤지펀드들도 유독 한국 시장을 기피하는 경향이 있는데 여기에는 세 가지 이유가 있다.

첫 번째는 정치 리스크다. 외국인이 체감하는 '북한'이라는 존재는 아이러니하게도 한국인이 인지하는 것보다 훨씬 더 위협적이다. 그래서 언제든 전쟁이 나거나 국제정치에 휘말려 증시가 무너질지 모른다는 데서 오는 리스크를 크게 생각한다. 이를 '코리아 디스카운트'라고 부르기도 한다.

두 번째는 한국 특유의 기업 지배구조인 재벌이다. 소유와 경영을 분리하지 않고 피라미드형 출자를 근간으로 하는 지주회사의 소유 지배 형태는 자금흐름 투명성 부재와 동일한 의미로 받아들여진다.

세 번째는 재무 정보 공시 시스템이다. 앞서 설명한 것처럼 한국에는 아직 재무 정보 공시 시스템을 제대로 갖추지 못한 회사가 많다. 공시 자체의 신뢰성도 문제다.

이 외에 인수합병M&A과 구조조정 시장 미발달, 강성 노동조합 같은 다른 이유도 있지만 대개는 위 세 가지 이유에 따른 자본시장 비효율성 때문에 많은 해외 펀드가 한국 주식시장에 등을 돌리고 있다.

처음 두 가지는 정치와 역사 그리고 구조적인 문제라 단번에 해결하기가 어렵겠지만 재무 정보를 투명하게 공시하는 문제는 충분히 개선할 수 있다. 우리는 그 선진 모델을 미국 주식시장에서 찾을 수 있다. 나아가 시장 참여자로서 미국에 직접 투자하는 것도 가능하다.

요즘 같은 글로벌 시대에 한국 투자자가 언어 장벽이나 정보 접근성 문제로 미국 주식시장에 참여하길 주저하는 것은 있을 수 없는 일이다. 그런 의미에서 이 책이 미국 주식에 입문하는, 혹은 더 제대로 공부해 현명하게 투자하고자 하는 사람들에게 도움을 주는 가이드 역할을 했으면 한다. 그리고 무엇보다 재미있었으면 한다. 개인이 미국 주식시장이라는 거대한 대상에 맞서 부를 증식한다는 것은 상당히 신나는 일이다. 모두들 미국 주식을 향한 이해와 흥미, 접근성을 높여 미국 주식투자를 새롭게 바라보았으면 좋겠다.

차례

CHAPTER 1

비무장 상태로
미국 주식시장에 뛰어들지 마라

CHAPTER 2

사례로 보는
미국 기업 공시의 모든 것

========== CHAPTER 3 ==========

아는 만큼 보이는 재무제표,
보이는 만큼 커지는 투자수익

CHAPTER 4

미국 주식
특수 상황별 체크리스트

CHAPTER 5

현실적인
미국 주식투자 전략

CHAPTER 6

미국 주식
트레이딩 전략과 기본

비무장 상태로 미국 주식시장에 뛰어들지 마라

당신이 싸워야 하는
미국 주식시장 플레이어들
미국 주식시장 구조

바이사이드와 셀사이드 그리고 SEC

우리가 미국 주식시장을 이해하기 위해 먼저 알아야 할 것은 3개의 시장 플레이어, 즉 규제 당국인 미국증권거래위원회SEC; Securities Exchange Commission와 셀사이드Sell-side, 바이사이드Buy-side가 구축한 미국의 주식투자 생태계다.

먼저 바이사이드란 투자 대상을 분석, 선별해 자산을 투자하거나 관리하는 운용 주체를 말한다. 이들 운용 주체는 자기자본으로 직접 투자하기도 하지만 기본적으로 사모집합투자 기구이기 때문에 외부 투자자의 자금을 운용하는 것이 주 업무다. 예를 들면 헤지펀드, 사모펀드, 자산운용사 등이 바이사이드 플레이어이며 흔히 '펀드에 투자한다'라고 할 때의 펀드 회사를 의미한다.

이들이 주식시장에서 투자 종목을 매매하려면 거래소에서 거래할 수 있는 자격이 필요하다. 유가증권 유통은 특정 수준의 신용도와 자격을 갖춘 주체만 할 수 있는데 그러한 조건을 갖추고 유통 과정을 실행하는 주체가 셀사이드이다. 대표적으로 일반 투자자에게 익숙한 개념인 증권사가 여기에 속하고 미국에서는 투자은행IB이 셀사이드 업무를 담당한다. 미국의 IB들은 바이사이드 클라이언트 오더를 받아 증권을 사고파는 매매 중개Brokerage 업무와 자기 계좌Principal Account를 통해서 직접하는 딜러로서의 업무를 겸업하는 브로커딜러Broker-dealers로 분류되고 SEC가 규정하는 증권거래법에 따른 각종 공시 의무와 증권 거래에 관한 규제에 따라야 한다.

마지막으로 투자 대상인 상장기업이 있으며 바이사이드와 셀사이드 플레이

▶ **미국 주식시장을 구성하는 메이저 기관 플레이어들**

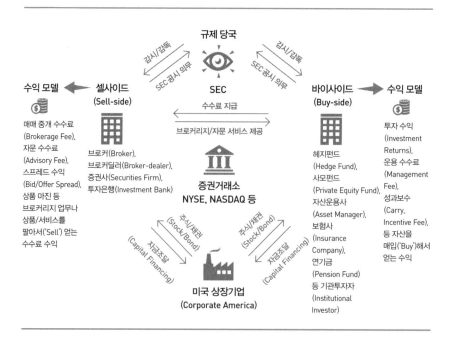

어가 미국 증권법Securities Act 및 증권거래법Securities Exchange Act에 준해 공정한 매매를 하는지 관리 감독과 규제를 맡은 SEC가 있다.

세 플레이어의 이해관계

투자자 관점에서 미국 주식시장의 강점을 파악하려면 이 3개 축을 구성하는 플레이어들의 이해관계를 알아야 한다. 을의 입장인 셀사이드는 갑의 위치에 있는 바이사이드에게 매매 수수료를 받는 대가로 기본 매매 업무뿐 아니라 기업 연계 서비스도 제공한다.

대표적으로 셀사이드 애널리스트는 기업 중개 서비스를 하거나 기업 분석 보고서를 제공한다. 셀사이드 애널리스트의 기업 연계 서비스를 제공받는 바이사이드 투자자는 기업 경영진과 단독 미팅을 할 수 있고 이는 투자 집행 과정에서 중요한 리소스가 된다. 기업은 대체로 경영진이 직접 참석하는 투자 마케팅 로드쇼나 투자자 콘퍼런스Investor Conference 형태로 바이사이드 투자자에게 회사를 알리고 실적과 향후 전략을 설명한다. 그 목적은 잠재 주주에게 기업 성장성을 홍보하고 주가를 올리는 데 있다. 이렇게 투자자와의 접점에서 공유하는 모든 정보는 시장 전체에 공개하는 것이 의무이기 때문에 시차가 있을 뿐 결국 개인투자자도 주요 내용을 알 수 있다.

투자자의 셀사이드 리서치 의존도가 예전에 비

NDR; Non–Deal Roadshow
투자 마케팅 로드쇼(NDR)

기업상장(IPO), 채권 발행 등의 직접적인 거래(Deal)를 수반하지 않고 회사 주가에 대한 마케팅, 전략적 홍보를 위해 경영진이 직접 투자자들을 찾아다니며 회사 현황과 실적을 설명하는 투자 설명회. 여기서 증권사(브로커)의 역할은 기업과 헤지펀드 같은 기관투자자를 연결하는 일이다.

해 확연히 낮아지고 바뀐 수요와 비용 문제까지 더해지자 증권사 측에서는 셀사이드 애널리스트를 줄이는 추세다. 이로 인해 보고서가 질적으로 좋아진 측면도 있다. 셀사이드 애널리스트 사이의 경쟁이 심화한 상황에서 인원 감축 영향으로 진짜 실력 있는 애널리스트만 살아남았기 때문이다. 그들은 한 업계 또는 한 회사를 몇십 년 이상 담당Cover한 베테랑 애널리스트인 만큼 그들의 통찰은 투자자에게 큰 도움을 준다.

바이사이드 애널리스트나 펀드매니저 역시 상황이 어렵긴 마찬가지다. 지금처럼 시장 효율성이 커질수록 알파 수익을 얻기 힘들기 때문에 투자 대상과 관련된 양질의 정보 획득과 경영진과의 커뮤니케이션은 더욱 중요해진다. 덩달아 투자자가 요구하는 정보의 수준이 높아지고 기업에 IR 자료와 미팅을 더 자주 요청한다. 이에 따라 경영진은 IR로 전하는 기업 메시지와 기업의 가치평가Valuation를 항상 고민한다. 투자 논지Investment Thesis를 긍정적으로 유지하기 위해 실적을 발표할 때 추가로 공유하는 자료, 주기적인 콘퍼런스 콜, 지배구조와 이사회 구성 보고서 등 공시 자료 강화를 위해 상시적으로 노력한다.

Investor Relations IR

투자자 유치를 위한 기업 설명 혹은 홍보 활동. 상장기업의 경우 기관투자자, 애널리스트, 리테일 투자자와의 소통까지 담당하는 중요한 역할을 수행한다.

이 모든 과정에서 공정성과 투명성 제고를 위해 감시 감독하는 SEC는 결정적으로 투자자를 보호하기 위한 존재다.

미국 주식 입문자가 제일 먼저 익숙해져야 할 곳,
기업 IR 사이트

이렇게 선순환 투자 생태계가 이뤄지면 이득을 보는 건 개인투자자다. 미국에서 '리테일 투자자'Retail Investors로 불리는 이들은 이 점을 잘 인지하고 최대한 활용한다.

미국 기업의 공시 자료는 접하기도 읽기도 매우 쉬운 편이다. 대체로 고등학교 교육만 마치면 이해하는 데 무리가 없는 수준이다. 물론 재무제표는 기본적인 재무와 회계 지식을 요구하지만 그 외 사업 부문이나 재무 상황 설명은 쉽고 자세하다. 심지어 '이 정도까지 알려줄 필요가 있나' 싶을 정도로 방대한 정보다. 다만 그 정보를 어떻게 해석하고 분석할 것인가 하는 문제는 전혀 다른 차원의 능력을 요구한다. 여하튼 사업 내용이나 재무 상황을 투명하게 파악하도록 정보 공개와 그 전달 범위 수준이 높은 미국의 공시 문화는 전 세계 어디에서도 그 사례를 찾아볼 수 없다. 미국에는 수많은 공시 종류가 있고 각각의 자료를 공시하는 포맷과 채널도 다양하다.

미국 주식에 처음 입문하는 사람이 가장 먼저 익숙해져야 할 곳은 기업의 IR 사이트다. 미국 상장기업 웹사이트의 IR 페이지는 기업의 첫인상과도 같다. 잠재 주주에게 기업의 투자 적정성과 성장성을 효과적으로 전달하기 위해 각종 공시를 보여주는 보조 채널이기 때문이다. 그러므로 미국 리테일 투자자가 어떻게 이 채널을 최대한 활용해 질적, 양적으로 앞선 투자 정보로 무장한 뒤 주식시장에 뛰어드는지 이해하고 참고하길 바란다.

미국이 주식투자자의
천국인 이유
미국 자본주의가 꽃피운 IR 문화

미국 기업은 왜 IR 활동에 신경 쓸까

미국 자본시장에서는 M&A나 기업분할 등의 기업활동CAs; Corporate Actions,
헤지펀드의 기업 인수Corporate Takeovers 같은 이벤트가 잦다. 기본적으로 경
영진이 주주를 항상 의식할 수밖에 없는 환경이라 주주와의 소통에 전략적
으로 임하고 책임지는 IR 문화가 발달해 있다. 한국 증시에는 아직 IR 개념
이 완벽히 자리 잡지 못했지만 미국은 아무리 소규모 기업도 공시 책임자와
대변인 역할을 전담하는 사람을 명확히 지정해둔다. 이들은 주로 IR 책임자,
CFO 그리고 고문변호사로 구성된 전담 팀이다.

　IR의 역할을 기업을 홍보하는 마케팅 부서 정도로 생각하면 곤란하다. 예
를 들어 M&A를 진행하는 중이라면 IR은 협상 진행 상황이나 당사의 인수

가치 분석과 관련해 무엇이든 알고 있는 정도의 전문성을 갖춰야 한다. 주가는 원론적으로 기업 가치와 연결되어 있지만 시장에서의 가격은 투자자의 기대심리와 시장에 공개한 기업 상황의 투명성이라는 변수가 크게 좌우한다. 결국 시장 참여자 사이에서 이를 관리하는 IR의 역할은 매우 중요하다. 단순 기업 홍보가 아니라 전문지식과 커뮤니케이션 능력이 필요한 까닭에 투자은행에서 기업금융을 담당하던 직원 혹은 해당 기업과 섹터를 담당하던 투자 애널리스트가 IR 책임자로 이직하는 경우도 흔히 볼 수 있다.

중요한 것은 기업 IR 담당자와 소통할 기회는 누구에게나 열려 있다는 점이다. 설령 주주나 큰 기관투자자가 아니어도 회사의 공시 자료 중 이해가 부족한 부분이 있거나 추가 질문이 있으면 누구든 당사 웹사이트에 공개된 IR 팀 이메일이나 전화로 연락할 수 있다. 이것이 가능하다는 것을 아는 사람과 모르는 사람이 얻어내는 정보의 질은 천지차이다.

투자자의 특권을 제대로 알고 써먹자

업계에 처음 발을 내딛었을 무렵 나는 이렇게 중요한 소통 채널을 활용하는 방법을 알지 못해 고생한 경험이 있다. 잠재 투자 대상인 한 제조 업체의 실사 업무를 맡았는데 최근 발표한 자산매각 원가Cost Basis를 도저히 찾을 수 없었다. 몇 시간 동안 기업 공시와 재무제표를 뒤져도 계산에 필요한 숫자가 나오지 않아 혼자 끙끙거리고 있을 때 옆자리 고참 애널리스트가 선심 쓰듯 다가와서 물었다.

"넌 아까부터 뭘 그리 끙끙대고 있는 거야?"

"이 회사가 최근 매각한 자산에 세율을 적용해야 하는데 매입원가나 장부 가치가 어딜 봐도 없어…"

"지금 그것 때문에 오전 시간을 다 날린 거야?"

그는 한심하다는 듯 나를 쳐다보며 말했다.

"그냥 그쪽 IR한테 전화해서 구두로 숫자를 받아내면 되잖아."

나는 그런 식의 직접 소통은 엄청난 자금을 투자한 대형 주주만 누리는 특권인 줄 알았다. 알고 보니 제대로 공시하지 않은 정보는 경영진에게 바로 연락해서 물어볼 수 있었고 이는 모든 시장 참여자가 누리는 당연한 권리였다! 나는 이것이 가능한 시스템에 적응하는 데 꽤 시간이 걸렸다. 아무튼 그날 나는 몇 시간 동안 헤매던 정보를 전화 한 통으로 몇 분 만에 얻어낼 수 있었다.

다만 여기에는 한 가지 주의해야 할 점이 있다. 기업 IR 자료를 읽든 직접 연락해서 소통하든 기업 정보를 그대로 받아들이기 전에 기업 관점에서 IR이 존재하는 이유를 잘 생각해봐야 한다. IR이 존재하는 이유는 예비 혹은 기존 투자자와의 관계를 관리하고 기대 주가를 합리적으로 판단하도록(기업 입장에서는 주가 상승) 충분한 정보를 제공하기 위해서다. 그런데 가끔은 이 '충분한' 정보가 기업에 '유리한' 정보인 경우도 있다. 기업 IR이 알리고 싶어 하는 정보와 투자자가 알고 싶어 하는 정보는 당연히 다를 수 있다. 그 과정에서 정보 왜곡이나 의도적 누락 또는 축약이 발생하기도 한다. 그 투명성 제고를 위해 미국 주식시장은 자정 활동이 상당히 효율적으로 이뤄지지만 이를 감지하고 분별하는 것은 어디까지나 투자자의 몫이다.

왜 미국은
기업 투명성에 집착하는가
미국 공시 시스템

미국 투자자는 무엇을 보고 투자할까

미국 공시 자료는 보통 SEC 증권법에 따라 EDGAR 시스템에 반드시 공시해야 하는 자료와 기업에서 자발적으로 직접 공시하는 투자자 정보 자료로 나뉜다. 워낙 종류가 많고 정보량도 방대하다 보니 내가 원하는 정보를 효율적으로 신속히 찾으려면 어디에 뭐가 있고 어떤 내용인지 정도는 알고 있어야 한다. 투자자 공시 자료만 '제대로' 다 읽어도 누구나 해당 기업의 거의 모든 걸 알 수 있다.

실제로 미국의 많은 리테일 투자자는 일반적으로 기업이 제공하는 공시 자료를 거의 다 읽는다. 실적 발표Earnings, 주주총회Shareholders Meeting, 투자자의 날Investor Day, 애널리스트의 날Analyst Day 같은 이벤트가 있을 때마다

▶ 미국 공시 시스템과 한국의 차이점

	미국	한국
공시 시스템	미국증권거래위원회(SEC) 공시 시스템(EDGAR) sec.gov	한국증권거래소(KRX) 전자공시 시스템(DART) dart.fss.or.kr
규제 당국	SEC 법에 따른 정부 규제	KRX 거래소의 자율 규제(Self-regulatory)
관련 법규	• SEC Rules & Regulations : Securities Act 1933(증권법) : Securities Exchange Act 1934 　(증권거래법) • FINRA Rules : 자율 규제 기관인 미국 금융산업규제국 (FINRA)에서 정한 규칙이다. 월스트리트 브로커딜러로 분류되는 기관은 FINRA에 등록해 FINRA의 규정을 따라야 할 의무 가 있음	법령이 없고 거래소상 공시 규정에 따름
근본 취지	• 투자 정보의 사각지대 해소(To prohibit de- ceit, misrepresentations, and other fraud in the sale of securities) • 프라이머리(Primary) 및 세컨더리 마켓(Sec- ondary Market)에서의 증권 거래 투명성 제고 • 증권업 전반, 모든 이해관계자(증권사, 거래 소, 브로커 에이전트 등) 감시 감독 • 내부자거래 규제	• 공정공시제도 확립 • 내부자거래 규제
투자자 공시 매체	• SEC 공시 자료 • 기업 IR 부서에서 추가 공시하는 자료 • 애널리스트의 날, 투자자의 날, 콘퍼런스 콜, 웹캐스트 등을 통한 경영진과의 인터뷰 • 로드쇼, IR 담당자와 통화나 이메일 등을 통한 일대일 정보 제공 • 신문이나 방송 등 언론 노출을 통한 정보 제공	KRX 전자공시만 공시 효력 인정
공시 적용 대상	증권법상 중요성 기준(Material Significant Information)에 부합하는 모든 정보	• 공시 대상 범위에 포괄하는 정보 • 분기·반기·연간 사업 보고서 • 증권 발행 공시 서류 • 감사보고서

경영진이 시장 참여자와 소통하는 콘퍼런스 콜이나 웹캐스트를 직접 듣기도 한다. 기업은 콘퍼런스가 끝나면 참여자의 모든 대화를 녹음한 음성 파일과 그 내용을 받아 적은 의사록Transcript을 누구나 열람할 수 있도록 제공한다.

개인투자자가 기업 공시를 읽는다는 건 전문 애널리스트 수준으로 기업을 분석한다는 뜻이 아니다. 개인투자자도 정보를 충분히 활용할 수 있도록 제도적으로 환경을 갖춰놓았고 그러한 정보 활용이 대중화됐다는 의미다.

기업 공시가 부실하면 시장이 응징한다

기업 공시 내용이 상대적으로 부실하거나 경영진이 SEC가 요구하는 최소한의 공시를 제외한 회사의 영업, 재무 상황을 충분히 보고하지 않으면 시장은 이를 철저히 응징한다. 이들 기업은 통상 거래가 이뤄지는 주식의 유통 물량이 적어 시장의 관심을 받기가 쉽지 않다. 여기에다 헤지펀드 공매도 잔고비율Short interest ratio이 높고 해당 주식을 커버하는 애널리스트도 없어서 주가 상승을 기대하기 어렵다. 이에 따라 이제 막 상장한 회사나 기업분할로 분리 후 새로 매매를 시작하는 회사조차 SEC에 준하는 공시뿐 아니라 시장 참여자가 기업을 충분히 이해하도록 다양한 투자자 설명 자료를 최대한 공시하는 편이다.

Free Float
주식의 유통 물량

지분을 5% 이상 소유한 대주주, 경영진, 이사회 등의 내부자나 기관투자자가 보유한 지분을 제외한 거래량. 즉, 실제 공개시장에서 유통, 거래되는 주식 수를 뜻하며 유동성 측면에서 발행 주식 총수보다 자주 쓰이는 수치다.

만약 공개한 내용이 충분치 않으면 주주들 차원에서 해결하기도 한다.

예를 들어 어느 기업이 해당 섹터 내 다른 기업들은 공개하는 특정 영업 지표(SEC가 증권법상 명시하는 지표가 아닌 사업 이해를 위해 기업이 자발적으로 발표하는 추가 실적 지표)를 공시하지 않을 경우 대개는 시장이 이를 용납하지 않는다. 기관은 물론 주주가 아닌 개인투자자도 알 권리를 주장하고 경영진에게 요구해 공시에 포함하도록 만든다. 미국 주식시장의 이런 특성은 시장이 보다 공정하고 투명한 방향으로 가노록 유도해 주주친화성을 이끌어낸다.

한국 투자자는 '미국 주식에 투자한다'는 것이 무엇을 의미하는지 현실적으로 파악하는 것이 좋다. 단적으로 말해 한국 투자자가 미국 주식시장에서 맞서야 하는 상대는 기관뿐 아니라 많은 정보로 무장한 미국 개인투자자다. 적어도 미국 개인투자자들과는 대등한 정보력을 갖추어야 하지 않을까.

역사가 증명한
가격은 가치를 따른다는 원칙
밸류에이션의 필요성

가치투자는 죽었는가

"요즘 누가 가치투자를 해요? 우리는 기관을 상대하니까 재무제표를 보고 펀더멘털
도 분석해야 하지만 개인 주식계좌로 누가 이렇게까지 하죠? 수익률과 별로 상관도
없던데…."

모 투자은행 신입사원 교육 기간 때 한 직원이 내게 한 말이다. 월스트리
트의 투자은행에서는 매년 여름 학부나 석사를 졸업하고 막 입사한 신입사
원들이 약 두 달간 연수 과정을 거친다. 그중 가장 큰 부분을 차지하는 것은
재무제표를 보고 펀더멘털을 분석하는 법, 기업의 가치평가 모델을 만드는
법 등을 배우는 과정이다. 나는 투자은행 측 부탁으로 직원들의 재무 분석

교육을 몇 번 맡은 적이 있다.

재밌게도 투자은행마다 저런 말을 하는 직원이 꼭 한 명씩은 있다. 결국에는 가치주 투자보다 모멘텀을 보고 선택한 종목의 수익률이 더 높다는 얘기인데, 이는 질문을 가장해 펀더멘털 분석 자체에 의구심을 보인 반론이다. '증권업의 꽃'이라 불리며 주식과 채권을 발행하고 주식회사 M&A를 자문하는 한편 시장의 최전선에서 주식 관련 업무를 도맡는 투자은행 기업금융 부서에서 일할 사람조차 주식의 가치평가에 이렇게 회의적이라니!

처음 그 말을 들었을 때 나는 당황해서 제대로 답변하지 못했다. 하지만 비슷한 질문이 반복되자 나는 고민 끝에 왜 기관이 아닌 개인도 주식투자를 할 때 가치투자 관점에서 기본 공시 자료와 재무제표를 분석해야 하는지 그 이유를 제대로 설명할 수 있었다.

주식은 차트 패턴, 작전 세력, 내부자 정보 등으로 움직이는 것이 아니라 시장이 인정하는 기업 가치를 반영한 주주들의 소유권 증권이다.

이를 인정한다면 위와 같은 질문을 할 수 없다. 이 '기업 가치'에 최대한 근접하기 위해서는 그 힌트가 모두 들어 있는 공시 자료와 재무제표를 볼 수밖에 없다. 이렇게 회사의 펀더멘털을 이해하고 공부해서 투자한 결과의 수익률이 낮다는 주장은 납득하기 힘들다. 관건은 해당 종목을 얼마나 오랫동안 보유하고 있었느냐에 있다. 운이 따라줬다는 가정 아래 투자가 아닌 트레이드를 해도(소위 말하는 '단타') 몇 번은 높은 수익률을 얻을 수 있다. 그렇지만 그런 수익률을 오랜 기간 지속적으로 실현한 사람은 없다. 몇십 년간 기업 가치를 리서치하지 않고 주식을 매매해 높은 수익률을 유지한 사람이 있다면 월가 역사상 전무후무한 인물일 테니 당장 내게 제보해주면 고맙겠다.

기업의 숨겨진 정보를 찾는 법

사실 내가 굳이 설명하지 않아도 재무 분석 교육이 끝나갈 즈음이면 패기 있게 앞의 질문을 던진 직원은 대개 스스로 깨닫는다. 기업 공시와 재무제표를 제대로 읽고 분석하는 방법을 배우면서 그것으로 기업의 숨은 정보를 얼마나 많이 알아낼 수 있는지 아는 순간 본인도 인정할 수밖에 없기 때문이다. 그것을 다 알고 주가를 보면 그동안 보이지 않던 것이 눈에 들어오기 시작한다. 왜 이 기업은 주가가 이렇게 움직이는지, 이 주식은 지금 싼 건지 비싼 건지, 주가 상승과 하락에 어떤 요소가 어떻게 얽혀 있는지 등을 아는 것이 수익률과 관계가 없다면 도대체 무엇이 수익률로 이어지겠는가.

공시 자료를 바탕으로 한 재무 분석, 다시 말해 기업의 현재 재무 상황을 정확히 이해하고 성장 요인과 여러 변수를 가정해 미래 손익을 추정하는 작업이 어려운 이유는 기업이 보고한 숫자를 액면 그대로 받아들여서는 안 되기 때문이다. 흔히들 재무제표의 '행간을 읽는다'고 한다. 가령 해당 기업이 특정 비용을 예외로 간주해 누락한 이유가 무엇인지, 의도적으로 제외한 요소는 없는지, 경영진이 말하는 계속사업이익은 정말 지속가능한지, 재무상태표에 숨은 부채나 자산은 없는지 등 합리적인 의심 요소는 수없이 많다.

특별손익Extraordinary Gains/Losses, 일회성 비용One-time Expenses; Non-recurring Charges 같은 용어가 보이면 그 항목의 자금흐름을 정확히 이해할 필요가 있다. 회계기준(미국은 GAAP, 해외 기업은 IFRS)을 위반하지 않으면서 경영진이 보여주고 싶은 부분만 보여주고 특정 비용을 잘 포장해 재무제표상의 숫자를 크게 왜곡할 가능성은 얼마든지 있다. 참고로 이건 장부를 조작해 의도적으로 특정 수치를 숨기고 왜곡하는 '분식회계'와 전혀 다른 개념이다. 법이 지켜줄 수 없으므로 투자자에게는 스스로를 지킬 줄 아는 배움이 필요하다. 다행히 미국 주식시장은 투자자가 보호받기 쉬운 구조다. 경영자와 외부 이해관계자 사이의 정보 불균형은 기본적으로 어디에나 존재하지만 그 불균형 현상을 최소화한 곳이 바로 미국 주식시장이다.

이런 정보는 투자은행이나 증권사 직원 혹은 적어도 회계사 자격증이 있는 사람처럼 재무나 회계 지식이 풍부해야만 알 수 있는 특권일까? 단언컨대 절대 그렇지 않다. 개인투자자의 목적은 주식을 잘 선별해 수익률을 높이는 데 있지 증권사 애널리스트처럼 주가 예측 리포트를 만들려는 게 아니다. 서두에 말했듯 미국 공시 자료는 내용이 절대 어렵지 않다. 물론 언어 장벽을 고려하면 한국 투자자로서는 처음엔 미국 주식시장에 거부감이 들 수도 있다. 이 책의 목적은 바로 그 부분을 해소해주는 데 있다.

이 책에서는 미국 주식투자를 위해 필요한 많은 공시 자료의 종류와 각각의 필요성을 설명한다. 그 방대한 정보를 전부 다 보는 것은 그다지 효율적이지 않다. 이를 감안해 각 공시에서 어떤 부분을 집중적으로 확인하면 좋고 또 어떤 식으로 접근해야 비판적으로 볼 수 있는지 그 노하우와 팁을 알려주도록 하겠다.

Q 미국 주식에도 테마주나 작전주가 있나요?

A 미국에도 한국과 마찬가지로 테마주도 있고 세력이나 작전주도 있다. 미국 대선을 앞두고 이길 것 같은 후보 이름을 딴 테마주들이 단기간 급상승하거나, 공화당 혹은 민주당이 내거는 정책의 수용 여부에 따라 수혜주들이 일시적으로 상승하는 패턴만 봐도 잘 알 수 있다. 주식시장과 실물경제(Main Street)는 뗄 수 없는 관계이기 때문에 메인 스트리트에서 특정 사건이 일어날 때마다 그에 따른 수혜주와 피해주는 항상 있었다. 하지만 이러한 현상은 대부분 단기적인 주가 변동에 그치고 짧게는 며칠, 몇 주 만에 제자리를 찾는 경우가 더 많으니 단기매매 수익을 노리는 목적이 아니라면 주의하는 편이 좋다.

소위 말하는 세력 역시 존재할 수 있다. 하지만 한국만큼 '세력'이나 '작전'에 쉽게 흔들리기 힘든 구조이기도 하다. 기본적으로 거래 규모가 크기 때문에 웬만한 규모가 아니라면 증시흐름을 좌지우지하긴 힘들다. 대표적인 예로 2020년 상반기까지 60% 이상 올랐던 나스닥 시장의 상승세 뒤에는 소프트뱅크의 손정의라는 '나스닥 고래'(NASDAQ Whale)가 있었다는 말이 많았다. 손정의 단 한 명이 미국 증시를 끌어올린 것은 결코 아니다. 다만 업계에서 '시장을 움직이는 세력'이라고 회자될 만큼의 큰손이려면 손정의가 운용하는 펀드 규모 정도는 되어야 한다(주식 운용 전담 펀드가 약 100억 달러인 것으로 알려짐). 미국 시장을 좌지우지 할 정도의 규모는 절대 아니지만 그렇다고 무시할 수도 없고 일반적으로 움직이기 힘든 대형 자본인 것은 분명하다.

따라서 시장 규모나 메가빌리언 단위의 자금을 운용하는 대형 기관들이 매우 많은 환경상 어느 한 세력이 주가를 단독적으로 움직이기는 매우 힘들다. 그런 면에서 미국 주식이 아무래도 펀더멘털에 입각한 투자를 하기엔 훨씬 적합한 시장 환경이라고 할 수 있다.

월가의 투자 대가들은
왜 가치투자를 선택했나
가치투자라는 가시밭길

가치투자의 진정한 의미

가치투자는 시장 평균 수익률을 상당 기간 하회하는 특성 때문에 당장 고수익을 바라는 이들에게 외면당하기 일쑤다. 나는 2~3년 동안 시장보다 못한 수익률을 보고 실망하며 돌아서는 투자자를 수없이 보아왔다. 이것은 개인투자자에게 많이 나타나는 양상이었지만 최근에는 기관투자자 사이에서도 흔히 볼 수 있다.

가치투자의 장점과 장기 수익률을 인정하면서도 막상 상대적으로 저조한 수익률 보고서에 견디지 못하고 펀드매니저를 찾아와 따지는 경우도 있다. 기관의 투자 기간이 짧아지는 추세에 따라 펀드매니저가 시장수익률보다 저조한 실적을 몇 년 연속 기록하면 투자금을 회수하는 경우도 있다. 기관조차 장기투자에 보이는 인내심 한계치Threshold가 낮아진 것이다. 기관투자자들은 그렇게 환매한 자금으로 당장 내일부터 수익을 안겨줄 다른 '가치투자 펀드'를 찾아 나선다. 그런 식의 단기 자금 이동이야말로 오히려 수익률을 낮춘다는 것을 알면서도 말이다.

반면 단기 실적에 연연하지 않고 가치투자라는 펀드의 투자 프로세스와 프레임워크를 보고 펀드매니저를 선택해 자금을 맡기는 기관투자자도 여럿 있다. 결국 몇 년 후 50%, 100%로 수익을 실현한 투자를 집행한 펀드의 수익을 나눠 갖는 건 당연히 후자다.

가치투자의 기본 원칙

가치투자의 기본 원칙은 현재 시장에서 거래되는 매매가 대비 저평가되어 있다는 투자 의견이 바뀌지 않는 이상 주가가 밸류에이션 수준에 도달할 때까지 장기 보유하는 것이다. 이후로도 반복해서 강조하겠지만 매수 매도 판단의 유일한 기준은 주가가 아닌 밸류에이션이다.

사실 저평가된 주식이 제자리를 찾아가는 데 어느 정도 시간이 걸릴지는 아무도 모른다. 몇 개월 만에 적정 주가에 도달할 수도 있고 몇 년이 걸려 겨우 가치를 인정받을 수도 있다. 이 점이 가치투자를 지향하는 투자자가 가장 힘들어하는 부분이다. 소신이 뚜렷하고 밸류에이션에 강한 확신이 있지 않고는 몇 년이라는 시간을 기다리기 어렵기 때문이다.

여기서 기다린다는 것은 아무것도 하지 않고 주가 차트만 확인한다는 뜻이 아니다. 기업이나 시장에 변화가 있을 때마다 평가가치를 계속 재고하고 내가 판단한 숫자가 맞는지, 그 근거는 아직 유효한지, 적정 가치 산정에 쓰인 가정에 변화를 주어야 하는지 끊임없이 고민해야 한다. 그 과정에서 적정 가치가 변하는 경우도 있다. 바로 가치평가를 한 시점에 기준이던 기업의 펀더멘털이 크게 바뀐 경우다.

때에 따라 가치평가 결과가 틀렸다는 결론에 도달할 수도 있다. 그때는 판단 착오를 빨리 인정하고 적시에 포지션을 정리하는 것이 맞다. 그럴 때에도 계속 자신이 생각하는 밸류에이션이 될 때까지 기다린다면 이는 가치투자라 할 수 없다. 반면 자신이 평가한 밸류에이션은 그대로이고 이를 수정할 만한 요인이 없는데도 주가의 단기적인 시세에 흔들린다면 이 역시 가치투자의 기본 원칙에 위배되는 일이다. 여기서 중요한 것은 자신만의 밸류에이션을 가지고 있느냐다. 이것이 다른 사람에 의해 결정되거나 좌지우지되어서는 안 된다. 그리고 자신이 평가한 적정 가치에 대한 확신을 갖기 위해서 필요한 것이 바로 객관적인 정보다.

험난해 보이는 가치투자의 길이지만 미국 주식시장처럼 가치투자의 효용성을 입증하는 것이 가능하고 실제로 가치투자 대가들이 지배적인 수익률을 기록할 수 있는 인프라를 갖춘 시장도 없다. 미국 주식시장은 그 규모를 떠나 제도적으로 가장 성숙한 시장이다. 한국 주식시장처럼 '작전주', '테마주' 같이 펀더멘털과 무관한 한탕주의 주식은 구조적으로 나올 수 없다. 시장 규모는 물론 공시 투명성을 중시하는 시장구조상 일명 '세력'이 '작전'을 시행할 방법이 없기 때문이다. 한국에서처럼 특정 우선주가 아무 이유 없이 급등하거나 세력이 개입해 묻지도 따지지도 않고 폭등과 폭락을 반복할 수 없다는 뜻이다.

미국 주식은 기업의 펀더멘털이 통하고 밸류에이션이 실제로 주가를 움직이는, 즉 가치투자자의 펀더멘털 분석과 매매 판단으로 합리적인 수익을 실현할 수 있는 이상적인 시장이다.

이것이 워런 버핏, 찰리 멍거 같은 가치투자자가 몇십 년째 미국 투자 업계에서 압도적 수익률과 영향력을 유지하는 이유다. 가치투자는 미국인의 투자 DNA가 아니라 미국 금융 당국과 기업 집단Corporate America, 주주가 구축한 제도의 산물이다.

CHAPTER 2

사례로 보는
미국 기업 공시의
모든 것

IPO 공모주
정보를 한눈에
S-1, S-11

IPO 공모주 투자를 노린다면?

비상장기업에 투자할 때 가장 큰 걸림돌은 정보 접근성이다. 이들은 시장에 공개한 거래 내역이나 그동안의 사업 실적을 제대로 알 수 없지만 일단 IPO를 진행하면 기업의 모든 재무와 영업 실적을 공시해야 하며 그 정보는 모두 S-1에 담겨 있다. 가령 지난 3~5년 치 실적을 연결재무제표와 사업성과Consolidated Financials and Operating Data 섹션에 공시한다. 물론 상장기업 수준의 상세한 정보나 회계감사가 이뤄진 재무제표는 아니지만 초기 밸류에이션을 알아볼 정도의 정보는 주어진다.

먼저 미국의 유가증권 등록 절차를 이해해보자. 기업이 주식시장에서 유통할 증권을 등록할 때 SEC에 제출해야 하는 서류가 있는데 이를 증권 신고서 Registration Statement 라고 부른다. 이는 다시 오퍼링 레지스트레이션Offering Registration (증권법 1933)과 트레이딩 레지스트레이션Trading Registration (SEC 증권거래법 1934) 두 가지로 분류한다.

기업은 주식을 발행할 때 SEC의 등록 절차를 마쳐야 하는데 처음 해당 주식을 발행해 투자자한테 오퍼할 때 필요한 문서가 오퍼링 레지스트레이션이다. 이를 간단히 오퍼링 독스Offering Docs 라고 부르기도 한다. 이 문서는 규정상 기업의 사업 설명서를 포함한다. 오퍼링 독스를 제출해 SEC 승인 절차를 마치면 공모로 주식을 발행할 수 있다. 트레이딩 레지스트레이션은 장외시장OTC; Over The Counter에서 거래하는 증권 등록에 필요한 공시 자료로 여기엔 사업 설명서가 필요치 않다.

주식 발행의 대표적인 예는 회사가 처음 상장할 때 발행하는 기업공개IPO다. IPO를 위해 SEC에 등록하는 공시 자료, 즉 IPO 오퍼링 독스를 'S-1'이라고 한다. 명칭은 기업 설립 형태에 따라 다른데 일반 기업의 IPO 공시는 S-1이고 부동산 리츠REITs, 합자회사Limited Partnership 혹은 투자신탁Investment Trust 형태의 사업은 'S-11'이다. 이것은 IPO를 앞둔 비상장기업의 모든 정보를 담고 있는 자료이므로 공모주에 관심이 있는 투자자라면 반드시 찾아봐야 하는 공시다.

Prospectus
사업 설명서

잠재 투자자에게 제공하는 사업 설명서로 사업 모델, 자금조달 계획, 재정 상태, 기본 증권 정보, 경영진 프로필, 기업 지배구조 등을 설명한 문서다. 예를 들어 기업이 보통주를 발행하면 사업 설명서에 그 보통주의 의결권, 우선주 대 전환주, 배당금 등 보통주의 상세한 조건을 설명한다. 부채 발행 시 사업 설명서에는 채권의 이자 지불 스케줄, 수익률, 만기 날짜 등 관련 정보를 제공한다. 한마디로 기업이 발행하고자 하는 증권의 로드맵이라 할 수 있다.

S-1 공시 찾는 법

S-1 공시는 회사 IR 사이트에서 찾을 수도 있지만
가장 쉬운 방법은 SEC의 EDGAR 공시 시스템을
이용하는 것이다. 방법은 아주 간단하다. EDGAR
시스템 검색창에 기업명이나 티커를 입력하고 검색
한다. 예를 들어 2019년 가장 큰 규모로 IPO를 단
행한 우버NYSE: UBER의 S-1 공시를 찾아보자. 우버의 티커 'UBER'로 검색한
후 공시 리스트를 열고 검색 필터에서 'S-1'을 기입한 다음 검색하면 된다.

Ticker
티커

증권 시스템에서 쓰는 상장기
업 이름의 약어. 심볼이라고도
한다.

검색 결과에는 S-1과 S-1/A 두 가지가 나온다. S-1은 4월 11일 공시했다.
S-1/A에서 'A'는 개정Amendment의 약자로 S-1 첫 공시 이후 추가, 수정한 내
용을 포함한 업데이트 버전으로 이해하면 쉽다. 보통 여러 차례 수정을 거치
는데 이 모든 과정을 전부 공시하므로 가장 최근 날짜의 개정 버전을 찾아보

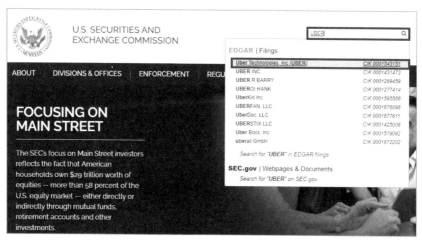

EDGAR 검색란에 우버의 티커인 'UBER'를 입력한 뒤 뜨는 목록 중 'Uber Technologies, Inc(UBER)'를 선택한
다. (출처: SEC)

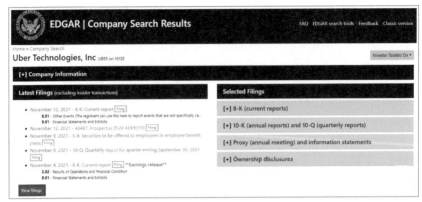

검색 결과 페이지에서 초록색 버튼 'View filings'을 눌러 공시 리스트를 열고, 'Search table' 칸에 's-1'을 입력하면 S-1과 S-1/A 두 가지가 뜬다. (출처: SEC)

는 것이 좋다. 가장 나중에 업로드한 S-1/A 문서를 열람하면 처음에 커버 페이지가 나온다.

S-1 공시의 커버 페이지에는 중요한 정보가 담겨 있다. 상단에는 상장하는 회사명과 주요 경영진(설립자, CEO, CFO) 인적 사항이 나온다. 하단에는 가장 중요한 IPO 규모IPO size, 즉 기업공개 자금조달 규모를 계산한 표가 나오는데 이를 비용 테이블Fee Table이라고 한다.

이 표의 목적은 SEC 규정상 주식 등록비용Registration Fee을 산정하는 것이기 때문에 이렇게 불리지만 이걸 읽는 투자자의 목적은 다음 내용을 한눈

As filed with the Securities and Exchange Commission on April 26, 2019.

Registration No. 333-230812

UNITED STATES
SECURITIES AND EXCHANGE COMMISSION
Washington, D.C. 20549

AMENDMENT NO. 1
TO
FORM S-1
REGISTRATION STATEMENT
UNDER
THE SECURITIES ACT OF 1933

UBER TECHNOLOGIES, INC.
(Exact name of Registrant as specified in its charter)

Delaware	7372	45-2647441
(State or other jurisdiction of incorporation or organization)	(Primary Standard Industrial Classification Code Number)	(I.R.S. Employer Identification Number)

1455 Market Street, 4th Floor
San Francisco, California 94103
(415) 612-8582
(Address, including zip code and telephone number, of Registrant's principal executive offices)

Nelson Chai
Chief Financial Officer
Uber Technologies, Inc.
1455 Market Street, 4th Floor
San Francisco, California 94103
(415) 612-8582
(Name, address, including zip code and telephone number, including area code, of agent for service)

Copies to:

Tony West
Keir Gumbs
Uber Technologies, Inc.
1455 Market Street, 4th Floor
San Francisco, California 94103
(415) 612-8582

David Peinsipp	Eric W. Blanchard	Alan F. Denenberg
Siana Lowrey	Kerry S. Burke	Sarah K. Solum
Andrew Williamson	Brian K. Rosenzweig	Davis Polk & Wardwell LLP
Cooley LLP	Covington & Burling LLP	1600 El Camino Real
101 California Street, 5th Floor	620 Eighth Avenue	Menlo Park, California 94025
San Francisco, California 94111	New York, New York 10018	(650) 752-2000
(415) 693-2000	(212) 841-1000	

Approximate date of commencement of proposed sale to the public: As soon as practicable after the effective date of this registration statement.

If any of the securities being registered on this Form are to be offered on a delayed or continuous basis pursuant to Rule 415 under the Securities Act of 1933, check the following box. ☐

If this Form is filed to register additional securities for an offering pursuant to Rule 462(b) under the Securities Act, check the following box and list the Securities Act registration statement number of the earlier effective registration statement for the same offering. ☐

If this Form is a post-effective amendment filed pursuant to Rule 462(c) under the Securities Act, check the following box and list the Securities Act registration statement number of the earlier effective registration statement for the same offering. ☐

If this Form is a post-effective amendment filed pursuant to Rule 462(d) under the Securities Act, check the following box and list the Securities Act registration statement number of the earlier effective registration statement for the same offering. ☐

Indicate by check mark whether the registrant is a large accelerated filer, an accelerated filer, a non-accelerated filer, a smaller reporting company, or an emerging growth company. See the definitions of "large accelerated filer," "accelerated filer," "smaller reporting company," and "emerging growth company" in Rule 12b-2 of the Exchange Act.

Large accelerated filer ☐	Accelerated filer ☐
Non-accelerated filer ☑	Smaller reporting company ☐
	Emerging growth company ☐

If an emerging growth company, indicate by check mark if the registrant has elected not to use the extended transition period for complying with any new or revised financial accounting standards provided to Section 7(a)(2)(B) of the Securities Act. ☐

CALCULATION OF REGISTRATION FEE

Title of each Class of Securities to be Registered	Amount to be Registered(1)	Proposed Maximum Offering Price Per Share(2)	Proposed Maximum Aggregate Offering Price(1)(2)	Amount of Registration Fee(3)
Common Stock, par value $0.00001 per share	207,000,000	$50.00	$10,350,000,000	$1,254,420

(1) Includes the aggregate amount of additional shares that the underwriters have the option to purchase.

(2) Estimated solely for the purpose of calculating the registration fee in accordance with Rule 457(a) of the Securities Act of 1933, as amended.

(3) The Registrant previously paid $121,200 in connection with the initial filing of the Registration Statement.

The Registrant hereby amends this Registration Statement on such date or dates as may be necessary to delay its effective date until the Registrant shall file a further amendment which specifically states that this Registration Statement shall thereafter become effective in accordance with Section 8(a) of the Securities Act of 1933, as amended, or until the Registration Statement shall become effective on such date as the Securities and Exchange Commission, acting pursuant to said Section 8(a), may determine.

우버의 S-1/A 공시 커버 페이지. 하단의 수수료 산정 테이블에서 'Proposed Maximum Aggregate Offering Price'가 자금조달 규모를 나타낸다. (출처: S-1/A, UBER, 2019.04.26.)

에 확인하기 위해서다. 즉 투자자는 해당 기업이 IPO로 조달하려는 자금 규모와 시장에 제시하는 주가의 최대치를 알 수 있다.

비용 테이블Fees Table 주요 내용

- 등록하는 증권의 종류(보통주Common Stock)
- 해당 유가증권 등록을 위해 발행되는 주식 수Amount to be Registered(여기서는 발행되는 IPO 공모주 총수)
  - 제안하는 주당 공모가Proposed Maximum Offering Price Per Share(최댓값 기준)
  - 예상 IPO 규모Proposed Maximum Aggregate Offering Price (공모가 최댓값×발행주식 총수)

Over–allotment Option(Greenshoe)
초과배정옵션

초과 배정된 공모주에 대한 콜 옵션을 가리키는 말로 업계에서는 흔히 '그린슈'라고 부른다. 미국 증시 역사상 최초로 초과배정옵션을 활용해 IPO를 준비한 회사 그린슈 매뉴팩처링(Green-Shoe Manufacturing)에서 유래했다고 한다. 이것은 IPO 주식이나 유상증자 등 주식을 발행하고 유통하는 주관사에서 발행주식의 시장 과잉 수요에 대비하기 위해 공모를 계획하는 주식 물량 외에 추가 주식을 배정해두고 상장 전 주식을 보유하고 있던 주주에게 주식을 살 수 있는 옵션을 말한다. 기업 입장에서는 주식의 추가 유통으로 자금조달 효과를 높이고 주관사 측은 추가 물량만큼 유통 수수료를 받으니 원원인 셈이다. 반대로 IPO 이후 주가가 공모가 이하로 떨어질 경우 주관사 측에서 초과 배정한 주식 물량만큼 장내 매수를 하기 때문에 상장 초기 주가를 어느 정도 방어하는 효과를 내기도 한다.

다만 여기에 표기된 발행주식 총수는 통상 IPO 주관사Underwriters가 갖는 초과배정옵션 주식까지 포함한 수치이므로 상장 이후 공개시장에서 거래가 이뤄지는 주식은 이보다 적을 수 있다. 또한 어디까지나 비용 산정을 위한 수치이기 때문에 최댓값을 표기한다. 예상 공모가는 주로 하나의 숫자가 아닌 범위를 제시하며 그중 가장 높은 가격으로 계산한 것이니 그 점에 유의하자. 막상 IPO 당일 유통되는 공모가는 제시한 가격 구간의 가장 최저점으로 거래를 시작할 수 있다.

IPO 공시에서 꼭 봐야 하는 것

S-1 공시 목차를 보면 알 수 있듯 공시 자료는 수백 페이지가 넘어간다. 자료의 방대한 양에 너무 겁먹을 필요는 없다. 전문 투자자가 아닌 이상 이걸 다 읽는 건 무리이고 효율적이지도 않다. 다만 직업상 이런 공시를 하루에도 수천 페이지 이상 꼼꼼히 읽고 이것저것 계산해야 하는 내 입장에서는 뭐는 중요하고 뭐는 중요하지 않다고 말하기가 좀 난감하다. 사실 내 눈에는 전부 다 중요하기 때문이다. 아무튼 최대한 개인투자자 관점에서 효율적인 정보 습득과 투자 판단에 도움을 줄 부분만 추려보도록 하겠다.

사실 S-1처럼 수백 페이지에 달하는 공시의 경우 개괄적인 내용이 담긴 '오퍼링'The Offering 섹션만 읽어도 큰 도움이 된다. 발행 주식에 대한 기술적인 내용과 기업 소개, 사업 모델, 성장 관련 정성적 내용이 잘 요약되어 있기 때문이다. 특히 다음 세 가지 항목은 꼭 확인하는 것이 좋다.

- **IPO 개괄**The Offering

  이 섹션에서는 IPO를 하면서 발행하는 주식과 자금조달 자체에 대해서 제대로 이해하는 것을 목적으로 하자. 조달한 자금의 사용 목적과 용도Use of Proceeds, 배당 정책Dividend Policy, IPO 전후를 비교하는 기업의 캡 테이블, 주가 희석Dilution 내용 정도는 확인하는 것이 좋다.

- **회사 재무 상황과 사업 실적에 관한 경영진 의견과 분석**MD&A; Management's Discussion and Analysis of Financial Condition and Results of Operations

  여기에 설명된 리스크 요인risk factors을 집중해서

> **Cap Table**
> 캡 테이블
>
> 'Capitalization Table'의 약자로 IPO 같은 투자, 자금조달에 따른 기업의 자본금 변화와 지분관계 를 나타내는 표다.

읽어보자. 경영진이 직접 밝히는 기업의 리스크, 주가에 악재로 작용할 수 있는 정보가 담겨 있다. S-1이 의무 공시인 동시에 투자자에게 처음으로 선보이는 홍보 자료이기 때문에 산업 전망과 성장성에 대해 최대한 긍정적으로 쓰지만, 경영진도 외면할 수 없는 사업 본질적인 리스크 역시 설명되어 있다.

- **연결재무제표**Consolidated Financial and Operating Data

과거 실적들의 '행간을 읽는' 재무 분석을 할 필요가 있다. 어떻게 해석하느냐에 따라서 상장 이후 탄탄한 실적과 자본을 기반으로 장기적인 성장 가도를 달리는 기업이 될 것인지, 밸류에이션 버블이 꺼지고 하락세를 지속하는 초라한 기업이 될 것인지가 보인다.

오퍼링은 해당 공시에서 말하는 증권 발행을 가리킨다. 즉, S-1에서의 오퍼링은 기업공개 후 처음 발행되는 주식을 말한다. 처음 공개시장public market에서 발행되는 주식, 즉 프라이머리 주식primary shares의 총수는 다음과 같이 계산된다.

기업공개 후 발행주식 총수Total Common Stock Outstanding는 약 8억 4,200만 주가 될 것이라고 명시되어 있다. IPO에서의 발행주식 총수와는 다른 개념

▶ 공개시장에서 발행되는 주식의 총수

상장기업의 Class A 보통주 총수 (Class A common stock offered by us)	52,375,000
+기존 주주로부터 시장에 매매되는 주식 (Class A common stock offered by the selling stockholders)	2,625,000
+주관사의 그린슈 주식 수 (Underwriters' over-allotment option)	5,500,000
= IPO를 통한 발행주식 총수	60,500,000

이니 구별하도록 하자. '자본환원'Capitalization, '주가 희석'Dilution 섹션에 기존 투자자(기관, VC, 설립자 및 임원 등), 신주 투자자, 신주 및 구주 구성에 대한 예상 캡 테이블Pro-forma Cap Table이 나와 있으니 참고하자.

THE OFFERING

Class A common stock offered by us	52,375,000 shares.
Class A common stock offered by the selling stockholders	2,625,000 shares.
Underwriters' option to purchase additional shares of Class A common stock from us, solely to cover over-allotments	5,500,000 shares.
Class A common stock to be outstanding after this offering	710,596,801 shares (or 716,096,801 shares if the underwriters exercise in full their option to purchase an additional 5,500,000 shares of our Class A common stock from us).
Class B common stock to be outstanding after this offering	131,807,224 shares.
Class C common stock to be outstanding after this offering	None.
Total common stock to be outstanding after this offering	842,404,025 shares (or 847,904,025 shares if the underwriters exercise in full their option to purchase an additional 5,500,000 shares of our Class A common stock from us).
Voting Rights	Shares of our Class A common stock are entitled to one vote per share.
	Shares of our Class B common stock are entitled to 10 votes per share.
	Shares of our Class C common stock have no voting rights, except as otherwise required by law.
	Holders of our Class A common stock and Class B common stock will vote together as a single class, unless otherwise required by law or our amended and restated certificate of incorporation (the "Charter"), which will become effective immediately prior to the completion of this offering. Upon the completion of this offering, (i) Mr. Tenev, who is also our CEO, President and a director, and his related entities will hold an economic interest in approximately 7.8% of our outstanding capital stock and Mr. Tenev will hold approximately 26.1% of the voting power of our outstanding capital stock and (ii) Mr. Bhatt, who is also our Chief Creative Officer and a director, and his related entities will hold an economic interest in approximately 7.8% of our outstanding capital stock and Mr. Bhatt will hold approximately 38.9% of the voting power of our outstanding capital stock, in each case, assuming such founder exercises his Equity Exchange Rights (as defined below) with respect to the shares received by him upon settlement of his IPO-Vesting Time-Based RSUs and IPO-Vesting Market-Based RSUs, and which economic interest and voting power may increase over time upon the vesting and settlement of other equity awards held by such founder that are outstanding immediately prior to the effectiveness of this offering.

로빈후드 IPO의 개괄적인 사항을 알려주는 오퍼링 첫 페이지. (출처: 424B4, p.16, HOOD, 2021.07.30.)

	Shares Purchased		Total Consideration		Weighted Average Price Per Share
	Number	Percent	Amount (in thousands)	Percent	
Existing stockholders	790,029,025	94 %	$ 5,765,831	74 %	$ 7.30
New investors	52,375,000	6 %	1,990,250	26 %	38.00
Total	842,404,025	100 %	$ 7,756,081	100 %	$ 9.21

신주 및 구주 구성, IPO를 통한 자금조달에 대한 간략한 테이블(그린슈 주식 수 제외). (출처: 424B4, p.122, HOOD, 2021.07.30.)

IPO, 유상증자 등의 주식 발행 시에 봐야 하는 공시 Form424B 시리즈

- **Form 424B1**

  기존 공시 및 사업 보고서Initial Prospectus, Preliminary Prospectus에 나와 있지 않은(생략 또는 누락된) 새로운 정보가 있는 경우 공시되는 보고서.

- **Form 424B2**

  새로운 증권 발행(신주 발행 또는 채권 발행) 시 해당 증권의 발행 가격 및 방법에 대한 정보 공시 보고서(유상증자가 아니라 공개시장에서 최초로 주식을 발행할 때).

- **Form 424B3**

  기존 공시 및 사업 보고서에 나온 내용에 유의미한 변화가 있을 때 정정 보고서.

- **Form 424B4**

  IPO 시 S-1과 함께 공시되며, 최종적인 증권 발행의 가격 및 투자금 배분·조달 방식Distribution of Securities에 대한 정보를 담은 최종 공시Final Prospectus.

S-1 공시로 파악하는 비즈니스 모델
: 스타트업이 세운 '월가의 표준'

투자자가 S-1을 비롯한 모든 공시 자료를 읽을 때 가장 중요하게 파악해야 하는 것이 바로 기업의 비즈니스 모델이다. 주가를 움직이는 키는 기업의 재무·회계적인 부분이 아니라 수익 모델에 있다. 이를 통해 기업이 어떻게 매출을 올리고 비용구조는 어떻게 되는지를 이해할 수 있어야 한다.

로빈후드가 시작한 제로 커미션Zero-commission 증권 거래는 수십 년간 TD 아메리트레이드TD Ameritrade, 찰스 슈왑Charles Schwab, 뱅가드Vanguard 등

전통적인 브로커리지 플랫폼들의 재정적 기반이 되어주었던 수수료 수익을 없앰으로써 월가의 새로운 표준이 되었다. 그렇다면 이들 증권 브로커는 어떻게 수익을 내는 것일까?

로빈후드의 공시에서 재무제표와 MD&A 내용을 조금만 훑어봐도 매출의 주를 이루고 자주 등장하는 '거래 기반 매출'Transaction Based Revenue이라는 수치를 볼 수 있다. 이것이 로빈후드의 주요 수익 모델이다. 또한 로빈후드는 IPO를 기점으로 수익 창출이 가능한 일평균거래량DART; Daily Average Revenue Trades이라는 새로운 수익 지표를 발표했다.

"We define 'daily average revenue trades' as the total number of revenue generating trades executed during a given period divided by the number of trading days in that period."(S-1/A2, p.144, 2021.07.27.)

원래 DART 지표는 브로커 플랫폼 기업들이 거래 수수료 수익을 발생시킨 일평균거래량을 의미했지만 로빈후드에 의해 수수료가 없는 거래도 포함하는 것으로 정의가 확대되었다.

이런 식으로 기업의 수익 모델 드라이버의 주요 밸류에이션 지표 및 경쟁사와 비교·평가할 수 있는 운영 지표는 확인해주는 편이 좋다. 매 분기 실적 발표 시 애널리스트들이 주시하는 수치이기도 하고 투자자들이 눈여겨보는 실적 지표인 만큼 그 수치의 변동에 따라 주가가 크게 움직이기 때문이다.

S-1 공시에는 로빈후드의 주 수입원인 PFOF 수익 모델에 대해서 자세히 설명하고 있다. 로빈후드 매출의 80% 이상은 PFOF에서 비롯되며, 거래 금액 100달러당 평균적으로 2.5센트 혹은 거래되는 주식 1주당 0.23센트의 수

Key Components of our Results of Operations

Revenues

Transaction-based revenues

Transaction-based revenues consist of amount earned from routing customer orders for options, equities and cryptocurrencies to market makers. When customers place orders for equities, options or cryptocurrencies on our platform, we route these orders to market makers and we receive consideration from those brokers. With respect to equities and options trading, such fees are known as PFOF. With respect to cryptocurrency trading, we receive "Transaction Rebates." In the case of equities, the fees we receive are typically based on the size of the publicly quoted bid-ask spread for the security being traded; that is, we receive a fixed percentage of the difference between the publicly quoted bid and ask at the time the trade is executed. For options, our fee is on a per contract basis based on the underlying security. In the case of cryptocurrencies, our rebate is a fixed percentage of the notional order value. Within each asset class, whether equities, options or cryptocurrencies, the transaction-based revenue we earn is calculated in an identical manner among all participating market makers. We route equity and option orders in priority to participating market makers that we believe are most likely to give our customers the best execution, based on historical performance (according to order price, trading symbol, availability of the market maker and, if statistically significant, order size), and, in the case of options, the likelihood of the order being filled is a factor as well. For cryptocurrency orders, we route to market makers based on price and availability of the market maker.

S-1 공시에서 수익 모델을 설명한 부분. (출처: S-1/A2, p.141, HOOD, 2021.07.27.)

	Three Months or Month Ended	
	June 30, 2020	June 30, 2021
Key Performance Metrics	Actual	Estimate
Net Cumulative Funded Accounts[2]	9.8	22.5
Monthly Active Users (MAU)[3]	10.2	21.3
Assets Under Custody (AUC)[4]	$ 33,422	$ 102,035

(2) See "Management's Discussion and Analysis of Financial Condition and Results of Operations—Key Performance Metrics" for a definition of "Net Cumulative Funded Accounts."

(3) Reflects MAU for June of each period presented. See "Management's Discussion and Analysis of Financial Condition and Results of Operations—Key Performance Metrics" for a definition of "MAU."

(4) See "Management's Discussion and Analysis of Financial Condition and Results of Operations—Key Performance Metrics" for a definition of "AUC."

S-1 공시에 설명된 로빈후드의 대표적인 수익 지표(KPI). 표에서 'NCFA'는 순활성계좌(현금이 입금된) 수, 'MAU' 는 월 액티브유저 수, 'AUC'는 수탁자산을 뜻한다. (출처: S-1/A2, p.30, HOOD, 2021.07.27.)

Overview

Our mission is to **democratize finance for all**.

Robinhood was founded on the belief that everyone should be welcome to participate in our financial system. We are creating a modern financial services platform for everyone, regardless of their wealth, income or background.

The stock market is widely recognized as one of the greatest wealth creators of the last century. But systemic barriers to investing, like expensive commissions, minimum balance requirements and complicated, jargon-filled paperwork, have dissuaded millions of people from feeling welcome or able to participate.

Robinhood has set out to change this. We use technology to deliver a new way for people to interact with the financial system. We believe investing should be familiar and welcoming, with a simple design and an intuitive interface, so that customers are empowered to achieve their goals. We started with a revolutionary, bold brand and design, and the Robinhood app now makes investing approachable for millions.

Revenue model. Our mission to democratize finance for all drives our revenue model. We pioneered commission-free trading with no account minimums, giving smaller investors access to the financial markets. Many of our customers are getting started with less, which often means they are trading a smaller number of shares.

Rather than earning revenue from fixed trading commissions which, before Robinhood introduced commission free trading, had often ranged from $8 to $10 per trade, the significant majority of our revenue is transaction-based. We earn transaction-based revenue from market markers in exchange for routing our users' equity, option and cryptocurrency trade orders to market makers for execution. With respect to equities and options trading, such fees are known as payment for order flow, or PFOF, and with respect to cryptocurrency trading such fees are known as "Transaction Rebates." For the three months ended March 31, 2021, PFOF and Transaction Rebates represented 81% of our total revenues and, as a result, our revenues are currently substantially dependent on these fees. Our transaction-based revenue model could be harmed by decreased levels of trading generally or by industry or regulatory changes that could tighten spreads on transactions.

In addition, PFOF practices have drawn heightened scrutiny from the U.S. Congress, the SEC and other regulatory and legislative authorities. These regulators and authorities may adopt additional

로빈후드의 수익 모델인 PFOF를 설명하는 사업 보고서의 첫 페이지. (출처: S-1/A2, p.1, 2021.07.27.)

익을 얻는다고 한다.

사실 기존의 거래 수수료 모델은 거래량이 적은 개인투자자에게 불리할 수밖에 없는 구조였으나, 로빈후드가 PFOF 모델을 도입하면서 소액 거래를 하는 개인투자자에게 거래 비용 측면에서 훨씬 나아진 건 사실이다. 하지만(개인투자자가 대부분인) 투자자의 매매 데이터를 마켓메이커market maker라고 불리는 기관에 판매해 수익을 얻는다는 점 때문에 논란의 중심에 서게 되었다. 아직 논란이 종결되진 않았지만 브로커리지 산업의 새로운 모델로 대체 불가능한 수준까지 커졌다는 점은 맞다.

미국 개인투자자 시장을 뒤흔든 PFOF 모델 이해하기

로빈후드의 급성장 비결은 결국 수익구조의 모태가 된 PFOF 모델 덕분이다. PFOF Payment For Order Flow는 로빈후드 고객의 매수·매도 주문 실행을 시타델 시큐리티즈Citadel Securities나 버츄 파이낸셜Virtu Financial 등 마켓메이커에게 거래 주문을 넘기는 데서 발생하는 수익을 의미한다. 예를 들어 유저가 구글 주식을 매수하면, 로빈후드가 해당 주문을 시타델 시큐리티즈 등에 넘기고 그 대가로 받는 수수료가 PFOF인 것이다.

로빈후드 유저는 다른 증권 매매 플랫폼보다 훨씬 용이하게 그리고 별다른 조건이나 제한 없이 주식 외 상품들을 거래할 수 있고, 이것은 로빈후드의 폭발적인 성장률의 주요 원인으로 꼽힌다. 로빈후드는 주로 기관이나 적격 투자자QI; Qualified Investor 영역이었던 옵션, 레버리지 상품, 마진 거래 등의 고위험 상품 거래를 클릭 한 번으로 완료할 수 있게 했다(스크린에 팡파르도 터진다). 비트코인 등 크립토 현물이나 단주Fractional Shares도 쉽게 살 수 있는 앱 구조로 개인투자자를 끌어들여 폭발적인 거래량에 일조하기도 했다.

로빈후드가 길을 터놓은 이후 다른 경쟁사들 역시 주식시장 변동성으로부터 혜택을 받고 있긴 하다. TD 아메리트레이드NASDAQ: AMTD의 주문Order Flow 수익은 1분기 2억 200만 달러에서 2분기에 3억 2,400만 달러로 급증했으며, 이트레이드E-trade 역시 1분기 약 8,000만 달러에서 2분기 1억 1,000만 달러로 증가했다.

▶ **PFOF 모델의 이해: 마켓메이커와 브로커의 역할과 자금흐름**

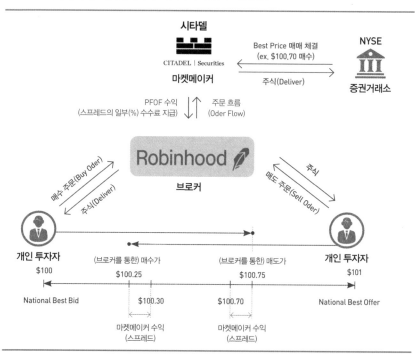

로빈후드와 같은 증권매매 브로커가 고객에게 받는 주문흐름(Order Flow)을 마켓메이커에게 전송함으로써 받는 금액으로 PFOF 혹은 리베이트(Rebate)라고도 한다. 브로커의 역할은 매매 중개일 뿐 최종적인 거래 체결은 마켓메이커들이 한다. 마켓메이커들은 근소한 차이로 증권거래소 거래가격인 NBBO(National Best Bid/Offer)보다 더 나은 조건의 매수/매도가를 오퍼한다.

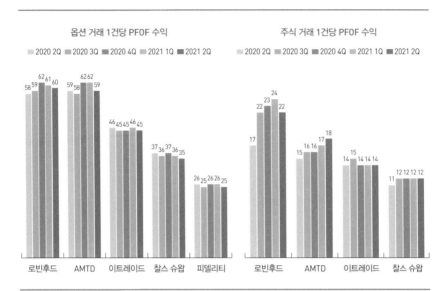

▶ 미국 메이저 주식 브로커리지 **PFOF 수익 비교**   (단위: 센트)

브로커들은 거래가 어떻게 실행되는지, 얼마나 많은 자금을 취급하는지에 대한 자세한 정보를 필수적으로 SEC 에 제공해야 한다. (출처: 각사 공시 자료)

규제 리스크와 주가의 관계

S-1 보고서는 보물창고다. 기업공개를 앞두고 처음 공시되는 보고서인 만큼, 그동안 비상장기업이라서 알 수 없었던 영업·재무·회계 정보가 처음으로 공개되는 보고서이기 때문이다. 불투명했던 과거 실적에서부터 밸류에이션과 산업 분석까지 읽으면 읽을수록 기업, 비즈니스 모델, 산업에 대해서 너무나 많은 새로운 정보들을 얻을 수 있다.

　중요한 것은 공시 자료를 통해서 얻는 인사이트를 주식투자에 활용할 줄 아는 능력인데, 이는 몇 번의 훈련만 거치면 누구나 할 수 있다. 로빈후드의

S-1 보고서를 예로 들자면 이 공시를 읽고 가장 먼저 떠올려야 하는 점은 로빈후드가 속한 산업의 성장 동력, 로빈후드의 차별화된 비즈니스 모델을 위협하는 산업 규제 및 정책이 앞으로 주가에 어떤 영향을 미치느냐다.

아래 재무제표에서 볼 수 있듯, 기업은 조정 영업이익Adjusted EBITDA을 계산하는데, 정상적인 사업 외에 일회성 수익과 비용을 조정해서 영업이익을 나타내기 위함이다(참고로 'normalized' 혹은 'recurring'이라는 단어가 붙는 수치들 역시 같은 의미다).

투자자로서 자각할 점은 이렇게 '영업외비용'으로 분류된 법무비용이 진정 '일회성' 비용인지, 즉 정상적인 영업활동에 영향을 미치지 않는 단발성 이벤트인지 이해할 필요가 있다는 것이다. 로빈후드의 경우 시장을 새로운 방법과 모델로 개척해나가는 '룰 브레이커'로서 SEC와의 수없는 마찰이 예상되기에 일회성 비용으로 치부하기도 어렵다. 주식에 투자하는 입장에서는 무시할 수 없는 리스크 요인이다. 앞으로도 비슷한 종류의 SEC 벌금형이나 비즈니스 모델을 위협하는 제재가 예상된다면, 기업의 손익뿐만 아니라 사업의 지속성에도 위협이 되는 큰 리스크로서 주가에 반드시 반영될 것이기 때문이다.

(in thousands)	Year Ended December 31,		Three Months Ended March 31,	
	2019	2020	2020	2021
Net income (loss)	$ (106,569)	$ 7,449	$ (52,502)	$ (1,444,803)
Add:				
Interest expenses related to credit facilities	991	4,882	1,504	2,799
Provision for (benefit from) income taxes	(1,018)	6,381	(86)	11,779
Depreciation and amortization	5,444	9,938	1,728	3,821
EBITDA (non-GAAP)	(101,152)	28,650	(49,356)	(1,426,404)
Share-based compensation	26,667	24,330	2,412	8,996
Change in fair value of convertible notes and warrant liability[1]	—	—	—	1,492,269
Certain legal and tax settlements, reserves and expenses[2]	—	101,600	—	39,910
Adjusted EBITDA (non-GAAP)	$ (74,485)	$ 154,580	$ (46,944)	$ 114,771

로빈후드는 2020년 한 해 1억 100만 달러, 2021년 1분기만 약 4,000만 달러를 SEC 규제 관련 법무 비용으로 지출했다. (출처: S-1/A2, p.29, HOOD, 2021.07.27.)

S-1 공시에서 '사업 리스크'의 내용만 78페이지에 달하는데 그 이후로도 계속 강조되는 사업 리스크의 대부분은 PFOF 관련 규제적 리스크와 크립토 거래량에 크게 의존하는 매출에 의한(크립토의 주문흐름에 대한 수익은 따로 '트랜잭션 리베이트'Transaction Rebate라고 한다) 크립토 가격 변동성으로부터 오는 리스크다. PFOF 기반 매출 자체도 주식 거래보다는 옵션과 크립토 거래에서 오는 매출 비중이 훨씬 크기 때문에 개인투자자의 투자 성향 전환에 대한 리스크도 있다.

Q&A

Q 기업의 IPO 일정과 최종 S-1공시는 어떻게 알 수 있나요??

A IPO 예정 기업은 주로 로드쇼 일정에 맞춰서 S-1 공시를 준비한다. SEC가 1차 S-1 초안 검토 및 승인을 하기까지 25일(약 3~4주)이 걸리기 때문에 기업은 로드쇼 일정이 계획되기 훨씬 이전부터 S-1을 준비한다. SEC의 1차 승인이 이루어지면 첫 S-1을 공시할 수 있으며, 일반적으로 로드쇼가 시작되기 적어도 2주 전까지는 이 공시가 이루어진다. 그 후 SEC의 요구 사항에 따라, 혹은 기업 내부적으로 수정 보완 사항에 따라 S-1/A라는 업데이트 버전을 공시한다. 로드쇼는 짧게는 1~2주이지만 상황에 따라 더 길어질 수도 있다. 개인투자자 관점에서는 IPO 가격 산정일(Pricing Date) 기준으로 빠르면 한 달 전부터 S-1 공시를 볼 수 있는 것이다(다음 페이지에 일반적인 미국 기업의 IPO 타임라인을 참고하자).

S-1 공시는 IPO 전날까지 언제든 수정될 수 있다. 따라서 수시로 업데이트되는 S-1/A 공시와 해당 기업의 IR 사이트에서 제공하는 수시 공시 및 공식 보도 자료(Press Release)를 확인하는 것이 가장 좋다. 미국 투자 사이트에 있는 관심 종목의 공시 알림 기능을 활용하는 방법도 있다. 몇 분에서 몇 시간가량 시간 차가 있지만 마켓에서 관심이 높은 IPO일수록 지연 시간(lag time)이 최소화되어 꽤

빠르게 속보가 뜨는 편이다.

▶ **미국 기업의 IPO 타임라인 예시**

Day-1	조직 회의(Org Meeting)
Day-60	SEC에 비공개 자료 첫 제출(First Confidential Submission to SEC)
Day-100	SEC에 수정된 비공개 자료 제출(Second Confidential Submission to SEC)
Day-130	SEC에 공시 자료 첫 제출(First Public Filing With SEC)
Day-160	SEC에 수정된 공시 자료 제출(Second Public Filing With SEC)
Day-165	로드쇼 시작(Commence Road Show)
Day-176	SEC의 S-1 공시 최종 승인, IPO 가격 산정(SEC Declares S-1 Effective/Pricing Occurs)
Day-177	거래 시작(Trading Begins)
Day-180	IPO 완료(Close IPO)

(출처: Latham & Watkins)

가장 많은 것을
알려주는 연간 보고서
10-K, 애뉴얼 리포트

연간 보고서에는 두 가지 종류가 있다

"10-K? 그거 읽어봤어. 별 내용도 없던데. 스무 장도 안 되는 것 같아. 나처럼 영어가 불편한 사람도 금방 보겠더라. 원래 미국은 연간 보고서가 그렇게 짧아?"

어느 날 미국 주식에 수천만 원을 투자한 한 지인이 자기가 투자한 기업의 실적 보고서를 제대로 보고 싶다며 무엇부터 봐야 하는지 물어왔다. '아니, 여태껏 기업 보고서 한 장도 보지 않고 주식에 올인했단 말이야?'라는 생각은 머릿속에 눌러두고 나는 이제라도 공부를 해보겠다는 지인을 응원하며 이것저것 가르쳐주었다.

처음에는 비교적 간단하고 읽기 쉬운 투자자 설명서Investor Presentation부터 읽어볼 것을 추천했는데 그가 원하는 정보는 따로 있었다. 매년 기업 경영진이 설정한 실적 목표치 대비 지난 3년간 실제 결과와 재무제표를 확인해보고 싶다는 것이었다. 나는 10-K라는 연간 보고서를 읽어보는 게 가장 빠르고 정확할 것이라고 말해주었다. 그런데 알려준 지 30분도 채 지나지 않아 찾는 내용이 없다며 저런 문자 메시지가 날아온 것이다.

'30분 만에 훑어볼 만한 자료가 아닐 텐데…. 그리고 스무 장짜리 10-K가 어디 있어?'

뭔가 잘못됐다 싶었는데 아니나 다를까 그가 본 자료는 10-K가 아닌 애뉴얼 리포트Annual Report, 즉 약식 연간 보고서였다.

10-K는 SEC 규정상 기업의 회계연도Fiscal Year가 끝나면 반드시 제출해야 하는 SEC 제출 서류다. 이것은 한국어로 뭐라 딱히 번역할 방법이 없다. 말 그대로 10-K다. 1년에 한 번 제출하는 사업 보고 내용이 담긴 공시라 편의상 '연간 보고서'라고 부르는 경우도 있지만 정확한 명칭은 원문 그대로 10-K가 맞다(간혹 기업에 따라 10-K와 애뉴얼 리포트를 구분하지 않고 같은 의미로 쓰는 경우도 있다).

애뉴얼 리포트 역시 매 회계연도 끝에 기업에서 공시하는 사업 보고서지만 SEC에 제출하는 용도가 아니며 투자자에게 배포하는 간단한 형식이다. 그래서 흔히 10-K와 애뉴얼 리포트를 같은 공시 자료로 여기거나 명칭이 다를 뿐 내용은 같다고 착각하지만 엄연히 다른 보고서다. 애뉴얼 리포트를 읽고 10-K를 봤다고 착각하면 안 된다.

기업에 따라 다르지만 애뉴얼 리포트는 주로 차트나 참고 자료Exhibits가 많이 담긴 일종의 기업 홍보물 형태의 사업 보고서이고 10-K는 SEC 제출용 문서로 훨씬 방대한 양의 내용을 담은 연간 보고서다. 10-K는 반드시 제출

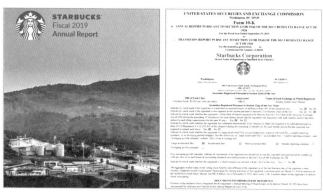

스타벅스(NASDAQ: SBUX)는 애뉴얼 리포트를 따로 작성하지 않고 10-K에 커버페이지만 추가하여 공시한다. 이런 기업도 다수 있다. (출처: Fiscal 2019 Annual Report, SBUX, Starbucks Investor Relations)

힐튼 월드와이드(NYSE: HLT)는 10-K와 전혀 다른 포맷의 애뉴얼 리포트를 공시한다. 개괄적인 사업 설명과 주요 수치, 그래픽 정도를 보여주는 단축된 내용으로 구성되어 있다. (출처: 2019 Annual Report, HLT, Hilton Investor Relations)

해야 하는 보고서지만 애뉴얼 리포트는 규제가 따로 없기 때문에 간혹 커버 페이지만 바꾸고 나머지는 10-K 제출 서류를 그대로 붙여 애뉴얼 리포트용으로 만드는 기업도 있다.

10-K에서 꼭 확인해야 할 것

관심 있는 기업의 IR 사이트나 SEC EDGAR 시스템에서 10-K 보고서를 다운 받아 읽어볼 것을 추천한다. 보고서 전체를 읽지 않아도 괜찮다. 주요 내용이 어디에 있는지만 알고 읽어도 기업 현황과 관련해 깊이 있는 정보를 알 수 있다. 10-K에는 SEC가 규정하는 내용을 반드시 수록해야 하므로 기업마다 목차부터 내용 구성까지 동일한 편이다.

제1부 Part 1에서는 사업 개요, 리스크, 법적 사항을 설명한다.

제2부 Part 2가 사실상 본론이자 10-K의 하이라이트다. 특히 MD&A 섹션이 있는데 정식 명칭은 '회사 재무 상황과 사업 실적에 관한 경영진 의견과 분석' Management's Discussion and Analysis of Financial Condition and Results of Operations 이다. 증권거래법상 MD&A 섹션에는 다음 내용을 포함해야 한다.

- 기업의 지배구조, 조직구조
- 기업의 연결재무제표
- 기업의 실적 목표, 과거 경영진의 기대치와 실제 수치
- 주요 사업 개요, 사업 환경, 시장 동향
- 경영진이 인지하는 사업 리스크와 불확실성

코스트코(NASDAQ: COST)의 2019년 10-K 차례 페이지로 구성은 섹터, 기업마다 거의 동일하다. SEC 규정에 준하는 내용이 전부 담겨야 하기 때문이다. 제1부(Part1)에서 빨간색 박스로 표시된 부분이 사업 개요, 비즈니스 리스크 등을 간단하게 설명하는 섹션으로 비즈니스 모델이나 주가 리스크 요인 등을 빠르게 파악할 때 유용한 내용이 포함되어 있다. 제2부(Part2)에 표시된 부분은 10-K의 본론이자 하이라이트로 영업 재무 상황과 MD&A가 포함되어 있다. (출처: 10-K, COST, 2019.10.11.)

이처럼 기업의 사업 모델, 실적, 업계 현황, 경쟁 상황 등 사업 전반의 커다란 그림을 비롯해 현재 기업이 처한 상황과 영업 실적을 이해하기 쉽게 설명하며 경영진의 전략과 방향성 정보도 제공한다. 이것은 10-K에서 핵심 내용이므로 반드시 확인해야 한다.

가령 해당 기업이 3년 전 특정 사업부의 영업마진을 몇 퍼센트 올리겠다는 사업 목표를 공표했다면 현재 실적과 비교해 그 목표치를 달성했는지 쉽게 확인해볼 수 있다. 설정한 목표를 달성하지 못했을 경우 그 사유도 경영진이 자세히 설명해준다. 만약 외부의 방해 요인이 없었음에도 불구하고 사업 목표치를 연속 미달했다면 좋은 투자 대상이 아닐 수 있다.

사업의 리스크 설명Quantitative and Qualitative Disclosures About Market Risk에서는 경영진이 인지하는 해당 사업과 업계가 직면한 리스크, 회사가 자체적으로 극복해야 하는 영업 재무 리스크, 해당 기업의 주식에 투자하는 주주가 인지해야 하는 리스크를 알려준다.

이런 공시 자료를 읽는 이유는 경영신이 기업 가치 증대를 위해 최선을 다하고 있는지, 주주 이익 극대화를 위해 합리적인 의사결정과 실행력을 갖추고 있는지 판단하기 위해서다. 나아가 투자자로서 기업의 장점과 단점을 모두 객관적으로 이해하고 판단하기 위함이므로 주요 내용을 놓치지 말아야 한다.

이어 재무제표와 부속명세서Financial Statements and Supplementary Data 내용이 나온다. 재무제표에는 기본적으로 지난 2년간의 재무상태표Balance Sheet, 지난 3년간의 손익계산서Income Statement와 현금흐름표Cash Flow Statement 그리고 자본변동표Statement of Changes in Equity가 있다. 10-K에 공시한 재무제표는 전부 회계감사를 마친Audited 상태다.

재무제표를 따라다니는 주석 내용에는 재무제표만큼 혹은 그 이상의 의미가 있으므로 재무제표의 특정 항목이 궁금하다면 해당 주석을 함께 보면서 이해해야 한다. 주석에는 각 항목 설명부터 각 수치가 의미하는 바가 무엇인지, 어떻게 산정했고 어떤 가정이나 회계상의 법칙을 따랐는지, 영업 실적에 어떤 영향을 미치는지 등이 자세히 나와 있기 때문이다.

제3부Part 3는 경영진 및 이사회 구성과 기업의 지배구조Directors, Executive Officers and Corporate Governance에 관한 내용이다. 임원의 보수Executive Compensation 정보도 간략히 나와 있다. 그뿐 아니라 기업 내부자로 규정하는 주

체(임원, 회장, 이사회 멤버 등)의 주식 보유 현황, 해당 기업과 지분관계가 있는 모든 외부 주체의 정보도 있다.

마지막으로 제4부Part 4는 요약 재무 실적과 각종 참고 자료를 포함한 부록 같은 내용이다.

참고로 미국 증권거래법상 10-K는 회계연도가 끝나면 90일 이내에 제출하고 공시해야 한다. 기업에 3개월 가까이 작성 기간을 주는 셈이다. 만약 기업 회계연도 기준일이 12월 31일이라면 그다음 해 3월쯤 10-K를 공시하는 것이다. 따라서 10-K를 읽을 때는 작성 기준 날짜(예: 2020년 12월 31일)와 공시한 실제 날짜(예: 2021년 2월 28일) 사이에 벌어진 일, 바뀐 재무 상황, 영업 환경 변화 등에 주의해야 한다.

지금 읽고 있는 보고서 내용은 적어도 2~3개월 이상 지난 기업 현황이라는 의미다. 그러니 공시한 재무제표 밖에 있는 주석 혹은 MD&A 섹션에서 추가 설명하는 최근 사건을 반드시 확인해 그 기간 사이의 정보 공백을 메우는 습관을 들이자(검색 키워드 활용).

검색 키워드
Recent Events, Recent Developments

주가 변동에 빠르게
대응하는 비결
10-Q와 분기별 공시 자료

어닝 시즌을 대하는 투자자의 자세

직업상 주식을 다루는 사람에게 바쁘지 않은 날이 어디 있고 중요하지 않은 순간이 어디 있겠는가마는 1년에 네 시즌은 특히 더 숨 가쁘게 지나간다. 바로 분기별 어닝 시즌Earnings Season이다. 미국 상장기업은 SEC 규정상 각 분기가 끝나면 45일 내로 분기 실적 보고서인 10-Q를 공시해야 한다. 10-Q와 연 단위로 공시하는 10-K 보고서의 가장 큰 차이는, 10-Q에 공시한 분기 재무제표는 감사가 들어가지 않았다는 문구Unaudited Financials가 붙는 점과 10-K만큼 사업 내용을 상세히 수록하지 않는다는 점이다.

또한 미국 상장기업은 SEC에 제출하는 10-Q뿐 아니라 투자자를 위한 다양한 공시 자료를 함께 발표하는 것이 관행이다. 대체로 다음과 같다.

- 주요 실적 내용이 담긴 실적 발표 보고서Earnings Release
- 해당 분기 사업 내용을 업데이트해주는 투자자 설명서Investor Presentation
- 영업 실적의 보충 재무 현황을 담은 재무 보조 설명서Financial Supplement

내용이 겹칠 수도 있지만 이것은 각각 다른 형태의 기업 공시다. 따라서 실적 발표 보고서에 나오지 않는 내용이 재무 보조 설명서에 나오기도 하고 10-Q에 공시한 내용을 투자자 설명서에서는 언급하지 않을 수도 있다. 투자자 설명서나 재무 보조 설명서는 오로지 SEC 보고용으로 만드는 10-Q와 달리 투자자 관점에서 알아야 할 혹은 알고 싶어 할 내용을 전달하는 것이 주 목적이므로 내용 파악이 쉽고 한눈에 이해할 정도로 잘 정리해주는 것이 특징이다.

그리고 어닝 콜Earnings Call 자료도 있다. 이것은 경영진이 실적을 발표하고 다음 분기, 반기, 연간 실적 목표와 기대치를 시장에 공표한 이후 증권가 애널리스트와 Q&A 세션을 여는 콘퍼런스 콜이다. 이 콜은 주주가 아닌 투자자도 누구나 실시간으로 들을 수 있다. 여기에는 직접 전화로 듣는 방법Dial-in과 기업 IR 사이트에서 제공하는 웹캐스트로 듣는 방법이 있다. 웹캐스트는 1~2분 지연될 수 있으나 경영진이 설명하는 동시에 발표 내용을 담은 PPT 슬라이드를 제공하기도 하므로 자료를 보면서 들으면 이해하기가 편하다.

블룸버그 터미널Bloomberg Terminal을 이용하는 기관은 어닝 콜을 진행할 때 실시간 대본Live Transcript을 올려주는 서비스를 제공받는다. 콜을 들으면서 바로 글로 읽을 수 있어 놓치는 부분 없이 내용을 이해할 수 있다. 일반적으로 전체 대본은 며칠 후에 업로드된다. 기업에 따라 IR 사이트에서 대본을 무료로 제공하기도 하며 개중에는 제공하지 않는 기업도 있다. 어닝 콜이 중요한 이유는 경영진이 직접 나와 말하는 내용 중에 10-Q나 기타 공시 자료에 들어 있지 않은 정보가 많기 때문이다.

어닝 콜의 백미는 단연 경영진에게 해당 분기와 다음 분기 실적을 질문하는 애널리스트의 Q&A 세션이다. 해당 기업 주식을 커버하고 스트리트 컨센서스를 형성하는 애널리스트들이 경영진에게 던지는 질문 그리고 그 질문에 대응하는 경영진의 답변에 따라 주가가 실시간으로 반응하기도 한다. 심지어 경영진이 이들 질문에 얼마나 잘(못) 대답하느냐에 따라 실시간 주가흐름이 결정되기도 한다.

기업별 공시 자료 확인하는 법

각 기업의 공시 자료 게시판에 가장 빨리 들어가는 방법은 구글에서 회사명에 'Investor Relations'를 함께 입력하고 검색하는 것이다. 스타벅스NASDAQ: SBUX를 예로 들면 기업의 IR 웹페이지(investor.starbucks.com)에 들어가 분기별 실적Quarterly Results 페이지로 넘어간다. 웹페이지에는 분기별로 발표하는 어닝 릴리즈Earnings Release, 10-Q 그리고 대본이 올라와 있다. 어닝 콜 내용은 대부분 웹캐스트나 오디오 파일 형태로 공유하지만 콜 내용을 전부 받아 적은 대본까지 올려두는 기업은 많지 않다.

만약 관심 있는 기업의 IR 사이트에서 어닝 콜 대본을 찾을 수 없다면 구글 검색으로 누군가가 공유하는 파일이 존재하지 않는 이상 주로 유료 사이트에서 받아볼 수 있다. SEC 제출 보고서SEC Filings 메뉴로 들어가면 10-K, 10-Q, 8-K, 프록시Proxy 등의 보고서를 PDF 파일 형식으로 다운받을 수

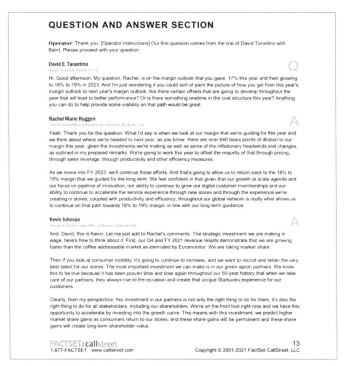

Starbucks Corp. (SBUX)
Q4 2021 Earnings Call

Corrected Transcript
28-Oct-2021

CORPORATE PARTICIPANTS

Greg Smith
Chief Financial Officer, International and Channel Development, Starbucks Corp.

Kevin Johnson
President, Chief Executive Officer & Director, Starbucks Corp.

Rachel Marie Ruggeri
Chief Financial Officer & Executive Vice President, Starbucks Corp.

John Culver
Group President, North America and Chief Operating Officer, Starbucks Corp.

Leo Tsoi
Chief Executive Officer, Starbucks China, Starbucks Corp.

OTHER PARTICIPANTS

David E. Tarantino
Analyst, Robert W. Baird & Co., Inc.

Andrew Charles
Analyst, Cowen and Company

John Ivankoe
Analyst, JPMorgan Securities LLC

Sharon Zackfia
Analyst, William Blair & Co. LLC

Sara H. Senatore
Analyst, BofA Securities, Inc.

John Glass
Analyst, Morgan Stanley & Co. LLC

Jeffrey A. Bernstein
Analyst, Barclays Capital, Inc.

Jon Tower
Analyst, Wells Fargo Securities LLC

스타벅스 어닝 콜 참여자 명단과 대본 일부는 스타벅스 IR 홈페이지에서 볼 수 있다.

QUESTION AND ANSWER SECTION

Operator: Thank you. [Operator Instructions] Our first question comes from the line of David Tarantino with Baird. Please proceed with your question.

David E. Tarantino
Analyst, Robert W. Baird & Co., Inc.

Hi. Good afternoon. My question, Rachel, is on the margin outlook that you gave. 17% this year and then growing to 18% to 19% in 2023. And I'm just wondering if you could sort of paint the picture of how you get from this year's margin outlook to next year's margin outlook. Are there certain offsets that are going to develop throughout the year that will lead to better performance? Or is there something onetime in the cost structure this year? Anything you can do to help provide some visibility on that path would be great.

Rachel Marie Ruggeri
Chief Financial Officer & Executive Vice President, Starbucks Corp.

Yeah. Thank you for the question. What I'd say is when we look at our margin that we're guiding for this year and we think about where we're headed to next year, as you know, there are over 640 basis points of dilution to our margin this year, given the investments we're making as well as some of the inflationary headwinds and changes, as outlined in my prepared remarks. We're going to work this year to offset the majority of that through pricing, through sales leverage, through productivity and other efficiency measures.

As we move into FY 2023, we'll continue those efforts. And that's going to allow us to return back to the 18% to 19% margin that we guided for the long term. We feel confident in that given that our growth at scale agenda and our focus on pipeline of innovation, our ability to continue to grow our digital customer memberships and our ability to continue to accelerate the service experience through new stores and through the experience we're creating in stores, coupled with productivity and efficiency, throughout our global network is really what allows us to continue on that path towards 18% to 19% margin, in line with our long-term guidance.

Kevin Johnson
President, Chief Executive Officer & Director, Starbucks Corp.

And, David, this is Kevin. Let me just add to Rachel's comments. The strategic investment we are making in wage, here's how to think about it. First, our Q4 and FY 2021 revenue results demonstrate that we are growing faster than the coffee addressable market as estimated by Euromonitor. We are taking market share.

Then if you look at consumer mobility, it's going to continue to increase, and we want to recruit and retain the very best talent for our stores. The most important investment we can make is in our green apron partners. We know this to be true because it has been proven time and time again throughout our 50-year history that when we take care of our partners, they always rise to the occasion and create that unique Starbucks experience for our customers.

Clearly, from my perspective, this investment in our partners is not only the right thing to do for them, it's also the right thing to do for all stakeholders, including our shareholders. We're on the front foot right now and we have this opportunity to accelerate by investing into the growth curve. This means with this investment, we predict higher market share gains as consumers return to our stores, and these share gains will be permanent and these share gains will create long-term shareholder value.

FACTSET: callstreet
1-877-FACTSET www.callstreet.com

13

Copyright © 2001-2021 FactSet CallStreet, LLC

스타벅스 경영진과 애널리스트의 Q&A 대본 일부. (출처: Starbucks Investor Relations)

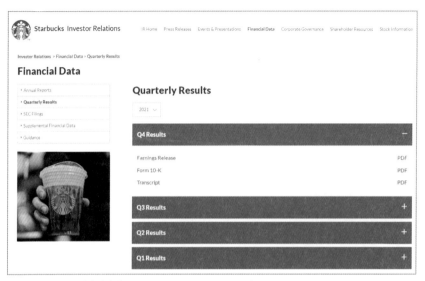

스타벅스의 분기별 실적 페이지. (출처: Starbucks Investor Relations)

Guidance
가이던스

기업이 예상하는 실적 지표의 전망치. 경영진은 매 분기 실적 발표 때마다 다음 분기, 당해 연도, 내년 실적 예상치를 제공한다. 애널리스트들이 어닝 콜 때 가장 집중해서 질문하는 수치다. 당기 실적이 과거 가이던스에 미치지 못하는 경우 혹은 발표한 가이던스가 시장의 기대치에 미치지 못하는 경우 주가는 하락한다. 투자자에게 기업의 실적에 대한 '가이드'를 준다는 의미로 가이던스라고 부른다.

있다. 추가 재무 자료Supplemental Financial Data 메뉴에서는 영업 지표와 재무 정보를 엑셀 파일 형태로 정리해 투자자에게 제공한다. 경영진의 연간 혹은 분기별 실적 예상치인 가이던스 메뉴도 따로 깔끔하게 정리해서 제공한다. 모든 기업이 이렇게 정리한 정보를 제공하는 것은 아니며 가이던스 수치는 대부분 어닝 릴리즈 혹은 인베스터 프레젠테이션 자료에서 직접 찾아봐야 한다.

주가는 결국 실적에 수렴한다

어닝 시즌은 주가가 가장 민감하게 움직이고 변동 폭도 큰 시기다. 시장 참여자가 각자 판단한 정보를 기반으로 좋은 실적 발표를 예상하는 기업의 주식은 미리 매수하고 악재를 예상하는 주식은 매도하기 때문이다. 보통 실제 실적 발표가 있기 전부터 움직이기 시작하고 실적 공시 당일 가장 크게 움직인다. 이때는 개별 기업 실적뿐 아니라 해당 섹터 현황과 전반적인 거시경제의 방향성도 주가에 큰 영향을 미친다.

예를 들어 테크 산업이 전반적으로 호황이고 테크주가 시장에서 주가 프리미엄을 반영한 채 거래 중이라면 특별한 사유가 없는 한 기술 성장주는 실적 발표 전부터 기대심리를 반영하는 매수세에 주가가 강세를 보일 가능성이 높다. 실적 발표 당일에는 해당 분기 실적이 컨센서스에서 크게 벗어나지 않을 경우 그다음 분기나 다음 회계연도 실적 전망이 가장 큰 관심사다. 해당 분기 실적은 이미 주가에 다 반영된 상태이기 때문이다.

설령 관심이 없거나 투자하지 않은 기업일지라도 같은 섹터 내 유사 기업, 즉 경쟁 기업이라면 그 실적을 절대 무시할 수 없다. 만약 내가 투자한 기업의 경쟁 기업이 신제품 개발에 성공해 기대치보다 훨씬 높은 매출 성장세를 기록한다면 상대적으로 시장점유율이 감소해 열위에 놓인 내 주식에는 악재로 작용하기 때문이다.

주가 방향성의 열쇠,
월스트리트 컨센서스와의 싸움
애널리스트가 미래를 읽는 법

어닝 시즌에 주가를 움직이는 또 다른 힘

흔히 주식 '애널리스트' 하면 셀사이드 애널리스트를 일컫는다. 한국에서 말하는 증권가 애널리스트가 바로 이들이다. 월스트리트 투자은행의 주식 리서치Equity Research 부서 소속인 셀사이드 애널리스트에게는 각자 자신이 담당하는 섹터가 있고 그 섹터 내 특정 기업을 분석 대상으로 삼는다. 적게는 서너 개, 많게는 스무 개가 넘는 기업을 커버한다.

이들은 전반적인 섹터 동향부터 개별 기업 실적까지 최대한 완벽하게 파악하고 있어야 한다. 좁은 의미에서는 커버하는 기업의 실적을 예측하고 예상 주가를 산정하는 업무를 맡지만, 넓은 의미에서는 해당 섹터나 기업 전문가로서 업계 동향과 주가 방향성에 보이는 통찰로 시장을 가이드해야 하기 때문이다.

이들은 분기마다(혹은 기업 가치에 영향을 미치는 특정 사건이 일어날 때마다) 해당 기업의 적정 주가 모델을 업데이트하고 기업 실적과 섹터 트렌드를 전망하는 보고서를 발표한다. 당연히 같은 기업, 같은 산업도 애널리스트마다 보는 시각이 다르고 그에 따른 분석 방법과 밸류에이션 과정 그리고 적정 주가가 전부 가지각색이다.

애널리스트의 능력을 판단하는 중요한 잣대는 실적 발표에 나오는 수치 하나하나를 얼마나 정확히 추정했는가보다 해당 산업과 기업 동향을 얼마나 잘 파악하고 시장흐름을 읽어낼 수 있는가에 있다. 다음 분기 혹은 다음 연도 매출 성장률과 영업이익률이 얼마나 증감할지, 시장 규모가 얼마나 성장하고 축소될지, 무엇이 업계 패러다임을 주도하는 변수가 될지 등을 합리적으로 판단하고 전망하는 것이 애널리스트의 역할이다. 개인투자자는 이들의 분석 결과를 투자에 최대한 유리하게 활용하면 된다.

스트리트 컨센서스는 해당 기업 주가에 상당한 영향을 미치는데 특히 어닝 시즌 때 그 효과가 극대화한다. 기업이 발표한 실적이 스트리트 컨센서스의 기대치와 큰 차이를 보일 때 예측에 어긋났다는 의미로 어닝 미스Earnings Miss라고 하는데 실적이 컨센서스보다 훨씬 잘 나온 경우는 어닝 서프라이즈Earnings Surprise; Earnings Beat, 기대치에 훨씬 미치지 못한 경우는 어닝 쇼크Earnings Shock라고 한다. 당연히 어닝 미스 방향에 따라 주가 등락이 결정된다. 따라서 예비 투자자거나 현재 주주로서 해당 기업 주식의 추가 매수 혹은 매도 판단을 내리고 싶다면 컨센서스 수치에 주목할 필요가 있다. 컨센서스란 실적을 정확히 알아맞히는 지표가 아니라 주가 등락에 대응하는 기준점 같은 숫자이기 때문이다.

애널리스트 컨센서스를 확인하는 법

컨센서스를 확인하는 방법과 리소스에는 여러 가지가 있다. 미국에는 개인투자자를 위한 주식 관련 사이트가 수없이 많고 그중 무료 사이트도 상당히 수준 높은 정보를 제공하므로 이를 꼭 활용하도록 하자.

예를 들어 애플NASDAQ: AAPL의 실적 컨센서스를 알아보고 싶다면 야후 파이낸스Yahoo Finance 의 분석Analysis 메뉴에서 대략적인 수치를 확인할 수 있다. 현재 및 다음 분기나 회계연도의 EPS와 매출Revenue을 놓고 몇 명의 애널리스트가 예측하는estimate 평균·저점·고점 구간을 볼 수 있다. 그 밖에 인베스팅닷컴Investing.com 등의 사이트에서 실적 관련 메뉴를 찾아봐도 형식만 다를 뿐 같은 내용의 컨센서스 정보를 제공받는다. 무료 정보는 대부분 여기까

야후 파이낸스에서 애플 실적과 추정치(Estimate)를 검색한 화면. (출처: Yahoo Finance)

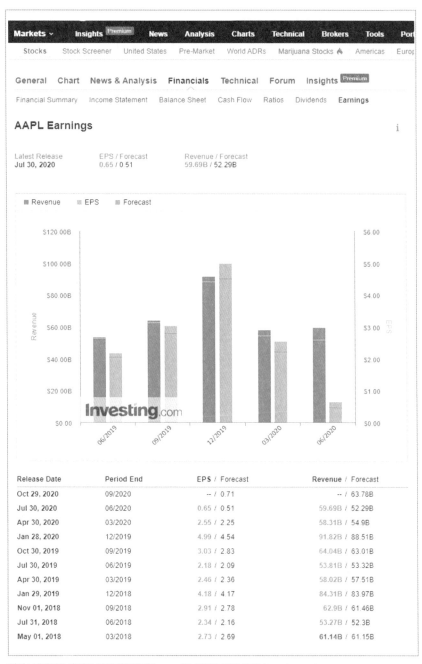

Markets ˅	Insights Premium	News	Analysis	Charts	Technical	Brokers	Tools	Por

Stocks	Stock Screener	United States	Pre-Market	World ADRs	Marijuana Stocks 🔥	Americas	Europ

General　Chart　News & Analysis　**Financials**　Technical　Forum　Insights Premium

Financial Summary　Income Statement　Balance Sheet　Cash Flow　Ratios　Dividends　**Earnings**

AAPL Earnings　　　　　　　　　ⓘ

Latest Release	EPS / Forecast	Revenue / Forecast
Jul 30, 2020	0.65 / 0.51	59.69B / 52.29B

■ Revenue　　■ EPS　　■ Forecast

Release Date	Period End	EPS / Forecast	Revenue / Forecast
Oct 29, 2020	09/2020	-- / 0.71	-- / 63.78B
Jul 30, 2020	06/2020	0.65 / 0.51	59.69B / 52.29B
Apr 30, 2020	03/2020	2.55 / 2.25	58.31B / 54.9B
Jan 28, 2020	12/2019	4.99 / 4.54	91.82B / 88.51B
Oct 30, 2019	09/2019	3.03 / 2.83	64.04B / 63.01B
Jul 30, 2019	06/2019	2.18 / 2.09	53.81B / 53.32B
Apr 30, 2019	03/2019	2.46 / 2.36	58.02B / 57.51B
Jan 29, 2019	12/2018	4.18 / 4.17	84.31B / 83.97B
Nov 01, 2018	09/2018	2.91 / 2.78	62.9B / 61.46B
Jul 31, 2018	06/2018	2.34 / 2.16	53.27B / 52.3B
May 01, 2018	03/2018	2.73 / 2.69	61.14B / 61.15B

인베스팅닷컴에서 애플 실적과 추정치(Forecast)를 검색한 화면. (출처: Investing.com)

지이고 유료로는 EBIT, EBITDA, FCF 등 보다 상세한 컨센서스 정보를 얻을 수 있다.

다만 한 가지 유의해야 할 점이 있다. 만약 월가의 기대치를 훨씬 상회하는 실적이 나와도 이미 시장에서 이를 예측해 주가에 선반영된 상태라면 어닝 서프라이즈 상황에서도 주가는 크게 움직이지 않는다. 그 반대의 경우도 마찬가지다. 어닝 쇼크는 그 성도에 따라 주가 폭락으로 이어지지만 시장이 어느 정도 예상한 상태면 하락폭이 생각보다 크지 않을 수 있다. 가끔은 애널리스트가 예측 수치를 변경할 새도 없이 하루아침에 업계 판도가 바뀌는 어떤 사건이 생기거나 예측 불허의 매크로 요인으로 시황 전환이 일어나 컨센서스가 바뀌기도 전에 시장의 기대심리가 주가에 선반영되기도 하기 때문이다. 결국 관건은 현재 주가가 어디까지 반영하고 있는가를 알아내는 데 있다.

예측불허 사건의
알람시계

8-K

기업 뉴스를 가장 먼저 확인하는 법

2020년 5월 미국 시장은 유난히 많은 기업의 파산Bankruptcy 신청 뉴스를 거의 매일 접하면서 경기침체 국면에 접어든 미국 사회가 주식시장뿐 아니라 실물경제에까지 타격을 입고 있음을 피부로 느낄 수 있었다. 5월 한 달만 해도 미국 유명 의류 회사 제이 크루J. Crew, 럭셔리 백화점 니만 마커스Neiman Marcus, 중저가 백화점 제이시 페니OTCMKTS: JCPNQ, 베이커리-레스토랑 업체 르 팽 코티디앵Le Pain Quotidien 등이 줄줄이 '챕터 11'Chapter 11 파산 신청을 했다.

이 중 단연 화제였던 파산 신청 건은 렌터카 업계의 선두주자이자 102년 역사의 전통 브랜드인 허츠NASDAQ: HTZ의 챕터 11 파산이었다. 사실 화제가

허츠의 상장폐지

허츠는 2020년 10월 30일 기준으로 뉴욕증권거래소(NYSE)에서 상장폐지(Delisted)되어 'HTZGQ'라는 심볼로 장외시장(OTC)에서 거래되었다. 이후 2021년 6월 30일 챕터 11 파산보호에서 벗어났으며 11월 9일 'HTZ'라는 심볼로 나스닥에 재상장했다.

된 이유는 파산 자체보다 파산 신청 이후 주가의 비이성적 행보 때문이다. 이 사례를 보기에 앞서 이처럼 기업이 파산 신청을 하는 경우 투자자 입장에서 가장 빨리 속보를 확인하고 더 자세한 사항을 알아내는 방법을 살펴보자.

미국 주식시장은 기본적으로 공개시장에서 '시장 참여자의 알 권리'에 상당한 보호 장치를 갖추고 있다. SEC 규정 아래 기업은 투자자가 반드시 알아야 하는 중요한 사안이 발생할 경우 이를 SEC에 등록해야 하는 8-K 보고서에 공시할 의무가 있다. 공식 분기 실적 보고서10-Q나 연간 보고서10-K 제출 기간이 아닐 때 기업의 영업활동이나 재무 상황과 관련해 주요 변경 사항이 생기면 즉시 8-K 공시로 공개시장에 알리는 것이다. 먼저 8-K 보고로 업데이트 상황을 실시간 공표하고 추후 실적 보고서에 반영한다. 말 그대로 회사에 무슨 일이 생겼을 때 수시로, 예고 없이 발표하기 때문에 더욱 주의해서 살펴봐야 하는 공시다.

8-K 공시가 요구하는 기업 상황에는 파산, 구조조정Restructuring, M&A 관련 소식, 유상증자Equity issuance, 혹은 부채 관련 새로운 자금조달Re-financing, 경영진 교체나 이사회 구성 변화, 자산 매입·매각Asset Sale/Acquisitions, 유무형 자산가치의 감액손실Impairment Loss등이 포함된다. 2020년에는 코로나19라는 예측불허의 변수로 달라진 기업의 영업 환경과 재무 상황에 따른 경영진의 대응책COVID-19 Update을 8-K 보고서 형태로 공시한 바 있다. 이처럼 회사와 관련된 주요 사항은 반드시 공시가 이뤄지므로 8-K 보고서를 찾아보는 것이 가장 빠르다.

UNITED STATES
SECURITIES AND EXCHANGE COMMISSION
Washington, D.C. 20549

FORM 8-K

CURRENT REPORT
Pursuant to Section 13 or 15(d) of the Securities Exchange Act of 1934

Date of Report (Date of earliest event reported) **May 19, 2020**

HERTZ GLOBAL HOLDINGS, INC.
THE HERTZ CORPORATION
(Exact name of registrant as specified in its charter)

Delaware	001-37665	61-1770902
Delaware	001-07541	13-1938568
(State or other jurisdiction of incorporation)	(Commission File Number)	(I.R.S. Employer Identification No.)

8501 Williams Road
Estero, Florida 33928
239 301-7000
(Address, including Zip Code, and
telephone number, including area code,
of registrant's principal executive offices)

Not Applicable
Not Applicable
(Former name, former address and
former fiscal year, if changed since last report.)

Check the appropriate box below if the Form 8-K filing is intended to simultaneously satisfy the filing obligation of the registrant under any of the following provisions:

☐ Written communications pursuant to Rule 425 under the Securities Act (17 CFR 230.425)

☐ Soliciting material pursuant to Rule 14a-12 under the Exchange Act (17 CFR 240.14a-12)

☐ Pre-commencement communications pursuant to Rule 14d-2(b) under the Exchange Act (17 CFR 240.14d-2(b))

☐ Pre-commencement communications pursuant to Rule 13e-4(c) under the Exchange Act (17 CFR 240.13e-4(c))

Securities registered pursuant to Section 12(b) of the Act:

	Title of Each Class	Trading Symbol(s)	Name of Each Exchange on which Registered
Hertz Global Holdings, Inc	Common Stock par value $0.01 per share	HTZ	New York Stock Exchange
The Hertz Corporation	None	None	None

Indicate by check mark whether the registrant is an emerging growth company as defined in Rule 405 of the Securities Act of 1933 (§230.405 of this chapter) or Rule 12b-2 of the Securities Exchange Act of 1934 (§240.12b-2 of this chapter).

Emerging growth company ☐

If an emerging growth company, indicate by check mark if the registrant has elected not to use the extended transition period for complying with any new or revised financial accounting standards provided pursuant to Section 13(a) of the Exchange Act. ☐

ITEM 1.01 ENTRY INTO A MATERIAL DEFINITIVE AGREEMENT.

The information contained in Item 2.04 regarding the waiver agreement is incorporated by reference herein.

ITEM 1.03 BANKRUPTCY OR RECEIVERSHIP

Voluntary Petitions for Bankruptcy

On May 22, 2020, Hertz Global Holdings, Inc. ("Hertz Global"), The Hertz Corporation ("THC," and collectively with Hertz Global, "Hertz" or the "Company") and certain of their direct and indirect subsidiaries in the United States and Canada (but excluding, without limitation, (i) Hertz International Limited, Hertz Holdings Netherlands BV ("Hertz Netherlands") and the direct and indirect subsidiary companies located outside of the United States and Canada (the "International Subsidiaries") and (ii) Hertz Vehicle Financing LLC ("HVF"), Hertz Vehicle Financing II LP ("HVF II"), Hertz Fleet Lease Funding LP ("HFLF") and certain other vehicle financing subsidiaries (collectively, the "Non-Debtor Financing Subsidiaries")) (collectively, the "Debtors") filed voluntary petitions for relief (collectively, the "Petitions") under chapter 11 of title 11 ("Chapter 11") of the United States Code (the "Bankruptcy Code") in the United States Bankruptcy Court for the District of Delaware (the "Court"), thereby commencing Chapter 11 cases for the Debtors. The Debtors are requesting joint administration of their Chapter 11 cases (the "Chapter 11 Cases") under the caption *In re The Hertz Corporation*, et al., Case No. 20-11218 (MFW).

The Debtors continue to operate their business as "debtors-in-possession" under the jurisdiction of the Court and in accordance with the applicable provisions of the Bankruptcy Code and orders of the Court. The Debtors are seeking approval of a variety of "first day" motions containing customary relief intended to assure the Debtors' ability to continue their ordinary course operations.

Additional information about the Chapter 11 Cases, including access to Court documents, is available online at https://restructuring.primeclerk.com/hertz, a website administered by Prime Clerk, a third party bankruptcy claims and noticing agent. The information on this web site is not incorporated by reference into, and does not constitute part of, this Form 8-K.

허츠의 챕터 11 파산 보호 신청에 관한 8-K 공시 자료. (출처: 8-K, HTZ, 2020.05.26.)

미국 기업은 파산의 종류도 절차도 다르다

허츠의 파산 신청 관련 8-K 보고서를 찾아보자. 참고로 미국에서 챕터 11 파산 신청은 정확히 '파산 보호 신청'Bankruptcy Protection Filing 이 맞다. 미국에는 두 종류의 파산이 있는데 하나는 챕터 11Chapter 11이고 다른 하나는 챕터 7Chapter 7이다. 챕터 7 파산은 기업 자체를 정리한 뒤 잔여 자산을 채권자에게 모두 분배해 기업을 청산하는 것을 말한다.

챕터 11 파산은 파산 보호 신청으로 기업의 자산과 채무를 구조조정해 회생 기회를 주는 것에 의미가 있다. 어떻게든 회생하는 것이 목적이라 파산 신청 후에도 사업 자체는 계속 운영한다. 실제로 챕터 11 파산 보호를 신청하고 시간이 흐른 뒤 회생하는 사례도 여럿 있다. 대표적으로 델타항공NYSE: DAL, 유나이티드항공NASDAQ: UAL, 아메리칸항공NASDAQ: AAL 같은 미국 항공주 사례가 있다. 허츠의 경우도 챕터 11 파산 보호 신청이었다.

파산 보호 신청은 주주에게 정확히 어떤 의미일까? 챕터 11을 신청한 기업은 최대한 빨리 보유 자산을 청산해 채무를 상환하고 파산 보호 상황에서 벗어나야 한다. 기업이 상환할 의무가 있는 채권 집단에는 여러 종류의 우선권이 있으며 그에 따라 채무 변제 순서가 정해져 있다. 일반적인 미국 기업의 자본구조는 다음과 같다.

우선순위에 따른 자본구조 Capital Structure by Seniority

- 선순위 담보부 채권Senior Secured Debt
- 선순위 채권Senior Unsecured Debt
- 후순위 채권Subordinated Debt

- 전환사채Convertible Bonds 등 메자닌 금융 상품

- 우선주Preferred Equity

- 보통주Common Equity

Mezzanine
메자닌

주식과 채권의 중간 위험 단계
에 있는 상품으로 전환사채
(CB), 신주인수권부사채(BW),
교환사채(EB)가 대표적이다.

아주 단순하게 보면 자본구조는 위와 같으며 파
산 시 상환우선권도 이 순서를 따른다. 보다시피 일반 주식을 보유한 보통
주 투자자는 가장 마지막 단계에 있다. 선순위에 있는 많은 주체에게 마지
막 한 푼까지 모두 갚고, 즉 최소한 원금 상환이라도 하고 나서야(남은 게 있
으면) 일반 주주에게 돌아가는 구조다. 문제는 파산 신청 단계까지 온 기업은
대부분 주주에게 돌려줄 게 남아 있는 경우가 거의 없다는 점이다. 채권자에
게도 겨우 변제할 판에 주주까지 챙길 여유가 있을 리 없다. 간단히 말해 주
주들의 몫은 0이다. 이론상 주식 가치는 0이 되는 것이다.

허츠의 파산 보호 신청 이후 일어난 일

챕터 11 파산 직후 허츠 주식도 주당 40센트대까지 떨어졌다. 그런데 이후 비
상식적인 일이 일어났다. 며칠간 상승 기조를 보이더니 6월 초 급상승해 주가
가 7달러까지 치솟는 현상이 나타난 것이다. 종잇조각이 될 주식이 1,450%
나 뛰다니 대체 어찌된 일일까. 월가에서도 이 당황스러운 사태를 해석하기
까지 한동안 시간이 걸렸다.

대부분 '이건 단지 숏 스퀴즈일 뿐이다. 숏 커버 거래량이 한꺼번에 몰려
역으로 강한 매수세가 된 것이다'라고만 생각했고 나 역시 당시에는 그렇게

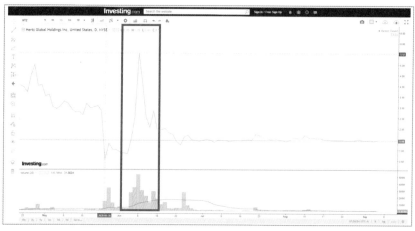

표시한 부분에서 6월 첫째 주 주가와 매매량이 이상하게 치솟은 것을 확인할 수 있다. (출처: Investing.com, 2020.09.30. 기준)

바라볼 수밖에 없었다.

챕터 11 파산 보호 절차에 들어가는 기업의 주식은 당연히 숏 셀러Short Sellers, 즉 공매도 트레이더에게 핫한 아이템이다. 현재 주가가 얼마든 0으로 갈 확률이 매우 높은 주식이기 때문이다. 심지어 허츠는 이 시기 뉴욕증권거래소 규제 당국으로부터 상장폐지De-listing 경고도 받았다. 이런 상황에 숏 세력이 들어오지 않을 이유가 없었다. 그들은 주가가 어느 정도 폭락하면 포지션을 커버하기 위해 주식을 사들이면서 차익을 실현한다. 파산 신청을 발표한 8-K 공시 당시 3달러대에서 거래가 이뤄지던 주식이 일주일도 채 지나지 않은 기간에 장중 40센트대까지 떨어졌으니 숏 트레이더 입장에서는 홈런을 친 셈이다. 주식이 어느 정도 바닥을 쳤다는 판단 아래 숏을 청산하기 위한 이들의 매수 주문량이 한꺼번에 몰리면서 주가가 일시적으로 상승했을 수 있다. 하지만 허츠 주가가 1,450% 이상 뛰는 이유가 전부 숏 커버 세력에게 있다고 하기에는 전체 거래량이나 주가 상승 폭이 너무 컸다.

이러한 주가 움직임을 두고 한쪽에서는 당시 코로나19로 폐쇄되다시피 한 미국 경제가 재개하면서 항공주가 상승했는데 그 상승세에 힘입어 허츠 같은 수혜주가 덩달아 오른 것이라고 해석했다. 그건 이유가 될 수 없다. 정상적인 상황이라면 자동차 렌털 수요와 가장 밀접하게 연관된 항공주 회복이 호재로 작용하겠지만 일단 파산 신청에 들어간 이상 그런 수혜주 기능은 아무런 의미가 없다. 관건은 오로지 시장 가치가 남은 자산을 전부 청산한 뒤에도 주주에게 돌아갈 몫(현금)이 있는가 하는 점뿐이다. 그 대략적인 감을 잡기 위해 허츠의 기업 공시를 확인해보자. 가장 최근 10-Q를 확인해보면 알 수 있다. 당시는 1분기 실적을 발표한 지 얼마 지나지 않은 시기였다.

'더 멍청한 바보 이론'의 실사판

허츠의 2020년 1분기 10-Q 공시 자료의 부채 관련 재무제표가 보여주듯 허츠의 장부상 부채 규모는 190억 달러다. 그중 150억 달러는 자산유동화증권ABS으로 담보가 잡힌 상황이다. 채권자에게 갚아야 할 돈만 해도 이렇게 많은데 가장 낮은 순위의 주주에게까지 돌아갈 게 남아 있을 리 없다. 이것은 어려운 분석도 아니고 공시 자료 한두 페이지만 봐도 쉽게 알 수 있는 사실이다.

어떤 관점에서도 오를 이유가 전혀 없는 주식의 매수세 뒤에 누가 있나 했더니 곧 드러난 주범은 바로 로빈후드 군단이라 불리는 개인투자자였다. 다

HERTZ GLOBAL HOLDINGS, INC. AND SUBSIDIARIES
THE HERTZ CORPORATION AND SUBSIDIARIES

NOTES TO CONDENSED CONSOLIDATED FINANCIAL STATEMENTS (CONTINUED)
Unaudited

Facility	Weighted-Average Interest Rate as of March 31, 2020	Fixed or Floating Interest Rate	Maturity	March 31, 2020	December 31, 2019
Non-Vehicle Debt					
Senior Term Loan	3.74%	Floating	6/2023	$ 656	$ 660
Senior RCF	3.99%	Floating	6/2021	595	—
Senior Notes(1)	6.11%	Fixed	10/2022-1/2028	2,700	2,700
Senior Second Priority Secured Notes	7.63%	Fixed	6/2022	350	350
Promissory Notes	7.00%	Fixed	1/2028	27	27
Other Non-Vehicle Debt	5.71%	Fixed	Various	21	18
Unamortized Debt Issuance Costs and Net (Discount) Premium				(33)	(34)
Total Non-Vehicle Debt				4,316	3,721
Vehicle Debt					
HVF II U.S. ABS Program					
HVF II U.S. Vehicle Variable Funding Notes					
HVF II Series 2013-A(2)	2.71%	Floating	3/2022	4,704	2,644
				4,704	2,644
HVF II U.S. Vehicle Medium Term Notes					
HVF II Series 2015-1(2)	N/A	Fixed	3/2020	—	780
HVF II Series 2015-3(2)	3.10%	Fixed	9/2020	371	371
HVF II Series 2016-2(2)	3.41%	Fixed	3/2021	595	595
HVF II Series 2016-4(2)	3.09%	Fixed	7/2021	424	424
HVF II Series 2017-1(2)	3.38%	Fixed	10/2020	450	450
HVF II Series 2017-2(2)	3.74%	Fixed	10/2022	370	350
HVF II Series 2018-1(2)	3.54%	Fixed	2/2023	1,058	1,000
HVF II Series 2018-2(2)	3.94%	Fixed	6/2021	213	200
HVF II Series 2018-3(2)	4.29%	Fixed	7/2023	213	200
HVF II Series 2019-1(2)	4.00%	Fixed	3/2022	745	700
HVF II Series 2019-2(2)	3.67%	Fixed	5/2024	799	750
HVF II Series 2019-3(2)	2.91%	Fixed	12/2024	800	800
				6,038	6,620
Donlen U.S. ABS Program					
HFLF Variable Funding Notes					
HFLF Series 2013-2(2)	2.56%	Floating	3/2022	450	286
				450	286
HFLF Medium Term Notes					
HFLF Series 2016-1(3)	N/A	Both	1/2020-2/2020	—	34
HFLF Series 2017-1(3)	2.54%	Both	4/2020-2/2021	174	229
HFLF Series 2018-1(3)	2.78%	Both	4/2020-4/2022	401	462
HFLF Series 2019-1(3)	2.41%	Both	4/2020-1/2023	613	650
				1,188	1,375
Vehicle Debt - Other					
U.S. Vehicle RCF	3.61%	Floating	6/2021	146	146
European Vehicle Notes(4)	5.07%	Fixed	10/2021-3/2023	808	810
European ABS(2)	1.60%	Floating	11/2020	530	766
Hertz Canadian Securitization(2)	3.10%	Floating	3/2021	214	241
Donlen Canadian Securitization(2)	2.59%	Floating	12/2022	27	24
Australian Securitization(2)	2.11%	Floating	6/2021	147	177
New Zealand RCF	3.82%	Floating	6/2021	45	50
U.K. Financing Facility	2.59%	Floating	4/2020-2/2023	201	247
Other Vehicle Debt	3.78%	Floating	4/2020-11/2024	23	29
				2,141	2,490
Unamortized Debt Issuance Costs and Net (Discount) Premium				(83)	(47)
Total Vehicle Debt				14,438	13,368
Total Debt				$ 18,754	$ 17,089

허츠의 2020년 1분기 10-Q 공시 자료의 부채 관련 재무제표를 보면 부채의 종류와 규모를 확인할 수 있다.
(출처: 10-Q, HTZ, 2020.05.01.)

음 94쪽의 차트에서 재미있는 현상을 볼 수 있다. 좌측 세로축과 분홍색 선은 허츠의 주가 추이고 우측 세로축과 초록색 선은 로빈후드 계좌 수로 허츠 주식을 매수한 리테일 투자자의 수라고 볼 수 있다. 허츠의 파산 보호 신청 이전 허츠 주식을 보유하고 있던 로빈후드 유저는 약 2만 명대였으나 이후 6월 초부터는 단번에 로빈후드 계좌 약 17만 1,000개 에서 허츠 주식을 매입했다.

Robinhood Army, Robinhooders
로빈후드 군단, 로빈후더

로빈후드는 미국 리테일 투자자가 가장 많이 사용하는 모바일 앱 기반 증권 거래 플랫폼이다. 매매 수수료가 없고 소액 투자가 가능해 주식투자에 입문하는 20~30대 투자자 사이에서 선풍적 인기를 끌고 있는 브로커 브랜드다. 이들이 리테일 투자시장을 선두하면서 미국 언론은 언젠가부터 리테일 투자자를 '로빈후드 군단', '로빈후드 세력'이라 부르기 시작했다. 한국에 '동학개미'가 있다면 미국에는 로빈후더가 있는 셈이다.

이들 중 대다수가 이 회사의 재무 상황이나 챕터 11 파산 보호법을 제대로 이해하지 못한 채 파산 신청 후 주가가 폭락한 것을 보고 근거 없는 회생 가능성에 투기하듯 들어갔을 확률이 높다. 이런 상황을 뒷받침하는 '더 멍청한 바보 이론'The Greater Fool Theory이라는 경제학 이론이 있다. 이것은 주로 시장과 자산 버블 현상을 설명할 때 쓰이는데 특정 자산 가격이 한창 오를 때 내가 추격 매수해도 더 높은 가격에 사줄 나보다 더 멍청한 바보가 있기만 하면 괜찮다는 의미다. 이 같은 심리 때문에 위험한 상황에서도 너나 할 것 없이 급등하는 매수세에 올라타 파산에 처한 회사의 주가를 이렇게까지 끌어올린 것이다.

지난 2009년 금융위기 여파로 제너럴 모터스NYSE: GM 그룹이 챕터 11 파산 보호 신청을 했다. 당시 GM 주식을 보유하고 있던 주주들은 기존 주식을 전부 소각해야 하는 아픔을 겪었고 이후 회사가 회생에 성공했어도 주주가 주식을 보상받는 일은 없었다.

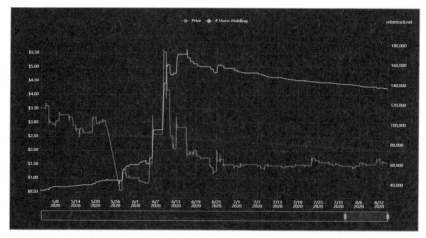

허츠 주가의 미스터리를 풀어준 로빈후드 거래량과 주가 차트. 파산 보호 신청 공시가 뜬 5월 26일부터 거래량(초록색 선)이 폭발적으로 늘어난 것을 확인할 수 있다. 참고로 로빈후드는 최근 로빈트랙 사이트(Robintrack.net)에 대한 데이터 접근을 차단했다. 로빈트랙은 리테일 주식 수요에 대한 시간대별 업데이트를 제공하는 사이트다. 로빈후드는 로빈트랙이 고객의 행동을 잘못 해석할 우려가 있기 때문에 사이트 정보의 기반이 되는 피드 제공을 중단한다는 입장을 발표했다. 이에 2020년 3분기 이후 로빈트랙에 새롭게 업데이트되는 정보는 없다. (출처: robin-track, 2020.09.30. 기준)

▶ 더 멍청한 바보 이론(The Greater Fool Theory)

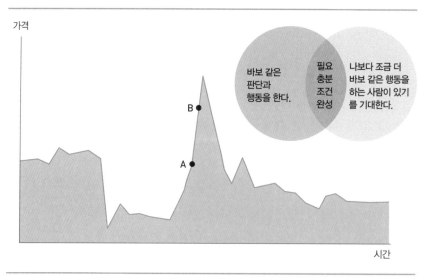

A 지점에서 진입하는 것이 비합리적임을 자각하면서도 B 지점에 엑시트할 마켓 수요만 있으면 된다는 기대로 매수를 하지만 현실적으로 A에서 B까지 오를지 알 수 있는 방법은 없다. 단지 기대심리일 뿐이다.

공시를 제대로 봐야 하는 이유

난센스는 여기서 끝나지 않았다. 난데없이 주가가 폭등하자 허츠 경영진은 이 사태를 최대한 유리하게 이용할 속셈으로 대규모 유상증자를 발표했다. 발 빠르게 움직인 경영진은 최대 10억 달러 규모의 유상증자를 하도록 법원 허가를 받아냈고 이후 SEC 승인을 받기 위해 유상증자 증권 신고서 'S-3' 보고서를 제출했다. 여기서 투자자가 확인해야 하는 공시는 'Form 424B'라는 보고서다. 이것은 신규 증권 발행이 있을 경우 해당 증권 가격, 발행주식 수 같은 기본 정보뿐 아니라 투자자가 반드시 알아야 할 리스크와 기대수익·손실을 설명해준다. 즉, 이것은 발행 증권 정보의 투명성을 강조하는 SEC 규정에 따라 예비 투자자를 보호하기 위해 의무적으로 제공해야 하는 보고서다.

공시에 발표한 유상증자 예상 규모는 5억 달러다. SEC에 허가 신청을 냈을 당시 주가 기준으로 1억 7,600만 주를 추가 발행하겠다는 계획이다. 이게 얼마나 큰 규모인지 감을 잡으려면 현재 허츠 주식의 발행주식 총수가 1억 4,200만 주라는 것을 알면 된다. 주가가 오른 김에 증자를 해서 주식 수를 거의 2배로 늘리겠다는 의도다.

당연히 대규모 증자에 따른 주가 희석 효과가 생기면서 주가는 떨어진다. 원래 0 가까이 떨어져 휴지 조각이 되어야 할 판에 희석 효과가 무슨 상관일까 싶지만 말이다. 여하튼 경영진은 공시 자료 첫 페이지에 굵은 글씨로 강조까지 하면서 대놓고 설명한다.

"이에 보통주의 가치 하락이 발생할 수 있으며 주식이 아무런 가치도 없는 종잇조각이 될 수도 있다는 점에 유의하기 바랍니다."

이런저런 논란 속에서 결국 SEC 규제 당국은 허츠의 유상증자 승인을 거

Filed pursuant to Rule 424(b)(5)
Registration Statement No. 333-231878

PROSPECTUS SUPPLEMENT
(To prospectus dated June 12, 2019)

Hertz Global Holdings, Inc.

> **Up to $500.0 million**
> **Common Stock**

We have entered into an Open Market Sale Agreement[SM], or sales agreement, with Jefferies LLC, or Jefferies, dated June 15, 2020, relating to the sale of our common stock offered by this prospectus supplement. In accordance with the terms of the sales agreement, under this prospectus supplement we may offer and sell our common stock, par value $0.01 per share, having an aggregate offering price of up to $500.0 million from time to time through Jefferies, acting as our agent.

Sales of our common stock, if any, under this prospectus supplement will be made by any method permitted that is deemed an "at the market offering" as defined in Rule 415(a)(4) under the Securities Act of 1933, as amended, or the Securities Act, including sales made directly on or through The New York Stock Exchange, or NYSE, or any other existing trading market for our common stock. Jefferies is not required to sell any specific amount, but will act as our sales agent using commercially reasonable efforts consistent with its normal trading and sales practices. There is no arrangement for funds to be received in any escrow, trust or similar arrangement.

Jefferies will be entitled to compensation at a commission rate of up to 3.0% of the gross sales price per share sold under the sales agreement. See "Plan of Distribution" beginning on page S-14 for additional information regarding the compensation to be paid to Jefferies.

In connection with the sale of the common stock on our behalf, Jefferies may be deemed to be an "underwriter" within the meaning of the Securities Act and the compensation of Jefferies may be deemed to be underwriting commissions or discounts. We have also agreed to provide indemnification and contribution to Jefferies with respect to certain liabilities, including liabilities under the Securities Act.

Our common stock trade on the NYSE under the symbol "HTZ." On June 12, 2020, the last sale price of our common stock as reported on the NYSE was $2.83 per share.

We are in the process of a reorganization under chapter 11 of title 11, or Chapter 11, of the United States Code, or Bankruptcy Code, which has caused and may continue to cause our common stock to decrease in value, or may render our common stock worthless.

Investing in our common stock involves a high degree of risk. See "Risk Factors" beginning on page S-4 of this prospectus supplement.

Neither the Securities and Exchange Commission nor any state securities commission has approved or disapproved of the securities being offered by this prospectus supplement or accompanying prospectus, or determined if this prospectus supplement or accompanying prospectus is truthful or complete. Any representation to the contrary is a criminal offense.

Jefferies

The date of this prospectus supplement is June 15, 2020

신주 발행에 따른 허츠의 Form 424B 공시. (출처: Form 424B5, HTZ, 2020.06.15.)

부했고 사태는 그렇게 끝이 났다. 이 모든 일이 발생한 일주일 동안 주가는 롤러코스터를 타듯 폭등과 폭락을 거듭했으며 그사이 많은 투자자가 엄청난 수익 혹은 손실을 경험했다.

참고로 허츠가 파산 신청을 하기 전 지분을 39%나 보유하고 있던(18억 8,000만 달러 규모) 헤지펀드매니저 칼 아이칸도 허츠의 기업 회생을 부정적으로 보고 주당 72센트(4,000만 달러)에 전부 청산했었다. 나중에 그는 언론과의 인터뷰에서 리테일 세력이 뒤집어놓다시피 한 허츠 주가 사태를 두고 이렇게 말했다.

"주사위나 던지게 내버려두자고요."

Q&A

Q 기업 공시 자료가 발표된 걸 실시간으로 알 수 있는 방법은 없나요?

A 관심 있는 회사의 IR 사이트에서 투자자 서비스 일환으로 제공하는 알림 메일(Email Alert; Email Notifications) 기능을 활성화해 알림을 받을 수 있다. 공시가 뜨면 바로 이메일로 알려준다. 다만 소규모 회사 중에는 서비스하지 않는 경우도 있다.

Q 미국에서는 유상증자가 주가에 어떤 영향을 미치나요?

A 유상증자란 기업이 신주 발행을 통해 자금을 조달하는(Equity Financing) 방식이다. 유상증자 뉴스는 기업이 처한 상황과 자금조달 이유에 따라 호재가 될 수도 악재가 될 수도 있다.

예를 들어 주가가 많이 올라서 신주 발행을 통해 얻은 수익으로 부채비율을 낮추기 위해 부채 상환을 하거나 신사업 개발에 쓰이는 경우라면 좋은 뉴스로 인식될 수 있다. 회계상으로는 유통주식 수가 많아지기 때문에 주주 가치가 희석되고(Share Dilution; Equity Dilution) EPS가 감소하는 효과가 있지만 기업 성장을 위한 자금조달원이기 때문에 결과적으로는 주가가 상승한다. 주로 성장주의 경우 기업 가치를 선반영한 주가흐름에 따라 유상증자를 결정하고 그렇게 주식시장에서 조달된 자본을 사업 성장에 필요한 투자비용으로 쓰겠다고 발표하면 마켓이 긍정적으로 반응하는 편이다.

반대로 재무 상황이 악화했을 때 유상증자를 한다면 마켓은 이를 악재로 받아들이고 증자에 대한 공시가 뜨자마자 주가가 하락한다.

Q 미국의 유상증자는 한국과 어떻게 다른가요?

A 미국 기업의 유상증자는 시가(Market Price)에 결정되는 일반공모(Public Offering) 또는 3자배정(Private Placement) 형태로 이루어진다. 3자배정은 주로 기관투자자를 대상으로 한다. 한국에서와 같이 기존 주주에게 신주가 우선 배정되는 주주우선배정 방식의 신주 발행은 없다.

그래서 테슬라(ASDAQ: TSLA) 유상증자 때 신주 발행에 대한 우선권을 받지 못한 한국 투자자들의 질문이 많았다. 미국에서는 추가 매입에 관심이 있다면 기존 주주들도 증자 이후 시장에 형성된 가격에 매매해야 한다.

헤지펀드가
반드시 보는 공시는?

DEF-14A(Proxy)

기업 경영진을 자세히 알고 싶다면

내가 투자한 기업이 지난 몇 년간 사업 목표치에 미치지 못하는 실적을 내서 주가가 하락하고 있음에도 불구하고 경영진에게 백만 달러 단위의 연봉에 스톡옵션Stock Option, 전용 제트기, 요트 그리고 터무니없이 높은 의료보험 혜택까지 제공한다면 어떨까? 해당 산업에서 일해본 적이 전혀 없고 경영 전문성도 없는 사람들이 이사회에서 다수를 차지하고 있다면? 이것은 분명 주주가 문제를 제기해야 하는 이슈다.

그러면 이와 관련된 정보는 어디서 찾을 수 있을까? 미국에는 정기 주주총회 전 제출해야 하는 공시로 위임 권유서Proxy Statement가 있는데, 이것을 SEC 제출 서류명으로는 'DEF-14A'라 하며 간단히 '프록시'Proxy라고 부르기

Apple Inc.

Notice of 2020 Annual Meeting of Shareholders

Steve Jobs Theater	February 26, 2020
Apple Park	9:00 a.m. Pacific Time
Cupertino, California 95014	

The Notice of Meeting, Proxy Statement, and Annual Report on Form 10-K are available free of charge at investor.apple.com.

Items of Business

(1) To elect to the Board of Directors the following seven nominees presented by the Board: James Bell, Tim Cook, Al Gore, Andrea Jung, Art Levinson, Ron Sugar, and Sue Wagner;

(2) To ratify the appointment of Ernst & Young LLP as the independent registered public accounting firm for 2020;

(3) To vote on an advisory resolution to approve executive compensation;

(4) To vote on the shareholder proposals set forth in the Proxy Statement, if properly presented at the Annual Meeting; and

(5) To transact such other business as may properly come before the Annual Meeting and any postponements or adjournments thereof.

Record Date

Close of business on January 2, 2020

Sincerely,

Katherine Adams
Senior Vice President,
General Counsel and Secretary

Cupertino, California
January 3, 2020

2월 26일 열린 주주총회에 앞서 공시한 애플의 프록시. 기준일(Record Date)인 1월 2일까지 애플 주식을 보유한 주주에 한해 투표 권한이 있다는 것과 주주총회 안건 내용을 설명하고 있다. [출처: (위)DEF-14A, AAPL, 2020.01.03.; (아래)DEF/A-14A, AAPL, 2020.01.03.]

도 한다. 이는 의결권이 있는 주주들이 회사 주요 사항, 지배구조에 투표하는 프로세스와 관련 정보를 제공한다.

모든 기업의 DEF-14A 공시에 반드시 수록하는 내용은 다음과 같다.

- **기업의 지배구조**Corporate Governance

  이사회 역할과 구성

- **이사회**Board of Directors

  매년 주주 투표로 선출하는 이사회 멤버들의 약력과 당해 연도 보수, 다가오는 주주총회 때 선출 후보들의 프로필

- **경영진·임원**Executive Officers

  경영진 약력, 지난 3년간 보수와 인센티브 금액, 보수 산정 체계, 경영권 해지·변동Termination/Change of Control 상황에 따른 페이아웃Payout 제도

- **주주총회 안건**Proposals

임직원에게 지급하는 '보수에 관한 의견과 분석'Compensation Discussion & Analysis 부분에는 기업의 보수와 인센티브 지급 체계를 상세하게 설명한다. 경영진의 기본 연봉, 성과급 기준, 현금 보너스, 스톡옵션 등 주식 보상Stock-based Compensation과 이연 보상을 포함해 지난 몇 년간의 보수 지급 현황

> **Deferred Compensation**
> 이연 보상
>
> 성과와 연계된 보상의 일부를 수년간 이연해 연금, 퇴직연금, 스톡옵션 등으로 지급하는 것을 의미한다.

이나 지급 사유 내역을 찾아볼 수 있다. 이는 기업의 사업 실적과 성장에 비해 경영진이나 이사회에 지급하는 보상 수준이 적절한지, 주주 가치 극대화를 위해 최선을 다하고 있는지 확인할 수 있는 중요한 자료다.

Executive Compensation Tables

Summary Compensation Table – 2019, 2018, and 2017

The following table, footnotes, and related narrative show information regarding the total compensation of each named executive officer for 2019, 2018, and 2017, except in the case of Ms. Adams and Mr. Williams who were not named executive officers in 2017, and Ms. O'Brien who was not a named executive officer in 2018 or 2017.

Name and Principal Position (a)	Year (b)	Salary[1] ($)(c)	Bonus ($)(d)	Stock Awards[2] ($)(e)	Non-Equity Incentive Plan Compensation[3] ($)(f)	All Other Compensation ($)(g)	Total ($)(h)
Tim Cook Chief Executive Officer	2019	3,000,000	—	—	7,671,800	884,466[4]	11,555,466
	2018	3,000,000	—	—	12,000,000	682,219	15,682,219
	2017	3,057,692	—	—	9,327,000	440,374	12,825,066
Luca Maestri Senior Vice President, Chief Financial Officer	2019	1,000,000	—	21,633,416	2,557,000	19,221[5]	25,209,637
	2018	1,000,000	—	21,491,888	4,000,000	17,804	26,509,692
	2017	1,019,231	—	20,000,113	3,109,000	13,271	24,141,615
Kate Adams Senior Vice President, General Counsel and Secretary	2019	1,000,000	—	21,633,416	2,557,000	41,384[6]	25,231,800
	2018	884,615	—	21,509,765	4,000,000	306,280	26,700,660
Deirdre O'Brien Senior Vice President, Retail + People	2019	877,500	—	16,469,527	1,795,000	17,753[7]	19,159,780
Jeff Williams Chief Operating Officer	2019	1,000,000	—	21,633,416	2,557,000	17,503[8]	25,207,919
	2018	1,000,000	—	21,491,888	4,000,000	51,818	26,543,706
Angela Ahrendts Former Senior Vice President, Retail	2019	630,361	—	21,633,416	—	14,465[9]	22,278,242
	2018	1,000,000	—	21,491,888	4,000,000	46,942	26,538,830
	2017	1,019,231	—	20,000,113	3,109,000	87,728	24,216,072

Outstanding Equity Awards at 2019 Year-End

The following table shows information regarding the outstanding equity awards held by each of the named executive officers as of September 28, 2019.

Name (a)	Grant Date (b)	Number of Shares or Units of Stock That Have Not Vested (#)(c)	Market Value of Shares or Units of Stock That Have Not Vested[1] ($)(d)	Equity Incentive Plan Awards: Number of Unearned Shares, Units or Other Rights That Have Not Vested (#)(e)	Equity Incentive Plan Awards: Market or Payout Value of Unearned Shares, Units or Other Rights That Have Not Vested[1] ($)(f)
Tim Cook	8/24/2011	1,260,000[2]	275,713,200	560,000[2]	122,539,200

애플 경영진의 지난 3년간 보수와 스톡옵션을 포함한 인센티브 체계를 자세히 설명하고 있다.

Art Levinson

Director since 2000
*Chairman of the Board
Compensation Committee*

Art Levinson, 69, has served as the Chief Executive Officer of Calico, a company focused on health, aging, and well-being, since September 2013.

Dr. Levinson previously served as Chief Executive Officer of Genentech, Inc., a medical drug developer, from July 1995 to April 2009, and served as Genentech's Chairman from September 1999 to September 2014.

Among other qualifications, Dr. Levinson brings to the Board executive leadership experience, including his service as a chairman and chief executive officer of a large international public company, along with extensive financial expertise and brand marketing experience.

Selected Directorships and Memberships

Board of Directors, Broad Institute of Harvard and MIT
Board of Scientific Consultants, Memorial Sloan Kettering Cancer Center
Industrial Advisory Board, California Institute for Quantitative Biomedical Research
Advisory Council, Lewis-Sigler Institute for Integrative Genomics
Advisory Council, Princeton University Department of Molecular Biology
Science Advisory Board, Chan Zuckerberg Initiative

Tim Cook

Director since 2011
Chief Executive Officer

Tim Cook, 59, has been Apple's Chief Executive Officer since August 2011 and was previously Apple's Chief Operating Officer since October 2005.

Mr. Cook joined Apple in March 1998 and served as Executive Vice President, Worldwide Sales and Operations from February 2002 to October 2005. From October 2000 to February 2002, Mr. Cook served as Senior Vice President, Worldwide Operations, Sales, Service and Support. From March 1998 to October 2000, Mr. Cook served as Senior Vice President, Worldwide Operations.

Among other qualifications, Mr. Cook brings to the Board extensive executive leadership experience in the technology industry, including the management of worldwide operations, sales, service, and support.

Other Current Public Company Directorships

NIKE, Inc.

Selected Directorships and Memberships

Board of Directors, The National Football Foundation & College Hall of Fame, Inc.
Board of Trustees, Duke University
Leadership Council, Malala Fund

애플 이사회 멤버 일부의 프로필을 기재한 프록시. (출처: DEF-14A, AAPL, 2020.01.03.)

팀 쿡은 보수를 얼마나 받을까

예를 들어 애플 CEO 팀 쿡은 2019년 한 해 300만 달러의 기본 연봉에 주식을 제외한 인센티브로 약 767만 달러, 기타 보너스로 약 88만 달러를 지급받았다. 이와 별개로 주식 형태로 받은 보너스Equity Incentive Awards도 각각 2.7억 달러, 1.2억 달러다. 참고로 이것은 지급되었으나 현금화 유예 기간이 있는Unvested 주식을 기준으로 한 금액으로 이미 확정돼Vested 현금화한 주식은 제외한 금액이다.

미국 기업은 매년 주기적으로 진행하는 정기총회 전, 작게는 이사회 변경에 투표를 하거나 크게는 공개 매수가 들어와 투표가 필요한 안건에 위임장을 권유하는 DEF-14A를 공시한다. 개인투자자는 이 DEF-14A 공시 자체를 모르거나 알고는 있

Takeover Bid
공개 매수

경영권 획득, 유지, 강화를 위해 특정 기업 주식을 주식시장 외에서 공개 매수하는 적대적 M&A.

어도 확인하지 않는데 사실 여기에 숨은 유용한 정보가 정말 많다. 기업의 지배구조와 보수 체계가 경영진의 인센티브나 주주의 이해관계와 같이하고 있는지 그 답이 전부 담겨 있는 공시다.

대표적으로 '경영권 변동'Change of Control은 M&A 등의 이유로 기업 경영권이 다른 주체에게 넘어갈 경우 경영진에게 주는 보상을 설명하는 조항이다.

Potential Payments Upon Termination or Change of Control

We do not have any severance arrangements with our named executive officers, and none of the equity awards granted to the named executive officers under Apple's equity incentive plans provide for acceleration in connection with a change of control or a termination of employment, other than as noted below in connection with death or disability.

애플의 경영권 변동과 관련된 조항. (출처: DEF-14A, AAPL, 2020.01.03.)

애플은 관련 조항이 따로 없다고 명시하고 있지만, 다른 기업의 경우 경영권이 바뀌는 상황에서 경영진이 현금과 주식을 얼마나 받고 임원 자리에서 물러나는지 그 조항을 명시하고 있다.

일반적으로 경영진의 인센티브 상충Alignment에 문제가 있거나 지배구조가 취약한 기업의 경우 헤지펀드의 타깃이 되기 쉽다. 특히 행동주의Activist 헤지펀드들은 투자 대상을 발굴할 때 이 공시 자료를 눈여겨본다.

지분율 5% 룰 뒤에
숨은 의미

13D, 13G

기관이 기업 지분을 대량 매입하는 이유

개인투자자는 유명 헤지펀드나 대형 자산운용사가 특정 기업 지분을 늘렸다는 뉴스를 접하면 금세 혹한다. 기관투자자가 지분을 보유한 기업이라 왠지 안심이 되고 큰 자금을 투자하는 이들이 확신 없이 주식을 움직였을 리 없으니 앞으로 오르기만 할 것 같다. 더구나 헤지펀드라면 월가의 투자 전문 인력이 모여 수많은 리서치와 실사 작업을 거쳐 매수 결정을 내렸을 것 아닌가 하고 생각한다. 언뜻 합리적인 생각인 듯 보이지만 안타깝게도 개인투자자가 기관의 움직임에 따라 맹목적으로 포트폴리오를 카피하는 것은 상당히 위험하다.

기관이 지분을 대량 매입하는 데는 여러 가지 이유가 있다. 단순히 주식이 저평가됐다고 판단한 기관투자자의 롱 포지션 구축일 수도 있지만, 적대적 매수Hostile Takeover 기회를 노리는 행동주의 헤지펀드가 경영 개입과 이사회 참여를 위해 지분을 늘려가는 것일 수도 있다. 의결권을 행사하여 경영진을 교체하는 프록시 배틀을 준비하기 위한 전략일 수도 있다.

비교적 단기 시세차익을 노린 경영권 쟁탈을 염두에 두고 지분 보유량을 늘리는 것이라면 그 전략의 성공 여부에 따라 주가는 단기적으로 상승 혹은 하락할 수 있다. 이때 공시가 뜬 순간 상승 구간을 기대하고 섣불리 기관을 따라 매수할 경우 주가 향방을 결정하는 경영권 주체가 정해질 때까지 높은 주가 변동성을 견디며 이러지도 저러지도 못할 가능성이 크다. 만약 저평가된 주식이라고 판단한 기관투자자가 장기투자 목적으로 롱 포지션을 구축한 것을 개인투자자가 무작정 따라 하면 오랜 기간 손실 구간에 머물 수도 있다. 가치투자의 특성상 당장 내일 시장에서 가치를 인정받을 수도 있지만 몇 년 동안 저평가 구간에서 주가가 지지부진할 수도 있으므로 개인투자자 입장에서는 현금을 묶어둔 채 오랜 시간 제자리 수익률을 감당해야 한다.

미국 주식은 시가총액(시총) 기준 20억~100억 달러 주식을 중소형주Mid-cap, 100억 달러 이상을 대형주Large Cap로 구분한다. 만약 시총 100억 달러 기업의 5%를 보유한다면 5억 달러다. 한 종목에 기본 5억 달러를 투자하는 기관이 어떤 의도와 전략으로 주식을 매수할 것 같은가? 기관과 개인투자자는 단순히 전문성과 자본력 차이를 떠나 투자 사이클에 접근하는 관점이 전혀 다르다. 특히 미국 주식시장을 움직이는 큰손들이 집행하는 투자는 대개 긴 호흡으로 이루어진다. 그러면서도 투자 포지션을 늘 재검토하고 조정한다.

이들은 개인투자자가 따라가기 힘든 투자 기간과 규모, 포트폴리오 관리 능력을 갖추고 있다.

그런 관점에서 본다면 큰 기관의 자금흐름은 분명 주가를 움직이는 한 축이므로 참고하기에 좋은 데이터 포인트다. 그럼 이들의 지분 공시를 확인하는 방법에는 무엇이 있을까?

미국 증권거래법상 상장기업 지분을 5% 이상 보유한 주체는 지분 거래 기준일로부터 10일 이내에 반드시 SEC에 신고해야 한다. 이때 제출하는 지분 현황 보고서가 '스케줄 13D'Schedule 13D라는 공시다. 줄여서 13D 혹은 '주식 등의 대량 보유 상황 보고서'Acquisition Statement라고 한다.

이 공시 자료에는 5% 이상 지분을 보유한 주체(사람, 펀드, 기관)의 신상 정보가 자세히 나와 있다. 자금을 어떻게 조달했는가를 비롯해 펀드로 지분을 매입한 경우면 그 펀드 정보도 상세히 공개해야 한다. 13D 공시의 목적은 5% 이상 지분 보유자의 주식 매입 의도를 확인하는 데 있다. 주식 매매 목적 Purpose of the Transaction을 명시함으로써 테이크오버를 위한 거래인지, M&A를 위한 거래인지 공개시장에 밝히는 셈이다. 5% 이상 지분 보유자가 이미 한 번 13D를 공시한 상태에서 지분율을 1% 이상 변경한 경우에도 해당 매매와 관련해 반드시 13D를 다시 제출해야 한다. 이는 미국 금융 당국이 주주의 알 권리를 보호하기 위해 실행하는 가장 기본적인 공시 의무 중 하나다. 즉 해당 주식의 대량 지분을 보유한 주체가 어떤 의도로 주식을 매입했는지 그 투명성을 보장하는 장치다.

이와 관련된 스케줄 13G Schedule 13G 공시도 있는데 이것 역시 대량 지분 보유자의 의무 공시로 13D에 비해 훨씬 간소한 보고서다. 13D 대신 13G를 제출하는 경우에는 SEC 규정에 따라 보유 지분으로 회사에 영향력을 행사할 의도가 없음을 증명하고No intention of influencing control of the issuer 그외 SEC가 규정하는 일정 자격 요건을 갖춰야 한다. 이러한 13G는 특정 기관에게만 허락된 형태의 보고서로 큰 틀에서 볼 때 공시 의도와 기능은 13D와 다를 바 없다.

워런 버핏은 어디에 투자했을까

전 세계 투자자에게 막대한 영향력이 있는 워런 버핏을 예로 들어보자. 수십 년째 가치투자계의 전설로 남아 있는 워런 버핏의 영향력이 아직도 굳건하다는 것은 그가 보유한 종목이 언론에 노출될 때마다 가파르게 움직이는 주가와 투자자의 심적 동요가 말해준다. 비교적 최근 사례인 워런 버핏의 델타항공 투자를 보자. 오른쪽의 13G 공시는 각각 2020년 2월 14일, 5일 7일에 발표한 워런 버핏의 대량 지분 매매 보고서다. 2019년 12월 말까지만 해도 델타항공 주식을 약 7,000만 주 매입해 11% 지분을 유지하고 있던 워런 버핏은 다음 13G 공시에서 0% 지분을 공개하며 시장에 온갖 혼란을 야기했다.

사실 그가 항공 업계에 베팅하면서 58달러대에 거래가 이뤄지던 델타 주식을 대량 매수했다는 소식에 그를 따라 들어간 개인투자자가 수없이 많았다. 심지어 한국에서도 '버핏의 포트폴리오'라며 델타를 포함해 미국 항공주에 투자한 개인이 많았고 덩달아 한국 항공주까지 수혜를 입을 정도로 워런 버핏의 투자 종목 추종 열기는 뜨거웠다. 그런데 13G 공시 이후 한 달 만에 코로나19 여파로 미국 증시가 폭락하면서 가장 타격이 컸던 여행 관련주인 호텔, 항공 섹터 주식이 평균 70% 이상 떨어졌다. 워런 버핏은 항공 관련주를 손절매Stop Loss했다는 입장을 밝혔고 그것이 일부 주식 매도인지, 전량 매도인지 부연 설명을 하지 않아 시장에서는 13G 공시를 발표한 후에야 알 수 있었다.

버핏이 더 이상 항공주를 일체 소유하지 않고 있다는 소식에 그를 따라 매도한 개인투자자가 상당했던 것은 예상 가능한 일이다. 여기서 문제는 60달러짜리 주식을 20달러대에 손절매한 기관과 개인의 입장은 차원이 다르다는 점이다. 워런 버핏은 약 1,300억 달러의 현금을 보유한 부자다. 그는 일부 포

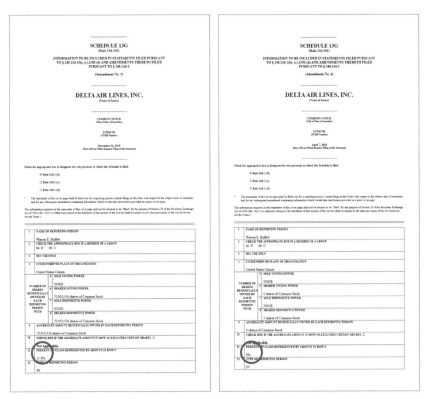

워런 버핏의 델타항공 지분율 변화를 나타낸 13G 공시. 공시 하단을 보면 2019년 12월 31일 기준 11%의 지분을 보유하고 있던 워런 버핏은 2020년 4월 7일에는 지분율이 0%라고 알리고 있다. [출처: (왼쪽)SC 13G, DAL, 2020.02.14.; (오른쪽)SC 13G, DAL, 2020.05.07]

트폴리오 손실에 따른 유동성 정도는 충분히 방어하고도 남는 버크셔 해서웨이Berkshire Hathaway의 자산규모로 투자금을 재배치해 손실을 이익으로 돌릴 수 있다. 더구나 당분간 저점일 것 같은 주식이 회복할 때까지 기다리는데 드는 기회비용이 더 크기 때문에 차라리 그 투자금을 회수해 다른 투자처로 옮기는 것이 유리하며 그럴 수 있는 현금을 충분히 보유하고 있다.

그럼 그를 무턱대고 따라 한 개인투자자는 어떠할까? 일반 개인에게는 워런 버핏 같은 유동자금도 기회비용도 대체 전략도 없다. 67% 손실을 떠안기는 손절매는 개인투자자에게 더 이상 투자가 불가할 정도의 타격을 줄 수 있다. 이래도 기관들의 대량 지분 매입 소식에 해당 종목을 추격 매수하고, 매도 소식에 추격 매도를 하겠는가?

지분 공시 5% 룰은 어디까지나 대량 지분 보유자의 매입 의도와 거래 내역 투명성을 위한 주주 보호 장치다. 그 이상 의미를 부여하기 시작하면 그저 기관의 자금흐름에 따라 이리저리 휩쓸리는 수많은 계좌 중 하나가 되어 버리고 만다. 기관투자자가 대량 보유한 종목은 공부용으로 참고하는 것까지만 추천한다.

시장을 움직이는 헤지펀드를
내 투자에 활용하는 법

13F

투자사의 지분 현황을 알고 싶다면?

헤지펀드매니저가 몹시 싫어하는 것 중 하나가 의도치 않게 자신의 포지션이 시장에 노출되는 일이다. 물론 전략에 따라 일부러 언론에 나와 포지션을 언급하는 경우도 있지만 대개는 포지션 노출을 기피한다. 헤지펀드 프로프라이어터리Proprietary, 즉 영업비밀에 속하는 투자 전략이나 트레이딩 기법을 노출해서 얻을 게 없기 때문이다. 하지만 SEC는 '공개시장의 정보 비대칭 해소와 투명성 강화'라는 명목 아래 최소한의 정보 공개를 요구한다. 미국 증권법상 자산 규모가 1억 달러 이상인 기관은 SEC에 보유 지분 현황 보고서를 제출함으로써 시장에 공개해야 한다.

　1억 달러라는 비교적 작은 규모의 기준 때문에 대형 은행, 보험사, 투자

사, 투자자문사, 자산운용사, 연기금 같은 기관은 전부 여기에 해당하며 이들은 보유 지분 공개 의무를 다해야 한다. 당연히 헤지펀드도 포함되기 때문에 좋든 싫든 공개해야 한다. 그 내용이 담긴 공시 자료를 '스케줄 13F'라고 하며 간단히 13F라고 부른다.

"칼 아이칸이 xx 회사 주를 yy% 매입했다."

"빌 애크먼이 w사 주를 전액 청산했다."

이런 정보는 13F 공시로 알 수 있는 뉴스다. 그러므로 관심 있는 기관 플레이어들이 어떻게 움직이는지 보고 투자를 판단하는 데 참고하고 싶다면 13F 공시를 확인하는 것이 좋다. 다만 13F 보고서는 분기 말 이후 45일 이내에만 공시하면 되기 때문에 실제 매매가 이뤄진 타이밍보다 한참 뒤 지분 매입, 매각, 변경 사항을 알 수 있다는 단점이 있다. 예를 들어 6월 1일 이뤄진 특정 회사의 지분을 매입한 헤지펀드의 거래 현황을 개인투자자가 아는 것은 시장에 공개한 8월 14일 이후에나 가능하다.

그럼 헤지펀드는 아니지만 가치투자계를 대표하는 한편 주식시장에서 헤지펀드에 버금가는 영향력이 있는 워런 버핏의 최근 보유 종목 현황을 보여주는 13F 보고서의 일부를 보자. 2020년 8월 14일 공시했지만 기준일은 2분기 말인 6월 30일이다. 즉, 6월 30일 이후 이들 투자 종목에 어떤 변경 사항이 생겼는지는 알 수 없다. 13F는 다음의 표처럼 매매 건마다 보고하기 때문에 특정 종목의 총투자금액을 한눈에 알아보기는 쉽지 않다. 변경한 포지션 상황을 알고 싶으면 지난 1분기 말 기준 공시한 2020년 5월 15일자 13F와 비교해야 한다. 예를 들어 이번 공시에서는 워런 버핏이 JP 모건 체이스NYSE: JPM 지분율을 대량 축소했다는 점, 옥시덴탈 페트롤리움NYSE: OXY과 골드만삭스NYSE: GS 지분을 전액 청산했다는 점, 크로거NYSE: KR주식을 추

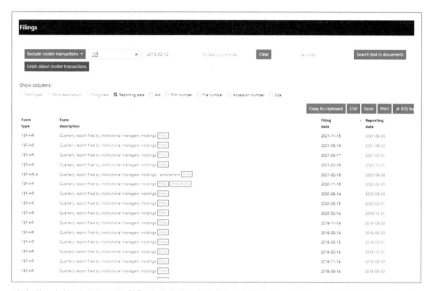

관심 있는 기관투자자의 13F를 찾을 때 가령 버크셔 해서웨이의 경우라면 먼저 EDGAR에서 'Berkshire Hatha way Inc'를 검색한다. 이어 결과 페이지의 검색 필터 'Filing Type'에서 '13F'를 검색하면 그동안 분기별로 공시한 13F 보고서를 전부 확인할 수 있다. (출처: SEC)

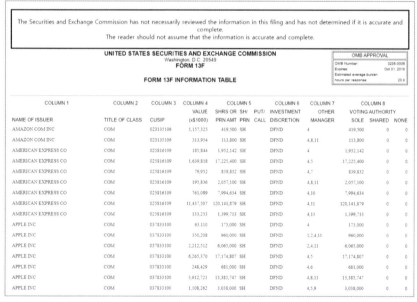

버크셔 해서웨이의 2분기 말 기준 보유 종목 현황을 공시한 13F 일부. (출처: 13F-HR, BRK-A, 2020.08.14.)

가 매입했다는 점, 새롭게 바릭 골드NYSE: GOLD 주식을 매입하면서 금에 투자하기 시작했다는 점을 알 수 있다.

공시를 접했을 때는 이미 매도 후일 수 있다

비교를 위해 몇몇 유명 헤지펀드 지분 현황을 공시한 13F를 살펴보자. 다음은 헤지펀드계의 대부인 조지 소로스의 소로스 펀드 지분 현황 중 일부다. 보유 종목 이름으로 시작해 제2열Column 2에는 투자 종류를 구분해놓았다. 'COM'은 보통주 자본Common Equity의 약자로 보통주 매입을 뜻하고 'NOTE'는 선순위 채권Senior Note의 약자로 채권 투자를 뜻한다. 그 외에 ETF 등 여러 투자 유형을 증권별로 분류했다. 제4열에는 총투자금액(천 단위 생략), 제5열에는 보유주식 수와 풋·콜 구분이 있다. 합자 형태의 공동투자가 아닌 이상 제6열에는 'SOLE'라고 표기하는데 이것은 개별 투자 건이라는 의미다.

보유 종목과 분기별 변경 포지션을 분석하면 헤지펀드의 투자 성향에 관한 힌트를 얻을 수 있다. 예를 들어 소로스는 2분기 들어 뱅크 오브 아메리카NYSE: BAC, 씨티 그룹NYSE: C, JP 모건 체이스, 모건스탠리NYSE: MS, PNC 파이낸셜 서비스NYSE: PNC, 웰스 파고NYSE: WFC 등의 대형 은행·금융주와 크라우드스트라이크NASDAQ: CRWD, 데이터독NASDAQ: DDOG, 팰로앨토 네트웍스NYSE: PANW, 젠데스크NYSE: ZEN, 스플렁크NASDAQ: SPLK, Z스케일러NAS-DAQ: ZS 등의 클라우드 컴퓨팅 산업 관련 종목에 베팅한 것을 알 수 있다. 반면 월트디즈니NYSE: DIS, 보잉NYSE: BA 주식은 전부 청산해서 보이지 않는다.

13F 보고서는 SEC 제출이 주목적이라 가독성이 떨어지는 편이다. 만약

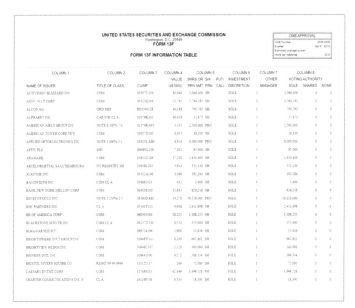

조지 소로스의 헤지펀드 지분 현황을 공시한 13F. (출처: 13F-HR, SOROS FUND MGMT., 2020.08.14.)

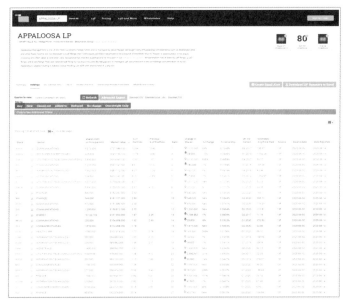

세계적인 펀드의 13F 공시를 정리한 웨일위즈덤 사이트(whalewisdom.com)에서 아팔루사 헤지펀드(Appaloosa LP) 자료. (출처: WhaleWisdom, 2020.09.11. 기준)

직접 비교 분석하는 것이 번거롭거나 어렵게 느껴진다면 대형 기관이나 유명 헤지펀드에서 정리해 정보를 공유하는 사이트도 많이 있으니 참고해도 좋다. 다만 모든 기관의 투자 현황은 알 수 없고 정리 가공한 자료의 특성상 간혹 오류가 있거나 실시간 제공이 아니라는 점을 감안해야 한다.

자료를 보면 아팔루사 헤지펀드는 AT&TNYSE: T, 비자카드, 마스터카드NYSE: MA, 페이팔, 월트디즈니 등 12개 종목에 신규 투자를 집행했다. 또 미국 티모바일NASDAQ: TMUS, 알리바바, 마이크로소프트NASDAQ: MSFT 등의 지분을 추가 매입했고 테슬라NASDAQ: TSLA와 유나이티드 헬스NYSE: UNH를 포함한 14개 종목의 지분은 축소했다. 전체 포트폴리오의 포지션 비율을 따지면 아마존NASDAQ: AMZN, 알리바바 그리고 구글Alphabet Inc Class A; NASDAQ: GOOGL 정도가 톱 포지션인데 이로써 기술 성장주에 집중 베팅하고 있음을 알 수 있다.

이것은 어디까지나 참고용으로만 활용해야 한다는 것을 기억하자. 13F 공시로 시장이 이미 알고 있고 언론에서 왈가왈부하기 시작하면 기관들은 벌써 다른 트레이드를 하고 있을 가능성이 크다. 게다가 공시에 보이지 않는 각종 헤지 포지션은 아무도 알 수 없으므로 개인투자자가 무작정 헤지펀드의 포지션을 따라 하는 것은 무리가 있다.

일반적으로 기관투자자는 개인보다 훨씬 더 긴 투자 사이클을 기반으로 움직이고 자금 규모나 현금 보유량에서 단연 앞서가며 레버리지, 각종 헤지 전략, 파생상품 활용 등 개인투자자가 따라 하기에 현실적으로 불가능한 조건에서 매매를 한다. 포트폴리오를 방어하는 숏 포지션이나 헤지는 롱 포지션과 달리 공시조차 하지 않아 알 방법이 없다. 간혹 특정 헤지펀드의 투자 전략과 보유 종목, 지분율에 따라 개인 포트폴리오 비율을 정해 투자하는 경우Clone Portfolio도 있는데 이는 상당히 위험한 투자법이다.

내부자의
주식 거래 내역에서 배울 것
Form 3, 4, 5

미국 공시에 '카더라'는 없다

주식에서는 모든 것이 정보 싸움이다. 어디서 어떤 정보를 얻느냐가 관건이고 그것도 다른 사람보다 빨리 알아야 한다. 정보 접근성과 정보 획득 속도 면에서 개인이 기관을 따라잡기란 불가능하다. 그래서인지 사람들은 주식시장 뒤편에서 다양한 루머를 대량 생산하곤 한다. '대량 지분을 보유한 M&A 세력이 이탈할 조짐이 보이니 하루빨리 매도해라', '주요 임원이 아무도 모르게 지분을 정리하는 것 같다' 등 이들은 출처를 알 수 없는 정보나 아무 연관도 없는 내용을 근거라고 내세우며 정보 접근성이 낮은 개인투자자의 마음을 뒤흔든다. 한국이나 다른 국가 증시에서는 이런 식의 루머 돌림이 통할지도 모른다.

하지만 미국 주식시장에서는 어림도 없다. 물론 미국에도 기관과 개인의 정보 접근성이나 퀄리티 차이는 엄연히 존재한다. 그에 따른 시간적 딜레이는 있을지언정 정보 투명성만큼은 제도로 보호하고 있다. 기관이든 개인이든 시장 참여자라면 누구나 실시간으로 알 수 있는 몇 가지 정보가 있는데 그중 하나가 내부자의 지분 매매Insider Transactions다. 애초에 미국 공시 시스템에서는 '세력이 이탈할 조짐'이라거나 '아무도 모르게 지분을 정리'라는 말 자체가 성립할 수 없다.

기업의 내부자가 자사주를 매수 혹은 매도하고 있는지는 때로 중요한 정보다. 간혹 그들의 매매 현황이 주가 방향을 시그널링해주기 때문이다. 일단 경영권을 쥔 내·외부 주체(기업 임원과 이사회 혹은 경영권 획득을 목적으로 지분을 대량 매입한 헤지펀드)는 실질 소유자Beneficial Owner로 등재하는 순간 증권거래법상 SEC의 엄격한 감시를 받는다. 따라서 모든 지분 거래 내역을 SEC에 보고서 형태로 제출해야 한다. 이것은 기업의 인사이더로서 주요 미공개 정보MNPI; Material Non-Public Information를 보유한 사람들이 내부자 위치를 이용해 주식을 매매하고 이득을 취하는 행위를 차단하기 위한, 즉 내부자거래Insider Trading를 사전에 방지하기 위한 미국의 증권거래법이다. 이에 해당하는 공시 자료가 바로 Form 3, Form 4 그리고 Form 5다.

우선 Form 3는 인사이더가 처음 지분을 획득했을 때 공개하는 자료로 지분율 최초 공시Initial Filing라고도 한다. 실제로 자사주 지분을 보유하지 않았어도 지분 유무와 관계없이 기업 인사이더로 등재하는 순간 10일(Calendar Days) 이내에 반드시 공시해야 하는 보고서다. Form 3 보고가 의무인 기업 관계자는 다음과 같다.

FORM 3

UNITED STATES SECURITIES AND EXCHANGE COMMISSION
Washington, D.C. 20549

INITIAL STATEMENT OF BENEFICIAL OWNERSHIP OF SECURITIES

Filed pursuant to Section 16(a) of the Securities Exchange Act of 1934
or Section 30(h) of the Investment Company Act of 1940

1. Name and Address of Reporting Person* Musk Elon (Last) (First) (Middle) C/O TESLA MOTORS, INC. 3500 DEER CREEK ROAD (Street) PALO ALTO CA 94304 (City) (State) (Zip)	2. Date of Event Requiring Statement (Month/Day/Year) 06/28/2010	3. Issuer Name and Ticker or Trading Symbol TESLA MOTORS INC [TSLA]
		4. Relationship of Reporting Person(s) to Issuer (Check all applicable) X Director X 10% Owner X Officer (give title below) Other (specify below) Pres, Prod Architect & Chairmn	5. If Amendment, Date of Original Filed (Month/Day/Year) 6. Individual or Joint/Group Filing (Check Applicable Line) X Form filed by One Reporting Person Form filed by More than One Reporting Person

Table I - Non-Derivative Securities Beneficially Owned

1. Title of Security (Instr. 4)	2. Amount of Securities Beneficially Owned (Instr. 4)	3. Ownership Form: Direct (D) or Indirect (I) (Instr. 5)	4. Nature of Indirect Beneficial Ownership (Instr. 5)
Common Stock	2,666,666	I	By Trust

Table II - Derivative Securities Beneficially Owned
(e.g., puts, calls, warrants, options, convertible securities)

1. Title of Derivative Security (Instr. 4)	2. Date Exercisable and Expiration Date (Month/Day/Year)		3. Title and Amount of Securities Underlying Derivative Security (Instr. 4)		4. Conversion or Exercise Price of Derivative Security	5. Ownership Form: Direct (D) or Indirect (I) (Instr. 5)	6. Nature of Indirect Beneficial Ownership (Instr. 5)
	Date Exercisable	Expiration Date	Title	Amount or Number of Shares			
Series A Preferred Stock	(1)	(1)	Common Stock	4,880,343	(1)	I	By Trust
Series B Preferred Stock	(1)	(1)	Common Stock	12,162,167	(1)	I	By Trust
Series C Preferred Stock	(2)	(2)	Common Stock	10,572,687	(2)	I	By Trust
Series D Preferred Stock	(1)	(1)	Common Stock	4,097,877	(1)	I	By Trust
Series E Preferred Stock	(1)	(1)	Common Stock	40,825,647	(1)	I	By Trust
Option to Buy (Common Stock)(3)	12/04/2009	12/03/2016	Common Stock	3,355,986	6.63	D	
Option to Buy (Common Stock)	(4)	12/03/2016	Common Stock	3,335,986	6.63	D	
Series C Preferred Stock Warrants (right to buy)(2)	(5)	(5)	Common Stock	325,441	(5)	I	By Trust

Explanation of Responses:
1. Each share of the Issuer's Series A preferred stock, Series B preferred stock, Series D preferred stock and Series E preferred stock will automatically convert into .333333 of a share of common stock upon the closing the Issuer's initial public offering, and has no expiration date.
2. Each share of the Issuer's Series C preferred stock will automatically convert into .350013 of a share of common stock upon the closing the Issuer's initial public offering, and has no expiration date.
3. 1/4th of the shares subject to the option became vested and exercisable on December 4, 2009 and 1/48th of the shares subject to the option shall become vested and exercisable each month thereafter.
4. Shares subject to the option become vested and exercisable upon the Issuer's achievement of certain performance objectives set forth in the option agreement.
5. The warrant will be automatically net exercised by the reporting person on the effective date of Issuer's initial public offering. If not exercised, the warrant will automatically expire.

Remarks:
The anticipated effective date of Issuer initial public offering is June 28, 2010.

s/ Elon Musk   06.25.2010
** Signature of Reporting Person   Date

테슬라 CEO인 일론 머스크의 최초 지분 공시 Form 3. (출처: Form 3, TSLA, 2010.06.25.)

- 기업 임원들Executive Officers
- 기업 이사회 전원Directors
- 발행주식 총수의 10% 이상을 보유한 실질 소유자
- 기업의 주요 관계자Affiliated Persons: 10% 이상 지분 보유자나 IR 등 기업 홍보를 위해 내부자 정보를 알고 있는 사람, 주식 발행 주관사Principal Underwriters, 기업의 전략·재무 자문회사Advisory Service Providers

  2010년 IPO에 앞서 공시한 일론 머스크의 테슬라 지분 보유 현황을 보자. 최초 공시한 Form 3 보고서에는 약 267만 주의 보통주, 각종 우선주, 스톡옵션 등의 보유 정보가 상세히 나와 있다.

내부자가 주식을 팔거나 샀다면?

Form 3가 최초의 지분율 공시라면 Form 4 보고서는 이후 주식 보유 현황에 변화가 생겼을 때 공시하는 지분 변동 업데이트 버전이다. 정식 명칭은 '내부자의 실질 소유 지분 변경 사항 보고'Statement of Changes in Beneficial Ownership다. 보유 지분 변경 요인이 되는 주식 매매일을 기준으로 2거래일 이내에 반드시 SEC에 제출해야 한다. Form 4를 적시에 제대로 공시하지 않으면 민형사상 처벌을 받는다.

  마지막으로 Form 5 공시가 있는데 정식 명칭은 '내부자의 보유 지분 변경 연간 보고서'Annual Statement of Changes in Beneficial Ownership다. 이것은 해당 연도 보유 지분의 변경 사항과 최종 지분 상황을 정리한 것으로 회계연도가 끝

SEC Form 4

FORM 4

UNITED STATES SECURITIES AND EXCHANGE COMMISSION
Washington, D.C. 20549

STATEMENT OF CHANGES IN BENEFICIAL OWNERSHIP

Filed pursuant to Section 16(a) of the Securities Exchange Act of 1934
or Section 30(h) of the Investment Company Act of 1940

☐ Check this box if no longer subject to Section 16. Form 4 or Form 5 obligations may continue. See Instruction 1(b).

OMB APPROVAL	
OMB Number:	3235-0287
Estimated average burden hours per response:	0.5

1. Name and Address of Reporting Person*	2. Issuer Name and Ticker or Trading Symbol	5. Relationship of Reporting Person(s) to Issuer (Check all applicable)
Kirkhorn Zachary	Tesla, Inc. [TSLA]	Director 10% Owner
(Last) (First) (Middle)	3. Date of Earliest Transaction (Month/Day/Year)	X Officer (give title below) Other (specify below)
C/O TESLA, INC.	08/17/2020	Chief Financial Officer
3500 DEER CREEK ROAD		
(Street)	4. If Amendment, Date of Original Filed (Month/Day/Year)	6. Individual or Joint/Group Filing (Check Applicable Line)
PALO ALTO CA 94304		X Form filed by One Reporting Person
(City) (State) (Zip)		Form filed by More than One Reporting Person

Table I - Non-Derivative Securities Acquired, Disposed of, or Beneficially Owned

1. Title of Security (Instr. 3)	2. Transaction Date (Month/Day/Year)	2A. Deemed Execution Date, if any (Month/Day/Year)	3. Transaction Code (Instr. 8)		4. Securities Acquired (A) or Disposed Of (D) (Instr. 3, 4 and 5)			5. Amount of Securities Beneficially Owned Following Reported Transaction(s) (Instr. 3 and 4)	6. Ownership Form: Direct (D) or Indirect (I) (Instr. 4)	7. Nature of Indirect Beneficial Ownership (Instr. 4)
			Code	V	Amount	(A) or (D)	Price			
Common Stock	08/17/2020		S[1]		250	D	$1,677.86	11,331	D	

Table II - Derivative Securities Acquired, Disposed of, or Beneficially Owned
(e.g., puts, calls, warrants, options, convertible securities)

1. Title of Derivative Security (Instr. 3)	2. Conversion or Exercise Price of Derivative Security	3. Transaction Date (Month/Day/Year)	3A. Deemed Execution Date, if any (Month/Day/Year)	4. Transaction Code (Instr. 8)		5. Number of Derivative Securities Acquired (A) or Disposed of (D) (Instr. 3, 4 and 5)		6. Date Exercisable and Expiration Date (Month/Day/Year)		7. Title and Amount of Securities Underlying Derivative Security (Instr. 3 and 4)		8. Price of Derivative Security (Instr. 5)	9. Number of derivative Securities Beneficially Owned Following Reported Transaction(s) (Instr. 4)	10. Ownership Form: Direct (D) or Indirect (I) (Instr. 4)	11. Nature of Indirect Beneficial Ownership (Instr. 4)
				Code	V	(A)	(D)	Date Exercisable	Expiration Date	Title	Amount or Number of Shares				

Explanation of Responses:

1. The sales reported on this Form 4 were effected pursuant to a Rule 10b5-1 trading plan adopted by the reporting person on May 19, 2020.

By: Aaron Beckman, Power of Attorney For: Zachary J. Kirkhorn   08/19/2020

** Signature of Reporting Person   Date

Reminder: Report on a separate line for each class of securities beneficially owned directly or indirectly.

* If the form is filed by more than one reporting person, see Instruction 4 (b)(v).

** Intentional misstatements or omissions of facts constitute Federal Criminal Violations See 18 U.S.C. 1001 and 15 U.S.C. 78ff(a).

Note: File three copies of this Form, one of which must be manually signed. If space is insufficient, see Instruction 6 for procedure.

Persons who respond to the collection of information contained in this form are not required to respond unless the form displays a currently valid OMB Number.

테슬라 CFO가 2020년 8월 17일 자사주를 매도하면서 발생한 지분율 변화를 공시한 Form 4. 상단에는 매매 현황 주체인 CFO의 인적 사항, 거래 날짜 그리고 기업 내부자 기준에 부합하는 이유(임원란, 즉 Officer 옆에 X 표시가 되어 있다) 등의 정보를 제공한다. 첫 번째 표(Table I)를 보면 8월 17일 테슬라 CFO가 자사주 250주를 주당 1,677.86달러에 매각했고 최종 주식 보유량이 11,331주라는 내용이다. 여기서 (A)는 'Acquisition'의 약자로 지분을 매입한 경우, (D)는 'Disposition'의 약자로 지분을 매각한 경우를 말한다. (출처: Form 4, TSLA, 2020.08.19.)

SEC Form 4

FORM 4

UNITED STATES SECURITIES AND EXCHANGE COMMISSION
Washington, D.C. 20549

STATEMENT OF CHANGES IN BENEFICIAL OWNERSHIP

Filed pursuant to Section 16(a) of the Securities Exchange Act of 1934
or Section 30(h) of the Investment Company Act of 1940

☐ Check this box if no longer subject to Section 16. Form 4 or Form 5 obligations may continue. See Instruction 1(b).

OMB APPROVAL	
OMB Number:	3235-0287
Estimated average burden	
hours per response:	0.5

1. Name and Address of Reporting Person*	2. Issuer Name and Ticker or Trading Symbol	5. Relationship of Reporting Person(s) to Issuer (Check all applicable)
Taneja Vaibhav	Tesla, Inc. [TSLA]	
(Last) (First) (Middle)	3. Date of Earliest Transaction (Month/Day/Year) 07/20/2020	Director ___ 10% Owner X Officer (give title below) ___ Other (specify below) Chief Accounting Officer
C/O TESLA, INC. 3500 DEER CREEK ROAD		
(Street)	4. If Amendment, Date of Original Filed (Month/Day/Year)	6. Individual or Joint/Group Filing (Check Applicable Line)
PALO ALTO CA 94304		X Form filed by One Reporting Person ___ Form filed by More than One Reporting Person
(City) (State) (Zip)		

Table I - Non-Derivative Securities Acquired, Disposed of, or Beneficially Owned

1. Title of Security (Instr. 3)	2. Transaction Date (Month/Day/Year)	2A. Deemed Execution Date, if any (Month/Day/Year)	3. Transaction Code (Instr. 8)		4. Securities Acquired (A) or Disposed Of (D) (Instr. 3, 4 and 5)			5. Amount of Securities Beneficially Owned Following Reported Transaction(s) (Instr. 3 and 4)	6. Ownership Form: Direct (D) or Indirect (I) (Instr. 4)	7. Nature of Indirect Beneficial Ownership (Instr. 4)
			Code	V	Amount	(A) or (D)	Price			
Common Stock	07/20/2020		M		7	A	$276.59	2,806	D	
Common Stock	07/20/2020		M		810	A	$273.26	3,616	D	
Common Stock	07/20/2020		S(1)		29(2)	D	$1,496.31	3,587	D	
Common Stock	07/20/2020		S(1)		300(2)	D	$1,498.15(3)	3,287	D	
Common Stock	07/20/2020		S(1)		100(2)	D	$1,519.67	3,187	D	
Common Stock	07/20/2020		S(1)		100(2)	D	$1,569.72	3,087	D	
Common Stock	07/20/2020		S(1)		111(2)	D	$1,596.38(4)	2,976	D	
Common Stock	07/20/2020		S(1)		100(2)	D	$1,628.99	2,876	D	
Common Stock	07/20/2020		S(1)		100(2)	D	$1,633.99	2,776	D	
Common Stock	07/20/2020		S(1)		47(2)	D	$1,645.414(5)	2,729	D	

Table II - Derivative Securities Acquired, Disposed of, or Beneficially Owned
(e.g., puts, calls, warrants, options, convertible securities)

1. Title of Derivative Security (Instr. 3)	2. Conversion or Exercise Price of Derivative Security	3. Transaction Date (Month/Day/Year)	3A. Deemed Execution Date, if any (Month/Day/Year)	4. Transaction Code (Instr. 8)		5. Number of Derivative Securities Acquired (A) or Disposed of (D) (Instr. 3, 4 and 5)		6. Date Exercisable and Expiration Date (Month/Day/Year)		7. Title and Amount of Securities Underlying Derivative Security (Instr. 3 and 4)		8. Price of Derivative Security (Instr. 5)	9. Number of derivative Securities Beneficially Owned Following Reported Transaction(s) (Instr. 4)	10. Ownership Form: Direct (D) or Indirect (I) (Instr. 4)	11. Nature of Indirect Beneficial Ownership (Instr. 4)
				Code	V	(A)	(D)	Date Exercisable	Expiration Date	Title	Amount or Number of Shares				
Non-Qualified Stock Option (right to buy)	$273.26	07/20/2020		M			810	(6)	04/19/2029	Common Stock	810	$0.0	62,968	D	
Non-Qualified Stock Option (right to buy)	$276.59	07/20/2020		M			7	(6)	10/16/2020	Common Stock	7	$0.0	263	D	

Explanation of Responses:

1. The sales reported on this Form 4 were effected pursuant to a Rule 10b5-1 trading plan adopted by the reporting person on June 4, 2020.

2. Out of the total of 887 shares sold, 478 shares were sold to cover the exercise price of, and to satisfy the reporting person's tax withholding obligations related to the exercise of stock options to purchase 817 shares as reported herein.

3. The price reported in Column 4 is a weighted average price. These shares were sold in multiple transactions at prices ranging from $1,497.930 to $1,498.350, inclusive. The reporting person undertakes to provide Tesla, Inc., any security holder of Tesla, Inc. or the staff of the Securities and Exchange Commission, upon request, full information regarding the number of shares sold at each separate price within the range set forth in this footnote.

4. The price reported in Column 4 is a weighted average price. These shares were sold in multiple transactions at prices ranging from $1,596.370 to $1,596.540, inclusive. The reporting person undertakes to provide Tesla, Inc., any security holder of Tesla, Inc. or the staff of the Securities and Exchange Commission, upon request, full information regarding the number of shares sold at each separate price within the range set forth in this footnote.

5. The price reported in Column 4 is a weighted average price. These shares were sold in multiple transactions at prices ranging from $1,645.410 to $1,645.610, inclusive. The reporting person undertakes to provide Tesla, Inc., any security holder of Tesla, Inc. or the staff of the Securities and Exchange Commission, upon request, full information regarding the number of shares sold at each separate price within the range set forth in this footnote.

6. 1/8th of the shares subject to the option became vested and exercisable on September 13, 2019, and an additional 1/48th of the shares subject to the option shall become vested and exercisable each month

테슬라 CAO의 주식 매도 현황을 공시한 Form 4. 첫 번째 표(Table I)에 나타나 있듯 테슬라 CAO는 7월 20일 주식 매수 두 건과 여덟 차례에 걸쳐 주당 1,496~1,645달러로 매도해 지분율이 변화했다. 첫 번째 표 마지막 줄에서 5번 항목이 최종 보유 주식 수를 나타낸다. 두 번째 표(Table II)는 첫 번째 표에서 매입한 817주가 270달러대에서 행사한 스톡옵션이었음을 보여준다. (출처: Form 4, TSLA, 2020.07.22.)

나고 45일 이내에 반드시 공시해야 한다. 이때 특정 사유로 Form 4의 일시 면제나 공시 지연을 허가받은 사람은 회계연도를 마감하면서 Form 5를 제출하되 의무적으로 그간 공개하지 않은 지분 변경 사항까지 반드시 공시해야 한다.

이와 같이 미국 공시 체계는 지분 청산이나 주주명부에서 비밀리에 이탈하는 일은 애초에 불가능하게 설계되어 있다. 특히 내부자거래 내역 공시를 볼 때는 '내부자의 주식 추가 매수는 좋고 보유 주식 매도는 나쁘다'라고 단편적으로 해석해서는 안 된다. 왜 매수했고 왜 매도했는지, 그 의도가 더 중요하기 때문이다.

위 예시처럼 단지 스톡옵션을 일부 행사하기 위한 매도일 수도 있고 회사 경영에 문제가 있다고 판단한 내부자가 정보를 입수해 미리 매도하는 경우도 있다. 후자는 주가에 악재이며 투자자에게 매도 시점을 알리는 케이스다. 내부자의 지분 상황과 변경 의도까지 알려면 기업의 전체 상황과 최근 공시 자료의 행간을 읽어내야 한다. Form 3, 4, 5 같은 공시 자료를 참고하되 이를 독립된 정보로 인식하지 말고 기업을 전체적으로 이해해 투자 판단을 내리도록 하자.

M&A 뉴스가 뜨면
가장 먼저 확인해야 할 공시
머저 프레젠테이션, DEFM-14A

주가를 흔드는 대형 사건을 놓치지 말자

2019년 여름 미국 레저 엔터테인먼트 업계를 뒤흔든 인수합병 딜 발표가 있었다. 바로 엘도라도 리조트NASDAQ: ERI의 시저스 카지노NASDAQ: CZR 인수 건이다. 한동안 침체했던 카지노 업계에서 발표일 기준 173억 달러 규모의 대형 딜이 일어난 것이라 더 주목을 받았다. 둘이 합병하면 카지노 업계에 가장 큰 회사가 탄생하는 셈이었다.

사실 엘도라도의 시저스 인수는 업계를 주시하던 투자자라면 어느 정도 예상 가능한 시나리오였다. 이는 기업 공시 자료의 헤드라인만 확인해도 충분히 알 수 있는 수준의 정보다. 당시 시저스를 인수할 만한 스케일과 자본력을 갖춘 회사는 몇 안 됐다. MGM 리조트 인터내셔널NYSE: MGM, 라스베이거스 샌즈NYSE: LVS 그리고 엘도라도 정도였다. 실제로 인수합병이 가능한지 계산하는 인수합병 분석Merger Analysis을 하지 않고도 뉴스와 카지노 업계 트렌드를 팔로하는 것만으로도 알 수 있는 정보가 꽤 많다. 여기에 기업 공시 자료를 조금만 관심 있게 본다면 이 인수합병 건을 훨씬 쉽게 이해하고 이를 투자에 활용할 수 있을 것이다.

먼저 시저스의 주주명부를 확인해보자. 가장 빠르고 정확한 방법은 해당 기업의 13D, 13G, 13F 공시를 찾아보는 것이다. 그럼 꽤 오랫동안 잠재적 인수 대상으로 손꼽혀온 시저스의 인수 발표 전 주주 구성을 보자. 당시 시

▶ M&A를 통해 빠르게 성장해온 엘도라도 주가 추이

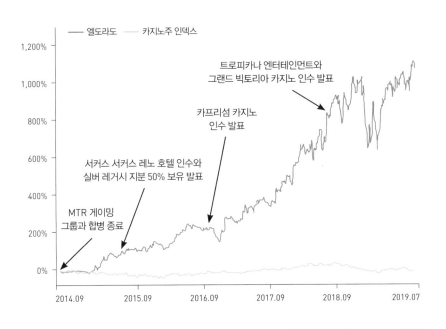

수차례의 M&A를 통해 공격적인 성장을 이루며 카지노(Gaming) 산업에서 독보적인 성장주였던 엘도라도 주식.
[출처: Form 425(EX-99.2), CZR, 2019.06.24.]

▶ M&A 발표 당시 지분율 기준 상위 20개 펀드

Fund	Shares Held	Market Value	% of Portfolio	Chg in Shares	%owned	Qtr 1st Owned
ICAHN CARL C	99,250,942	$1,173,147,000	4.42		14.75%	Q1 2019
CANYON CAPITAL ADVISORS	62,385,299	$737,394,000	14.97	15,196,562	9.27%	Q3 2012
BLACKROCK	54,727,452	$646,878,000	0.03	2,695,191	8.14%	Q2 2012
VANGUARD GROUP	51,663,425	$610,662,000	0.02	453,665	7.68%	Q1 2012
ALLIANZ ASSET MGMT.	40,357,772	$477,029,000	0.44	1,777,701	6.00%	Q4 2017
SHAPIRO CAPITAL	25,717,811	$303,984,526	6.76	935,900	3.82%	Q2 2017
NOMURA HOLDINGS	23,001,269	$275,555,000	1.22	6,170,062	3.42%	Q3 2017
SOROS FUND MGMT.	19,043,658	$225,096,000	5.27	5,777,984	2.83%	Q1 2012
MORGAN STANLEY	17,395,571	$205,616,000	0.05	2,828,355	2.59%	Q1 2012
UBS GROUP AG	16,930,306	$200,116,000	0.08	7,622,529	2.52%	Q4 2017
GOLDMAN SACHS GROUP	14,523,870	$171,673,000	0.05	9,594,977	2.16%	Q1 2012
STATE STREET	13,490,060	$159,453,000	0.01	112,870	2.01%	Q1 2012
MAGNETAR FINANCIAL	13,205,974	$156,095,000	3.12	13,205,974	1.96%	Q2 2019
INVESCO LTD.	11,304,478	$133,619,000	0.03	10,751,775	1.68%	Q1 2013
APPALOOSA LP	11,200,000	$132,384,000	1.43	2,547,240	1.66%	Q4 2017
CAPITAL RESEARCH GLOBAL	10,585,160	$125,117,000	0.04	1,321,925	1.57%	Q1 2017
D. E. SHAW & CO.	10,096,417	$119,340,000	0.15	4,650,201	1.50%	Q1 2015
SILVER POINT CAPITAL L.P.	9,995,144	$118,143,000	14.68	6,238,982	1.49%	Q3 2015
CITADEL ADVISORS	9,351,904	$110,539,000	0.05	5,325,704	1.39%	Q1 2012
EAGLE ASSET MGMT.	8,413,040	$99,442,000	0.51	3,580,046	1.25%	Q2 2017
CNH PARTNERS	7,755,000	$91,664,000	1.04	7,755,000	1.15%	Q2 2019

특별한 전략적 목적 없이 단순 지분 보유를 하고 있는 뮤추얼펀드 같은 패시브펀드나 퀀트(Quant)펀드들과 구분하기 위해 헤지펀드 보유 현황은 하이라이트로 표시했다.
Shares Held: 보유주식 수 | Market Value: 시장 가치 | % of Portfolio: 포트폴리오 비중 | Chg in Shares: 보유 주식 수 변화 | %owned: 지분율 | Qtr 1st Owned: 첫 지분 매입 분기/연도 (출처: 직접 작성, 2019년 2분기 기준)

저스에는 헤지펀드 파티라 불릴 만큼 각종 헤지펀드 세력이 몰려 있었는데 그중 하나가 행동주의 헤지펀드매니저로 유명한 칼 아이칸이었다.

엘도라도가 시저스 인수 발표를 2019년 6월 24일에 했으니 2분기 마감인 6월 30일 기준 시저스 주주명부를 13F 공시로 확인할 수 있다. 왼쪽 표 내용은 보유 지분율 기준 상위 20개 기관과 펀드를 선별한 것인데 칼 아이칸이 14.75% 지분율로 사실상 시저스의 대주주 격이었다.

칼 아이칸 외에도 시저스에 상당한 지분을 보유한 헤지펀드가 많이 있었으나 아이칸의 펀드는 행동주의 펀드라 그 성격이 다르다. 애초에 행동주의 펀드 전략은 기업 가치 제고라는 목표를 위해 투자 대상의 경영 전반에 참여해 직접 회사를 움직인다. 칼 아이칸의 지분이 10%가 넘는지라 경영에 충분히 개입할 수 있었다. 나쁘게 말하면 기업사냥꾼이지만 '기업회생꾼', '주가부양꾼'이라 볼 수도 있다. 이는 관점에 따라 다르다.

아무튼 2019년 1분기부터 순식간에 15%에 달하는 지분을 매입해 대주주가 된 칼 아이칸은 당시 CEO 마크 프리소라를 퇴임시키고 그의 자리를 대신할 신임 CEO 임명권까지 갖기 위해 본인 펀드 인력을 3명이나 시저스 이사회 자리에 앉혔다. 그런 다음 그는 결국 카지노 회사 트로피카나Tropicana 사장을 역임한 앤서니 로디를 CEO에 임명했다. 트로피카나는 2018년 엘도라도에 매각된 카지노 회사다. 의도가 무엇인지 빤히 보이지 않는가. 이미 한 차례 회사 매각 경험이 있는 로디를 CEO 자리에 앉힌 칼 아이칸은 이후 시저스를 매각하라며 압력을 넣기 시작했다. 그리고 2개월도 채 지나지 않아 로디는 시저스를 엘도라도에 매각하기로 결정했다.

M&A 뉴스가 뜬 이후에도 투자 기회는 있다

비하인드 스토리를 알면 흥미로울 수 있지만 꾸준히 관심을 보인 주식이 아닌 이상 개인투자자가 이 모든 흐름을 따라잡고 실전 투자에 활용하는 것은 쉽지 않다. 현실은 M&A 뉴스가 뜬 시점에야 관심을 보이기 시작하는 경우가 대부분이다. 너무 늦었다고 생각할 수도 있지만 공시가 뜬 시점에 투자를 고려하는 게 항상 나쁜 것은 아니다. M&A 과정에서 여러 가지 변수가 생길 수 있기 때문이다.

미국은 M&A시장이 활성화되어 있어 기업 간 논의가 빈번히 이뤄지며 발표하는 딜도 많다. 그런 만큼 규제 장벽도 있고 주식시장에 항상 있는 여러 가지 변수에 따라 또 다른 인수 제의가 들어올 가능성도 있다. 혹은 아예 딜이 성사되지 않을 가능성도 충분히 있다. 상황이 이렇다 보니 주가의 향방도 경우의 수가 많고 그 낙폭 또한 크다. 대신 정확한 정보를 기초로 합리적인 판단을 내리면 투자수익을 실현할 수 있다.

언론이 이미 M&A 뉴스로 도배되고 있는 상황에서 참고해야 할 공시에는 또 무엇이 있을까? 우선 인수 기업과 피인수 기업Target Company이 각각 공시하는 인수합병 발표 자료Merger Presentation와 공식 보도 자료Merger Press Release, DEFM-14A라는 SEC 공시가 있다. 인수합병 발표 자료와 보도 자료는 보통 동시에 공시하는데 양쪽 회사 모두 공시하거나 인수 기업 측에서 대표로 공시하기도 한다.

인수합병 발표 자료에 반드시 공시해야 하는 항목은 다음과 같다.

ELDORADO TO COMBINE WITH CAESARS CREATING THE LARGEST OWNER AND OPERATOR OF U.S. GAMING ASSETS

- *COMBINES ICONIC GLOBAL BRANDS AND INDUSTRY-LEADING LOYALTY PROGRAM WITH EXCEPTIONAL GUEST SERVICES AND OPERATIONAL EXCELLENCE*
- *INCREASED SCALE AND GEOGRAPHIC DIVERSIFICATION ACROSS APPROXIMATELY 60 DOMESTIC GAMING PROPERTIES*
- *IDENTIFIED SYNERGIES OF $500 MILLION WITH LONGER-TERM UPSIDE*
- *$3.2 BILLION STRATEGIC TRANSACTION WITH VICI PROVIDES SIGNIFICANT PROCEEDS FROM LEASE MODIFICATIONS AND REAL ESTATE MONETIZATION*
- *EXPECTED TO BE IMMEDIATELY ACCRETIVE TO FREE CASH FLOW*
- *CONTINUED OWNERSHIP OF REAL ESTATE ACROSS BOTH PORTFOLIOS PRESERVES INHERENT VALUE*
- *ELDORADO'S CHAIRMAN GARY CARANO, CEO TOM REEG, COO, CFO AND CLO WILL LEAD THE COMBINED COMPANY, WHICH WILL USE THE CAESARS NAME*
- *COMPANY TO BE HEADQUARTERED IN RENO, NEVADA AND WILL RETAIN SIGNIFICANT CORPORATE PRESENCE IN LAS VEGAS*

엘도라도-시저스 M&A 발표 공시 일부. [출처: Form 425(EX-99.1), CZR, 2019.06.24.]

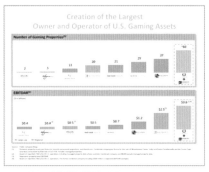

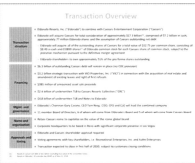

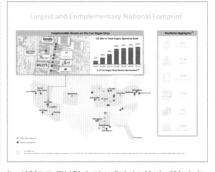

미국 카지노 산업은 크게 라스베이거스와 그 외 지역 카지노 산업으로 구분한다. 라스베이거스와 타 지역 카지노는 서로 사업 모델과 수익구조가 다르기 때문에 각 시장에서 카지노를 운영하는 회사들 또한 전혀 다른 플레이어다. 시저스는 라스베이거스 중심의 호텔, 카지노 사업자고 엘도라도는 지역 카지노만 영업하는 기업이다. [출처: Form 425(EX-99.2), CZR, 2019.06.24.]

- 해당 인수합병의 개요Summary of Transaction
- M&A 타당성Strategic Rationale
- 인수합병 딜의 구조Transaction Structure
- 딜 성사 조건과 클로징 예상일Closing and Timing
- 시너지Synergy

M&A 발표 시점에 투자자의 관심 대상은 주가가 급등하는 피인수 기업이 므로 일단 시저스의 보통 주주나 예비 투자자 관점에서 딜을 해석해보자. 언 론이 내보내는 기사는 결국 기업에서 발표하는 공시 자료를 간추린 내용이기 때문에 정보 전달에 한계가 있을 수밖에 없다. 그러므로 자료를 직접 살펴보 는 것이 좋다. 다소 복잡해 보이지만 공시한 보도 자료에서 알아야 할 중요한 몇 가지만 골라서 이해하면 된다. 먼저 해당 딜의 구조, 즉 인수 대금을 지급 하는 구조다.

피인수 기업의 주주는 얼마나 받을 수 있나

우선 M&A 딜이 성사되기까지 가장 중요한 자금조달을 이해할 필요가 있다. 이건 생각보다 간단한 원리다. 알다시피 회사를 인수하려면 돈이 필요하다. 그러나 수십조 원대 딜을 하는 데 드는 비용을 곧바로 지급할 만큼 현금을 갖고 있는 회사는 많지 않다. 설사 그 정도 현금 보유량이 있더라도 상황에 따라 100% 현금을 쓰기보다 주식Equity과 부채Debt를 섞어 최대한 싸게(!) 자 금을 조달해 딜에 성공하는 것이 유리하다.

인수합병 발표 공시에서 개요를 설명하는 부분. [출처: Form 425(EX-99.1), CZR, 2019.06.24.]

이걸 M&A 파이낸싱 M&A Financing, 인수금융 Acquisition Financing이라고 하는데 이 인수 대금을 어떻게 구성하느냐에 따라 피인수 기업 주주가 얼마를 받을지 결정된다. 가장 심플한 것은 당연히 100% 현금 거래로 이때는 주당 일정 현금을 인수 대금으로 지급하면 깔끔하게 끝난다. 하지만 자금조달 방법에 주식 발행이 섞이면 얘기가 달라진다.

인수합병의 개요 Summary/Transaction Overview 란에서 설명하고 있듯 엘도라도는 시저스에 주당 12.75달러라는 인수 가격을 제안했다. 그중 주당 8.40달러는 현금이고 나머지는 0.0899라는 주식 교환비율 Exchange Ratio에 따라 정하는 인수 기업 주식으로 교환한다. 주식 교환비율을 적용할 주가는 인수 기업의 30일 거래량가중평균가격 30-Day VWAP이 기준이다. 공시에서 든 예를 보면 2019년 5월 23일 기준 엘도라도 30-Day VWAP인 48.39달러에 교환비율 0.0899를 적용한다. 이에 따르면 엘도라도는 주식 7,700만 주를 시저스 주주에게 발행함으로써 주당 12.75달러에 인수자금을 조달한다.

다시 말해 37억 2,603만 달러(=48.39달러×7,700만 주) 규모의 엘도라도 주식을 발행해 시저스 주주들에게 나눠주는 것이다. 당시 시저스의 발행주식 총수는 8억 5,650만 7,000주였으니 4.3503달러(=37억 2,603만 달러/8억 5,650만 7,000주)가 시저스 주주들이 주가 주식 교환으로 지급받는 금액이다.

이것이 12.75달러(=현금가 8.40달러+주식 교환금액 4.3503달러)가 산출되는 과정이다.

 고정된 현금 가격을 제외한 주식 부분은 늘 변화하므로 최종 시저스 주당 인수 가격을 알고 싶으면 이렇게 직접 계산해보는 방법밖에 없다. 주가는 매일 변동하고 인수 기업 주가가 바뀔 때마다 피인수 기업 주주가 받는 주식 가치도 달라지기 때문이다. 이것은 M&A 딜이 실제로 성사Closed되는 날까지 계속 바뀐다.

 엘도라도-시저스 사례 같은 구조의 M&A 딜이면 피인수 기업 시저스 주주 입장에서는 인수 기업 엘도라도 주가가 상승할수록 이득이다. 일단 제시한 인수 가격 중 주당 8.40달러 현금은 무조건 받는다. 그 외 주식 부분은 인수 기업 주가에 달려 있고 주가가 오르면 오를수록 피인수 기업 주주들이 받는 주식 금액은 커진다. 엘도라도가 아닌 다른 기업이 인수 의향을 밝히면서 경합하는 상황이 오면 더 좋다. 각 예비 인수자가 제시하는 인수 가격이 계속 오를 테니 말이다.

 인수 기업 측 주가는 얘기가 다르다. 우선 대규모 주식 발행이 섞인 딜은 단기적으로 인수 기업 주가를 떨어뜨리는 경향이 있다. 자금조달을 위해 대규모 유상증자를 한 만큼 주가가 희석되기 때문이다. 이것은 단기적인 현상이고 결국 딜의 가치가 얼마인지, 기대한 인수 시너지 효과를 실제로 실현하는지에 따라 인수 기업 주가는 상승 혹은 하락한다. 결과적으로 피인수 기업 주가는 정해진 인수 가격까지 상승이 제한되는 반면, 인수 기업 주가는 딜 성사 이후에도 주가 업사이드가 있다는 것이 장점이다.

 딜이 성사되지 않을 가능성이 높아질수록 인수 대상 기업의 주가는 당연히 떨어진다. 인수 제의 가격 대비 하락하는 것을 넘어 M&A 뉴스가 나오기 이전보다 더 낮은 수준까지 떨어지기도 한다. 딜이 무산되는 이유로는 반독점법 정부 규제, 이사회에서의 승인 여부, 협상 결렬 등 여러 가지가 있다.

인수 기업과 피인수 기업 중
어느 주식을 사야 할까?

M&A 발표가 나면 피인수 기업 주가는 대체로 제시한 인수 단가 근처에서 맴돈다. 그럼 인수 가격 이상으로 상승하는 것은 왜일까? 또 다른 인수자가 나타나 더 높은 인수 가격을 제시할 가능성이 있는 경우 시장의 기대심리를 반영했기 때문이거나 M&A 뉴스로 인해 절대적인 거래량 자체가 올랐기 때문이거나 합병차익거래Merger Arbitrage 전략으로 헤지펀드와 트레이더가 들어와 대량 매입했기 때문일 수 있다. 반대로 피인수 기업 주가가 인수 가격보다 현

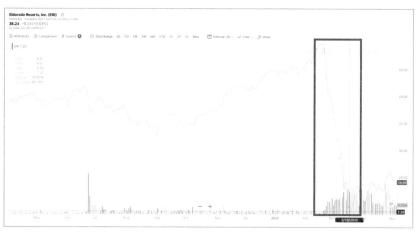

코로나19 사태로 직격탄을 맞은 엘도라도 주식은 일주일 사이 90% 이상 폭락했다. (출처: yahoo Finance, 2020.09.26. 기준)

저히 낮은 수준에서 거래되면 시장이 딜 성사 가능성을 부정적으로 보기 때문일 수 있다. 특별한 이벤트가 없는 경우 인수 가격보다 살짝 낮은 선에서 선회하다가 결국 인수 날짜가 되면 인수 가격에 마감하고 딜이 성사된다.

엘도라도 주가는 딜 발표 이후 꾸준히 상승했고 2020년 3월 초까지만 해도 70달러 수준까지 근접했다. 시장은 글로벌 최대 규모 카지노 회사의 탄생과 예정된 M&A 시너지나 성장에 긍정적으로 반응하고 있었다. 인수 기업 주가가 오르면서 인수가 산정 공식Merger Math에 맞게 시저스 주가 역시 상승해 15달러에 근접했다.

결국 어느 쪽에 투자해야 하는가는 투자 목적과 기간, 딜을 바라보는 시각에 따라 답이 달라진다. 대체로 딜이 성사될 거라는 가정 아래 작지만 비교적 확실한 인수 가격과 현재 시장가격과의 차이에서 오는 단기 수익을 실현하고 싶다면 피인수 기업 주식에, 딜의 시너지와 미래 성장성을 믿고 장기 투자를 하고 싶다면 인수 기업 주식에 투자하면 된다. 딜의 성공적인 성사에 베팅하는 사람은 양쪽 다 일정 비율에 맞춰 투자하기도 한다.

그런데 순조롭게 진행될 것으로 보이던 이 딜은 코로나19 사태라는 예기치 못한 사건이 터지면서 뜻밖의 난항을 맞이했다. 3월 중순 주식시장이 단번에 무너지면서 엘도라도는 7달러 이하까지, 시저스는 3달러대까지 폭락하고 말았다.

물론 코로나19는 아무도 예상치 못한 일이다. 그렇다고 인수 기업 주가가 이렇게까지 폭락할 수 있을까? 곰곰이 따져보면 코로나19에 따른 글로벌 경기침체로 소비시장이 위축되고 특히 카지노 업계가 정부령으로 운영 정지를 당한 마당에 170억 달러가 넘는 대규모 딜을 진행하는 것 자체를 무리한 일로 여겨 급매도세가 이어지는 바람에 나온 결과다. 결국 예정대로라면

2020년 1분기 말에 성사되었어야 할 딜이 무기한 연기되었다.

다행히 주식시장에 엄청난 유동성이 풀리면서 주가는 빠른 회복세를 보였다. 당시 1분기 어닝 콜 내용을 들어보면 인수 기업 경영진은 M&A 무산 가능성에 따른 시장의 불안감을 해소하기 위해 자금조달 과정과 규제 당국의 승인, 딜 진행 타이밍을 상세히 설명하고 있다. 같은 날 공시에도 예기치 못한 상황 탓에 비록 1분기에 성사되진 못했지만 적어도 7월까지는 딜을 마무리할 예정이라는 내용이 나온다. 이를 반영해 이튿날 두 회사 주가가 많이 상승하기도 했다.

이렇듯 딜이 성사될 때까지는 다양한 변수가 존재하고 그사이 주가 변동성이 높아지는 것은 당연하므로 M&A 뉴스가 곧 호재라고 여겨 딜을 충분히 이해하지 않고 M&A 테마주에 투자하는 것은 매우 위험한 일이다. 시장의 갖가지 변수와 급락이 심한 주가 변동을 견디지 못하고 매도하거나 막연히 될 거라는 기대감에 무산될 딜의 주식을 계속 보유하다가 큰 손실을 입는 경우도 허다하기 때문이다.

M&A에 대한 모든 기록, S-4 공시

마지막으로 M&A 관련주의 경우 가장 상세하고 딜의 모든 내용을 포함하는 공시 자료가 있는데 바로 'S-4'라는 SEC 보고서다. M&A에 관한 이 공시 하나로 딜을 완벽히 이해할 수 있어서 개인적으로 이를 필수로 추천하고 싶지만, 수백 쪽에 달하는 방대한 양이라 전문 투자자가 아닌 이상 전부 읽는 데는 무리가 있다. 그렇지만 M&A 관련 시장에 공개하는 자료 중 가장 깊이 있는 분석과 정보를 담고 있으므로 이런 공시가 존재한다는 점과 그 구성 내용 정도는 알아두는 것이 좋다. S-4 공시를 구성하는 주요 항목은 다음과 같다.

- M&A 승인을 위한 주주총회 위임 권유서 Joint Proxy Statement / Prospectus
- 주주들을 위한 Q&A
- 인수 기업, 피인수 기업 개요
- M&A 딜 개요 Summary of Merger
- 인수 기업 이사회가 해당 M&A 건을 승인, 지지하는 이유 Board's Reasons for the Merger, Recommendations
- 인수 기업 재무 자문사(투자은행) 의견 Financial Advisor's Opinion
- 피인수 기업 이사회가 해당 M&A 건을 승인, 지지하는 이유
- 피인수 기업 재무 자문사(투자은행) 의견
- M&A 인수합병 계약서 전문 Agreement And Plan Of Merger : 재무 분석, (합병 이후 합산) 추정 Pro-Forma 재무제표, 밸류에이션, 자금조달 계획 등 가장 중요한 내용
- M&A 자금조달 관련 사항 Bank Commitment Letter and Related Financing
- 인수 기업, 피인수 기업 주주의 권리 관련 사항 Comparison of Stockholders' Rights
- M&A가 인수 · 피인수 기업에 미치는 영향 Effects of the Merger
- 인수 대금 구성 Merger Consideration
- 인수 기업과 피인수 기업 주주의 지분율 변화 Ownership following the Merger
- 경영진의 황금낙하산 Golden Parachute
- 딜의 성사 조건 What is Required to Consummate the Merger
- 딜이 무산되었을 경우 Termination

한 가지 눈여겨볼 점은 S-4에서만 볼 수 있는 유용한 정보로 인수 기업의 밸류에이션 부분이다. M&A 딜에는 엄청난 자문 수수료를 받으며 인수 기업, 피인수 기업을 각각 자문해주는 투자은행이 있다. 이들을 파이낸셜 어드바이저Financial Advisors라고 하는데 이들 외에 제3자 입장에 설 수 있는 또 다른 투자은행을 고용해 공정성 보증 의견Fairness Opinion이라는 작업도 한다. 이는 기업 매수와 관련해 인수 대상 기업의 주식에 지불한 가격이 공정한 가치평가로 이뤄졌는지 평가하는 작업이다. 최대한 객관적 입장에서 해당 M&A건이 주주의 이익을 잘 대변하는 제대로 된 딜인지 평가하는 일이다. S-4는 이 공정성 보증 의견의 일부 내용을 공개한다. 밸류에이션에 관심이 있다면 이 섹션만 따로 보면서 참고해도 많은 것을 배울 수 있다.

공정성 보증 의견에서는 각각의 시나리오에 따라 어떤 배수를 적용했는지, 어떤 할인가격을 적용했는지 등의 방법론을 설명한다. 또 계약서 전문에는 가치평가에 사용한 각 기업의 추정 재무제표와 그에 쓰인 가정이 요약되어 있다. 공시를 목적으로 쉽게 간추려 설명하고 있기 때문에 대략적인 밸류에이션 흐름을 따라가기 쉬운 편이다.

S-4 공시에는 딜이 예정대로 진행되지 않을 때 발생할 위약금과 수수료 내용도 명시한다. 이것은 앞서 말한 인수합병 발표 자료 등에는 나오지 않는 내용이다. 공시에 나온 것처럼 딜 발표 날짜(2019년 6월 24일) 이후 9개월까지 딜이 성사되지 않을 때 엘도라도는 예정 성사일(2020년 3월 25일)부터 수수료 명목으로 매월 주당 10센트에 달하는 티킹 수수료를 일단위Per-diem Basis로 시저스에 지급해야 한다. 말 그대로 시간이 흐를수록 그에 따른 위약 수수료를 내는 것이다.

Ticking Fee
티킹 수수료

시간이 흐를수록(as time is ticking) 그에 따른 수수료를 부과한다는 의미에서 붙여진 이름.

시저스의 S-4 공시에서 인수 기업인 '시저스의 재무 자문사 의견'(Opinion of Caesars' Financial Advisor) 섹션에 공정성 보증 의견이 제시한 기업 가치평가 일부.

M&A 과정을 설명하는 합병 배경(Background of the Merger) 섹션에서 티킹 피에 관해 설명하고 있다.
(출처: S-4, CZR, 2019.09.03.)

실제로 엘도라도는 기존 계획상 인수 예정일이던 3월 25일 이후부터 시저스에 매일 2,300만 달러를 지급해야 했다.

투자 판단을 할 때 이 사실을 아는 것과 모르는 것은 천지차이다. 하루에 수수료 수천만 달러를 지급해야 하는 상황에서 경영진이 특별히 딜을 재검토하겠다거나 인수 대금 관련 재협상에 들어가겠다는 발표를 하지 않는 것은 그만큼 인수 기업 딜에 강한 확신과 자신감이 있다는 뜻이자 그에 준하는 자금력도 이상이 없음을 의미하기 때문이다. 아무런 근거도 없이 막연하게 '어떻게든 성사되겠지' 하는 생각으로 주식을 보유하고 있는 것과 정확한 정보를 바탕으로 판단한 현실적인 투자 결정은 차원이 다르다. 이는 결국 수익률에도 영향을 미친다.

추가로 공시에 나와 있는 인수 대금 구성을 보면 딜 발표일 기준 70억 달러가 넘는 부채를 신규 조달하거나 인수 기업 부채를 재구성Re-financing해야 하는데, 규모가 규모인 만큼 수많은 투자은행이 관련되어 있다. 만약 딜이 무산되면 월스트리트에도 막대한 손해가 예상된다. 이처럼 다양한 이해관계가 얽힌 상황에서 딜 성사 가능성을 예측하는 것은 그리 어려운 일은 아니다.

그래서 이 같은 예측 불허 상황에서도 대부분의 기관투자자들은 외부 환경 요인이 바뀌었을 뿐 딜 자체의 승산과 밸류에이션에는 차이가 없다고 믿었기 때문에 대거 이탈하는 일이 없었다.

결국 이 딜은 갖은 고초 끝에 성사되었고 피인수 기업 이름이던 사업명 시저스와 티커 CZR로 거래를 시작했다. 이렇게 엘도라도와 시저스는 무사히 인수합병을 마쳤다.

▶ M&A 성사 이전 마지막 분기 시점에서의 기관투자자와 헤지펀드의 지분 현황

Fund	Shares Held	Market Value	% of Portfolio	Chg in Shares	%owned
BNP PARIBAS ARBITRAGE, SA(PRN)	197,556,461	$331,302,185	0.58		
ICAHN CARL C	114,250,942	$1,385,864,000	7.03		16.70%
LMR PARTNERS LLP(PRN)	109,325,000	$185,306,000	4.61	36,500,000	
UBS OCONNOR LLC(PRN)	86,609,745	$146,483,000	4.92	18,944,000	
ALLIANZ ASSET GMBH(PRN)	80,567,611	$135,814,000	0.16	80,567,611	
BLACKROCK INC.	52,178,868	$632,930,000	0.03	4,333,256	7.63%
D. E. SHAW & CO.(PRN)	51,781,000	$87,478,000	0.1	41,000,000	
VANGUARD GROUP INC	50,205,847	$608,996,000	0.02	1,227,672	7.34%
ALLIANZ ASSET MGMT.	38,089,048	$462,021,000	0.53	4,293	5.57%
WELLS FARGO & CO.(PRN)	33,486,190	$56,280,000	0.02	8,161,616	
STATE STREET CORP(PRN)	28,131,020	$47,632,000	0	4,500,000	
CANYON CAPITAL ADVISORS	27,102,973	$328,759,000	10.99	18,247,198	3.96%
GOLDMAN SACHS GROUP	25,715,622	$311,930,000	0.09	5,154,863	3.76%
SG AMERICAS SECURITIES	24,571,057	$298,047,000	2.48	24,511,373	3.59%
FMR LLC(PRN)	21,451,452	$36,053,000	0	4,083,452	
CAPSTONE INVESTMENT ADVISORS(PRN)	21,000,000	$35,400,000	0.23	2,000,000	
CSS LLC(PRN)	20,892,056	$35,142,000	1.99	15,176,356	
NOMURA HOLDINGS	20,540,685	$248,513,000	0.86	2,205,036	3.00%
BANK OF NOVA SCOTIA(PRN)	20,000,000	$33,898,000	0.12	858,700	
UBS GROUP AG	18,666,042	$226,419,000	0.1	2,521,985	2.73%
SUSQUEHANNA INTERNATIONAL GROUP(PRN)	15,508,557	$26,065,000	0.01	5,718,557	
OAKTREE CAPITAL MGMT. LP	15,250,000	$184,982,000	4.11		2.23%
BERYL CAPITAL MGMT.	14,958,646	$181,448,000	34.48	12,284,687	2.19%
BANK OF NOVA SCOTIA	14,729,975	$178,675,000	0.62	6,890,212	2.15%
STATE STREET CORP	13,758,831	$166,895,000	0.01	531,272	2.01%

특별한 전략적 목적 없이 단순 지분 보유를 하고 있는 뮤추얼펀드 같은 패시브펀드나 퀀트펀드와 구분하기 위해 헤지펀드 보유 현황은 하이라이트로 표시했다.

Shares Held: 보유주식 수 | Market Value: 시장 가치 | % of Portfolio: 포트폴리오 비중 | Chg in Shares: 보유 주식 수 변화 | % owned: 지분율 (출처: 직접 작성, 2019년 2분기 기준)

Q **인수합병 후 시저스의 주가는 어떻게 되었나요?**

A 인수합병이 완료된 지 1년 반 후인 2021년 3분기 현재 시저스의 주가는 115달러다. 재밌는 사실은 현재 시저스의 티커(NASDAQ: CZR)로 주가 히스토리를 보면 합병 전의 주가는 구 CZR의 주가가 아니라 구 ERI(엘도라도)의 주가라는 것이다. 대부분의 M&A는 합병 이후 인수 기업의 기업명과 티커로 변경되는데, 이 딜은 특이하게도 피인수 기업이었던 시저스의 회사명과 티커를 유지하였다. 카지노 세계에서 시저스의 네임밸류 때문이었다. 따라서 인수 후 사라진 기업인 구 CZR의 주가 히스토리는 나스닥 거래소 및 각종 증권 매매 플랫폼에서도 삭제되어 찾아볼 수 없다. 이름만 CZR로 바뀌었을 뿐 지금의 주가는 엘도라도의 주가다. 인수 기업인 엘도라도(현 CZR)의 주가는 꾸준히 상승해 코로나 이후 엘도라도 주식을 최저가에 매수해서 1년 이상 홀딩하고 있던 투자자라면 1,200% 수익률, 만약 구 CZR을 최저점인 3달러 미만에 샀다면 3,700% 수익률을 올린 셈이다. 코로나 이후 경제 회복 속도에 대한 우려감에도, 중국의 카지노 규제에 따른 역풍(Headwind)에도 시저스의 주가는 건재했다. 이는 MGM 리조트나 윈라스베이거스(Wynn Las Vegas) 등 다른 카지노 주식회사와 달리 시저스가 마카오에 카지노가 없고 미국에만 카지노 사업장이 있는 100% 내수 기업인 것도 강점으로 작용했다.

CZR의 지난 2년간의 주가 추이. (출처: Yahoo Finance, 2021.09.30. 기준)

미국 주식시장의
또 다른 호재, 기업분할
Form 10-12B

왜 기업분할은 M&A만큼 호재인가

한때 월가에서는 상장회사의 스핀오프Spin-off가 핫한 테마였다. 미국 리테일, 호텔, 레저 산업의 기업 CEO들이 많이 검토한 주제 중 하나가 부동산 리츠 스핀오프였기 때문이다.

내가 투자은행에서 기업금융 업무를 담당하던 시절 M&A 딜 진행 건으로 바빴어야 할 시기에 밀려드는 스핀오프 자문 요청 때문에 한동안 모든 클라이언트의 미팅 주제와 CEO의 관심사인 스핀오프 딜에만 매달려야 했다. 결국 그해 업계에서 아주 큰 규모의 스핀오프 몇 건을 진행했는데 그것은 하우스의 자문 수수료 전체 수익 중 대부분을 차지할 정도로 큰 시장이었다.

특히 기업의 부동산 부문을 분할해 개별 상장하는 리츠 스핀오프는 법인세의 절세 효과가 있고 주가 상승 기폭제로도 작용해 상당한 인기를 끈 전략이었다. 기업이 스핀오프 뉴스를 발표하는 즉시 주가가 상승하는 것은 예사였다. 스핀오프가 장기 성장성에 긍정적 신호를 주면서 시장이 이를 호재로 인식해 주가가 움직인 것이다. 과연 무엇이 기업의 스핀오프를 결정짓게 하고 이것은 기업 가치에 어떤 영향을 주는 걸까?

미국 특정 섹터 주식에서 스핀오프가 자주 일어난 이유는 저평가된 주식과 수년째 성장 둔화로 수익성을 고민하던 호텔, 카지노, 쇼핑센터, 레스토랑 프랜차이즈 등 상대적으로 부동산 비중이 큰 기업에 주주들이 부동산을 분리하라고 요구했기 때문이다. 올리브 가든 레스토랑 체인의 소유주인 다든 레스토랑NYSE: DRI의 부동산 스핀오프, MGM 카지노 그룹과 힐튼 월드와이드NYSE: HLT의 호텔 리츠 분할 상장 건이 대표적이다.

기업은 스핀오프로 주요 영업 부문과 부동산 가치를 동시에 극대화했고 리츠 설립으로 적용받은 법인세 감면 혜택으로 얻은 현금흐름을 부채 상환이나 설비투자 등에 사용할 수 있었다. 이는 주주친화적이고 효율적인 시장 메커니즘에서 상대적 우위에 있는 미국 기업의 금융 환경이 만들어낸 금융 기법인 셈이다.

그러던 중 몇 년 전 공화당에서 발의한 세법 개정안으로 스핀오프 파티에 제동이 걸리기 시작했다. 이것은 부동산 리츠 스핀오프의 커다란 혜택 중 하나인 리츠에 주어지는 법인세 면제 혜택 조항을 무효화하겠다는 법안이다. 결국 이 법안은 국회 승인을 통과했다. 사실 미국 국세청IRS은 그동안 리츠의 법인세 절세 조항을 이용해 기업의 리츠 분사가 늘어나는 것을 예의 주시하고 있었다. 그들은 상대적으로 높은 미국 법인세를 회피하기 위해 해외 M&A를 통한 택스 인버전이나 리츠 스핀오프 같은 기업의 법인세 회피 전략

Inversion
택스 인버전

해외 기업을 인수합병한 뒤 인수 회사 법인을 법인세율이 더 낮은 외국으로 옮기거나 신설 법인을 설립해 절세하는 것. '세금 바꿔치기'라고도 한다.

이 약 340억 달러의 세금 이탈로 이어진다며 강력히 규제할 것을 요구했다.

결국 새로운 세법에 따라 모기업이 영업 분류상 부동산 회사가 아닌 경우 리츠 회사를 분사한 이후에도 법인세 절세는 적용받지 못한다. 스핀오프에 의존하던 여러 산업군 기업들은 세일앤리스백Sale & Leaseback(매각후임차)나 부동산 자산분할매각 등 차선책으로 눈을 돌렸다. 이러한 차선책도 기업 가치 제고를 견인하는 전략의 일부라서 가격 결정Deal Pricing에 따라 달라지지만 세일앤리스백 딜이나 자산분할매각 건이 공시에 뜨면 대체로 주가에 긍정적 영향을 미친다.

예전에 비해 줄어들긴 했어도 미국 스핀오프 시장은 아직 활발한 편이고 이를 미리 예상해 모기업 주식에 투자하거나 스핀오프로 새로 상장한 기업의 주식투자에 보이는 관심도 크기 때문에 관련 공시 자료를 알아두는 것이 좋다.

기업분할은 주식 가치 창출의 보고

회사가 기업분할을 하는 이유는 따로 분리하면 각자 다른 두 회사의 가치가, 하나였을 때의 기존 회사 가치보다 훨씬 더 크기 때문이다. 기업분할, 사업부문 분사로 만들어지는 가치 창출과 가치 차익에 따른 수익실현 기회가 엄청난 까닭에 헤지펀드들은 항상 이 이벤트를 관심 있게 바라본다. 때로 스핀오프를 단행해야 한다고 판단한 기업이 아무런 액션도 취하지 않으면 해당 주식을 대량 매입해 일정 지분율을 획득한 다음 경영진이 스핀오프를 하도록 압력을 넣기도 한다. 이는 행동주의 헤지펀드가 곧잘 하는 전략이다.

앞서 설명한 이유로 스핀오프는 부동산 리츠 회사 탄생의 흔한 비하인드 스토리다. 많은 회사가 사업의 부동산 부문을 스핀오프해 리츠를 만들고 상장하는 방법을 쓰기 때문에 리츠는 스핀오프의 산물인 경우가 많다. 그래서 리츠 회사의 첫 공시 자료를 보면 Form 10일 때가 많다.

대표적인 사례로 2016년 3개 기업으로 분사한 힐튼 월드와이드와 각각의 기업 파크 호텔 앤 리조트NYSE: PK, 힐튼 그랜드 베케이션NYSE: HGV의 분사 과정을 보자. 먼저 모그룹 힐튼 월드와이드는 내부에서 스핀오프 결정을 내린 뒤 정식 SEC 승인 절차를 밟기 위해 Form 10-12B라는 서류의 예비신고서Preliminary Statement를 제출했다. 업계에서는 이를 줄여서 흔히 'Form 10'이라고 부른다. 투자자는 SEC EDGAR 시스템에 올라 있는 수백 장 분량의 Form 10 신고서를 바로 확인할 수 있다.

최종 신고서를 보면 완성하기까지 여러 번의 수정본(Form 10-12B/A)이 있었음을 알 수 있다. 수정본은 공시 당시 최종 결정하지 않은 수치와 세부 사항을 업데이트하거나 추가 또는 삭제한 버전이므로 가장 최근 날짜에 공시한 버전을 보는 것이 정확하다.

Form 10을 검색하려면 새로 분사하는 기업명 혹은 새로 거래하는 주식의 티커를 알아야 한다. 힐튼 그룹 공시 시스템에서는 이 공시를 찾아볼 수 없다. 이런 경우에는 스핀오프를 단행하는 모기업 IR 측이 발표하는 뉴스를 먼저 확인하는 방법밖에 없다. 분사하는 기업이 SEC에 Form 10 신고서를 공시하는 즉시 모기업은 IR 사이트에 스핀오프의 개괄적인 내용을 공표한다. IR 사이트의 새로운 뉴스 항목에 다음과 같은 헤드라인이 뜰 것이다.

힐튼은 발표 자료에 분사할 2개의 회사명과 정보를 간단히 설명하고 있다.

힐튼 월드와이드가 스핀오프를 발표한 날 IR 웹사이트에 올린 공시 헤드라인. (출처: Hilton Investors, Spin-Off Information, 2016.06.02.)

힐튼 월드와이드에서 분사한 파크 호텔의 스핀오프 신고서 Form 10-12B는 파크 호텔에서 검색해야 볼 수 있다. (출처: SEC)

▶ 힐튼 그룹의 스핀오프 이후 기업구조

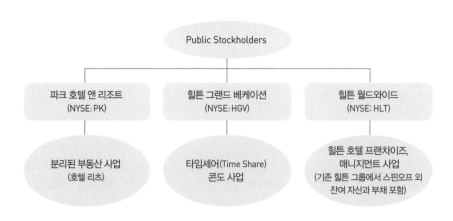

[출처: Form 10-12B/A(Exhibit 99.1), PK, 2016.11.23.]

여기에서 알아낸 회사명으로 SEC EDGAR 시스템에서 검색하면 된다. 간혹 모기업 IR 측이 관련 Form 10 공시로 연결되는 링크를 제공하거나 아예 문서 자체를 홈페이지에서 공유하는 경우도 있다.

이처럼 Form 10은 스핀오프로 설립한 새로운 회사가 주체인 공시 자료다. 모그룹에 존재하던 사업이지만 기존 기업의 지배구조에서 벗어나 독립 주체로 새롭게 상장한다는 점에서 IPO를 앞둔 공모주를 볼 때와 비슷한 맥락에서 투자 판단을 내릴 수 있다. Form 10 신고서에서 주의 깊게 읽어야 할 부분은 다음과 같다.

- 스핀오프를 하게 된 배경과 프로세스Spin-off Transaction Overview
- 배당금 관련 사항Distribution Policy(리츠주 분사일 경우 특히 중요)
- 분사 기업의 추정 연결재무제표Pro-Forma Combined Consolidated Financial Statements
- 회사 재무 상황과 사업 실적에 관한 경영진 의견과 분석MD&A
- 분사 후 각 기업의 새로운 경영진 소개SpinCo Management

추정 재무제표에는 만약 기존 회사가 처음부터 모기업으로부터 독립한 별개의 사업 주체였다면 과거 재무 상황이 어땠을지 계산한 내용이 나온다. 또 향후 분사한 회사를 어떻게 운영할지, 얼마만큼 새로운 가치를 실현하고 그것이 주식에 어떻게 반영될지 상세한 분석을 제공한다. 물론 이것은 새로 분사한 회사의 경영진 입장에서 잠재 투자자에게 설명하는 기업의 성장성이라 주관적일 수 있다는 점을 감안해야 한다.

정보의 홍수 속에서도
끊임없이 불안한 이유
투자 기회는 숨어 있다는 착각

비밀 정보가 아닌 공개 정보에 답이 있다

공시를 읽고 기업을 이해한 다음 이를 투자에 적용하는 일에는 훈련이 필요하다. 이것은 주가의 일일 변동성에 의연히 대응하면서 본래 목표인 장기투자, 가치투자의 길을 걷는 데 필요한 최소한의 충분조건이다. 기업 공시에서 펀더멘털을 볼 줄 아는 훈련이 몸에 배지 않으면 불안한 나머지 의심쩍은 인터넷 커뮤니티의 지라시 정보에라도 의존하고 싶은 것이 사람 심리다.

분명 경기침체 국면이지만 유례없는 유동성이 시장에 풀리면서 미국 주식시장은 2020년 3월의 대폭락 흔적을 아예 지워버리다시피 하며 고공행진하고 있다. 특히 대형 성장주가 주도하는 나스닥, S&P500이 사상 최고점을 찍는 상승장에서 투자한 주식의 수익률이 '대박'을 치는 것은 간단히 초심자의 운만으로도 설명이 가능한 현상이지만 사람들은 자신의 투자 안목 덕분이라고 멋대로 해석한다. 이를테면 기업 공시 따위는 한 줄도 읽지 않아도 '내게 회사를 보는 눈이 있어서' 주식투자에 성공했다거나 차트만 보고 매수했는데 시장을 이겼다는 무용담을 떠벌리고 다닌다.

　그러다 주가가 조금이라도 주춤하거나 하락하기 시작하면 불안감에 인터넷을 뒤적이며 여기저기서 떠들어대는 지라시 수준의 정보를 찾아 자기 위안을 하기 시작한다. 주식 커뮤니티 같은 곳에서 클릭 한 번에 쉽게 손에 넣는 출처도 불분명한 '정보'를 어디까지 신뢰할 수 있을까? 결코 신뢰할 수 없다! 인터넷 커뮤니티, 모바일 메신저 리딩방 같은 자칭 '주식 전문 채널'의 성장 모델은 직접 공시를 보고 공부할 생각은 없는데 주식으로 돈은 벌고 싶어 의지할 곳을 찾는 개인투자자의 불안한 심리를 이용해 계속해서 다시 방문하게 만든다. 그들만이 제공한다는 정보에 의존하도록 만들어 끊임없이 소비를 유도하는 것이다. 실제로 인터넷에 떠다니는 정보만 믿고 혹은 '아는 사람한테 입수한 고급 정보'를 믿고 투자했다가 참담하게 실패한 경우가 있음에도 불구하고 여전히 온오프라인 커뮤니티를 기웃거리며 대박 정보를 얻으려는 것은 위험하다 못해 무서운 행동이다.

　세상 모든 것이 그렇듯 수요와 공급의 원리에 따라 수요가 존재하는 한 무의미하고 위험한 정보를 생산해 전달하는 공급은 계속 이어질 것이다. 단 5분밖에 투자할 수 없다면 기업의 모든 것을 알 수 있는 공시 자료를 보는 데 쓰겠는가, 아니면 주식 카페에서 말하는 '당신에게만 알려주는 100% 급등주' 게시물을 읽는 데 쓸 것인가. 나라면 공시 자료를 보겠다. 안타깝지만 당신에게만 알려주는 고급 정보 같은 것은 존재하지 않는다. 그런 정보가 당신에게 도달할 정도면 이미 시장의 모두가 알고 있을 것이다.

CHAPTER 3

아는 만큼 보이는 재무제표, 보이는 만큼 커지는 투자수익

재무제표를
볼 줄 안다는 것
섹터별 재무제표 읽기

숫자를 보기 전에 맥락을 읽자

흔히 재무제표를 볼 때는 "행간을 읽으라."고 말한다. 기업이 공시하는 자료를 있는 그대로 받아들여 적용하지 말고 기업의 의도가 무엇인지, 기업이 어떤 부분을 강조 혹은 숨기려 하는지 파악하라는 의미다. 실적 발표 시즌이 오면 현명한 투자자는 발표한 숫자만 보는 게 아니라 숫자 뒤에 숨은 스토리텔링과 경영진의 전략적 의도를 읽어내려 애쓴다. 이것은 손실을 볼 확률을 최소화하는 가장 확실한 방법이다.

기업 공시에 나타난 재무적 성과 지표를 제대로 본다는 것은 뛰어난 기업을 골라낸다기보다 (투자해서는 안 될) 좋지 않은 기업을 가려낼 가능성을 높이는 것을 말한다. 결국 '재무제표를 잘 본다'라는 건 기업이 부실한 재무 상태를 숨기고 있는지, 경영진이 제시하는 기업 전략과 성장 예상치가 현재의 재무, 영업 상황 대비 얼마나 현실적인 가이던스인지 분별하는 능력을 포함한다. 다시 말해 기업이 속한 섹터와 시황에 따라 지표를 유의해서 살펴볼 줄 알아야 한다.

이 장에서는 미국 주식시장을 구성하는 각 산업 이해, 섹터별 주가를 움직이는 요소 그리고 해당 섹터에 속하는 기업의 주식을 볼 때 확인해야 할 최소한의 영업, 재무, 밸류에이션 관련 지표에 주목해 보자.

〈주의〉 이 책에서 다루는 특정 기업 내용은 어떤 것도 해당 주식에 투자하라는 권고로 이해해서는 안 된다. 어디까지나 이해를 돕기 위한 것이므로 논의에 필요해서 활용한 기업 사례로만 이해할 것을 당부드린다.

주식, 언제 사고
언제 팔아야 할까
주식의 적정 가치 구하기

싼 주식과 비싼 주식의 정의

"싸게 사서 비싸게 팔아라Buy low, Sell high."

이 말은 투자 불문율이다. 당연한 것 아니냐고? 현실을 보자면 투자에서 무엇보다 어렵고 투자의 대가조차 번번이 실패하는 난이도 극악의 투자 전략이다. 두 가지 모두에 성공하는 것은 매우 어려우며 둘 중 하나만 어느 정도 해도 성공한 투자라고 평가받을 수 있다.

다만 유의할 점은 이 말이 '저점 매수, 고점 매도'와 의미가 다르다는 것이다. 차트를 보면서 저점 타이밍에 매수하고 고점으로 보이는 변곡점에 매도하는 기술적 매매를 말하는 게 아니다. 간단히 말하면 가치와 가격의 관계를 이해하고 그 균형이 기울어지는 순간 매수 매도 결정을 내리는 일이다.

단기간에 나타나는 필연적인 가격과 가치의 갭은 곧 수익실현 기회를 뜻한다. 가치투자의 대명제는 주가는 장기적으로 가치에 수렴하므로 시장이 비효율적인 단기 타이밍을 이용해 차익을 극대화하는 것이다. 모든 주식의 가격이 기업의 적정 가치를 정확히 반영하는 시장은 슬픈 시장이다. 아무도 돈을 벌 수 없는 시장이기 때문이다. 다행히 그런 시장은 존재하지 않는다.

가격Price - 가치Value 부등식

- 가격 < 가치

  → 싼 주식Cheap; Undervalued; Trading at a Discount; Trading Low

- 가격 > 가치

  → 비싼 주식Expensive; Overvalued; Trading at a Premium; Trading High

우선 싼 주식과 비싼 주식 개념부터 이해하자. 명품 가방의 대명사이자 업계 최고가 상품으로 알려진 에르메스의 버킨백 가격은 2만~20만 달러다. '너무 비싼' 걸까? 그깟 가방 따위가 뭐라고 자동차 몇 대를 살 수 있는 가격이라는 거야? 하지만 그 가격은 시장에서 통한다. 더구나 버킨백을 사는 사람은 아무도 너무 비싸다고 생각하지 않는다. 상품을 사지 않는 사람들에게도 버킨백의 유한성이 시장가격 이상의 무한한 가치를 지니고 있다고 통용되는 세상에 우리는 살고 있다. 여기서의 가치는 가방 자체의 상품 가치를 넘어 브랜드 가치, 부의 상징Status Symbol이라는 무형자산의 평가 가치를 인정받은 것이다. 버킨백이 몇십만 달러에 팔려도 그리 비싸지 않은 상품으로 여겨지는 이유다. 여기서 더 자세히 그 가치를 따져보자.

- 상품 가격Price Tag: 20만 달러
- 상품 가치Value of the Product: 가방+에르메스 브랜드 가치+사회적 상징성+계속 상승하는 가격(+과시욕, +희소상품 소장욕구 등 추가 가치는 개인마다 다르다)

물론 이 가치가 모두에게 절대적으로 적용되는 것은 아니다. 무겁고 노트북 하나 넣고 다니기도 힘들어 실용성이 떨어지는데 예쁜지도 모르겠다고 생각하는 나 같은 사람도 분명 있다. 그러나 나 같은 부류에게도 그 가방은 너무 비싼 상품이 아니다. 단지 가방의 가치를 낮게 책정할 뿐이다. 상품을 소비할 의지가 없으니 가격을 두고 싸니 비싸니 판단하지도 않는 입장이다. 너무 비싸다는 것은 상품 가치를 충분히 인정하고 소비욕구가 있는 상태에서 자신이 인정하는 가치 대비 지불해야 하는 가격이 높다는 것을 의미한다.

반대로 길거리에서 파는 10달러짜리 가방은 '너무 싼' 걸까? 이것 역시 가방이 내가 원하는 디자인에 실용성까지 갖춰서 오래 사용하고 싶은 상품이라면 너무 싼 가격이 맞다. 내가 평가한 가치가 10달러보다 훨씬 크기 때문이다. 애초에 디자인이 별로였는데 구입한 지 하루도 지나지 않아 줄이 끊어지고 지퍼가 고장 났다면 10달러는커녕 단돈 1달러도 '너무 비싼' 가방이다. 주식도 마찬가지다.

미래 주가 예측이 아닌 적정 가치 추정

가치평가에서 기업 가치는 어떤 상황에서도 냉정하게 판단할 수 있는 근거다. 기업 가치 대비 현재 주가가 터무니없이 올랐다면 시장의 높은 기대심리에 따라 현재 주가에 이미 미래 가치가 반영된 것이다. 이 경우 기대한 만큼 실적이 나오는 것으로는 주가 상승을 기대하기 힘들다. 아직 주가에 반영되지 않은, 즉 아무도 예측하지 못한 또 다른 형태의 호재가 일어나야 현재 주가보다 더 높은 수준으로 상승한다. 미래 가치에 기대심리가 반영된 주가는 그 가치를 실현해도 그 수준에 머물고 실현하지 못하면 오히려 하락한다. 바꿔 말하면 미래 성장을 이미 반영한 주가에 주식을 매수할 경우 성장을 실현해도 수익을 얻지 못한다. 한마디로 주식을 '비싸게' 산 것이다.

반대로 주식을 '싸게 산다'는 것은 가치평가에 따른 적정 주가보다 실제 주가가 한참 밑도는 수준에서 매수하는 것이다. 100달러가 적정 가치인 주식이 현재 75달러에 거래가 이뤄지고 있다면, 이는 시장이 기업 가치를 알아보지 못하고 있거나 기업 가치에 도달하는 것을 방해하는 기업 자체 문제 혹은 외부 요인이 있다는 뜻이다. 어떤 이해관계로 가치 실현을 가로막는 경영진, 정치적 이유에 따른 불확실한 산업 규제, 대외적 신용 제약Credit Constraint 등 원인은 다양하다. 기업 가치를 100달러라고 확신한다면 75달러인 현재 매수하는 것은 주식을 싸게 사는 셈이다. 그러니 주당 1달러인 페니 스톡도 기업의 실질 내재가치가 20센트면 '매우 비싼' 주식이고, 주당 30만 달러 주식도 기업 가치가 그 이상이면 '싼' 주식이다.

다만 가격은 시장에서 매매하는 수치로 쉽게 실시간 확인이 가능하고 논란의 여지가 없는 절대적인 숫자다. 그야말로 그날, 그 순간 매수자와 매도자가 거래하기로 합의한 수치다. 하지만 가치는 다르다. 가치는 절대적이지 않고 산정하는 사람에 따라 다르며 시장 참여자 간에 합의가 이뤄지기도 쉽지 않은 숫자다. 기업의 적정 가치가 무엇인지 그 기준이 획일적이지 않고 산정하는 작업도 간단하지 않으니 가치에 중점을 두는 것은 힘든 일이다. 더구나 단기적으로 볼 때 가치와 가격은 아무런 상관관계도 없는 듯해 가격보다 가치가 외면당하는 것은 언뜻 당연해 보인다.

그렇지만 자신만의 적정 가치를 정립하지 않으면 매수 시점에 내가 싸게 사는지 아니면 비싸게 사는지 기준이 사라진다. 스스로 가치를 산정하는 과정이 번거롭다면 전문 투자자의 컨센서스라도 참고하면서 적정 가치를 헤아리는 판단력을 키워보자. 컨센서스도 틀릴 때가 있고 그들이 말하는 가치도 절대적이지 않지만 충분한 기초 작업Groundwork을 해놓은 보고서를 참고하는 것은 기업과 섹터의 안목을 기르는 데 큰 도움이 된다.

적정 가치 기준이 없으면 시장에서 부르는 값(호가)에 살 확률이 높고 타이밍도 신경 쓰지 않는다. 가치를 정립하지 않은 입장에서는 언제 사든 비싸지도 싸지도 않아 그저 시장가격흐름만 관망할 수밖에 없다. 주식 초보자가 오르고 있는 주식은 사고 떨어지는 주식은 파는 이유가 여기에 있다. 실제로는 그 반대로 매매해야 투자수익을 실현할 수 있다. 물론 오르고 있는 주식을 사서 더 올랐을 때 매도해도 수익실현은 가능하다. 다만 가치를 정립하지 않아 언제 매도해야 하는지 기준이 없어서 어려울 뿐이다.

"오를 것 같은 주식을 사서 떨어질 것 같을 때 팔면 되잖아."

이런 말을 쉽게 하는 사람의 혜안이 그저 경이로울 지경이다. '오를 것 같은 주식'과 '떨어질 것 같을 때'를 어떻게 아는 걸까? 신기하다.

거래되고 있는 가치와 거래되어야 할 가치

싼 주식과 비싼 주식을 구별하는 또 다른 방법도 있다. 앞서 말한 '주가 대 적정 가치' 비교가 절대평가라면 이것은 상대평가 방법에 속한다. 바로 해당 주식이 같은 섹터 내 경쟁 기업 주식 대비 싸거나 비싼지 알아보는 방법이다. 아래 기업들의 주가 예시를 보자.

이들 기업 중 가장 비싼 주식은 무엇일까? 주가가 가장 높은 C기업 주식? 현재 시총이 가장 높은 A기업 주식? 그러면 가장 싼 주식은 주식 단가가 가장 낮은 B기업인가? 아니면 기업 가치가 가장 낮은 D기업인가?

정답은 '모른다'이다. 이러한 정보로는 이들 4개 기업 주식을 비교할 방법이 없다. 현재 주가, 시총, 현재 시가에 기반한 기업 가치는 싼 주식과 비싼 주식을 구별하는 잣대가 아니다. 현재 지표에는 기업마다 각기 다른 성장률, 영업 실적, 부채비율을 고려해야 하는 주가의 상대 가치가 드러나 있지 않다. 이때 활용하는 것이 배수 개념이다. 상대적 비율로 표현하는 수치로 전환하면 비교가 가능하다.

현재 주가를 반영한 기업 가치 EV; Enterprise Value(=시총+순부채)를 기업의 영업이익과 현금흐름 지표인 EBITDA로 나누면 EBITDA 배수를 산정할 수 있다. 여기서 EBITDA는 과거, 현재 실적이 아닌 향후 12개월 후 NTM; Next Twelve Months 실적을 추정한 선행 EBITDA다. 컨센서스를 활용하는 것도 이

▶ 기업 가치 비교 예시

주식	Current Price	Market Cap	Net Debt	Enterprise Value(EV)
A기업	$300.00	$26,400M	$23,000M	$49,400M
B기업	$50.00	$7,750M	$5,500M	$13,250M
C기업	$1,200.00	$25,200M	$18,000M	$43,200M
D기업	$100.00	$7,500M	$5,300M	$12,800M

Current Price: 현재 주가 | Market Cap: 시총 | Net Debt: 순부채 | Enterprise Value(EV): 기업 가치

▶ 배수 개념을 활용한 기업 가치 산정 예시

주식	Current Price	Market Cap	Net Debt	EV	NTM EBITDA	EV/EBITDA
A기업	$300.00	$26,400M	$23,000M	$49,400M	$2800M	17.6x
B기업	$50.00	$7,750M	$5,500M	$13,250M	$720M	18.4x
C기업	$1,200.00	$25,200M	$18,000M	$43,200M	$2500M	17.3x
D기업	$100.00	$7,500M	$5,300M	$12,800M	$900M	14.2x

Current Price: 현재 주가 | Market Cap: 시총 | Net Debt: 순부채 | EV: 기업 가치 | NTM EBITDA: 선행 EBIT-DA | EV/EBITDA: EBITDA 배수

수치를 얻는 한 방법이다. 이렇게 계산한 배수를 트레이딩 멀티플Trading Multiple이라고 한다. 이 배수를 산정하기 위해 사용한 기업 가치는 적정 가치를 평가한 결과값이 아니라 단지 현재 시장에서 거래하는trading 주가를 기반으로 산정한 것이기 때문이다. 즉 트레이딩 멀티플은 곧 시장가격을 기반으로 한 각 기업의 주가 배수다. 단 이는 가치평가 시 적용하는 가치 배수Valuation Multiple와 별개의 개념이니 구분하도록 하자.

EBITDA

'Earnings Before Interest, Taxes, Depreciation and Amortization'의 약자로 법인세(Taxes), 이자(Interest), 감가상각비(Depreciation and Amortiztion) 차감 전 영업이익을 뜻한다. 기업이 영업활동으로 벌어들인 현금 창출 능력을 나타내는 지표다.

- **트레이딩 멀티플**Trading Multiple ; Price Multiple

  현재 주가와 미래 추정 실적을 기반으로 산정한 주가 배수. 우리가 흔히 참고하는 투자 사이트, 증권사 컨센서스에서 보는 주가 배수가 이 트레이딩 멀티플이다. 시장이 평가하는 기업 가치라고 볼 수 있다. 여기서 기업 가치와 가격은 전부 시장가치(현재 시총, 현재 주가)다. 주가 배수가 곧 결과output 값이다.

- **밸류에이션 멀티플**Valuation Multiple; Applied Multiple

  기업 가치평가를 위한 추정 기대 실적에 적용하는 가치 배수다. 적용 배수는 보통 가치평가 대상인 기업과 유사한 기업들의 주가 배수(트레이딩 멀티플) 평균값을 기준으로 삼는다. 애널리스트의 재량에 따라 그 평균값에 대상 기업의 성장성, 경쟁 우위 등을 반영해 일정 프리미엄 혹은 디스카운트를 감안해서 조정한 배수를 적용한다. '추정 EPS×12× = 추정 주당 가치', '추정 EBITDA×8× = 추정 기업 가치'. 여기서 쓰인 12×, 8×가 (적용) 가치 배수이고 인풋input 값이다.

트레이딩 멀티플을 구했으니 이제 답은 간단하다. 이들 중 상대적으로 가장 비싼 주식은 현재 주가 배수가 가장 높은 B기업, 가장 싼 주식은 배수가 가장 낮은 D기업이다. 이처럼 각 기업의 적정 주가를 알지 못해도 비교우위를 정할 수 있는 유사 기업군을 정의하고 주가 배수를 비교하면 싼 주식과 비싼 주식을 구분할 수 있다. 업계 평균 대비 낮은 배수에서 거래하는 주식을 'Trading below market', 'Trading below sector average', 'Trading at a discount'라고 표현한다. 반대로 업계 평균 대비 높은 주가 배수인 주식은 'Trading above market', 'Trading above industry average', 'Trading at a premium'이라고 한다. 미국 주식투자 관련 사이트나 증권사 리포트에 자주 나오는 표현이므로 익혀두면 좋다.

다만 유의해야 할 점은 트레이딩 멀티플이 상대적으로 낮다고 해서 무조건 '저평가된 싼 주식'은 아니라는 점이다. 배수가 낮게 거래되는 주식에는 그만한 이유가 있다. 과도한 레버리지, 사업 경쟁력 저하, 경영진 이슈, 지배구조상의 문제 등 시장이 주가를 디스카운트할 수밖에 없는 어떤 요인 때문에 배수가 낮게 거래된다면 그것은 싼 주식이라 볼 수 없다. 반면 유사 기업과 비슷한 자본구조, 비슷한 규모의 기업 가치인데 미래 EBITDA 기대 성장률이 너무 높아 EV/NTM EBITDA를 구성하는 분모 수치가 상대적으로 커서 배수가 낮은 것이면 이는 싼 주식이 맞다.

같은 맥락에서 높은 트레이딩 멀티플로 거래되는 주식 역시 해당 기업의 성장성, 경쟁적 우위가 설명된다면 유사 기업군보다 높은 배수로 거래된다고 해서 마냥 '고평가된 비싼 주식'이 아니다. 반면 합당한 이유 없이 시장의 기대심리나 모멘텀에 따른 시총 증가로 실질 EBITDA 성장률보다 기업 가치가 훨씬 커져 높아진 배수라면 비싼 주식이다. 이처럼 트레이딩 멀티플에 기반한 평가는 특정 비교 그룹 내에서의 상대평가 잣대로는 유용하지만 단편적 해석은 오히려 잘못된 결론을 낼 수 있으므로 기업 분석을 할 때는 전체 그림을 이해하는 습관을 들이는 것이 좋다.

Q&A

Q **영업이익, EBIT, EBITDA 등의 지표들은 무슨 차이가 있나요?**

A '영업이익'이라는 매우 포괄적인 개념으로 쓰이는 용어들이 많지만 회계처리가 다르고 재무적인 의미와 활용도 다르니 정확히 이해할 필요가 있다. 먼저 '영업이익'은 'Operating Income'이라고 하는데, 매출에서 제품원가(Cost of Goods Sold)와 일반 판매비용과 관리비용을 차감한 금액을 뜻한다. 흔히 영업이익을 EBIT와 혼용해서 사용하고는 하는데 엄밀히 다른 수치다. EBIT에서 영업외수익(Non-operating Income)은 차감하고, 영업외비용(Non-operating Expenses) 및 일회성 비용(Non-recurring Expenses)은 다시 합산해야 영업이익이라는 수치가 나온다.

Operating Income = EBIT
- Non-operating Income
+ Non-operating Expenses
(따라서 영업외수익/비용이 없는 경우에만 '영업이익=EBIT'이 된다)

EBIT는 '이자와 법인세 차감 전 순이익'을 뜻하며, 기업의 영업활동을 통한 현금 흐름에서 자본지출(CapEx; Capital Expenditures)을 차감한 수치인 잉여현금흐름(Free Cash Flow)과 가장 비슷한 수치로 인식된다. 따라서 설비투자비용이 크게 소요되는 섹터의 기업들, 예를 들어 인프라, 오일 가스, 채광 같은 섹터 주식들을 비교하는 수익성 지표로 적합하다. 참고로 워런 버핏이 EBITDA보다 선호하는 지표라고 알려졌는데, 이는 기업의 성장에 필요한 설비투자 등의 비용이 차감된 후의 수익성을 보는 것이 더 객관적이라는 이유에서다.

EBITDA는 '이자와 법인세, 감가상각비용 차감 전 순이익'을 뜻하며, 순수하게 영업활동을 통한 현금성 수익 창출 능력을 보여주는 지표로 CapEx, 감가상각(D&A)비용이 크지 않은 사업구조인 섹터 주식들을 비교하는 데 적합한 수익성 지표다. 기업의 비즈니스 모델에 따라, 혹은 섹터 성격상 기업마다 편차가 클 수 있는 설비투자 규모나 재무적 레버리지 등의 항목들을 가감하기 이전의 수치이기 때문에 기업 간 밸류에이션을 비교할 때 가장 널리 쓰이는 지표이기도 하다.

Q 밸류에이션은 언제까지 유효하나요?

A 밸류에이션은 정적이지 않고 변화하는 수치다. 펀더멘털에 큰 변화를 주는 외부적 매크로 요인 혹은 기업 자체의 변화가 있을 때 그러한 요인들을 적절하게 반영하기 위해 밸류에이션 업데이트를 한다. 그러나 특별히 정해진 '주기'에 따라 바뀌지는 않는다. 시장금리의 변화, 마켓 프리미엄(멀티플 확대, Multiple Expansion)이나 디스카운트(멀티플 축소, Multiple Contraction)와 같은 매크로 변수나 기업의 자본잠식(Capital Impairment), 지배구조의 변화, 자산 인수나 매각에 따른 현금흐름의 변화, M&A나 신사업·신시장 진출 등 수익구조에 큰 변화가 생기는 경우 그에 맞게 밸류에이션을 업데이트한다. 실적 발표 시즌마다 단순히 새로

운 실적을 반영하기 위해서만 밸류에이션을 조정하지는 않는다. 기업 자체에 큰 변화가 없으면 몇 분기의 어닝 시즌이 지나도 밸류에이션을 그대로 유지할 때도 있다.

낮은 PER의 함정,
높은 PER 뒤에 숨은 의미

PER을 이해하는 법

PER을 둘러싼 오해

주식에 관심이 없는 사람도 주가수익 배수라는 뜻의 PER을 한 번쯤 들어봤을 것이다. 정확히 뭔지는 몰라도 그런 게 있다는 것 정도는 알 만큼 보편화된 주가 배수니 말이다. P/E라는 주가 배수에는 한계도 있지만 주식의 투자가치를 판단하는 가장 단순하고 직관적 지표이기 때문에 매우 유용하다. 문제는 이것을 모든 상황, 모든 주식에 무분별하게 사용하거나 중요한 투자 결정 잣대로 쓰는 데 있다.

Price to Earning Ratio
PER과 P/E

미국에서는 PER(한국식으로 '퍼')라고 읽지 않고, 다음과 같이 P/E Multiple, P/E Ratio라고 표현한다. 미국주식에 관한 만큼 여기서도 P/E로 표기한다.

"P/E 배수가 낮으면 싼 주식 아니야? 왜 더 떨어지는 거야?"

"좋은 성장주인 것 같은데 이제 끝물이야. P/E가 100×이 넘어가잖아. 너무 비싸서 안 샀어."

과장이 아니고 친구들과 주식 얘기가 나오기만 하면 이런 말을 백번도 넘게 들은 것 같다. 그럴 때마다 제대로 알려줘야 한다는 강박관념에 P/E 배수의 진정한 의미를 설명하다가 단순한 개념인데 내 설명을 듣고 오히려 혼란스러워하는 친구들의 반응에 당황했던 적이 많다. 내가 여러 번의 반복 학습 끝에 가장 직관적 설명이라는 피드백을 받은 해석을 여기 소개하겠다.

$$\text{주가수익 배수 P/E Multiple} = \frac{\text{주가Price}}{\text{주당순이익EPS}}$$

$$= \text{주식투자자들이 손익분기점에 도달하는 기간}$$

예를 들어 P/E가 10×인 A기업 주식이 있다고 하자. 주당 1달러의 순이익earnings을 내는 A기업 주식을 10달러에 산다면? 이 기업이 매년 주당 1달러의 순이익을 낸다는(EPS 성장률 0 가정) 것은 내가 투자한 금액을 돌려받으려면 10년이 걸린다는 뜻이다. 이는 화폐의 시간 가치나 기업의 성장등 다른 요소를 전혀 고려하지 않은 단순한 가정이다. 그러나 여기까지다. 이렇게 개별 기업의 주가 배수를 독립적으로 보면 이 이상의 의미는 없다.

• P/E 배수는 상대적 프레임으로 봐야 의미가 있다.

그러면 동종 업계에 있는 B기업 주식을 20달러에 샀고 이 기업의 주당순이익이 4달러라면 어떨까? P/E는 5×가 되며 이는 내 투자금액을 회수하는

데 5년이라는 시간이 걸리는 주식이라는 뜻이다. 이제 P/E 배수로 두 기업을 비교해 보자.

- A기업 주식보다 B기업 주식의 P/E가 더 낮다.
- 1주를 샀을 때 내 투자 원금을 회수하는 시간은 B기업 주식이 절반이다.
- 결론: B기업 주식이 더 싸고 좋은 주식이다.(?)

**LTM, TTM vs.
NTM, F12M**
후행지수와 선행지수
과거 12개월의 지수를 나타낼
때는 LTM(Last Twelve Months)
또는 TTM(trailing twelve mon-
ths)을 붙이며, 미래 12개월의
예상치에는 NTM(Next Twelve
Months) 또는 F12M(Forward
12 Months)을 붙인다.

위 결론이 성립하려면 P/E를 제외한 나머지 가치 요인valuation drivers, 성장률, 영업마진, 레버리지가 동일하다는 가정이 있어야 한다. 만약 유사 기업 P/E가 아니라면 비교 대상으로 업계 평균 P/Esector average multiple, 대상 기업의 과거 P/Ehistorical multiples, 아니면 S&P500이나 나스닥 등 시장 인덱스 P/Emarket multiples라도 있어야 평가가 가능하다. 핵심은 P/E 배수의 상대성이다.

WSJ | MARKETS

	P/E RATIO			DIV YIELD	
	9/30/20'	YEAR AGO'	ESTIMATE^	9/30/20'	YEAR AGO'
Dow Jones Industrial Average	27.26	18.71	23.37	2.22	2.35
Dow Jones Transportation Average	94.15	16.71	n.a.	1.57	1.69
Dow Jones Utility Average Index	24.00	27.74	19.32	3.24	2.92

' Trailing 12 months
^ Forward 12 months from Birinyi Associates; updated weekly on Friday.
P/E data based on as-reported earnings; estimate data based on operating earnings.
Sources: Birinyi Associates; Dow Jones Market Data

〈월스트리트 저널〉에서 매일 업데이트하는 시장 인덱스의 P/E. 현재 평균 주가 배수와 12개월 선행(NTM; F12M) 주가 배수, 과거 12개월(LTM; TTM) 주가 배수를 비교해 보여준다. (출처: WSJ, 2020.9.30. 기준)

P/E가 높은 주식에 유리한 지표, PEG

앞서 모든 것이 동일하다는 조건 아래 P/E가 낮으면 싼 주식, 높으면 비싼 주식이라고 했지만 현실에서 모든 가치 요인이 동일한 기업은 존재하지 않는다. 시장에서 주식이 높은 P/E로 거래되는 커다란 이유 중 하나는 기업의 기대 성장률 때문이다. 향후 3년, 5년 EPS 성장률이 높을 것으로 예상하는 기업은 시장이 다른 주식 대비 프리미엄을 부여한다.

그런데 성장성을 감안해 P/E를 비교한다는 상당히 모호한 말이다. 대체 어떤 식으로 감안하라는 말인가? 이를 위해 기업마다 각각 다른 성장성을 표준화한 주가 배수가 있다. 이것을 주가수익성장률PEG; Price Earnings to Growth Ratio이라고 한다. 기대 성장률 차이를 P/E에 적정 수준으로 반영하고 있는지 판단하는 방법이다. 산정 방식은 간단하다.

$$\text{주가수익성장률PEG} = \frac{\text{주가수익 배수P/E}}{\text{주당순이익 성장률 EPS Growth Rate} \times 100}$$

여기서 성장률은 기대성장률로 대개 향후 3~5년 연평균 성장률CAGR을 말한다. 주로 P/E가 높은 주식의 고성장성을 고려하기 위한 대안으로 고안한 지표니 높은 P/E가 특징인 기술 성장주를 예시로 살펴보자. 다음 페이지의 표는 미국 증권사 리포트에서 흔히 볼 수 있는 P/E 비교평가표Trading Comparables Table; Comps Table다. 보다시피 온라인 전자결제 시스템 기업 페이팔NASDAQ: PYPL의 P/E와 동일 업종 경쟁 기업의 P/E를 비교하고 있다.

2020년 기준 페이팔의 P/E는 44.1×이다. 비교 대상군이 없어도 언뜻 높아 보이는 숫자인데 심지어 같은 업계 경쟁사인 아디엔AMS: ADYEN은 170×,

▶ 페이팔의 P/E와 경쟁 기업을 비교하는 Comps Table

	Market cap	EPS CAGR 2019 ~ 2022	P/E			PEG		
			2020	2021	2022	2020	2021	2022
페이팔(PYPL)	$205,118M	24%	44.1x	37.5x	30.6x	1.84x	1.57x	1.28x
비자카드(V)	$446,562M	9%	39.2x	33.6x	28.3x	4.60x	3.94x	3.32x
마스터카드(MA)	$312,446M	11%	46.5x	35.2x	28.8x	4.23x	3.20x	2.62x
아디엔(ADYEN)	$47,481M	42%	170.0x	102.0x	72.1x	4.03x	2.42x	1.71x
스퀘어(SQ)	$58,981M	23%	466.8x	127.4x	82.0x	20.24x	5.52x	3.55x

(출처: Goldman Sachs Research, 2020.08.)

스퀘어NYSE: SQ는 무려 466.8x이다. 이걸 어떻게 해석해야 할까? 순이익의 몇백 배에 거래가 이뤄지는 스퀘어는 말할 것도 없이 고평가된 비싼 주식이고 그나마 40x대인 페이팔, 비자카드NYSE: V같은 기업은 싸고 좋은 주식일까?

제일 오른쪽의 PEG는 각 기업의 P/E에서 향후 3년 EPS 연평균 성장률 EPS CAGR을 나눈 조정 배수다. 페이팔은 1.84x(≒44.1/24), 스퀘어는 20x(≒466.8/23), 나머지 기업은 4x대로 나타났다. 뭔가 점점 말이 되는 숫자인 것 같다. PEG로 조정한 후 가장 큰 변화를 보인 건 페이팔과 아디엔이다. 아디엔은 170x이라는 너무 높아 보이는 P/E에서 페이팔을 제외한 유사 기업 중 가장 낮은 4.03x(≒170/42) PEG가 되었다. 경쟁사들 중 가장 높은 성장률 덕분이다. 이 배수대로면 오히려 상대적으로 저평가된 싼 주식으로 보인다. 페이팔은 P/E만으로도 상대적으로 싼 주식처럼 보였으나 PEG로 비교하니 유사 기업 대비 훨씬 더 매력적인 주식으로 나타났다. 이처럼 PEG는 현재 주가 대비 폭발적 성장률을 덜 반영한 주식의 P/E를 상대적으로 '덜 비싸게' 보이는 효과를 낸다. 바꿔 말해 PEG는 P/E가 상대적으로 높은 주식에 유리한 지표다.

이론적으로 PEG가 1.0 이하인 기업은 투자 적격 대상, 0.5 이하인 주식은 적극 매수라고 한다. 이것은 가치투자계의 대부 피터 린치가 실제 투자 대상을 스크린할 때 사용한 기준 중 하나로 알려지기도 했다. 이론상으로는 맞는 말이다. PEG가 1.0이 되려면 적어도 그 기업의 성장률이 P/E만큼은 되어야한다. 즉 P/E가 20×인 기업은 최소한 매년 20%의 성장률을 이뤄야 비싸지 않은 주식이라는 얘기다. 다시 강조하지만 이론적으로는 그렇다. 그러면 P/E 가 100×인 기업의 성장률이 100%면 고평가된 주식이 아닌 걸까?

P/E의 한계를 보완하는 PEG의 한계

P/E의 부족한 점을 보완해주는 PEG 개념은 훌륭해 보이지만 이것 역시 표준화한 주가 배수에서 오는 한계에서 벗어날 수 없다. PEG에는 두 가지 큰단점이 있다.

- P/E와 성장률이 높은 기업의 매력을 과대평가한다.
- EPS 성장률에 치중해 기업 가치를 대변하는 잉여현금흐름 창출 능력을 감안하지
  않는다.

첫 번째 한계점을 제대로 이해하기 위해 기업 가치 1,000억 달러로 평가받는 기업이 있다고 해보자. 밸류에이션에 따르면 이 기업은 추정 순이익 5억

달러, 현재 주가 500달러, 현재 시총 600억 달러로 P/E는 120×이다.

이 주가가 합리적이라고 하려면 이 기업 주가의 EPS 성장률은 120% 이상이어야 한다. 그래야 PEG가 1.0(=120×/120%)이 되기 때문이다. 여기서 쓰는 성장률은 연평균 성장률이므로 향후 5년간 매년 120%씩 성장한다는 것을 의미한다(이때 5년간 P/E 배수는 고정값으로 상정해 다른 변수는 고려하지 않는다). 이 정도 성장이 현실적으로 가능한 것일까?

더불어 PEG를 이용한 가치 판단이 합리적이려면 한 가지 가정이 더 필요하다. 바로 투자자의 기대수익률이 투자한 기업의 순이익률과 같아야 한다. 여기서 순이익률은 주가수익률Earnings Yield이라고도 하며 P/E 배수의 역수, 즉 주당순이익을 주가로 나눈 값(=EPS/Price)이다. 단순하게 생각해서 P/E가 20×인 주식이 있고 내 기대수익률이 5%(=1/20)인 경우를 손익분기점으로 보면 된다.

앞의 예시에서 120×인 주식의 미래 성장률이 150%라고 해보자. 이때 PEG는 0.8×이니 저평가된 주식이라 보고 무조건 매수하는 것은 곧 그 주식의 기대수익률이 0.8%(≒1/120)라는 것과 같다. 그야말로 초저금리 시대의 은행이자만도 못한 기대수익률이다. 0.8×이라는 낮은 PEG 지표 하나만 보고 매수한 투자자는 앞으로 5년간 매년 150%라는 고성장률을 지속해야 겨우 투자 손익분기점이라는 사실을 깨달을 것이다. 아직도 '저평가된 싼' 주식으로 보이는가?

Free Cash Flow
잉여현금흐름

기업이 사업으로 벌어들인 돈 중 세금과 영업비용, 설비투자액 등을 제외하고 자유롭게 사용할 수 있는 현금을 뜻한다.

두 번째는 기업의 잉여현금흐름을 감안하지 않은 데서 오는 한계점이다. 기업 가치를 좌우하는 주요 펀더멘털 지표 중 하나는 기업의 잉여현금흐름이다. 그런데 EPS 성장률은 잉여현금흐름 창출 능력을 대변하지 못한다. 가령 무리한 성장을 위해 과도하게 자본지출을 하는 기업의 현금흐름은 현저히 낮다. 높은 EPS 성장률과 높은 주가 배수, 상대적으로 낮은 PEG의 주식일지라도 잉여현금흐름 비율이 너무 낮으면 저평가된 주식이라고 보기 어렵다.

결국 주식의 저평가와 고평가를 판단하려면 단순히 P/E, PEG 같은 지표 비교를 넘어선 분석이 필요하다. 성장주 투자의 핵심은 현실적이고 지속가능한 성장이므로 이를 뒷받침하는 종합적인 근거가 있어야 한다. 다시 말해 해당 산업의 성장률, 성장의 지속가능성, 경쟁우위, 기업의 수익구조, 경영진의 경영 능력, 레버리지 등 종합적 요소를 알아야 하는데 그 해답을 찾으려면 재무제표와 기업 공시를 참고해야 한다. 이것이 바로 진정한 가치평가를 위해 책에서 다룰 내용이다.

Q&A

Q **주가 배수와 주가수익률의 차이는 무엇인가요?**

A P/E의 역수인 주가수익률(Earnings Yield)은 말 그대로 내가 투자한 달러당 투자 대상 기업으로부터 얻을 수 있는 수익을 말하기 때문에 주식투자자 입장에서 기대수익률과 같다. 여러 주식들(다른 섹터의 주식일지라도) 간 기대수익률을 비교할 때 자주 쓰이는 수치다. 다만 P/E는 밸류에이션 멀티플의 종류로 주가의 평가 기준이 될 수 있지만 이익수익률은 밸류에이션 지표가 될 수는 없다.

미국인의
생활 밀착형 기업들
소비유통주

경기방어주 역할을 하는 식품 리테일 섹터

미국의 소비유통Consumer & Retail 섹터는 워낙 커서 소분류에도 여러 가지가 있다. 경기 사이클에 따른 소비 성향에 따라 필수소비재Consumer Staples와 임의소비재Consumer Discretionary로 구분하기도 하는데, 여기서는 경제위기에도 상대적으로 영향을 덜 받고 방어주 역할도 하면서 필수소비재로 취급받는 식품유통 섹터 주식 위주로 살펴보겠다. 한국의 슈퍼마켓에 해당하는 식품 리테일Grocery Retailers, 식품·요식업Restaurants, 할인유통 기업Discounters 정도로 세분화할 수 있다.

식품 리테일 섹터는 미국에서 상당히 오래된 유통 산업으로 오래전 성숙기에 접어든 까닭에 많이 파편화하고 경쟁이 심한 시장이다. 실물경제를 반영하는 산업 특성상 보통 GDP 성장률을 따르지만 유례없는 코로나19발 경기침체를 맞아 GDP 성장률과 반대로 급성장하는 특징을 보이고 있다. 미국 상무부 산하 경제분석국BEA; Bureau of Economic Analysis에 따르면 총 2조 달러에 달하는 미국 소비재 시장은 완전경쟁 시장에 속하며 그중에서도 1조 달러가 넘는 식료품F&B 부문 경쟁이 가장 치열하다.

이 섹터에서 중요한 지표 몇 가지를 살펴보면 아래의 표와 같다.

▶ **소비유통 섹터의 주요 지표 예시**

사업·운영 지표	재무 지표	밸류에이션 지표
• SSS(Same−Store−Sales) Growth : 동일 매장 매출 성장률 • Market Share Growth : 시장점유율 성장률 • Membership Count(%growth) : 멤버십 회원 수(성장률) • Loyalty Programs : 로열티 프로그램 • Membership Fees Revenue : 멤버십 회원비 매출 • Price Investments : 가격경쟁력을 위한 투자 • Vendor Relationships (Merchandising, Pricing) : 거래 파트너 공급 업체 관계 관리 (공급가, 머천다이징 관리 능력 등) • Private Label Offerings (% of total margin) : 자체 브랜드 상품 경쟁력 (전체 영업마진에서 차지하는 비율) • E−commerce Penetration (% of total sales) : 이커머스 침투율(매출 비중)	• Same−Store−Sales : 동일 매장 매출 • Gross Margin : 매출총이익(률) • COGS, SG&A Change (Productivity Initiatives) : 매출원가와 판매관리비 변화(생산성 주요 지표) • Operating Income : 영업이익 • EBITDA, Adj. EBITDA : 감가상각전영업이익, 조정 감가상각전영업이익 • Net Debt/EBITDA (Net Leverage) : 감가상각전영업이익 대비 순차입금(레버리지) • Net Income : 당기순이익 • EPS : 주당순이익 • FCF : 잉여현금흐름	• P/E : 주가수익 배수 • EV/EBITDA : EBITDA 배수 • EPS Growth : 주당순이익 성장률 • OpEx PSF : 단위면적당 영업비용 • CapEx PSF : 단위면적당 자본지출 • FCF Yield% : 잉여현금흐름 수익률

이 중 특히 주목해야 할 수익성 지표는 동일 매장 매출Same-Store-Sale과 동일 매장 매출 성장률Comparable-Store Sales Growth, 매출총이익Gross Margin과 매출총이익률Gross Profit (Ratio)이다. 동일 매장 매출은 유통업에서 빈번한 기업 간 인수합병이나 브랜드 인수, 매장 리모델링, 폐점, 신규 개장 등 한 해에도 변동이 심한 매장 총수와 매출 변동성을 제외한 동일 매장 기준 매출 성장률을 추산할 때 쓰는 기본 수치다. 공시 자료에서는 총매출 성장률보다 동일 매장 매출 성장률에 주목하는 것이 맞고 이는 경영진 발표는 물론 증권가 애널리스트가 실제 실적으로 평가하는 지표이기도 하다.

그다음은 매출총이익이다. 제조업이나 통상 산업에서 매출총이익은 판매수익에서 생산원가를 차감한 금액을 뜻하며 원가관리 효율성, 즉 제품이나 서비스를 얼마나 효율적으로 생산했는가를 나타낸다. 반면 유통 업계에서는 매출총이익의 의미가 조금 다르다. 말 그대로 '유통' 사업 수익 모델이므로 매출총이익은 총매출에서 상품 유통비용을 차감한 금액이다. 여기서 유통비용에는 공급자에게 상품을 받는 원가, 해당 상품을 자사 물류센터나 최종 리테일 지점까지 운반하는 비용, 재고 물량, 가격 할인과 프로모션, 기타 수입비용 등이 있다.

워낙 경쟁이 심한 업계이고 평균 순이익률Net Income Margin이 2%대에 머물기 때문에 매출총이익 관리는 기업 성장에서 핵심이다. 따라서 기업 공시 자료를 볼 때 이를 눈여겨봐야 한다. 더구나 이것은 기업마다 가장 크게 차이가 나는 부분이고 순이익률과 EPS, 주가 성장률에도 영향을 미친다.

월마트가 배당왕이 된 이유

넓은 의미에서 식품 리테일 주식은 앨버트슨NYSE: ACI, 크로거, BJ 홀세일 클럽NYSE: BJ, 그로서리 아웃렛NASDAQ: GO, 월마트, 타깃 코퍼레이션NYSE: TGT, 코스트코 등을 포함한다. 주식을 비교 분석하는 주식투자자가 주의해야 할 점은 같은 섹터 내에서도 사업 모델이 다를 수 있다는 점이다. 미국에서 태어나 성장하지 않은 외국인 입장에서 이들 기업의 차이를 단박에 알아채기는 어렵지만 미국인은 당연히 구분해서 인지하고 시장도 이를 반영하므로 미국 주식에 투자하는 한국 개인투자자는 어느 정도 공부를 해야 한다.

예를 들면 같은 식품 리테일 섹터 내에서도 대형 할인점 월마트와 타깃 코퍼레이션, 코스트코 등은 '대형 리테일러'Big Box Retailer로 불리며 유통시장의 한 축을 담당한다. 다른 한편에는 대형 슈퍼마켓 체인점으로 분류하는 앨버트슨, 크로거 같은 기업이 있다. 여기서 코스트코는 회원제로 대량 판매하는

▶ 미국 식품소비유통업 주식 분류

Grocery Retailers	Restaurants	Discounters(dollar stores)
앨버트슨(NYSE: ACI)	브링커 인터내셔널(NYSE: EAT)	달러 트리(NASDAQ: DLTR)
크로거(NYSE: KR)	다든 레스토랑(NYSE: DRI)	패밀리 달러(Family Dollar,
BJ 홀세일 클럽(NYSE: BJ)	맥도날드(NYSE: MCD)	모기업: Dollar Tree)
그로서리 아웃렛(NASDAQ:	블루밍 브랜즈(NASDAQ: BLMN)	달러 제너럴(NYSE: DG)
GO)	레스토랑 브랜즈 인터내셔널(NYSE: QSR)	로스 스토어(NASDAQ: ROST)
월마트(NYSE: WMT)	얌! 브랜즈(NYSE: YUM)	올리스 바겐 아웃렛(NASDAQ: OLLI)
타깃 코퍼레이션(NYSE: TGT)	도미노피자(NYSE: DPZ)	파이브 빌로(NASDAQ: FIVE)
코스트코(NASDAQ: COST)	치폴레 멕시칸 그릴(NYSE: CMG)	빅 랏츠(NYSE: BIG)
	윙스톱(NASDAQ: WING)	
	웬디스 컴퍼니(NASDAQ: WEN)	
	쉐이크쉑(NYSE: SHAK)	

도매용 창고클럽이라는 점에서 엄밀히 따지면 월마트가 소유한 브랜드 샘스클럽Sam's Club과 비교하는 것이 가장 적절하다. 그러나 주식을 볼 때는 가격대와 매장 규모 면에서 전체적으로 월마트, 타깃과 유사한 까닭에 같은 비교 대상군으로 분류하는 편이다.

이 중 인지도나 규모 면에서 미국인의 생활에 가장 깊이 침투한 기업은 월마트로 전국적인 스케일과 가격경쟁력이 뛰어나다. 대표적인 경기방어주로 손꼽히는 월마트는 불황 중에도 미국 소비자가 계속 찾을 수밖에 없는 제품과 서비스를 제공하면서 S&P500 지수 수익을 상회하는 주가, 꾸준한 배당금 지급이 가능한 안전한 현금흐름이라는 사업 모델을 자랑한다. 또한 월마트는 1974년 처음 주당 0.05센트의 배당금을 지급한 이래 지난 47년간 꾸준히 배당금을 늘리며 성장해온 미국의 대표적인 배당왕 주식이기도 하다.

Dividend King
배당왕

50년간 꾸준히 배당금 성장을 지속해온 기업을 가리키는 말이다. P&G(NYSE: PG), 3M(NYSE: MMM), 코카콜라(NYSE: KO), 존슨앤드존슨(NYSE: JNJ), 호멜(NYSE: HRL), 타깃 코퍼레이션(NYSE: TGT) 등이 여기에 속한다.

월마트에서 판매하는 상품은 평균적으로 다른 리테일러 대비 12.7% 더 저렴하고 자사 상표PL; Private Label는 거의 30% 가까이 더 낮아 가격 민감도가 높은 미국 중산층 소비자가 선호할 수밖에 없는 모델이다. 월마트는 경쟁사 대비 매출총이익률이 낮은 편에 속하고 최근 점차 감소하는 추세다. 하지만 월마트의 사업 보고서를 살펴보면 이는 영업 모델 문제가 아니라 월마트의 시장점유율과 매출 증가를 위해 머천다이징 믹스, 자사 브랜드PB; Private Brand 개발과 인수, 운송비 절감 등에 지출한 추가 자본이 원인임을 알 수 있다. 비용이 아닌 투자금 증가에 따른 이익률 감소인 셈이다.

반대로 재고관리 실패나 매출원가 증가에 대처하지 못해 이익률이 감소했

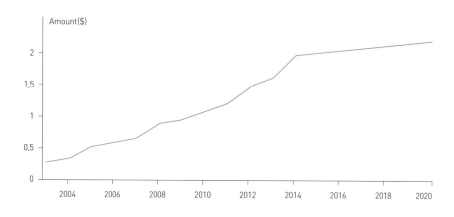

▶ 월마트의 배당 성장 추이

(출처: Walmart Investor Relations)

Results of Operations

Consolidated Results of Operations

(Amounts in millions, except unit counts)	Fiscal Years Ended January 31,		
	2020	2019	2018
Total revenues	$ 523,964	$ 514,405	$ 500,343
Percentage change from comparable period	1.9%	2.8%	3.0%
Net sales	$ 519,926	$ 510,329	$ 495,761
Percentage change from comparable period	1.9%	2.9%	3.0%
Total U.S. calendar comparable sales increase	2.7%	4.0%	2.2%
Gross profit rate	24.1%	24.5%	24.7%
Operating income	$ 20,568	$ 21,957	$ 20,437
Operating income as a percentage of net sales	4.0%	4.3%	4.1%
Consolidated net income	$ 15,201	$ 7,179	$ 10,523
Unit counts at period end(1)	11,501	11,361	11,718
Retail square feet at period end(1)	1,129	1,129	1,158

(1) Unit counts and associated retail square feet are presented for stores and clubs generally open as of period end. Permanently closed locations are not included.

Our gross profit rate decreased 40 and 18 basis points for fiscal 2020 and 2019, respectively, when compared to the previous fiscal year. For fiscal 2020, these decreases were primarily due to price investment in the Walmart U.S. segment and the addition of Flipkart in the Walmart International segment, partially offset by favorable merchandise mix including strength in private brands and less pressure from transportation costs in the Walmart U.S. segment. For fiscal 2019, the decrease was due to the mix effects from our growing eCommerce business, the acquisition of Flipkart, our planned pricing strategy and increased transportation expenses.

월마트 최근 3년 주요 실적 지표. (출처: 10-K, WMT, 2019.03.20.)

거나 경쟁사 대비 줄어들었다면 이는 기업에 문제가 있는 것이므로 실적 발표와 주가에 부정적 영향을 미친다.

월마트는 비용 증가를 '가격경쟁력을 위한 투자'Price Investment 라고 명시하며 미래 매출 성장을 위해 꾸준히 투자를 진행하고 있다. 이는 월마트의 주요 경쟁 요소 중 하나로 지난 몇 년간 어닝 콜에서도 'Price Investment'라는 단어가 자주 등장하는 만큼 경영진이 전략적으로 집중하는 부분임을 알 수 있다. 이런 투자는 식료품 유통 기업이 가장 민감하게 반응하는 매출총이익률을 위협하는 요소이기 때문에 다른 리테일 기업들은 월마트만큼 공격적으로 투자하지 않는다.

경쟁사인 타깃의 지난 3년간 매출총이익률은 28~29%로 24%대인 월마트에 비해 높은 편이나 투자금액에 차이가 있다. 그러므로 기업 재무를 분석할 때는 숫자만 보고 판단하는 단편적 비교는 지양해야 한다. 사업 보고서를 볼 때는 수치뿐 아니라 경영진이 설명하는 내용, 주석을 함께 참고해야 사업을 보다 정확히 이해할 수 있다.

대형 슈퍼마켓 체인점, 앨버트슨과 크로거의 재무 비교

크로거는 월마트를 제외한 미국 식료품 유통시장에서 매출 기준 점유율 1위인 할인슈퍼마켓 체인 기업이다. 2020년 2분기 현재 크로거는 미국에서 슈퍼마켓 2,757개, 약국 2,270개, 주유 서비스점Fuel Centers 1,567개를 운영 중이다. 크로거를 포함해 해리스 티터Harris Teeter, 마리아노스Mariano's, 랄프스Ralph's, 프레드 마이어Fred Myer 같은 브랜드를 소유하고 있다. 앨버트슨은 크로거 다음으로 큰 슈퍼마켓 유통 기업으로 미국 전역에서 식품 마트 2,252개, 약국 1,700여 개, 주유 서비스점 400여 개, 편의점 35여 개를 운영하고 있다. 앨버트슨을 포함해 세이프웨이Safeway, 주얼-오스코Jewel-Osco, 본스Vons 등의 브랜드를 소유하고 있다. 크로거보다 PL 상품에 더 주력하며, 대형 오가닉 브랜드 중 하나인 O 오가닉스O Organics를 포함해 1만 1,000개 상품을 PL로 판매한다.

앨버트슨과 크로거는 전국 단위 스케일, 규모, 수익 모델, 머천다이징, 가격·상품 전략, PL 라인 그리고 배송 서비스 등 여러 면에서 가장 유사한 기업이다. 영업과 전략 부문에서 유사하므로 두 기업의 주식을 비교할 때는 재무적 성과에 집중하는 것이 좋다. 이것은 각 회사 분기별, 연간 보고서에서 쉽게 찾아볼 수 있는 수치로 식품 유통업에서 중점적으로 보는 성장·영업 실적 항목 위주로 보면 된다. 크게 매출 성장과 매출총이익 성장률gross margin expansion, 자본지출 규모, 이자보상배율ICR, 잉여현금흐름 등을 비교하는 것이 좋다.

Capital Expenditure
자본지출(CapEx)

미래의 이윤 창출을 위해 지출하는 비용을 뜻하며 대체로 장비, 토지, 건물 등의 고정 자산과 설비에 관한 지출을 의미한다. 영어로는 줄여서 'CapEx'라고 한다.

최근 경향을 보면 앨버트슨이 크로거에 비해 매출총이익과 영업이익, 순이익 측면에서 우세한 편이다. 가령 3년 EPS 성장률을 보면 약 17%로 아직 8%대인 크로거보다 우위에 있다. 더 자세한 내용은 기업 공시 자료와 증권가 컨센서스로 지난 3년과 향후 3년 예측치를 포함한 영업 실적 트렌드를 비교하면 알 수 있다.

업계 특성상 저마진 영업이라는 구조적 한계가 있는 식품 리테일 섹터 주

▶ 앨버트슨과 크로거 지표 비교 분석

(단위: 백만 달러, 백만 제곱피트)

		앨버트슨	크로거
영업 지표 비교	Sales	$62,455	$122,286
	#Supermarkets	2252	2757
	SF(Square Foot)	112	180
	Avg Sales per Store	$28	$44
	Avg Sales PSF	$558	$679
	Gross Margin	28.2%	22.1%
	EBIT Margin	2.2%	2.3%
	OpEx PSF	$115	$134
	CapEx PSF	$13	$17
재무 지표 비교	Net Debt/EBITDA	2.1x	1.8x
	Interest Coverage	3.1x	5.2x
	FCF Yield	4%	6%

Sales: 연매출 | #Supermarkets: 마켓 개수 | SF(Square Foot): 면적 | Avg Sales per Store: 점포당 평균 매출 | Avg Sales PSF: 단위면적당 평균 매출 | Gross Margin: 매출총이익률 | EBIT Margin: 영업이익률 | OpEx PSF: 단위면적당 영업비용 | CapEx PSF: 단위면적당 자본지출 | Net Debt/EBITDA: 차입 레버리지 | Interest Coverage: 이자보상배율 | FCF Yield: 잉여현금흐름 수익률 (출처: 각 기업의 2019년 10-K 및 2020년 2분기 10-Q)

▶ 앨버트슨과 크로거 주가 성장 요인 비교

		2017	2018	2019	2020e	2021e	2022e	2019-2022 CAGR
앨버트슨	EBITDA	$2,398	$2,741	$2,835	$3,769	$3,170	$3,318	
	EBITDA 성장률		14%	3%	33%	-16%	5%	5.4%
	EPS	$0.13	$0.74	$1.03	$2.22	$1.49	$1.67	
	EPS 성장률		469%	39%	116%	-33%	12%	17.5%
크로거	EBITDA	$5,873	$5,297	$5,510	$6,148	$5,890	$6,041	
	EBITDA 성장률		-10%	4%	12%	-4%	3%	3.1%
	EPS	$2.04	$2.11	$2.19	$2.81	$2.58	$2.77	
	EPS 성장률		3%	4%	28%	-8%	7%	8.1%

연도에 붙은 'e'는 기대치를 뜻하며 2020년 3분기 시점에서의 컨센서스를 적용했다. (출처: 각 기업의 10-K 공시 자료, Bloomberg Consensus)

식에서 가장 큰 리스크는 마진 감소에 따른 경영 악화와 EPS 성장 침체다. 따라서 시장점유율 확대와 매출 증대를 위한 무리한 비용 지출이 지속적인 영업마진 악화로 이어지지 않는지 확인해야 한다. 여기에다 미국 유통 기업에는 대부분 노동조합이 있어서 고용비용Labor Costs뿐 아니라 의료복지, 연금 비용 지출도 크므로 기업 손익계산서상의 판매 및 일반관리비SG&A와 재무상태표상의 연금부채Pension Liabilities 관련 항목을 주시할 필요가 있다. 아마존을 비롯해 전국적인 스케일과 효율성 높은 배급망을 앞세워 식품 유통시장에 새로 진입하는 이커머스 업체로 인한 경쟁 심화도 리스크로 볼 수 있다.

이들 리스크 요인에 대응하기 위해 앨버트슨과 크로거 같은 기업도 대규모 자본지출로 역량을 강화하고 있다. 주식투자자 입장에서는 이들 기업의 자본지출 규모에 따른 투자자본수익률ROI과 궁극적으로 주가에 영향을 미치는

▶ **앨버트슨과 크로거 상대적 가치 비교** (단위: 백만 달러, 백만 주)

	앨버트슨	크로거
Stock Price	$15.60	$34.20
#shares	591	799
Market Cap	$9,220	$27,326
Net Debt	$6,774	$11,343
Enterprise Value	$15,994	$38,669
NTM EBITDA	$3,170	$5,890
EV/EBITDA	5.0x	6.6x
Forward EPS	$1.49	$2.58
P/E	10.5x	13.3x

Stock Price: 현재 주가 | #shares: 발행주식 총수 | Market Cap: 시총 | Net Debt: 순부채(총부채−현금) | EV: 기업 가치 | NTM EBITDA: 선행 12개월 EBITDA | EV/EBITDA: 트레이딩 멀티플 | Forward EPS: 예상 EPS (2020년 3분기 기준)

잉여현금흐름 상태를 이해해야 한다. 경영진 역시 주주들이 관심을 보이는 대목을 잘 알기 때문에 분기별 실적 발표 때마다 자본지출을 어떤 사업 용도로 얼마나 투자했는지 상세히 업데이트해준다.

앨버트슨은 2015년부터 2019년까지 투자한 68억 달러의 자본지출 금액 중 절반 이상인 38억 달러를 점포 리모델링, 신규 매장 개업, 신규 머천다이징 개발 사업에 투자했다고 밝혔다. 또한 앞으로도 자본지출 예산 중 절반은 매장 개발과 리모델링에 투자할 계획이라며 이러한 대규모 투자로 매출이 2~3% 증대할 것으로 예상하고 있다. 크로거는 앨버트슨 수준의 대규모 투자는 하지 않지만 상대적으로 높은 잉여현금흐름을 활용해 다른 방식으로 주주에게 환원하는 전략을 쓰고 있다. 지난 3년간 크로거가 축적한 현금흐름은 약 11억 달러이며 코로나19로 인한 매출 수혜로 2020년까지 약 25억 달러의 잉여현금흐름을 예상하고 있다. 크로거는 이를 5억~10억 달러 규모의 자사주 매입에 활용하겠다고 발표한 바 있다.

지금까지의 정보만으로 분석할 경우 앨버트슨과 크로거 두 주식을 간단한 밸류에이션 측면에서 비교할 수 있다.

EBITDA 배수로 보든 P/E 배수로 보든 앨버트슨 주식이 크로거 주식보다 상대적으로 '싸다'고 볼 수 있다. 이것은 이미 앞선 분석에서 사업 마진과 매출, 영업이익, EPS 성장률, 공격적인 자본지출로 신성장 동력을 확보한 것으로 어느 정도 유추할 수 있는 부분이기도 하다. 한 가지 염두에 둬야 할 것은 크로거는 1986년 IPO 이래 30년 이상 사업을 해온 기업이고, 앨버트슨은 상장한 지 2개월도 채 지나지 않은 시점에서 비교 분석한 것이라는 점이다.

여기까지는 그리 대단한 분석이나 계산이 필요한 과정이 아니다. 분기마다 매 회계연도 말에 나오는 공시 자료의 대표적인 수치와 경영진이 설명하는 전략 방향 몇 가지로도 알 수 있는 수준의 결론이다.

주주 구성에 숨어 있는 중요한 정보

실적 발표 자료와 사업 보고서, 경영진의 어닝 콜에서 웬만한 주요 정보는 다 습득했다. 이제 남은 건 매수 매도 결정일까? 아직 한 가지가 더 남았다. 기업의 주주 구성Shareholders Base을 확인해야 한다. 특히 앨버트슨처럼 IPO를 하고 얼마 지나지 않은 기업일수록 주주 구성을 살피는 게 매우 중요하다. 특정 대주주가 기업 지분을 다량 보유해 일반 주주Common Shareholders가 보유한 주식 가치를 희석할 가능성이 있기 때문이다. 미국에는 IPO 이후 내부자가 일정 기간 동안 자사주를 매각할 수 없는 IPO 록업 기간Lock-Up Period이 있는데 통상 90일에서 180일 사이다. 이 기간이 지난 뒤 주식을 대량 매각하는 경우도 있으므로 IPO 주식에 투자한 일반 주주는 특히 조심해야 한다.

그럼 앨버트슨의 S-1 공시 자료로 IPO 과정과 주주 구성을 간단히 살펴보자. 앨버트슨은 세르베루스 캐피털 매니지먼트Cerberus Capital Management라는 사모펀드를 중심으로 한 재무적 투자자들Financial Sponsors이 투자해 소유하던 유통 회사였다. 상당 기간 높은 부채비율 때문에 현금흐름과 순이익이 저조했으나 코로나19로 식료품 수요가 증가하면서 2020년 회계연도 첫 12주 동안 매출이 34% 급성장해 특급 수혜주가 된 사례다. 덕분에 단기간에 시장 점유율을 늘리고 영업마진도 회복하면서 2020년 6월 26일 IPO를 성공적으로 마친 뒤 뉴욕증권거래소에서 거래가 이뤄지기 시작했다. 그 과정에서 사모펀드 아폴로NYSE: APO를 포함한 몇몇 스폰서 기업에 17억 5,000만 달러 규모의 전환우선주Convertible Preferred Shares를 매각해 추가로 자금을 조달했다.

참고로 이때 아폴로의 밸류에이션에 따르면 앨버트슨의 기업 가치는 약 100억 달러라고 한다. IPO를 실행하기 전 이 거래가 성사되었으니 아마 IPO 과정에서 이 밸류에이션이 영향을 미쳤을 것이다. 아무튼 아폴로가 매입한 전환우선주 17억 5,000만 달러는 앨버트슨 지분의 총 17.5%에 해당하는데, 대규모 사모펀드가 곧 상장할 기업에 이 정도 규모를 투자하는 것은 분명 호재지만 일반 투자자 입장에서는 반드시 나머지 주주 구성과 지분율을 확인해야 한다.

가장 쉽고 빠른 방법은 SEC 공시 시스템에 접속해 앨버트슨 공시 자료 중 S-1 공시를 확인하는 거다. 수십에서 수백 페이지에 이르는 S-1을 전부 읽어보라는 게 아니다. 필요한 내용만 검색하면 되는데 그러려면 일단 몇몇 키워드를 알아야 한다. 주주 구성과 지분율, 대주주 권한, 주식 희석 내용을 확인하고 싶으면 검색 키워드를 활용하여 검색해보자.

검색 키워드

Sponsors, Dilution, Majority Shareholder, Controlled Company.

공시한 바대로 이 기업은 IPO 이후 스폰서(사모펀드 등 재무적 투자자) 집단이 약 73% 이상의 보통주를 보유하면서 이사회 임명권은 물론 경영권도 컨트롤한다. 세르베루스를 비롯해 나머지 스폰서 기업과 각각의 예상 보유 지분도 공개했다. 대주주 세르베루스가 31.9%, 킴코 리얼티가 8% 그리고 클라프 리얼티·루버트-애들러·쇼텐슈타인이 각각 11.7%를 보유하는 식이다.

이러한 기업의 주식에 투자하는 일반 개인투자자가 알아야 할 점은 주식을 70% 이상 보유한 스폰서 기관이 IPO 록업 제한이 풀리면서 주식을 매도할 경우 발생할 수 있는 주가 하락이다. 대량 매도 물량이 시장에 한꺼번에 풀릴 경우 얼마 되지 않는 나머지 주식의 가격은 단순 수급 현상으로도 쉽게

OUR SPONSORS

We believe that one of our strengths is our relationship with our Sponsors. We believe we will benefit from our Sponsors' experience in the retail industry, their expertise in mergers and acquisitions and real estate, and their support on various near-term and long-term strategic initiatives.

Cerberus. Established in 1992, Cerberus and its affiliated group of funds and companies comprise one of the world's leading private investment firms with approximately $42 billion of assets across complementary credit, private equity and real estate strategies. In addition to its New York headquarters, Cerberus has offices throughout the United States, Europe and Asia.

We are controlled by our Sponsors and they may have conflicts of interest with other stockholders in the future.

After the Repurchase and the Distribution and the completion of this offering, our Sponsors will control in the aggregate approximately 75.0% of our common stock (or 73.0% if the underwriters exercise in full their option to purchase additional shares). As a result, our Sponsors will continue to be able to control the election of our directors, determine our corporate and management policies and determine, without the consent of our other stockholders, the outcome of any corporate transaction or other matter submitted to our stockholders for approval, including potential mergers or acquisitions, asset sales and other significant corporate transactions. Four of our 12 directors are either employees of, or advisors to, members of our Sponsors, as described under "Management." Our Sponsors will also have sufficient voting power to amend our organizational documents. The interests of our Sponsors may not coincide with the interests of other holders of our common stock. Additionally, our Sponsors are in the business of making investments in companies and may, from time to time, acquire and hold interests in businesses that compete directly or indirectly with us. Our Sponsors may also pursue, for their own account, acquisition opportunities that may be complementary to our business, and as a result, those acquisition opportunities may not be available to us. So long as our Sponsors continue to own a significant amount of the outstanding shares of our common stock, our Sponsors will continue to be able to strongly influence or effectively control our decisions, including potential mergers or acquisitions, asset sales and other significant corporate transactions.

앨버트슨의 S-1 공시 내용에서 'Sponsors'를 검색하면 나오는 내용. (출처: S-1, ACI, 2020.06.18.)

Consumer Defensive | Grocery Stores | USA

statements

Index	-	P/E	5.42	EPS (ttm)	2.50	Insider Own	15.20%	Shs Outstand	568.00M	Perf Week	3.75%
Market Cap	6.41B	Forward P/E	9.00	EPS next Y	1.51	Insider Trans	0.05%	Shs Float	227.52M	Perf Month	-7.82%
Income	1.00B	PEG	0.41	EPS next Q	0.24	Inst Own	55.30%	Short Float	3.82%	Perf Quarter	-12.30%
Sales	66.47B	P/S	0.10	EPS this Y	523.60%	Inst Trans	-	Short Ratio	2.44	Perf Half Y	-
Book/sh	2.10	P/B	6.45	EPS next Y	-31.12%	ROA	4.00%	Target Price	19.75	Perf Year	-
Cash/sh	4.28	P/C	3.17	EPS next 5Y	13.21%	ROE	48.80%	52W Range	12.91 - 16.50	Perf YTD	-12.30%
Dividend	-	P/FCF	3.82	EPS past 5Y	18.90%	ROI	10.90%	52W High	-17.88%	Beta	-
Dividend %	-	Quick Ratio	0.40	Sales past 5Y	18.10%	Gross Margin	28.80%	52W Low	4.96%	ATR	0.47
Employees	270000	Current Ratio	1.10	Sales Q/Q	21.40%	Oper. Margin	3.00%	RSI (14)	44.08	Volatility	3.35% 3.64%
Optionable	Yes	Debt/Eq	7.28	EPS Q/Q	469.50%	Profit Margin	1.50%	Rel Volume	0.49	Prev Close	13.38
Shortable	Yes	LT Debt/Eq	7.10	Earnings	Jul 27 BMO	Payout	0.00%	Avg Volume	3.57M	Price	13.55
Recom	2.00	SMA20	-1.15%	SMA50	-7.11%	SMA200	-7.82%	Volume	1,735,346	Change	1.27%

앨버트슨의 유통주식과 발행주식을 알 수 있는 주식 정보 사이트. (출처: Finviz, 2020.09.28. 기준)

무너질 수 있다. 스폰서 기관이 보유 지분을 계속 유지하면서 매도하지 않는 경우 역시 주의해야 한다. 주식이 대부분 스폰서 지분으로 묶여 있으면 공개 시장에서 유통되는 주식 비율이 너무 낮아 유동성 측면에 문제가 생긴다. 한 마디로 이것은 쉽게 사고팔 수 없는 비유동적Illiquid 주식이다.

S-1은 기본적으로 IPO 승인을 위해 SEC 규정에 준하는 내용을 공시하는 자료다. 따라서 IPO 이후 공개시장에서 주식을 거래하기 시작한 뒤의 변화는 분기 실적 리포트 10-Q, 연간 사업 보고서로 확인해야 한다. 공시가 나오기 전 현재 시장에서 거래되는 주식의 유동성은 주식 사이트에서 제공

하는 간단한 시장 지표로도 알 수 있다. '셰어스 플로트'Shares Float 혹은 '프리 플로트'Free Float 지표를 찾아보면 되는데 이는 공개시장에서 거래가 이뤄지는 유통주식 총수를 뜻하고 '셰어스 아웃스탠딩'Shares Outstanding은 발행주식 총수를 말한다. 결국 발행주식 대비 유통주식 비율을 보면 기업이 발행한 전체 주식 중 어느 정도가 시장에서 유통되고 있는지 확인, 비교할 수 있다.

앨버트슨 주식의 현재 유통가능 주식 비율Free Float Percentage은 약 40% (=227.52M/568.00M)다. IPO 당시보다는 나아졌지만 아직 다른 기업에 비해 현저히 낮은 비율이므로 유동성 문제를 고려해야 한다.

이처럼 우리가 기업 공시로 알 수 있는 내용이 아주 많다. 아는 만큼 더 잘 보이고 또 그만큼 현명한 투자 판단을 할 수 있으니 클릭 한 번으로 확인 가능한 원석 같은 자료를 최대한 활용하자.

너무 비싼 가격은 존재하지 않는다?
성장형 우량주

IT주

S&P500 지수를 좌지우지하는 IT 우량주들

미국에서 시장과 시황을 말할 때는 벤치마크인 S&P500 지수 또는 다우 지수의 등락을 뜻한다. '오늘 시장이 하락세로 마무리됐다'The market was down today, '오늘 시장이 상승 랠리를 이어갔다'The market continued its rally today처럼 미국 주식시장 전체를 설명할 때는 벤치마크 지수의 움직임을 기준으로 말한다. 문제는 시장 전체를 벤치마크해야 하는 지수가 단 몇 개 기업의 주식에 과도하게 집중하면서 더는 미국 주식시장을 대변하지 못한다는 점이다. '오늘 시장이 상승세로 마감했다'는 곧 '애플, 마이크로소프트, 구글, 아마존 주식이 오늘 상승세로 마감했다'와 다름없어진 것이다.

2021년 9월 30일 현재 S&P500 지수 상위 10개사의 시총이 지수의 30%

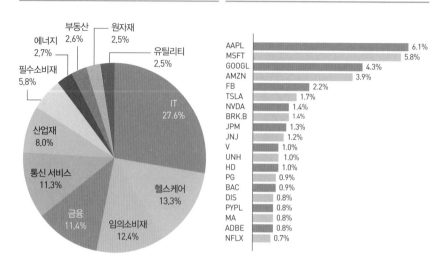

▶ S&P500 지수에서 섹터 비중

▶ S&P500 지수에서 상위 20개 주식이 차지하는 비율(시총 기준)

사실상 테크 기업으로 분류하는 것이 더 적절한 아마존이나 테슬라 같은 기업을 S&P는 필수소비재 섹터로 구분한다. 오늘날의 시장 참여자가 인지하는 대로, 밸류에이션이 합리화되는 방향으로 섹터를 구분해서 비중을 따진다면 IT 섹터는 40% 가까이 된다.

AAPL: 애플 | MSFT: 마이크로소프트 | GOOGL: 알파벳 클래스A | AMZN: 아마존 | FB: 페이스북 | TSLA: 테슬라 | NVDA: 엔비디아 | BRK.B: 버크셔 해서웨이 클래스B | JPM: JP 모건 | JNJ: 존슨앤드존슨 | V: 비자 | UNH: 유나이티드헬스 | HD: 홈디포 | PG: P&G | BAC: 뱅크 오브 아메리카 | DIS: 월트디즈니 | PYPL: 페이팔 | MA: 마스터카드 | ADBE: 어도비 | NFLX: 넷플릭스
(출처: (왼쪽)S&P Dow Jones Indices, (오른쪽)S&P global, 2021.09.30. 기준)

를 차지한다. 위의 차트를 보면 알다시피 그중에서도 상위 5개 기업, 즉 애플, 마이크로소프트, 구글, 아마존, 페이스북(현 메타) 단 5개 기술주가 전체 지수를 좌우한다. 이 상태라면 시장 전체 움직임을 한눈에 알아볼 수 있도록 시장을 대변할 만한 여러 기업 주식을 지수에 편입시킨 취지가 무색해진다. 실물경기를 선행하는 역할도 하는 주식시장이 경기 상황과 달리 다양한 산

Meta Platforms
메타

페이스북은 2021년 10월 28일부터 사명을 메타로 변경했다. 8-K 공시에 따르면 티커 역시 'FB'에서 'MVRS'로 바뀔 예정이다. 이 책에서는 이전 사명과 티커로 표시하고 있다.

업 현황을 반영하지 못한 채 몇 개 기술주의 성장성에 베팅하는 시장 모멘텀만 추종하는 지수가 되어버리는 아이러니가 발생한다.

이렇게 지수 전체의 무게가 소수 기업에 집중된 것은 사상 최초인데, 우리는 그중에서도 IT 섹터라는 특정 섹터에 집중되어 있다는 점에 주목해야 한다. 만약 기술주에 투자할 계획이라면 그 업종의 시황을 반드시 이해할 필요가 있다. 펀더멘털과 밸류에이션이 역으로 시장을 쫓는 주객전도 경향이 강하게 나타나는 섹터이기 때문이다.

과연 투자자는 이런 상황을 어떻게 받아들여야 할까?

2000년대 IT 버블과 지금의 기술주 성장은 다르다

일부에서는 기술주의 과도한 성장세와 주식시장 쏠림 현상에 IT 버블이 돌아온 것은 아닌가 하는 우려의 목소리를 내기도 한다. 혹자는 이를 지난 2000년대 초반의 IT 버블과 비교한다. 최근 기술주의 밸류에이션이 급상승한 것은 맞지만 이 현상을 버블로 단정하기엔 무리가 있다. 기술 주도주의 주가가 계속 오르는 현상을 뒷받침하는 것은 성숙기에 접어든 사업 모델과 영업 실적이다. 경기가 침체기에 들어서고 증시 불확실성이 커질수록 확실한 수익 모델과 성장성을 보장받을 수 있는 기업으로 자금이 몰리게 마련이다. 더구나 미국 IT 산업은 미국뿐 아니라 글로벌 시장에서 독점적 지배력을 행사하므로 국제 증시의 향방에 불안감을 느낀 시장 투자자들이 자금 피난처로 기술주를 선택하는 것은 어찌 보면 당연한 일이다.

미국 증시를 움직이는 인덱스펀드와 상장지수펀드ETF에는 미국 기술주를 대표하는 MAGA(마이크로소프트, 아마존, 구글, 애플)가 상당한 비중으로 포함되어 있어서 시장 전체 인덱스보다 빨리 회복하고 상승했다. 심지어 전통적으로 가치주를 선호하는 헤지펀드들조차 포트폴리오에 기술 성장주를 편입하기 시작하면서 기술주 위주의 시장 양극화는 더 극심해지는 추세다.

지난 몇 년간의 이슈이자 나스닥 시장을 주도해온 기술주가 밸류에이션 버블이라는 비판을 받아온 것은 아직 안정기에 접어들지 못한 사업 모델 때문이었다. 혁신과 성장을 내세우면서도 단일한 수익 채널에 의존하는 수익 모델이다 보니 매출과 구독자, 유저 베이스의 수치 감소는 곧바로 실적에 큰 타격을 주었고 주가에 변동성을 증폭시켰다. 특히 페이스북과 넷플릭스 NASDAQ: NFLX 주식을 향한 우려의 목소리가 컸는데 이는 페이스북의 경우 광고 매출Ad Revenue, 넷플릭스 역시 구독료 매출Subscription Revenue이라는 한 가지 수입원에 기업 전체 실적을 의존한 탓이었다. 수입원이 하나뿐이면 다른 경쟁업체가 시장에 뛰어든다는 뉴스만 나와도 시장 파이의 지분이 줄어들 가능성이 크기 때문에 주가가 크게 휘청거린다.

그러나 최근에는 기술주들이 수입원 다각화로 방어적 수익 모델을 구축하면서 재평가를 받고 있다. 그 대표적인 기업이 IT 업계의 경쟁 심화에도 불구하고 외형적 성장과 내실을 모두 굳건히 다지고 있는 MAGA 기업이다. 대표 기술주의 실제 성장률과 수익 모델 효율성을 보면 시장 평균보다 훨씬 높다. 다음 표에 나와 있듯 기술주의 평균 매출과 EPS 성장률은 각각 300bps(3%) 이상 더 높고, 영업마진은 2배 정도 차이를 보인다. 여기에는 이미 규모의 경제를 이루고 수익 채널을 다각화한 플랫폼 기반 사업 모델로 전환해 지속적인 매출 증대와 함께 수익구조를 안정화한 우량 성장 IT주의 역할이 크다. 밸류에이션 확대에 따른 근거 있는 주가 상승이라 예전의 IT 버블과는 그 성격

▶ 미국 기술 성장주와 전체 주식시장의 성장률과 영업마진 비교

2021년 실적	IT 섹터	S&P500
평균 매출 성장률	18%	15%
평균 EPS 성장률	30%	21%
평균 영업 마진	25%	14%

(출처: Bloomberg, 2021.09.30 기순)

이 사뭇 다르다.

그럼 증시 역사상 가장 핫했던 IT 버블기인 1999~2000년 상황을 보자. IT 테마주가 핫하게 떠오르던 시장에서 IPO를 한 테크 스타트업은 연속 순손실Net Loss을 기록하고 초기 사업 모델 콘셉트만 있던 껍데기 회사Shell Company였더라도 거래가 시작되자마자 애플에 견줄 만한 시총을 달성했다. 야후Yahoo! 주식은 GM과 포드NYSE: F를 합친 것보다 많은 시총 1,190억 달러를 기록했고 P/E 배수 1,000× 이상에서 거래가 이뤄졌다.

당시 인터넷 기업의 밸류에이션은 현실적인 성장 가도와 수익 모델 개선을 염두에 두고 향후 10년에 걸친 10~20% 연간 수익률로 산정한 것이 아니었다. 바로 '예상' 이익과 '기대' 선행 주가 배수를 근거로 몇 년 안에 1,000% 이익을 달성할 수 있다는 가정 아래 산정했다. 성장에 보인 기대와 이익 가능성은 이렇게 버블 속에서 과대평가되고 있었다. 주가를 견인해야 할 밸류에이션 변수가 공백일 때(마이너스 이익을 기록하거나 수익 모델이 아직 불완전할 때) 펀더멘털은 더 이상 주가와 아무런 상관이 없다. 대신 카지노에서 잭팟을 기대하며 한없이 슬롯머신에 돈을 넣는 심리가 매수 결정을 좌우한다. 펀더멘털 분석으로 정당화할 수 없는 주가에도 기꺼이 매수하려는 투자심리가 주식시장을 지배하는 것이다.

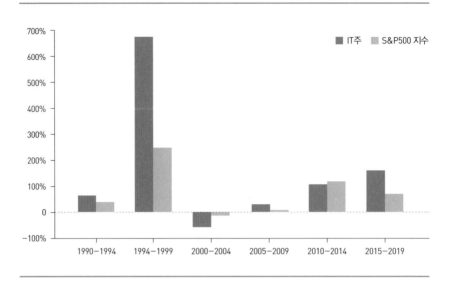

(출처: Bloomberg, Factset)

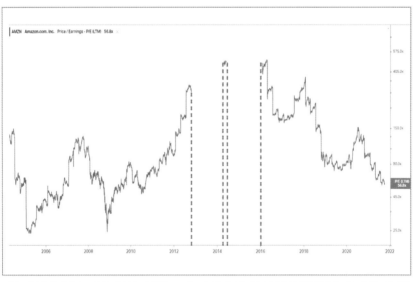

지난 10년간 아마존 LTM P/E 배수를 나타내는 그래프다. 아마존은 FY2012년, FY2014년(차트의 X축 연도와 다름)에 순손실을 기록해 EPS가 마이너스였다. P/E 배수에서 분모가 음수인 구간은 P/E가 의미가 없어 공백 처리된다. (출처: Koyfin, 2021.09.30. 기준)

그간 꾸준히 사업 모델 다변화를 이룬 아마존을 살펴보자. 2021년 아마존의 P/E는 100× 이하다. 몇 년 전 거의 이익이 나지 않는 상황에서 성장성에 보인 기대심리로 P/E 400× 이상에서 거래가 이뤄지던 시절에 비해 많이 낮아진 편이다. 물론 아마존은 현재 예전과 비교할 수 없을 정도로 이커머스, 물류, 유통의 공룡이 되었다. 실제로 순이익과 전반적인 영업 신적이 어마어마하고 클라우드, 오프라인 유통 등에 진행하는 신규 투자 개발 사업은 곧 성장이 가시화할 전망이다. 그야말로 예전보다 수익 모델이 훨씬 더 투명해졌다.

그렇다면 오늘날 기술 성장주의 주가 밸류에이션은 합당할까? 실제 기업의 사례를 들어 알아보자. 기업에서 제공하는 사업 성장성 관련 공시 자료 등을 통해 비즈니스 모델을 이해하고 재무제표를 분석해 밸류에이션을 구할 수 있다.

재무제표를 보기 전 사업 모델부터 이해하자

IT 공룡 구글의 사업 모델은 어떨까? 유튜브 플랫폼을 소유한 구글은 유튜브 내에서도 광고 수익, 프리미엄 구독 수입, 유튜브 TV 등으로 다양한 수익 채널을 만들어왔다. 클라우드 컴퓨팅과 자율주행 기술에도 공격적으로 투자하며 미래 시장을 선점하기 위한 수익 채널을 개발 중이기도 하다.

마이크로소프트의 사업 모델은 어떠한가? 마이크로소프트는 소프트웨어라는 메인 사업에 머물지 않고 클라우드 사업에 적극 진출해 수익 모델을 업그레이드하고 있다. 아마존 역시 주력인 이커머스 사업 외에 오프라인 매장, 제3자 판매 서비스, 광고 사업, 구독 서비스, 아마존 웹서비스AWS 등으로 다수

**Third Party Sellers
Services
제3자 판매**

오픈마켓에서 제3자 판매자로
부터 받는 중개 수수료, 배송대
행 수익 등.

의 수익 채널을 확장하고 있다. 아마존이 구글의 전통 사업으로 확장하고, 마이크로소프트와 애플이 기존 상품 판매를 넘어 미래 성장 산업의 시장 파이를 선점하기 위해 경쟁하고 있는 것이다. 전통 의미의 '사업 영역 구분'이 사라지는 셈이다.

주력 사업과 부가수익 확대를 위한 신시장 개척은 특정 사업 부문이 하락세일 때 나머지 사업이 방어하는 역할을 해주기 때문에 주가 하락으로 이어지지 않고 어느 정도 안정성을 확보해준다. 투자자가 이들 주식을 분석하려면 먼저 나날이 확장되는 사업 모델부터 이해해야 한다. 애초에 '성장'을 담보로 하는 주식이므로 그 성장을 어떻게 현실화하는지, 어떻게 실제 실적으로 이어져 주가를 결정짓는지 당연히 알아야 한다.

미국을 넘어 전 세계에서 사업을 하는 아마존, 구글 같은 다국적 IT 기업은 사업 영역이 계속 진화하고 있으며 사업 보고서, 재무제표에 각각의 수익 모델을 다르게 반영한다. 이들은 사업 부문마다 개별 실적을 발표하는데 부문별 수익구조 Segment Results에 따라 실적평가 잣대와 가치평가 방법이 다르다.

아마존은 크게 북미 사업 North America과 해외 사업 International으로 구분하며 그 외에 클라우드 컴퓨팅 서비스인 AWS 부문은 따로 분리해서 보고한다. 10-K나 연간 보고서에는 이렇게 세 가지 사업 부문으로 나뉘어 있지만 투자자에게 보다 정확한 사업 현황을 알리기 위해 공시하는 파이낸셜 서플리먼트 Financial Supplement에는 사업을 더 세부적으로 구분해 실적을 보여준다. 다시 말해 지역별 구분이 아닌 온라인, 오프라인, 제3자 판매, 구독 서비스 Subscription, AWS, 기타 수익까지 총 6개 부문으로 구분한 성과 지표를 공

North America

The North America segment primarily consists of amounts earned from retail sales of consumer products (including from sellers) and subscriptions through North America-focused online and physical stores. This segment includes export sales from these online stores.

International

The International segment primarily consists of amounts earned from retail sales of consumer products (including from sellers) and subscriptions through internationally-focused online stores. This segment includes export sales from these internationally-focused online stores (including export sales from these online stores to customers in the U.S., Mexico, and Canada), but excludes export sales from our North America-focused online stores.

AWS

The AWS segment consists of amounts earned from global sales of compute, storage, database, and other services for start-ups, enterprises, government agencies, and academic institutions.

Information on reportable segments and reconciliation to consolidated net income (loss) is as follows (in millions):

		Year Ended December 31,		
		2018	2019	2020
North America				
Net sales	$	141,366 $	170,773 $	236,282
Operating expenses		134,099	163,740	227,631
Operating income	$	7,267 $	7,033 $	8,651
International				
Net sales	$	65,866 $	74,723 $	104,412
Operating expenses		68,008	76,416	103,695
Operating income (loss)	$	(2,142) $	(1,693) $	717
AWS				
Net sales	$	25,655 $	35,026 $	45,370
Operating expenses		18,359	25,825	31,839
Operating income	$	7,296 $	9,201 $	13,531
Consolidated				
Net sales	$	232,887 $	280,522 $	386,064
Operating expenses		220,466	265,981	363,165
Operating income		12,421	14,541	22,899
Total non-operating income (expense)		(1,160)	(565)	1,279
Provision for income taxes		(1,197)	(2,374)	(2,863)
Equity-method investment activity, net of tax		9	(14)	16
Net income	$	10,073 $	11,588 $	21,331

아마존의 10-K에 공시한 수익 모델로 크게 북미, 해외, AWS 세 부문으로 나눠 보여주고 있다. (출처: 10-K, AMZN, 2021.02.03.)

AMAZON.COM, INC.
Supplemental Financial Information and Business Metrics
(in millions, except employee data)
(unaudited)

	Q1 2020	Q2 2020	Q3 2020	Q4 2020	Q1 2021	Q2 2021	Y/Y % Change
Net Sales							
Online stores (1)	$ 36,652	$ 45,896	$ 48,350	$ 66,451	$ 52,901	$ 53,157	16 %
Online stores -- Y/Y growth, excluding F/X	25 %	49 %	37 %	43 %	41 %	13 %	N/A
Physical stores (2)	$ 4,640	$ 3,774	$ 3,788	$ 4,022	$ 3,920	$ 4,198	11 %
Physical stores -- Y/Y growth, excluding F/X	8 %	(13)%	(10)%	(7)%	(16)%	10 %	N/A
Third-party seller services (3)	$ 14,479	$ 18,195	$ 20,436	$ 27,327	$ 23,709	$ 25,085	38 %
Third-party seller services -- Y/Y growth, excluding F/X	31 %	53 %	53 %	54 %	60 %	34 %	N/A
Subscription services (4)	$ 5,556	$ 6,018	$ 6,572	$ 7,061	$ 7,580	$ 7,917	32 %
Subscription services -- Y/Y growth, excluding F/X	29 %	30 %	32 %	34 %	34 %	28 %	N/A
AWS	$ 10,219	$ 10,808	$ 11,601	$ 12,742	$ 13,503	$ 14,809	37 %
AWS -- Y/Y growth, excluding F/X	33 %	29 %	29 %	28 %	32 %	37 %	N/A
Other (5)	$ 3,906	$ 4,221	$ 5,398	$ 7,952	$ 6,905	$ 7,914	87 %
Other -- Y/Y growth, excluding F/X	44 %	41 %	49 %	64 %	73 %	83 %	N/A

분기별 실적 발표 자료에는 총 6개 사업 부문별로 세분화한 수익 모델을 공시한다. (출처: Earnings Release, AMZN, 2021.07.30.)

시한다. 사업 성장성과 수익 모델을 이해하는 데는 후자가 훨씬 더 도움이 된다.

참고로 글로벌 기업의 특성상 해외 매출 비중이 클수록 달러 환율의 영향도 크게 받으므로 전분기와 당기 실적을 비교할 때는 환율 변동 효과를 제거한 수치를 보는 것이 맞다. 공시 자료상의 수치를 볼 때 'Constant Currency', 'F/X Adjusted', 'Comparable', 'Excluding F/X'라고 표기된 조정 수치를 보도록 하자.

사업 다각화까지 이룬 기술 성장주의 밸류에이션

이렇게 사업 부문별 성장 요인Growth Factors과 가치 창출 요인Value Drivers이 상이할 경우 주식의 적정 가치를 평가할 때도 각 부문을 개별 평가한 후 통합하는 SOTP Sum Of The Parts 방식을 주로 활용한다.

미래 영업이익이나 현금흐름 추정은 컨센서스 수치에 기반하고, 사업 모델 이해를 중심으로 적정 가치를 산출하는 방식으로 밸류에이션 예를 들어보겠다. 컨센서스를 사용하는 이유는 그 수치가 가장 정확하거나 신뢰할 수 있어서가 아니라는 점을 강조하고 싶다. 컨센서스는 말 그대로 컨센서스일 뿐이다. 월가의 수많은 애널리스트가 각자의 모델에서 추정한 미래 현금흐름 수치들의 평균값 그 이상도 이하도 아니다. 최대한 개인의 주관을 개입하지 않고 개인투자자도 쉽게 얻을 수 있는 정보를 기반으로 미래 가치를 모델링했을 때 어떤 값이 나오는지 보이기 위해서다. 먼저 컨센서스를 사용해 적정 주가를 도출하는 밸류에이션 프레임과 로직을 이해하고 추후 결과 값에 따라 적용한 컨센서스 수치가 합리적인지, 그 컨센서스에서 상향 또는 하향 조정한

▶ STOP 가치평가법

사업A 평가가치	Business Segment A Value
+사업B 평가가치	+Business Segment B Value
⋮	
+사업×평가가치	+Business Segment × Value
= 사업 평가가치 총합	= Consolidated Business Value
−전사적 비용	−Unallocated Corporate Costs
= 기업 가치	= Enterprise Value
−순부채*	−Net Debt (or+Net Cash)
= 주주 가치	= Equity Value
÷ 발행주식 총수	÷ Shares Outstanding
= 적정 주가	= Equity Value per Share

* 순부채는 '총부채−현금 및 현금성자산'로 구하나 현금이 부채보다 더 많은 경우 '순현금'(Net Cash)이 되기 때문에 차감하지 않고 합산한다. 이때 주주 가치는 '기업 가치+순현금'이므로 기업 가치보다 큰 상황이 된다.

다면 어떤 값이 나오는지를 볼 수 있기 때문에 개인투자자 입장에서는 가장 현실적인 방법이다.

아무래도 개인투자자의 투자 비중이나 기업 인지도가 높아 사업 모델을 이해할 수 있는 구글을 밸류에이션 기업 모델로 적용해보겠다. 항상 강조하지만 밸류에이션의 핵심은 기업의 비즈니스 모델을 파악하는 것이다. 기초적이면서도 제대로 파악하기가 가장 어려운 부분이기도 하다. 실생활에 밀접한 기업은 우리가 흔하게 접할 수 있으니 '무엇을 하는 기업인지'는 대충 알 것 같지만, 막상 사업이 어떻게 구분되어 있고 각 부문의 수익 모델이 어떤지는 떠올리지 못하기 때문이다.

먼저 간단한 순서는 다음과 같다. 우선 사업 부문 분류와 사업부별 현금흐름이 필요하다. 과거 현금흐름이 아닌 앞으로 12개월 이후를 예측하는 추정 현금흐름Projected Cash Flow이다. 적어도 매출에서 EBITDA까지 추정할 수 있어야 한다. 기댓값을 계산하기 위한 가정은 기본적으로 경영진이 제시한 분기별 가이던스를 사용한다. 가이던스를 제시하지 않은 세부 항목은 경영진이 기대하는 각 사업의 성장률, 기대수익구조와 각 사업부가 속한 업계 전체의 시장 파이 성장률을 반영한 추측치, 스트리트 컨센서스를 활용할 수 있다.

마지막 단계에서 밸류에이션에 적용할 가치 배수 역시 업계 컨센서스를 기본으로 아마존의 성장률과 수익구조를 반영한 조정 값을 산정한다.

1단계: 비즈니스 모델의 이해

구글은 공시 목적으로 구분하는 세 가지 사업 모델이 있다. 구글의 10-K에 명시된 설명에 따르면 '구글 서비스'Google Services, '구글 클라우드'Google Cloud 그리고 '기타 사업'Other Bets이다. 그동안은 클라우드 사업 부문에 대한 개별 순익Profit Level Disclosure은 따로 발표하지 않다가 2020년 4분기부터 공시하기 시작했다.

여기서 '구글 서비스'는 광고 수익을 창출하는 채널로 구글서치, 유튜브, 구글 네트워크로 구분된다. '기타 사업'은 아직 R&D 단계이거나 상품을 상용화하지 않은 시장 초입 단계의 여러 외부 사업에 구글이 투자하고, 인터넷·TV 라이선싱 등의 수익을 얻는 사업을 의미한다.

각 사업 모델과 수익구조가 전혀 다르므로 매출 성장세나 영업마진, 투자이익률도 구분해서 이해해야 한다. 단순히 연결재무제표상의 손익계산서만

▶ 구글의 비즈니스 모델

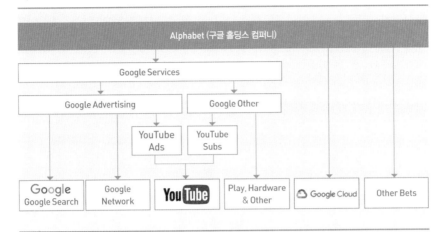

Revenues

The following table presents our revenues by type (in millions).

	Year Ended December 31,	
	2019	2020
Google Search & other	$ 98,115	$ 104,062
YouTube ads	15,149	19,772
Google Network Members' properties	21,547	23,090
Google advertising	134,811	146,924
Google other	17,014	21,711
Google Services total	151,825	168,635
Google Cloud	8,918	13,059
Other Bets	659	657
Hedging gains (losses)	455	176
Total revenues	$ 161,857	$ 182,527

구글이 공시한 사업 부문별 매출 현황. (출처: 10-K, GOOGL, 2021.02.03.)

Segment Profitability

The following table presents our segment operating income (loss) (in millions). For comparative purposes, amounts in prior periods have been recast.

	Year Ended December 31,		
	2018	2019	2020
Operating income (loss):			
Google Services	$ 43,137	$ 48,999	$ 54,606
Google Cloud	(4,348)	(4,645)	(5,607)
Other Bets	(3,358)	(4,824)	(4,476)
Corporate costs, unallocated[(1)]	(7,907)	(5,299)	(3,299)
Total income from operations	$ 27,524	$ 34,231	$ 41,224

(1) Corporate costs, unallocated includes a fine of $5.1 billion for the year ended December 31, 2018 and a fine and legal settlement totaling $2.3 billion for the year ended December 31, 2019.

구글의 사업 부문별 영업이익 및 손실 규모. (출처: 10-K, GOOGL, 2021.02.03.)

보면 매출이 하나의 수치로 통합되어 나오기 때문에 사업 부문별 실적을 파악하기가 힘들다. 따라서 재무제표상의 각 항목을 세부적으로 구분하고 설명도 자세히 해주는 10-K 공시의 MD&A 섹션을 참고해야 한다. 여기에는 매출을 구성하는 여러 수익 채널뿐 아니라 다양한 비용을 항목별로 분석한 내용도 나오기 때문에 전체 사업 모델을 이해하는 데 유용하다. 분기 보고서 10-Q에도 자세한 사업 부문별 손익 업데이트가 있으니 참고하길 바란다.

2단계: 사업 부문별 매출, 영업이익 추정

미래 손익계산서를 추정하려면 먼저 사업 부문별 매출부터 추정해야 한다. 가령 구글의 매출을 추정할 때 일괄적으로 '올해는 25%, 내년에는 15% 성장할 것이다'라는 식의 가정은 성립하지 않는다. 사업부마다 전혀 다른 수익구조와 성장 요인, 영업마진을 보이는 구글의 사업 모델상 그런 식의 추정은 의미가 없다.

우선 구글 기업 공시에서 발표하는 수치 중 가장 세분화한 구분인 6개 사업 부문별로 분리해 각각 다른 성장률을 적용한다. 같은 방식으로 각 사업 부문별 매출원가, 영업이익까지 개별적으로 추정한다. 이 과정에서 필요한 매출총이익, 영업비용, 영업마진 등은 가이던스나 어닝 콜에서 경영진이 꽤 자세히 설명해주므로 대략적인 추정치를 알 수 있다. 특히 주요 성장 사업부의 기대 실적 지표, 전사적 비용Unallocated Corporate Expenses, 자본투자, 자금 조달 계획과 부채 현황, 현금보유량 부분은 애널리스트의 주요 관심사라 분기별 실적 발표 자료나 어닝 콜의 Q&A 섹션을 살펴보면 알 수 있다.

사업 부문별 추정 손익계산을 마친 후 합산해서 기업 전사적 차원의 손익계산서를 만드는 법이 있지만, 그건 애널리스트의 영역이고 여기서는 최대한 단순화한 방법으로 접근해보겠다. 향후 1년 매출과 EBITDA 정도까지만 추정한다.

추정한 EBITDA 값에 밸류에이션 멀티플을 적용해야 하는데, 이때는 적정 배수 선정 기준을 사업 모델이 비슷한 유사 기업, 동종 및 타 업계 경쟁사들의 현재 트레이딩 멀티플을 참고한다. 비교군의 평균을 적용할 수도 있고, 나름의 로직을 세워 배수를 조정할 수도 있다. 이 과정은 정성적 분석이기 때문에 애널리스트 또는 개인투자자 주관대로 배수를 적용해볼 수 있다.

구글 서치나 네트워크, 구글 플레이에서 오는 디지털 수익과 광고 수익은 사업 모델이 상당히 안정화된 단계에 접어들기도 했고, 매출이 더는 폭발적으로 성장하는 사업이라고 보기는 어렵다. 따라서 영업이익이나 EBITDA 수준 정도로 변수가 크지 않고 매출 성장세나 영업비용 등에서 특별한 변수가 없는 현금흐름이 추정 가능하다. 구글 서비스 중 이 3개 사업 가치는 추정 EBITDA와 기업 가치를 적용해서 계산할 수 있다. 구글 서치는 약 9,900억

Competition

Our business is characterized by rapid change as well as new and disruptive technologies. We face formidable competition in every aspect of our business, particularly from companies that seek to connect people with online information and provide them with relevant advertising. We face competition from:

- General purpose search engines and information services, such as Baidu, Microsoft's Bing, Naver, Seznam, Verizon's Yahoo, and Yandex.
- Vertical search engines and e-commerce websites, such as Amazon and eBay (e-commerce), Booking's Kayak (travel queries), Microsoft's LinkedIn (job queries), and WebMD (health queries). Some users will navigate directly to such content, websites, and apps rather than go through Google.
- Social networks, such as Facebook, Snapchat, and Twitter. Some users increasingly rely on social networks for product or service referrals, rather than seeking information through traditional search engines.
- Other forms of advertising, such as billboards, magazines, newspapers, radio, and television. Our advertisers typically advertise in multiple media, both online and offline.
- Other online advertising platforms and networks, including Amazon, AppNexus, Criteo, and Facebook, that compete for advertisers that use Google Ads, our primary auction-based advertising platform.
- Providers of digital video services, such as Amazon, Apple, AT&T, Disney, Facebook, Hulu, Netflix and TikTok.

In businesses that are further afield from our advertising business, we compete with companies that have longer operating histories and more established relationships with customers and users. We face competition from:

- Other digital content and application platform providers, such as Amazon and Apple.

경영진이 말해주는 구글의 사업별 경쟁 기업. (출처: 10-K, GOOGL, 2021.02.03.)

▶ **구글 서치 사업 부문과 경쟁 인터넷 기업들의 EBITDA 마진 비교**

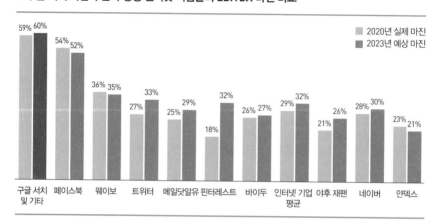

2020년 EBITDA 마진과 2023년 예상 EBITDA 마진을 비교한다. 구글 서치의 EBITDA 마진은 1조 달러 이상으로 추정되며 이는 구글 전체 기업 가치의 60% 가까이 차지한다.

▶ **구글 사업 부문별 가치와 경쟁 기업** (단위: 백만 달러)

구글 사업 구분	구글 서치	구글 네트워크	구글 플레이	유튜브	구글 클라우드	기타 사업 (other bets)
	검색 엔진 트래픽에서 얻는 직·간접 수익, 지메일이나 구글맵 등에서의 광고 수익	구글 애드센스 (Adsense), 애드 매니저 (Ad Manager), 애드몹 (AdMob)	구글 플레이 앱 수익, 디지털 콘텐츠 수익	유튜브 광고 수익, 매출원가는 콘텐츠 비용 (유튜버, 라이선스 오너에게 지불하는 비용)	구글 클라우드 플랫폼(GCP) 서비스, 구글 워크플레이스 (Workplace) (구 G-Suite)	Access/Fiber, Calico, CapitalG, Verily, Waymo, GV 등. 현재 매출 대부분 Access/Fiber의 인터넷 서비스 및 Verily의 라이선싱, R&D 수익
2022년 추정 매출	$150,000	$28,000	$22,500	$45,000	$25,900	$800
×매출 배수				10.0x	9.0x	N/A
%margin	60%	20%	25%	17%	15%	N/A
2022년 추정 EBITDA	$90,000	$5,600	$5,625	$7,650	$3,885	N/A
×EBITDA 배수	11.0x	7.5x	9.0x			
사업 부문별 가치	$990,000 +	$42,000 +	$50,625 +	$450,000 +	$233,100 +	$55,750*
적정 배수 선정 기준 Comps 예시 (경쟁사/유사기업군)	FB, BIDU, NAER, TWTR	TTD, CRTD, PUBM, MGMI (스몰캡 디스카운트 감안 필요)	AAPL, EBAY, LOGI (더 넓게 보면 BKNG, EXPE)	FB, TWTY, SNAP, ROKU, NR_X, SPOT	AMZN, MSFT, CRM, WDAY, NOW, ADBE, SAP	GM크루즈 (웨이모의 자율주행 comps)

* GM크루즈의 밸류에이션을 참조한 웨이모의 평가 가치 약 $48B(2020년 투자받은 $3.25B에 대한 15×Post−money Valuation) + 나머지 사업 가치 약 $7B.
2021년 상반기 기준 기대 실적과 밸류에이션 멀티플.

달러, 구글 네트워크의 가치는 약 420억 달러, 구글 플레이는 약 500억 달러라는 계산이 나온다.

다만 유튜브는 구글 서비스로 분류되는 사업이지만 상황이 다르다. 여타 서비스와 유사하게 광고 수익과 콘텐츠 수익이 있지만, 성장률이 다른 사업 부문들 대비 훨씬 더 높고 매출원이나 비용구조가 상시적으로 바뀌면서 수익 모델 자체가 계속 진화하고 있기 때문이다. 가파르게 성장하며 전체 규모조차도 파악되지 않는 시장에서의 독보적인 플랫폼이기 때문에 EBITDA까지 추정하는 건 무리다. 매출을 추정하는 것도 매우 어려운 작업이다. 이럴 때는 많은 테크 스타트업과 같이 추정 매출과 매출 배수만 적용해서 사업 가치를 계산해볼 수 있다. 이렇게 산정된 유튜브의 가치는 약 4,500억 달러다. 유튜브라는 플랫폼의 성장과 수익성에 대해서 더 긍정적으로 전망한다면 더 높은 밸류에이션 멀티플을 적용할 수 있다. 실제로 구글 사업 부문 중 가치평가의 차이가 가장 크게 발생하는 것이 유튜브 사업이다(현재 애널리스트들은 9×에서 12.5×까지도 적용한다).

같은 로직으로 클라우드 사업 역시 아직 성장하는 단계이므로 매출까지만 추정해서 멀티플을 적용한다. 이렇게 계산한 클라우드 사업 가치는 약 2,300억 달러다. 'Other Bets'로 분류되는 기타 사업들은 일일이 추정하기 어려우니 가장 대표적으로 웨이모Waymo의 평가가치를 추정해볼 수 있다. 2020년 투자받았던 32억 5,000만 달러에 대한 15× 포스트머니 밸류에이션 Post-money Valuation 배수를 적용한 480억 달러, 나머지 여러 사업 가치는 경영진이 가끔 콘퍼런스 콜 등에서 언급한 약 70억 달러를 참고한다. 그렇게 해서 총 약 560억 달러가 산정되었다.

3단계: 사업 부문별 평가가치,
기업 전사적 비용 추정과 기업 가치 산정

여기까지가 가장 쉽고 간단한 방법으로 추정할 수 있는 사업 부문별 평가가치다. 이 개별 사업 가치의 합은 약 1조 8,200억 달러다.

이 단계에서 중요한 점은 사업 부문별 가치를 합산한 것이 기업 전체의 가치와 다른 개념이라는 것이다. 사업 부문별로 지출되는 비용은 이미 반영되었으나, 아직까지 기업 전체를 운영하는 데 드는 비용인 전사적 비용Corporate Expenses은 반영되지 않은 상태다. 각 사업 개체들에 '배정되지 않은' 기업 운영비라는 뜻에서 'Unallocated Costs', 'Unallocated Corporate Expenses'라고 표현되며 미국 기업 공시에 반드시 따로 기재된다.

전사적 운영비 항목을 두는 이유는 세일즈와 마케팅 비용, G&A, R&D, 기타 인건비나 장비 구입 비용 등 사업 부문별 마진을 통해 반영된 비용과 감가상각과 같은 회계비용 등을 제외한 현금성 비용이 존재하기 때문이다.

구글의 공시에서 알 수 있다시피 전사적 비용 추이를 보면 2018년 79억 달러, 2019년 53억 달러, 2020년 33억 달러 정도로 점차 줄어드는 추세다. 애널리스트들은 대부분 이런 비용을 추정할 때 경영진과의 콘퍼런스 콜에서 직접 물어보거나(실제로 어닝 콜에서 자주 등장하는 질문이다), 경영진이 제시하는 비용에서 추가로 감안하거나 전체 매출에서 비율로 책정하는 등 다양한 방법으로 추산한다. 경영진이 정확한 가이드라인을 주지 않는다면 그동안의 추이와 사업 확장 성장세 등을 고려해서 2019년은 3.3%, 2020년은 1.8%, 2021년은 예상 연간 매출의 1.5~2.0%를 전사적 비용으로 지출할 것이라고 예상하는 식이다. 물론 확실하게 추가로 지출될 것으로 보이는 법무비용(반

구글이 직접 공시하는 전사적 영업비용에 대한 정의를 보자. 전사 차원에서 지출되는 각종 영업비용, 인건비, 재무·회계·법무비용(Legal Fees/Fines, R&D), 각종 헤지비용 등이 포함된다. (출처: 10-K, p.33, GOOGL, 2021.02.03.)

구글의 부문별 영업이익 및 손실에서 전사적 비용은 반영되지 않았다고 표시되어 있다(Corporate costs, unallocated). 여기서 할당되지 않은 전사적 비용에는 2018년엔 51억 달러, 2019년엔 23억 달러라고 주석으로 덧붙여져 있다. (출처: 10-K, p.40, GOOGL, 2021.02.03.)

독점법 관련) 등이 생긴다면 반영해서 조정해주는 것이 맞다.

이런 식으로 추정한 전사적 비용이 약 46억 달러다. 앞서 사업 부문별 EBITDA에 밸류에이션 멀티플을 적용했듯이 이 비용 역시 가치 환산을 해야 하는데, 주로 기업 전체에 대한 멀티플을 사용한다. 구글의 경우 11~12× 배수를 적용해서 약 556억 달러가 나온다. 비용이니 사업 가치 총합인 1조

8,200억 달러에서 차감해준다. 이렇게 해서 나온 수치인 약 1조 7,700억 달러가 구글의 기업 가치다.

4단계: 재무상태표에서 부채와 현금 계산

기업 가치를 구했으니 이제 우리가 투자자로서 알고 싶은 주주 가치를 구할 차례다. 주주 가치는 총 기업 가치에서 순부채를 차감한 수치다. 순부채 계산을 위해서는 기업의 총부채 금액과 현금 및 현금성자산 금액을 알아야 한다.

지금까지 추정한 미래 수익(다음 해, NTM)은 현재 기업의 유동성(현금성자산과 부채 조달)으로 창출되기 때문에 현재 재무상태표상의 수치들을 적용한다. 예를 들어 2022년에 대한 추정 수익과 미래 가치는 2021년도 순부채, 2023년에 대한 미래 수익은 2022년도 순부채를 사용해서 계산한다. 이번 예시에서는 2022년에 대한 현금흐름과 사업 가치를 추정했기 때문에 2021년 회계연도 말 (예상되는) 총부채와 현금성자산 금액을 계산해줘야 한다.

구글은 현금보유액 대비 부채비율이 매우 낮다. 다른 기업의 재무상태표를 볼 때와 달리 차입 현황과 레버리지를 감당할 수 있는 현금 여력, 이자보상배율 등의 분석보다 사업 성장을 위해 현금을 어디에 어떻게 투자하는지를 봐야 한다.

2020년 회계연도 말 기준 구글의 현금 및 현금성자산 총합 수치를 확인해보자. 현금 및 현금성자산Cash and Cash Equivalents 항목과 현금 등가성 자산인 유가증권Marketable Securities 까지 모두 합친 것을 현금 및 현금성자산 총합으로 인식하는 것이 맞다. 대부분 기업은 최소한의 현금을 제외하고는 주식이나 채권 등의 증권 매입이나 기타 유동자산에 투자하기 때문이다. 이는 현금과 똑같이 인식하는데, 언제든 현금화할 수 있는 유동성이 확보된 자산이기 때문이다.

마지막 10-K 또는 10-Q 보고서상의 현재 재무상태표상 현금에서 연말까지 예상하는 현금흐름을 고려하면 연말 기준 현금보유 수준을 추정할 수 있다. 기업에 발생하는 현금 지출과 수익 항목에는 대표적으로 영업활동으로 인한 현금흐름, 자본지출, 부채 상환 정도가 있다. 이것은 특별한 상황이 발생하지 않는 한 전부 예상 가능한 범위 내의 현금 지출이다.

우선 연말까지 영업활동으로 인한 현금흐름은 남은 3, 4분기 동안 창출 가능한 순이익 합계에 각종 비현금 비용(감가상각비, 스톡옵션 지급 비용 등 현금이 아닌 회계상 비용)을 더해주고 운전자본 변화로 생긴 추가 현금성비용과 지출을 반영하면 쉽게 구할 수 있다. 이렇게 해서 추정 가능한 연말까지의 추가 영업현금흐름은 약 915억 달러다.

자본지출 규모는 경영진이 가이드라인을 주는 편인데 예를 들어 2021년에는 매출의 9~11%를 투자할 계획이다. 앞서 계산한 연간 매출에 이를 반영해 남은 하반기까지의 자본지출 규모를 추정한다. 10-K 및 10-Q 공시에 따르면, 부채 상환에 쓰인 비용은 2021년 상반기까지 약 87억 달러였다. 분기마다 투명하게 공시되는 리스 및 부채 상환 스케줄Debt Securities and Maturity Schedule을 참고해서 연중 현금 지출을 예상해볼 수 있다. 또한 구글의 이사회는 2021년 500억 달러 규모의 자사주 매입을 승인했는데, 분기마다 약 120억 달러어치의 자사주를 매입하였고 이 역시 현금 지출 항목에 해당한다.

이렇게 해서 추정할 수 있는 현금은 약 415억 달러다. 간단하게 개념만 보

현금(FYE 2020)	26,465
+ 영업현금흐름(Operating Cash Flow)	91,494
− 자본지출(CapEx Spending)	(27,328)
+ 신규 부채 조달(New Debt Issuance)	7,599
− 부채 상환(Repayment of Debt)	(8,678)
− 자사주 매입(Repurchase of Common Stock)	(48,191)
현금(2021년 말 예상)	41,451
+ 유가 증권(Marketable Securities)	110,229
현금 및 현금성자산 총합(Total Cash and Cash Equivalents)	151,680

밸류에이션을 하는 현재 시점에서의 재무상태표상 현금(Balance Sheet Cash)에서 추정 기간 동안의 추가적인 수익·비용을 감안한 현금흐름을 반영하여 그다음 연도의 현금(Ending Cash Balance)을 계산하는 방법이다.

			As of December 31,		
	2016	2017	2018	2019	2020
			(in millions)		
Consolidated Balance Sheet Data:					
Cash, cash equivalents, and marketable securities	$ 86,333	$ 101,871	$ 109,140	$ 119,675	$ 136,694
Total assets	$ 167,497	$ 197,295	$ 232,792	$ 275,909	$ 319,616
Total long-term liabilities	$ 11,705	$ 20,610	$ 20,544	$ 29,246	$ 40,238
Total stockholders' equity	$ 139,036	$ 152,502	$ 177,628	$ 201,442	$ 222,544

연도별 구글의 자산과 부채 현황. (출처: 10-K, GOOGL, 2021.02.03.)

여주기 위해 자세한 항목과 과정은 생략했지만 큰 현금흐름은 잡혔기 때문에 비교적 정확한 현금보유 예상액이 나왔다. 현금 등가성 자산인 유가증권 보유액까지 합산하면 무려 1,517억 달러의 현금을 보유할 것으로 예상된다.

또한 총부채를 나타내는 수치를 확인해야 하는데 장기 차입금Long-term Debt 항목을 찾아보면 된다. 부채Liabilities와는 다른 개념이니 유의하자. 애초에 현금보유량이 수백억 달러 수준인 기업이기 때문에 자금조달의 니즈가 적어 부채가 143억 달러밖에 되지 않는다. 대부분의 기업은 그 반대로 부채가 훨씬 크고 현금이 적다. 따라서 구글 같은 경우 순부채 수치가 마이너스가

Alphabet Inc.
CONSOLIDATED BALANCE SHEETS
(In millions, except share amounts which are reflected in thousands, and par value per share amounts)

	As of December 31, 2019	As of December 31, 2020
Assets		
Current assets:		
Cash and cash equivalents	$ 18,498	$ 26,465
Marketable securities	101,177	110,229
Total cash, cash equivalents, and marketable securities	119,675	136,694
Accounts receivable, net	25,326	30,930
Income taxes receivable, net	2,166	454
Inventory	999	728
Other current assets	4,412	5,490
Total current assets	152,578	174,296
Non-marketable investments	13,078	20,703
Deferred income taxes	721	1,084
Property and equipment, net	73,646	84,749
Operating lease assets	10,941	12,211
Intangible assets, net	1,979	1,445
Goodwill	20,624	21,175
Other non-current assets	2,342	3,953
Total assets	$ 275,909	$ 319,616
Liabilities and Stockholders' Equity		
Current liabilities:		
Accounts payable	$ 5,561	$ 5,589
Accrued compensation and benefits	8,495	11,086
Accrued expenses and other current liabilities	23,067	28,631
Accrued revenue share	5,916	7,500
Deferred revenue	1,908	2,543
Income taxes payable, net	274	1,485
Total current liabilities	45,221	56,834
Long-term debt	4,554	13,932
Deferred revenue, non-current	358	481
Income taxes payable, non-current	9,885	8,849
Deferred income taxes	1,701	3,561
Operating lease liabilities	10,214	11,146
Other long-term liabilities	2,534	2,269
Total liabilities	74,467	97,072
Commitments and Contingencies (Note 10)		
Stockholders' equity:		
Convertible preferred stock, $0.001 par value per share, 100,000 shares authorized; no shares issued and outstanding	0	0
Class A and Class B common stock, and Class C capital stock and additional paid-in capital, $0.001 par value per share: 15,000,000 shares authorized (Class A 9,000,000, Class B 3,000,000, Class C 3,000,000); 688,335 (Class A 299,828, Class B 46,441, Class C 342,066) and 675,222 (Class A 300,730, Class B 45,843, Class C 328,649) shares issued and outstanding	50,552	58,510
Accumulated other comprehensive income (loss)	(1,232)	633
Retained earnings	152,122	163,401
Total stockholders' equity	201,442	222,544
Total liabilities and stockholders' equity	$ 275,909	$ 319,616

구글의 연결재무제표에서 현금 및 현금성자산 총합, 그리고 장기 차입금을 확인할 수 있다. (출처: 10-K, GOOGL, 2021.02.03.)

나온다. 구글 및 대부분의 빅테크 기업이 가진 이점이다.

5단계: 주주 가치와 적정 주가 계산

앞서 계산한 구글의 기업 가치에서 총부채는 차감하고 현금성자산은 합산해
주면 주주 가치가 나온다. 1조 9,000만 달러로 기업 가치보다 더 커진 수치
다. 여기서 발행주식 총수인 6억 6,000만 주를 나누면 주당 가치 2,896달러
가 산출된다. 이것이 바로 2021년 2분기 말 시점에서 추정할 수 있는 구글
의 '적정 주가'다. 미국 애널리스트 리포트나 뉴스 기사에 기업의 '내재 자본가
치'Implied Equity Value, '내재 주가'Intrinsic Share Price 등의 표현이 나온다면 이런
식으로 산정한 적정 주가라는 뜻이다.

▶ **구글의 기업 가치에서 주주 가치까지, '적정 주가' 산출하기**   (단위: 백만달러, 백만 주)

구글 사업 가치 총합	$1,821,475
−전사적 비용(Corporate Expenses)	(55,560)
구글 기업 가치 총합	$1,765,915
−총부채	(14,328)
+현금 및 현금성자산	151,680
주주 가치	$1,903,267
÷ #발행주식 총수	657
주당 가치(적정 주가)	$2,896

5분 만에 적정 주가를 추정한다?

이 같은 가치평가 방식은 미국 기업의 사업 보고서, 재무제표를 어느 정도 읽고 해석할 수 있는 기본적인 재무 지식과 가치평가의 근본이 되는 회계에 대한 이해 없이는 사실 따라하기 어렵다는 단점이 있다. 이에 비해 누구나 무료로 이용할 수 있는 주식 사이트를 통해서 5분 만에 적정 주가를 추정해볼 수 있는 방법도 있긴 하다. 하지만 이런 접근법은 굉장히 단편적이고 한계가 있다는 점을 먼저 강조하고 싶다. 이렇게 도출해낸 결과 값 자체보다 그것을 해석하는 것이 훨씬 더 중요함을 알아야 한다. 단순한 접근법도 여러 방법이 있지만 그중에서도 '추정 EPS×P/E=예상 주가'라는 매우 간단(하면서도 어려운!)한 공식을 응용하는 방법이다.

우선 관심 기업의 티커를 미국 주식 사이트에서 검색해본다. 가장 보편적으로 사용하는 야후 파이낸스를 예로 들어보겠다. 야후 파이낸스에서 앞서 사례로 든 구글의 티커 'GOOG'를 검색하고 'Analysis'라는 탭에 들어가면 해당 기업에 실적에 대한 애널리스트 추정치 및 목표 주가와 투자 의견Rating을 볼 수 있다. 우리가 알고 싶은 것은 애널리스트들이 평균적으로 추정한 주당 가치 즉 EPS다.

다음 페이지의 위쪽 그림에서 처음 두 열(Current Qtr., Next Qtr.)은 해당 분기 EPS 수치이고, 우측에 마지막 두 열(Current Year, Next Year)은 해당 회계연도 전체에 대한 EPS 수치를 나타낸다. 연율화된 수치를 기반으로 가치평가를 해야 하기 때문에 이 수치들을 보는 게 맞다. 월가의 애널리스트들은 2021년 구글의 EPS를 평균 109달러, 2022년 EPS

Annualize
연율화

일정 기간의 수익률을 연수익률로 바꾸어주는 것.

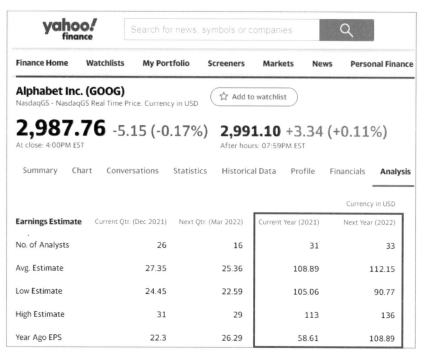

야후 파이낸스에서 실적과 추정치를 볼 수 있는데 그중에서도 표시된 부분의 연율화된 수치를 참고하는 게 좋다.
(출처: Yahoo Finance, 2021.11.15. 기준)

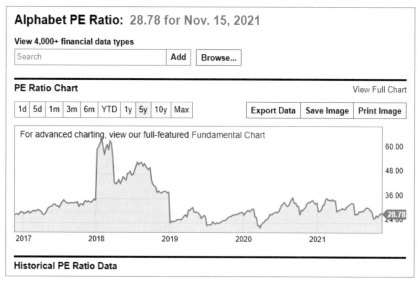

구글의 지난 5년간 멀티플 변화. (출처: YCHARTS, 2021.11.15. 기준)

는 평균 112달러로 예상하고 있음을 알 수 있다.

다음으로 필요한 것은 구글의 주가 배수 즉 P/E 배수다. 티커와 함께 'PE multiple' 혹은 'PE Ratio'를 포털 사이트에서 검색해본다. 왼쪽 아래 차트에서 보이는 지난 5년간의 구글 평균 P/E 배수는 33.9×였다. 최근 3년으로 기간을 좁히면 평균 주가 배수는 약 22×에서 42× 사이 구간이었으며 평균 34×에 가까웠다. 비슷한 경쟁 기업의 평균 멀티플이나 시장 멀티플이 아닌 구글 자체적인 과거 주가 배수 추이를 바탕으로 적정 주가를 추론해보자. 2021년 9월 30일 기준 S&P500 지수의 P/E 배수는 29.5×인데, 불과 1년 전인 2020년 말에는 무려 40×이었다. P/E 배수가 높다는 것은 그만큼 주식이 '비싸다'는 뜻이다.

구글이라는 기업의 예상 순이익을 바탕으로 평균 주가 배수를 적용해보았을 때 구글의 적정 주가는 3,808달러라는 결과가 나온다. 주가 배수가 가장 낮았던 시기는 작년 2020년 3월 코로나로 인해 미국 증시가 짧지만 강렬한 폭락장을 경험했을 때인데, 시장 전체가 무너졌던 시기의 주가 배수임을 감안해서 다운사이드를 계산해볼 수도 있다. 또다시 비슷한 상황이 닥쳐서 멀티플 컴프레션이 일어난다면 구글의 밸류에이션은 22×까지 떨어질 수 있다

▶ **EPS와 P/E로 간단하게 구글의 적정 주가 산출하는 법의 한계**

2022년 컨센서스 EPS	$112	$112
×주가 배수(P/E)	34x	22x
= **목표 주가(12개월)**	**$3,808**	**$2,464**
%Upside(Downside)	+36%	(−12%)

업사이드와 다운사이드를 평가하는 기준 주가는 2021년 10월 구글 평균 주가인 2,800달러로 잡았다.

는 뜻이다. 그런 경우조차 주가는 2,464달러 수준
이라는 것이다. 더 보수적으로 접근해볼 수도 있다.
시장의 구조적인 변화나 기업 자체적인 문제로 애
널리스트나 경영진이 예측한 EPS보다 훨씬 낮은 실
적이 나온다면 112달러보다 더 낮은 수치의 EPS에

22×를 적용한다. 그럴 경우 다운사이드는 더 낮아진다. 같은 로직으로 추가
적인 업사이드를 계산해볼 수도 있겠다. EPS 예상치나 적용하는 주가 배수
를 높이면 적정 주가도 더 높아질 것이다.

　거꾸로 이 기업의 주식에 투자해서 목표하는 기대수익률을 기준으로 내
수익률이 얼마나 현실적인가Reality Check를 점검해볼 수 있다. 예를 들어
10월 기준 2,800달러 선에서 거래되고 있던 구글 주식에 투자했을 때, 매수
시점에서의 내 기대수익률이 35%라고 하자. 35% 이상 주가가 오르면 수익실
현을 하겠다는 목표로 매수했다는 가정하에서 계산해보는 것이다.

　기대수익률 기준 내 목표 주가는 3,780달러다. 현재의 추정 EPS를 기준으
로 이는 약 34×라는 주가 배수를 의미한다. 이것은 내가 적용한 주가 배수가
아닌 목표 주가에서 역산한 배수이기 때문에 이를 임플라이드 멀티플Implied

▶ 목표 수익률이 적정한가?

매수가(예시)	$2,800		
% 기대수익률	35%		
목표 주가(12개월)	**$3,780**		
2022년 컨센서스 EPS	$112	$136	$91
주가 배수(Implied P/E)	34x	28x	42x

Multiple이라고 한다. 같은 방식으로 야후 파이낸스에서 확인한 애널리스트 추정 EPS의 최댓값 136달러와 최솟값 91달러도 적용해보자. 상대적으로 더 보수적 혹은 공격적으로 구글의 성장과 수익 모델을 추정했을 시 예상되는 주당순이익을 대입해보면 주가 배수는 28×에서 42×사이다. 앞서 찾아보았던 구글의 지난 3년, 5년치 주가 배수 구간에 포함되는 숫자가 나왔다. 지난 몇 년간의 시장 상황이나 기업의 성장 가도에서 추론 가능한 예상 범위를 완전히 벗어나는 획기적인 변수가 나타나지 않는 이상 달성 가능한 밸류에이션이라는 뜻이다.

이처럼 간단한 밸류에이션 지표 몇 개만으로도 기대수익률과 목표 주가의 타당성에 대해서 '이게 말이 되는 숫자인가?' 정도를 간단하게 점검Sense Check 해볼 수 있다. 앞에서 강조했듯이 많은 가정과 변수가 생략된 매우 단편적인 방법이므로 허점이 많을 수 있다는 점만 감안하자.

적정 주가의 진짜 의미와 실전 투자 응용법

다시 한 번 강조하지만 위 예시에 쓰인 모든 수치는 기업 공시에서 주어진 재무제표 수치와 경영진 가이던스, 애널리스트 컨센서스를 활용한 것이다. 즉, 깊이 있는 산업 분석, 시장 분석, 기업 자체 분석에 기반한 추가 가정과 시나리오는 전혀 반영하지 않았다. 이미 주어진 정보만으로 어떻게 밸류에이션에 접근할 수 있는지를 보여주는 하나의 프레임워크일 뿐이다.

실제 투자사에서 진행하는 밸류에이션 작업에는 이보다 훨씬 더 깊이 있는 분석과 수차례의 경영진 미팅, 기업 현장 실사, 업계 시장조사, 경쟁 업체 실사 등을 필요로 한다. 그렇지만 이 간단한 프레임워크를 이해하고 활용하면 재량껏 분석하고 가정을 세워 개인 견해를 반영한 밸류에이션 작업을 할 수 있다.

한 가지 유의해야 할 것은 밸류에이션이 유동적이라는 점이다. 이렇게 산정한 적정 가치가 절대적일 수는 없다. 구글의 경우만 봐도 2021년 1분기 시점에서 산출했던 밸류에이션과 2분기 말 시점에서 적용한 가치, 적정 주가에는 변화가 있었다. 그 사이 1, 2분기 실적 발표와 각 사업 부문별 성장률이 어닝 서프라이즈에 일조했고, 사업 가치 배수의 바탕이 된 다른 기술주들의 밸류에이션 역시 상향 조정되며 더 높은 멀티플을 적용하게 됐다. 또한 경영진이 수백억 달러 규모의 자사주 매입까지 발표하면서 이 모든 요인이 주가를 견인하는 동력이 되었다.

12개월을 내다보고 평가했던 밸류에이션을 6개월도 안 된 시점에 주가가 넘어섰고, 지금 이 원고를 집필하는 시점인 2021년 말 새로운 정보와 시황을 바탕으로 밸류에이션 작업을 한다면 또 다른 수치가 나올 것이다. 또한 최근 지속되는 인플레이션 우려와 조정장을 겪는 미국 증시에서 많은 테크 기업이 고평가 논란이 잠식될 수준으로 주가가 하락하고 있지만 구글은 오히려 컨센서스 주가가 꾸준히 상향 조정되는 등 기술 성장주의 가치평가를 재정립하고 있다. 단순히 고평가된 성장주가 아니라 실적이 뒷받침하고 미래 성장 모델의 투명성과 기대감까지 증폭해 주가 상승을 견인하는 주식으로 재평가받고 있는 것이다. 이처럼 컨센서스와 밸류에이션은 시장 또는 개별 기업의 상황에 따라 얼마든지 바뀔 수 있다.

마지막으로 투자자가 반드시 인지해야 하는 것은 적정 가치와 목표 주가에 관한 현실적인 기대와 타이밍이다. 추정치는 산정 방법과 개인의 의견에

▶ 사업 다각화를 이룬 테크 기업 주요 지표 예시

사업·운영 지표	재무 지표	밸류에이션 지표
• TAM(Total Addressable Market) Size, Growth, : 총유효시장의 규모와 성장성 • Penetration Rate : 해당 기업의 시장침투율 • Digital Content Volume, GMV(Gross Merchandise Value)* : 디지털 컨텐츠 볼륨, (이커머스) 총상품 거래액 • Ad Revenue, Content Revenue, Royalties : 광고매출, 컨텐츠 수익, 로열티(IP) 수익 등 • Traffic Acquisition Cost, Content Acquisition Cost, Ad Spend** : 트래픽 확보 비용, 콘텐츠 확보 비용, 광고 비용 • Customer Growth(#of accounts, Subscriptions, etc.) : 고객 성장률(계정 개수, 구독자 수 등) • Infrastructure Development Pipeline : 인프라 개발 파이프라인 • ROIC(Return on Invested Capital) : 투하자본이익률 • CapEx and Capital Lease : 자본지출과 자본리스 • Strategic Partnerships : 전략적 제휴 현황 • R&D Pipeline : R&D 파이프라인 • 모그룹 산하에 있는 각종 스타트업 및 소수(Minority) 지분 투자 규모	• Revenue : 매출 • Gross Profit/Gross Margin : 매출총이익 • G&A(General and Administrative Expense) : 일반관리비 • Operating Income : 영업이익 • Stock-based Compensation : 스톡옵션비용(임직원에게 인센 티브로 지급, 주로 테크기업들이 스톡옵션 비율이 높은 편이다) • Net Income : 당기순이익 • EPS : 주당순이익 • Free Cash Flow : 잉여현금흐름	• P/E : 주가수익 배수 • EV/Sales : 매출 배수 • EV/EBITDA : EBITDA 배수 • PEG : 주가수익성장률 • FCF Yield % : 잉여현금흐름 수익률 • ROE % : 자기자본수익률 • EPS Growth % : 주당순이익 성장률

* 기업의 매출로 인식되지는 않으나 해당 플랫폼에서 이루어지는 거래 규모로 매출 성장에 기여하는 수치.
** 플랫폼 사업인 경우 가격결정력(Pricing Power)을 가늠할 수 있는 정량·정성적 가치 요인들.
이커머스, 광고, 콘텐츠 플랫폼, 클라우드 등 다수의 빅테크 기업들이 영위하는 사업의 성격과 해당 섹터에 따른 성장 및 수익 지표들도 다양하다. 비즈니스 모델의 이해가 선행되어야 하며 위의 지표들은 단편적인 예시일 뿐이다.

따라 어느 방향으로든 움직일 수 있다. 당장 애널리스트의 목표 주가만 봐도 전부 제각각의 가정으로 도출한 다른 결과 값이다. 또한 12개월 후의 기업 성장과 실적을 추정해 도출한 적정 주가지만 주가가 그 수준까지 도달하는 데는 단 6개월이 걸릴 수도, 2년이 걸릴 수도 있다. 시장에서 거래가 이뤄지는 모든 것이 그렇듯 이론으로 완성한 가치와 시장 가격에는 항상 괴리가 있게 마련이다.

효율적인 시장에서는 가격이 가치에 수렴하지만 시장 효율성도 완벽하진 않다. 그러므로 적정 가치라는 숫자 자체보다 그 적정 가치에 이르기까지 사용한 시장과 기업 성장에 관한 가정, 수익 모델, 경영진이 가이던스에서 제시한 대로 기업을 이끌어가는 실행력, 가치 산정에 쓰인 유사 기업 주식의 밸류에이션과 시장 프리미엄, 시간에 따라 변화하는 여러 변수를 이해하고 그런 요인이 큰 맥락에서 주가를 어떻게 움직일지 스스로 판단하는 훈련이 필요하다.

소유와 경영을 분리한
미국식 글로벌 호텔 산업

호텔주

호텔 프랜차이즈와 호텔 리츠의 차이

'호텔' 하면 흔히 메리어트NASDAQ: MAR, 힐튼, 하얏트NYSE: H 같은 기업을 떠
올린다. 우리가 쉽게 접하는 이들 호텔 브랜드 기업은 정확히 말하면 호텔 프
랜차이즈 기업이다. 즉, 대부분의 호텔 자산을 직
접 소유하지 않고 호텔 브랜드만 보유해 전문적으
로 경영하는 프랜차이즈 모델이다. 한국처럼 상장
한 호텔 그룹의 모회사가 호텔 자산을 직접 소유하
고 경영도 하는 구조와 전혀 다른 형태이므로 미
국 호텔 주식에 투자하려면 미국 호텔 산업을 이해
해야 한다.

Hotel Brand
호텔 브랜드 기업

'Hotel Operator', 'Hotel C-
Corp', 'Lodging C-Corp' 등으
로 표현한다. 메리어트, 힐튼 등
의 브랜드를 기반으로 한 호텔
임대 경영(Hotel Leasing), 호텔
운영 계약(Hotel Management),
호텔 프랜차이즈(Hotel Fran-
chise) 사업을 하는 호텔 기업.

다시 말해 미국 호텔 산업은 호텔 건물(부동산)이라는 유형자산이 아니라 호텔 브랜드라는 무형자산을 운영하는 사업 모델을 기반으로 한다. 호텔을 직접 소유한 주체는 호텔 리츠라는 부동산 회사 형태로 따로 분류해 상장되어 있다. 이처럼 호텔 부동산과 경영을 확실히 분리하고 이들을 통칭하는 용어도 따로 있으니 잘 알아두자.

호텔주에서 가장 중요한 사업 지표는 객실당 매출 RevPAR; Revenue Per Available Room이다. 이는 객실 점유율 Occupancy과 객실 단가 ADR의 결합으로 나타낸 성과 지표이기 때문에 호텔 사업 이해와 가치평가 측면에서 매우 중요하다. 호텔주 실적 발표 시즌에 애널리스트가 가장 집중하는 지표이니 분기별, 연도별 추이와 경쟁사 대비 상대적 RevPAR 성장률을 눈여겨보자.

미국 증시에 상장된 호텔 기업은 글로벌 스케일의 프랜차이즈 운영을 하고 있다. 그러므로 전사적 수치를 말하는 시스템 와이드 system-wide, 리모델링이나 재개발에 들어가 연중에 운영하지 못한 특정 호텔과 객실 수를 제외한 전기와 당기 간 비교 가능 수치를 말하는 'comparable'이라고 표기된 실적 지표('System-wide Revenue', 'System-wide EBITDA', 'Comparable Revenue', 'Comparable EBITDA' 등으로 공시된 수치)를 봐야 기업의 전체 운영 실적을 알 수 있다.

경기에 민감한 섹터로 분류하는 호텔 산업은 호황기 때는 수혜를 많이 받지만 반대로 불황기 때는 직격탄을 맞는 전형적인 경기순환주다. 단적인 예로 코로나19발 경기침체 초기인 2020년 3월만 해도 가장 규모가 큰 하얏트, 메리어트, 힐튼 주식의 RevPAR은 평균 22% 하락했다. 이후 평균 객실 점유

▶ 호텔 그룹, 호텔 리츠 주식 주요 지표 예시

사업·운영 지표	재무 지표	밸류에이션 지표
• RevPAR Growth : 객실당 매출 성장률 • Occuncy : 객실 점유율 • ADR : 객실 평균 단가 • NUG(Net Unit Growth) : 객실순증가률 • Managed Rooms/ Franchised Rooms Growth : 운영 객실 혹은 프랜차이즈 객실 성장률 • Managed&Franchise Fees : 운영 및 프랜차이즈 수수료 • Loyalty Programs : 로열티 프로그램 • Credit Card Sign-ups : 호텔 제휴 신용카드 신규 가입 수 • Hotel Development Pipeline (as%of supply) : 호텔 개발 파이프라인 (해당 지역 시장의 수급에 대한 호텔 개발자산 비율%) • Working Capital Changes : 운전자본 변동액	• Hotel Revenue : 호텔 매출 • Fees Revenue : 수수료(로열티 수익) 매출 • Timeshare Sales : 타임세어 콘도 매출 • Cost of Owned & Leased Hotels : 소유 및 임대 호텔 비용 • Cost of Managed&Franchise : 운영 및 프랜차이즈 비용 • CapEx(Capital Expenditure) : 자본지출 • Owned & Leased Hotels EBITDA : 소유 및 임대 호텔의 상각전영업이익 • Managed & Franchised EBITDA : 운영 및 프랜차이즈 상각전영업이익 • Free Cash Flow : 잉여현금흐름	• EV/Keys : 호텔 객실당 기업 가치 • EV/EBITDA : EBITDA 배수 • EBITDA/Available Rooms, EBITDA/Keys : 판매가능 객실당 상각전 영업이익 • FCF Yield% : 잉여현금흐름 수익률 • ROE% : 자기자본수익률 • Hotel Capitalization Rate% : 호텔 자산(부동산) 자본환 원율

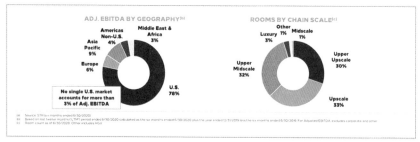

힐튼이 보유한 호텔 브랜드의 체인스케일 구분. 대부분 고가, 업스케일 호텔 브랜드를 운영하고 있음을 알 수 있다.
(출처: Investor Presentation, HLT, 2020.08.)

▶ 코로나19발 경기침체 직후 미국 호텔 브랜드별 RevPAR 실적

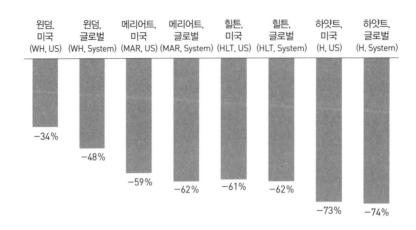

▶ 코로나19발 경기침체 직후 체인스케일별 미국 호텔 RevPAR 실적

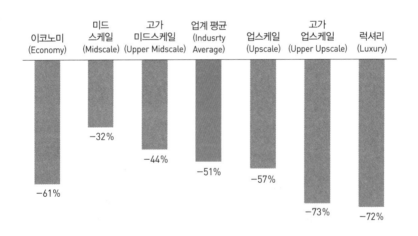

(출처: STR Global, 2020년 2분기 각 기업 공시)

율이 30% 이하로 떨어지면서 2분기 RevPAR이 60% 이상 하락했다.

역대 경기침체기 때 RevPAR, EBITDA의 경기 민감도와 회복 속도를 보면 체인스케일chainscale, 즉 호텔 브랜드 등급에 따라서도 타격과 회복 속도에 큰 차이가 있음을 확인할 수 있다. 일반적으로 가격대가 높은 럭셔리Luxury, 업스케일Upper Upscale 호텔이 경기에 가장 민감하고 이코노미Economy, 미드스케일Midscale 등 저가 브랜드 호텔은 상대적으로 충격이 덜하며 회복 속도도 빠른 편이다.

따라서 호텔 주식에 투자할 때는 투자 대상 기업이 어떤 체인스케일에 속하는 호텔 브랜드를 각각 어느 비중으로 운영하는지 살피는 것도 중요하다. 경기가 불황기에 들어섰을 때 여행 관련주가 폭락했다는 이유만으로 저점 매수를 하겠다며 무작정 '가장 많이 폭락한' 호텔주를 매수하는 행동은 지양하자. 호텔의 사업 모델과 브랜드 운영, 수익구조를 이해하지 않고 무작정 호텔주에 투자하면 오랫동안 자금이 묶인 채 '왜 빨리 다시 오르지 않지?' 하며 차트만 들여다볼 가능성이 크다. 가장 큰 낙폭을 보인 호텔주에는 반드시 그만한 이유가 있으며 오히려 가장 늦게 회복하는 주식이 될 수도 있다.

호텔 브랜드 기업의 성장 모델

호텔 브랜드 기업의 성장 모델은 프랜차이즈 수익 확대에 있기 때문에 해당 호텔 브랜드 시스템에 가입한 호텔 개수가 많아야 한다. 이를 위해서는 늘 호텔 개발 사업에 투자하면서 가맹 호텔 개수를 늘려야 하는데 이 성장률을 객실순증가율NUG; Net Unit Growth이라고 부른다. 호텔 기업의 매출을 산정하는 기준은 RevPAR이며 이는 매 분기 실시하는 호텔주의 실적 발표 공시 자료에 NUG라는 주요 지표로 나와 있다. 이 수치는 다른 호텔주와 비교 분석할 때도 유용하다.

미국의 호텔 기업은 전체 포트폴리오를 '호텔 자산을 소유하고 임대하는 사업'Owned & Leased 부문과 '운영 및 프랜차이즈 사업'Managed & Franchised 부문으로 분리해 공시하고 있으니 각기 다른 사업 부문 매출, EBITDA, 영업마진 등을 각각의 수익 모델과 상황에 맞게 구분해서 이해하고 분석해야 한다.

힐튼을 예시로 보자. 오른쪽에 제시한 10-Q는 힐튼의 2020년 2분기 재무제표 중 일부다. 우선 매출Revenue 항목은 세부 수익 항목으로 구성되어 있다. 보다시피 호텔 프랜차이즈 사업과 힐튼 브랜드 라이선싱 사업에서 오는 수수료Franchise and Licensing Fees 수익이 가장 크고 그다음은 직접 소유 혹은 임대 운영하는 호텔 매출Owned and Leased Hotels 수익이다. 나머지는 기타 호텔

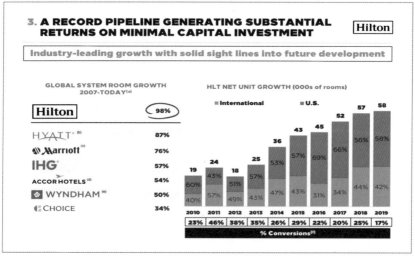

힐튼 가맹 호텔의 객실순증가율(Net Unit Growth)을 나타낸 것으로 프랜차이즈 사업의 확장 속도와 호텔 기업의 성장률을 알 수 있는 중요한 지표다. (출처 : Investor Presentation, HLT, 2020.08.)

HILTON WORLDWIDE HOLDINGS INC.
CONDENSED CONSOLIDATED STATEMENTS OF OPERATIONS
(in millions, except per share data)
(unaudited)

	Three Months Ended June 30,		Six Months Ended June 30,	
	2020	2019	2020	2019
Revenues				
Franchise and licensing fees	$ 132	$ 444	$ 471	$ 826
Base and other management fees	8	89	68	169
Incentive management fees	(5)	58	18	113
Owned and leased hotels	31	387	241	699
Other revenues	10	26	33	52
	176	1,004	831	1,859
Other revenues from managed and franchised properties	388	1,480	1,653	2,829
Total revenues	564	2,484	2,484	4,688
Expenses				
Owned and leased hotels	95	334	334	632
Depreciation and amortization	88	86	179	170
General and administrative	63	113	123	220
Reorganization costs	38	—	38	—
Impairment losses	15	—	127	—
Other expenses	13	15	27	35
	312	548	828	1,057
Other expenses from managed and franchised properties	554	1,458	1,890	2,841
Total expenses	866	2,006	2,718	3,898
Operating income (loss)	(302)	478	(234)	790
Interest expense	(106)	(101)	(200)	(199)
Loss on foreign currency transactions	(13)	(3)	(4)	(3)
Other non-operating loss, net	(23)	(12)	(23)	(8)
Income (loss) before income taxes	(444)	362	(461)	580
Income tax benefit (expense)	12	(101)	47	(160)
Net income (loss)	(432)	261	(414)	420
Net loss (income) attributable to noncontrolling interests	2	(1)	2	(2)
Net income (loss) attributable to Hilton stockholders	$ (430)	$ 260	$ (412)	$ 418
Earnings (loss) per share:				
Basic	$ (1.55)	$ 0.90	$ (1.49)	$ 1.43
Diluted	$ (1.55)	$ 0.89	$ (1.48)	$ 1.42
Cash dividends declared per share	$ —	$ 0.15	$ 0.15	$ 0.30

힐튼의 2020년 2분기 손익계산서. (출처: 10-Q. HLT, 2020.08.06.)

운영이나 브랜드 관련 로열티 수입이다.

전체 매출Total Revenue 항목 수치뿐 아니라 메인 사업인 프랜차이즈 수수료의 수익 성장률에도 주목하자. 다른 호텔 그룹과 마찬가지로 힐튼도 2020년 2분기 실적이 처참했다. 가장 큰 수입원인 프랜차이즈 수익이 전 분기의 3분의 1 수준으로 줄어들었고 직접 운영하는 호텔 수익은 전 분기의 10% 이하 수준까지 떨어졌다.

비용Expenses 항목도 마찬가지로 구분해서 이해해야 한다. 가장 큰 비중을 차지하는 것이 직접 소유 혹은 임대 운영하는 호텔이 지출하는 직접비용이다. 여기에는 개별 호텔 직원 고용비, 식음료비, 청소비, 물품비, 건물관리비 등이 포함된다. 이를 제외한 나머지 비용 항목은 전부 기업(본사) 경영에 드는 비용Corporate-level Expenses이다. 이 중 일반 관리비General & Administrative는 힐튼 그룹 차원에서 쓰는 마케팅, 힐튼 호텔 경영진 월급, 호텔 프랜차이즈 플랫폼 운영비, IT 비용 등으로 구성된다.

경기침체와 같은 리스크를 어떻게 적용할까

이 정도만 보아도 단순하게 생각했던 매출, 비용 수치가 그리 단순한 개념이 아님을 알 수 있다. 세부 항목별 실적을 눈여겨봐야 하는 이유가 여기에 있다. 코로나19 사태로 수많은 호텔이 영업정지를 겪으면서 힐튼도 2020년 2분기 총매출이 약 77% 떨어졌다. 3억 달러가 넘는 대규모 영업손실에다 마이너스 EPS를 기록했는데 정확히 사업의 어느 부문에서 어느 정도 매출 감소와 비용 증가가 발생했는지 재무제표 한 장으로 파악이 가능하다. 2020년

2분기의 경우 직접 소유 경영하는 호텔 사업이 훨씬 더 큰 타격을 입었고 이것은 영업손실 발생에 막대한 영향을 끼쳤다. 이 손실은 각 사업의 수익구조 차이에서 발생한 것인데 이를 결정짓는 것이 영업 레버리지Operating Leverage 개념이다.

기업의 영업마진은 거의 영업 레버리지가 좌우한다. 이는 사업마다 비용 구조가 각기 다르기 때문인데 모든 기업의 비용은 고정비와 변동비로 이뤄져 있다.

호텔 프랜차이즈 사업에는 프랜차이즈 플랫폼 운영비, 전사적 IT 시스템 구축비, 브랜드 마케팅비, 본사 사무실 운영비 등의 비용이 들어간다. 힐튼과 프랜차이즈 계약을 맺은 호텔 개수가 늘어난다고 이미 구축한 IT 시스템 비용이 추가로 더 들어가는 것도, 본사 경영팀에 추가 인력을 고용해야 하는 것도 아니다. 이 부분은 고정비. 하지만 프랜차이즈 사업이 커질수록 마케팅, 세일즈 비용이 증가하고 그에 비례해 프랜차이즈 시스템 유지 관리 비용이 늘어날 수 있다. 이 부분은 변동비다. 주로 규모의 경제를 이룬 글로벌 호텔 프랜차이즈 사업의 경우 고정비 비중이 매우 낮은 편이다.

호텔을 직접 소유 운영하는 사업에는 객실 매출에 비례해 드는 비용이 있다. 호텔을 이용하는 고객과 판매한 객실 수가 늘어남에 따라 식음료비, 청소비, 객실관리비, 전기세, 호텔 스태프 인건비, 물품비 등이 그만큼 추가로 더 들어간다. 이것이 변동비다. 그러나 호텔 건물을 직접 소유하므로 프랜차이즈 사업과 비교할 수 없게 높은 '부동산'이라는 고정비가 있다. 호텔 자산 개발비, 자본투자비, 부동산 유지 관리비 등이 여기에 속한다.

정리하면 고정비 비중이 큰 사업일수록 영업이익률 증가가 매출 성장률보다 크다. 이것을 '영업 레버리지가 높다'라고 표현한다. 반대로 매출이 감소하면 고정비는 매출 변동성과 무관하게 존재하기 때문에 영업이익 감소가 매출 감소보다 더 심할 수 있고 영업손실로 바뀔 수도 있다. 호텔 사업의 경우 프랜차이즈보다 호텔을 직접 소유 운영하는 사업의 영업 레버리지가 훨씬 크다. 경기가 좋아 매출이 높을 때는 영업이익이 그 이상으로 증가하지만 불황으로 매출이 떨어질 때는 영업이익 감소폭이 그보다 더 크고 영업손실로 이어질 수 있다는 뜻이다. 힐튼의 재무제표에 보이는 '호텔 자산의 소유 및 임대 사업'Owned & Leased의 마진이 마이너스로 변한 2020년 2분기 실적이 이를 잘 나타내고 있다.

그렇다면 투자자는 호텔 기업을 투자 대상으로 볼 때 전체 사업에서 영업 레버리지가 높은 직접 운영 사업 비중이 얼마나 큰지, 프랜차이즈 사업 규모와 성장률이 그를 상쇄할 만한지 등을 생각해봐야 한다. 경기불황에도 버틸수 있는 사업 모델과 수익구조인지, 경기가 회복하는 시점에 어떤 기업이 더 빠르게 반등할 수 있는지 등의 해답이 다 여기에 있기 때문이다. 이처럼 재무제표에는 사업과 관련해 수많은 정보가 농축되어 있고 이를 얻는 것은 결코 어려운 일이 아니다.

또한 호텔 리츠의 경우에는 호텔 자산을 실제로 소유하고 있고 기본적으로 부동산 회사이므로 어느 지역에 호텔 자산을 소유하고 있는지 보는 것이 중요하다. 호텔 리츠 기업의 공시 자료를 보면 보유 자산이 위치한 미국 주요 도시별로 RevPAR 수치를 세분화하고 있다. 부동산 사업인 까닭에 자산 입지별로 수익 편차가 큰 편이다. 예를 들어 2020년 1분기 미국 호텔의 RevPAR은 평균 19% 떨어진 반면 도시별 하락률은 뉴욕 28%, 샌프란시스코 29.9%, 시애틀 25.3%로 타격에 차이가 있다. 코로나19 사태를 직격탄으로 맞은 2분기를 포함해 2020년 상반기 도시별 RevPAR 실적을 보면 상황은

▶ 2020년 상반기 도시별 호텔 RevPAR 실적

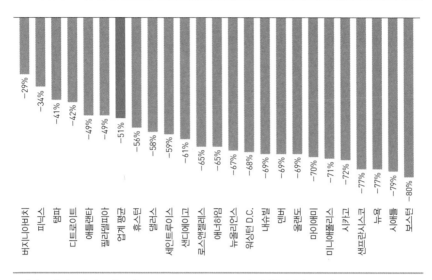

호텔 수요가 집중된 미국 대도시(뉴욕, 샌프란시스코, 시애틀 등)가 경기침체기에 특별히 더 취약하다. (출처: STR Global)

Hotel Results by Location in Nominal US$

(unaudited, in millions, except hotel statistics and per room basis)

Location	No. of Properties	No. of Rooms	Average Room Rate	Average Occupancy Percentage	RevPAR	Total Revenues	Total Revenues per Available Room	Hotel Net Income (Loss)	Hotel EBITDA [1]
				Year-to-date ended June 30, 2020					
Florida Gulf Coast	5	1,842	$400.35	44.2%	$177.03	$118.3	$383.01	$20.8	$39.4
Maui/Oahu	4	1,983	451.32	39.1	176.41	93.7	259.64	(7.4)	16.7
Jacksonville	1	446	398.29	42.6	169.62	27.8	342.83	1.2	5.7
Miami	3	1,276	425.83	39.6	168.56	64.6	268.97	3.5	15.4
Phoenix	3	1,654	352.56	37.0	130.34	91.3	303.21	(0.3)	25.2
San Francisco/San Jose	7	4,528	287.40	31.8	91.26	110.7	134.44	(38.3)	(0.9)
Los Angeles	4	1,726	215.97	39.3	84.80	39.3	124.95	(17.0)	(7.4)
New York	3	4,261	190.39	43.1	82.11	93.2	120.16	(77.5)	(51.5)
San Diego	3	3,288	241.83	31.8	77.01	92.2	184.12	(28.1)	7.1
Atlanta	4	1,682	185.37	36.3	67.36	32.9	107.33	(4.6)	5.7
Washington, D.C. (CBD)	5	3,238	229.66	29.3	67.21	57.3	97.24	(30.2)	(11.0)
New Orleans	1	1,333	202.76	32.6	66.19	24.2	99.87	(1.1)	4.2
Orange County	2	925	193.61	32.9	63.66	18.6	110.25	(3.1)	1.6
Orlando	1	2,004	215.19	28.6	61.54	55.8	152.85	(0.5)	13.4
Houston	4	1,716	163.52	37.6	61.51	28.6	91.53	(10.2)	(0.4)
Philadelphia	2	810	165.99	36.7	60.90	14.5	98.18	(7.8)	(1.6)
Northern Virginia	3	1,252	196.57	30.3	59.55	22.3	98.07	(9.2)	(2.9)
Seattle	2	1,315	193.49	27.6	53.38	18.6	77.51	(14.9)	(6.9)
Boston	3	2,715	176.94	26.6	47.06	35.6	71.97	(30.4)	(17.7)
Denver	1	1,340	154.85	29.0	44.89	15.6	68.03	(9.4)	(1.4)
San Antonio	2	1,512	179.31	24.2	43.38	18.1	65.75	(9.8)	(2.0)
Chicago	4	1,816	136.92	28.7	39.26	18.0	54.32	(25.1)	(14.0)
Other	6	2,509	155.53	35.4	55.07	34.8	76.39	(10.6)	(1.8)
Other property level [2]	—	—	—	—	—	11.7		2.8	2.8
Domestic	75	45,171	242.02	34.0	82.19	1,138.7	136.94	(307.2)	17.9
International	5	1,499	127.54	30.9	39.36	16.1	59.43	(4.5)	—
All Locations - Nominal US$	80	46,670	$238.67	33.9%	$80.81	$1,154.8	$134.46	$(311.7)	$17.9
Gain on sale of property and corporate level income/expense [1]						—		(47.3)	(51.0)
Total	80	46,670	—	—	—	$1,154.8	—	$(359.0)	$(33.1)

(1) Certain items from our statement of operations are not allocated to individual properties, including interest on our senior notes, corporate and other expenses, and the provision for income taxes. These items are reflected below in "gain on sale of property and corporate level income/expense". Refer to the table below for reconciliation of net income to EBITDA by location.
(2) Other property level includes certain ancillary revenues and related expenses, as well as non-income taxes on TRS leases.

19

Host Hotels & Resorts

호스트 호텔 리츠의 분기 실적 발표 일부. (출처: Supplemental Financial Information, HST, 2020.06.30.)

더 심각하다. 그러므로 호텔 리츠주 투자자는 해당 리츠의 지역별 자산 분포에도 유의해야 한다.

예를 들어 미국에서 시가총액 기준 가장 큰 호텔 리츠인 호스트 호텔 앤 리조트NASDAQ: HST의 분기 실적 발표를 보면 지역별 소유 호텔 개수, 객실 단가, 점유율, RevPAR에서 호텔 EBITDA까지 상세한 정보를 공시하고 있다.

Q 호텔 매출은 어떻게 구하나요?

A 예를 들어 객실 평균 단가가 150달러인 호텔의 객실 점유율이 70%라면 그 호텔의 RevPAR은 105달러다. 전기 대비 객실순증가율(NUG%)을 반영한 당기 총객실수에 판매가능객실일수 기준으로 RevPAR을 반영하면 호텔의 총매출을 계산할 수 있다.

호텔 객실 매출 = RevPAR×판매가능객실일수

판매가능객실일수 = 전년도 객실수×(1+NUG%)×365일

객실당 매출(RevPAR) = 객실 평균 단가×객실 점유율%

객실 평균 단가(ADR)	$150
×객실 점유율(Occupancy)	70%
= 객실당 매출(RevPAR)	$105
전년도 객실수(#of Rooms)	500,000
×(1+NUG%)	(1+5%)
= 당해 연도 객실 수(#of Rooms)	525,000
×연간 영업일	365
= 판매가능객실일수(Room Nights)	191,625,000

객실당 매출(RevPAR)	$105
×판매가능객실일수(Room Nights)	191,625,000
= 호텔 객실 매출(Room Revenue)	$20,120,625,000
×프랜차이즈 수수료(Franchise Fees)	6.00%
= 프랜차이즈 수수료 매출(Franchise Fees Revenue)	$1,207,237,500

만약 호텔 자산을 전부 소유한 수익구조라면 호텔 객실 매출(Room Revenue)이 곧 기업의 총매출이겠지만 힐튼, 메리어트 같은 프랜차이즈 모델은 이 객실 매출에서 프랜차이즈 수수료 매출(Franchise Fees Revenue)을 기업 매출로 인식한다. RevPAR, NUG, 객실 점유율 등의 수치는 호텔 기업의 수익구조를 이해하는 데 필요한 최소한의 사업 지표이고 주가 움직임 역시 이들 지표의 분기별 실적에 좌우되므로 사업 보고서, 재무제표를 볼 때도 이 수치를 기준으로 살펴볼 것을 권한다.

뉴욕 부동산을 주식으로
소유하고 월세도 받는다?
리츠주

주주가 되는 동시에 건물주가 된다

불로소득을 상징하는 건물주가 되는 것은 상상만 해도 즐거운 일이다. 더구나 건물 전체를 사야 하는 것도 아니고 주식 1주만으로 건물에 내 지분이 생기다니! 뉴욕, 샌프란시스코 등 미국 어느 지역에서든 상업용 혹은 주거용 부동산을 살 수 있고 그것도 매수 버튼 클릭 한 번으로 가능하다. 배당금도 꽤 높아서 매달 월세를 받듯 꼬박꼬박 현금이 들어온다. 리츠 개념이 처음 등장해 투자자에게 소개될 무렵 그 나름대로 획기적인 투자 상품이라며 각광받지 않았을까?

사실 리츠주에 투자하는 것은 생각만큼 쉽고 간단하지 않다. 부동산 자체가 경기에 민감한 자산인데다 그것이 주식 형태라 시장 변동성에 따른 리스크도 만만치 않게 크기 때문이다. 누가 실물자산을 소유했을 때 나오는 월세처럼 확실한 현금흐름을 보장한다고 했는가? 리츠주도 결국엔 '주식'이다.

리츠는 크게 모기지 리츠Mortgage REITs; mREITs와 주식 리츠Equity REITs로 나뉘는데 후자는 흔히 생각하듯 임대 사업을 하는 부동산 회사 주식을 일컫는다. 간단히 말해 리츠주는 채권과 유사한 경향을 보인다. 즉, 시세차익을 얻는 성장주보다 꾸준한 현금흐름으로 배당을 지급하고 천천히 성장하는 채권형 가치주 정도로 볼 수 있다.

물론 리츠에도 다른 섹터 기업처럼 M&A, 스핀오프, 차입매수LBO 같은 특수 상황이 발생해 주가가 상승하기도 하지만 이를 제외한 일반적인 기업 가치 성장은 다른 섹터 주식 대비 상대적으로 낮은 편이다. 따라서 리츠 기업을 볼 때 중요한 것은 사업을 지속하게 하는 부동산의 순자산가치NAV; Net Asset Value와 배당 가능한 안정적인 현금흐름Cash Flow Available for Distribution 이다. 이것이 주주에게 고배당을 계속 지급할 수 있는 사업인지, 재무적 안정성이 있는지 보여주는 지표다.

미국 리츠주 투자를 고려한다면 알아야 할 몇 가지 기본 사항이 있다. 먼저 리츠 기업이 무엇을 의미하는지를 이해해야 한다. 미국 리츠협회NAREIT 가 정의하는 리츠의 자격 요건은 기업이 소유한 자산의 75% 이상이 부동산이어야 하고 총수입의 75% 이상이 부동산 임대수익Rental Revenue, 모기지나 부동산 매매로 구성되어야 한다. 또 과세소득Taxable Income 의 90% 이상을 주주에게 배당해야 한다. 이 조건을 충족하면 리츠 기업은 법인세를 내지 않는다. 이 부분이 리츠 투자의 가장 큰 장점이다.

이처럼 '리츠'라는 법인 형태를 허가받으면 기업은 법인세를 면제받는다. 반면 리츠 수익에서 발생하는 배당금을 지급받는 주주들은 과세 대상이다.

통상 주식 배당금은 양도소득세Capital Gains Tax를 내지만 리츠주 배당금은 일반소득Ordinary Income으로 구분해 본인 소득 구간에 맞는 소득세Income Tax를 낸다.

미국리츠협회가 운영하는 리츠 전문 사이트(reit.com)는 미국의 리츠 정보를 얻을 수 있는 훌륭한 리소스다. 특히 리츠 산업의 전반적인 정보와 각종 자료를 제공하고 있어 유용하다. 미국의 상장 리츠와 비상장 리츠 펀드, 리츠 기관투자자는 모두 여기에 가입하며 연 2회 리츠 투자 콘퍼런스를 개최해 투자자와 리츠 기업 경영진의 미팅을 주선한다.

리츠주를 배당 투자 대상으로 보고 리츠 기업의 재무제표를 살펴볼 때는 일반 기업과 전혀 다른 회계기준, 용어에 익숙해져야 한다. 특히 리츠의 배당금은 당기순이익으로 계산하지 않는다.

리츠주의 배당금은 어떻게 결정되는가

리츠 기업을 분석하면서 당기순이익으로 배당성향을 읽으려 하고 리츠주의 EPS 성장률을 보는 것은 당장 그만두자. 웬만한 리츠주는 당기순이익을 기준으로 계산하면 배당지급비율Payout ratio이 200%, 400% 같은 비정상적인 숫자로 나온다. 말도 안 되는 숫자가 나올 수밖에 없다. 애초에 리츠가 배당금을 정하는 기준은 당기순이익이 아닌 조정 운영수익AFFO; Adjusted Funds From Operations이라는 수익 지표이기 때문이다. 리츠주의 배당성향을 제대로 이해하고 싶다면 딱 두 가지 용어만 알아두자.

- FFO = 당기순이익Net Income

    + 감가상각비Depreciation&Amortization Expenses

    − 자산 매각으로 얻는 이익Gains from Sale of Real Estate

    + 자산 매각으로 인한 손실Loss from Sale of Real Estate

    + 감액손실Impairment Write-downs

- AFFO = FFO − 반복적 자본지출Recurring/Maintenance CapEx

    = 배당가능자금FAD/CAD; Funds/Cash Available for Distribution

리츠 기업이 일반 기업의 회계와 가장 다른 것은 감가상각비Depreciation & Amortization 부분이다. 부동산 자체가 사업 모델인 리츠 기업의 감가상각비를 일반 기업과 같은 방식으로 회계처리하면 영업 실적이 크게 왜곡되고 만다. 리츠 기업의 사업 기반인 부동산은 시간이 지나도 사업 가치가 사라지는 것이 아니므로 감가상각을 비용처리한다는 것 자체가 말이 안 된다. 오히려 임대수익이 꾸준히 발생하고 시간이 지나 자산을 매각할 경우 매각차익을 얻을 수도 있다.

FFOFunds From Operations를 직역하면 운영자금이지만 리츠의 '운영수익'이라고 해석하는 것이 맞다. 이는 부동산 사업의 특성을 반영해 순이익에서 감가상각비와 자산매각에 따른 손익 효과를 제외하고 리츠의 실제 사업 수입을 반영하기 위한 실적 지표다. 회계상으로 감가상각비는 합산하고 자산매각에 따른 손익분 같은 일회성 수입은 차감한다. 자산손상금 등 비현금성 비용도 다시 합산한다. 정상적Ordinary이고 일상적인Recurring 영업활동에서 발생하는 수익만 산정하는 것에 의미가 있다.

▶ 부동산 리츠 주요 분석 지표 예시

사업·운영 지표	재무 지표	밸류에이션 지표
• Rent Collection, Rent Roll 　: 임대수익 명세서 • Occupancy/Vacancy Rate 　: 임대율/공실률 • Tenant Diversification 　: 임차인 다각화 • Tenant Quality 　[Credit Ratings, 　Rent Coverage(=EBITDAR/Rent)] 　: 임차인 퀄리티 　(신용등급, 임대료 감당률) • Lease Maturities 　: 임대 만료일, 잔여 기간 • Development Pipeline 　: 자산개발(부동산 신축개발) • Acquisition/Disposition 　: 자산 매입/개발 규모 및 현황	• Rental Revenue 　: 임대 매출 • NOI(Net Operating Income) 　: 순영업소득 • Operating Expense 　: 영업비용 • G&A 　: 일반관리비 • EBITDA 　: 상각전영업이익 • Interest Expense 　: 이자비용 • Debt Service Coverage 　Ratio(DSCR, NOI/Principal 　Repayment+Interest Expense) 　: 부채 상환 능력 　(NOI/연간 원금상환+이자비용) • FFO 　: 운영수익 • AFFO 　: 조정 운영수익	• P/FFOPS, P/AFFOPS 　: FFO 배수와 AFFO 배수 • EV/EBITDA 　: EBITDA 배수 • NAV(Net Asset Value) 　: 순자산가치 • Cap Rate(Capitalization Rate) 　: 자본환원율(NOI/부동산 가치)

FFO보다 한 단계 더 보수적이고 순이익, 잉여현금흐름에 가까운 지표가 AFFO인데 이는 FFO에서 반복적인 자본지출비용Recurring/Maintanance Capital Expenditures을 차감한 값으로 리츠주에서 아주 중요한 재무적 성과 지표다.

높은 배당의 리츠주에서 중요하게 봐야 할 것

리츠주의 특징은 안정적인 현금흐름과 다른 섹터에 비해 높은 배당률이다. 하지만 리츠 특유의 장점이 모든 리츠주에 나타나는 것은 아니므로 주의할 필요가 있다. 공실률이 늘어나거나 임차인과 재계약이 이뤄지지 않는 등 임대수익이 타격을 받는 상황에 놓여도 지속적인 자산 매입과 부동산 개발 사업으로 성장에 무리가 없을 만큼 현금흐름이 필요하기 때문에 AFFO 성장률을 살펴봐야 한다. 리츠주의 배당금은 AFFO에서 일정 배당성향을 산정하는 방식으로 결정한다.

예를 들어 AFFO가 주당 1달러인 리츠가 해당 분기 지급비율을 80%로 책정했다면 분기당 배당금은 80센트다. 그러므로 실적 발표 때마다 공시하는 AFFO 성장률과 배당지급비율의 확대, 축소, 유지 상황에 주목해야 해당 리츠의 배당성향을 정확히 이해할 수 있다. 아무리 배당성향이 꾸준하고 주주 친화적인 경영진이어도 리츠의 현금흐름에 타격을 받는 사태가 오면 이사회에서 배당지급비율을 축소해 배당 컷Dividend Cut을 단행하거나 아예 배당 중지Dividend Suspension를 할 수 있다.

당기순이익을 대신해 AFFO를 보는 것이므로 EPS 대신 주당 AFFO를 보는 것이 맞다. 다음의 리얼티인컴NYSE: O 2020년 2분기 실적 자료에서 주당 AFFO는 86센트다. EPR 프로퍼티스NYSE: EPR의 경우에는 같은 분기 주당 AFFO인 44센트에 87% 배당지급비율을 적용해 주당 38.25센트라는 배당금을 책정해 지급했다. 리츠의 '주당 AFFO'AFFOPS는 일반 기업의 EPS와 가장 근접한 개념이다. 같은 맥락에서 리츠주를 분석할 때 P/E를 보는 것은 아무 의미가 없다. 대신 부동산 산업의 표준 지표인 P/FFO, P/AFFO를 주가 배수로 참고하여 주가 분석에 활용해야 한다.

Dividend Data

	YTD 2020	YTD 2019	Year-over-Year Growth Rate
Common Dividend Paid per Share	$ 1.392	$ 1.350	3.1 %
AFFO per Share (diluted)	$ 1.74	$ 1.63	6.7 %
AFFO Payout Ratio	80.0 %	82.8 %	

Adjusted Funds From Operations (AFFO) (dollars in thousands, except per share amounts)

REALTY INCOME
The Monthly Dividend Company

The following is a reconciliation of net income available to common stockholders (which we believe is the most comparable GAAP measure) to FFO and AFFO. Also presented is information regarding distributions paid to common stockholders and the weighted average number of common shares used for the basic and diluted AFFO per share computations.

We define AFFO as FFO adjusted for unusual revenue and expense items, which the company believes are not as pertinent to the measurement of the company's ongoing operating performance. Most companies in our industry use a similar measurement to AFFO, but they may use the term "CAD" (for Cash Available for Distribution) or "FAD" (for Funds Available for Distribution).

	Three Months Ended June 30,		Six Months Ended June 30,	
	2020	2019	2020	2019
Net income available to common stockholders [1]	$ 107,824	$ 95,194	$ 254,651	$ 206,136
Cumulative adjustments to calculate FFO [2]	180,514	156,295	310,790	291,028
FFO available to common stockholders	288,338	251,489	565,441	497,164
Executive severance charge	—	3,463	—	—
Loss on extinguishment of debt	—	—	9,819	—
Amortization of share-based compensation	4,882	4,527	8,624	7,291
Amortization of deferred financing costs	1,476	1,133	2,836	2,173
Amortization of net mortgage premiums	(356)	(354)	(710)	(708)
Loss on interest rate swaps	1,306	666	1,992	1,364
Straight-line payments from cross-currency swaps	623	799	1,346	799
Leasing costs and commissions	(973)	(707)	(1,111)	(1,030)
Recurring capital expenditures	(21)	(116)	(21)	(172)
Straight-line rent	(6,242)	(7,230)	(14,024)	(12,062)
Amortization of above and below-market leases, net	6,087	3,627	12,517	7,741
Other adjustments	121	81	2,291	139
AFFO available to common stockholders	$ 295,241	$ 253,935	$ 592,463	$ 502,699
AFFO allocable to dilutive noncontrolling interests	356	368	732	—
Diluted AFFO	$ 295,597	$ 254,303	$ 593,195	$ 502,699
AFFO per common share:				
Basic	$ 0.86	$ 0.82	$ 1.74	$ 1.64
Diluted	$ 0.86	$ 0.82	$ 1.74	$ 1.63
Distributions paid to common stockholders	240,470	208,864	474,294	413,410
AFFO available to common stockholders in excess of distributions paid to common stockholders	$ 54,771	$ 45,071	$ 118,169	$ 89,259
Weighted average number of common shares used for AFFO:				
Basic	343,515,406	311,032,972	340,061,487	307,293,949
Diluted	344,148,378	311,785,261	340,744,384	307,580,127

[1] The three and six months ended June 30, 2020 includes $14.1 million of rent deferred as a result of lease concessions we granted in response to the COVID-19 pandemic and recognized under the practical expedient provided by the FASB and $46.1 million of uncollected rent from the second quarter for which we have not granted a lease concession. As of June 30, 2020, collection of the $60.2 million of unpaid rent is probable. Deferrals accounted for as modifications totaling $161,000 for the three and six months ended June 30, 2020 have not been added back to AFFO. See page 28 for accounting treatment of COVID-19 rent deferrals.

[2] See reconciling items for FFO presented under "Funds from Operations (FFO)."

Q2 2020 Supplemental Operating & Financial Data   6

AFFO로 배당금을 산정한 리얼티인컴의 2020년 2분기 실적 공시 자료. (출처: SUPPLEMENTAL OPERATING & FINANCIAL DATA, O, 2020.06.30.)

ADJUSTED FUNDS FROM OPERATIONS
(UNAUDITED, DOLLARS IN THOUSANDS EXCEPT PER SHARE INFORMATION)

ADJUSTED FUNDS FROM OPERATIONS ("AFFO") (1):	2ND QUARTER 2020	1ST QUARTER 2020	4TH QUARTER 2019	3RD QUARTER 2019	2ND QUARTER 2019	1ST QUARTER 2019
FFO available to common shareholders of EPR Properties	$ 13,010	$ 74,772	$ 93,047	$ 59,082	$ 93,438	$ 93,056
Adjustments:						
Costs associated with loan refinancing or payoff	820	—	43	38,407	—	—
Transaction costs	771	1,075	5,784	5,959	6,923	5,123
Impairment of operating lease right-of-use assets (2)	15,009	—	—	—	—	—
Credit loss expense	3,484	1,192	—	—	—	—
Severance expense	—	—	423	1,521	—	420
Termination fees included in gain on sale	—	—	1,217	11,324	6,533	5,001
Deferred income tax benefit	(1,676)	(1,113)	(947)	(984)	(1,675)	(609)
Non-real estate depreciation and amortization	299	285	288	271	257	229
Deferred financing fees amortization	1,651	1,634	1,621	1,552	1,517	1,502
Share-based compensation expense to management and trustees	3,463	3,509	3,349	3,372	3,283	3,177
Amortization of above/below market leases, net and tenant allowances	(108)	(152)	(119)	(107)	(56)	(59)
Maintenance capital expenditures (3)	(1,291)	(928)	(2,278)	(2,370)	(510)	(297)
Straight-lined rental revenue	(2,229)	4,708	(3,516)	(4,390)	(3,223)	(2,414)
Straight-lined ground sublease expense	207	176	237	236	205	184
Non-cash portion of mortgage and other financing income	(97)	(91)	(91)	(237)	(1,069)	(1,014)
AFFO available to common shareholders of EPR Properties	$ 33,313	$ 90,067	$ 99,160	$ 113,647	$ 105,621	$ 104,299
AFFO available to common shareholders of EPR Properties	$ 33,313	$ 90,067	$ 99,160	$ 113,647	$ 105,621	$ 104,299
Add: Preferred dividends for Series C preferred shares	—	1,939	1,937	1,939	1,939	1,939
Add: Preferred dividends for Series E preferred shares	—	1,939	1,939	1,939	1,939	1,939
Diluted AFFO available to common shareholders of EPR Properties	$ 33,313	$ 93,945	$ 103,036	$ 117,525	$ 109,499	$ 108,177
Weighted average shares outstanding (in thousands)	76,310	78,476	78,485	77,664	76,199	74,725
Effect of dilutive Series C preferred shares	—	2,232	2,184	2,170	2,158	2,145
Effect of dilutive Series E preferred shares	—	1,664	1,640	1,634	1,628	1,622
Adjusted weighted-average shares outstanding-diluted	76,310	82,372	82,309	81,468	79,985	78,492
AFFO per diluted common share	$ 0.44	$ 1.14	$ 1.25	$ 1.44	$ 1.37	$ 1.38
Dividends declared per common share	$ 0.3825	$ 1.1325	$ 1.1250	$ 1.1250	$ 1.1250	$ 1.1250
AFFO payout ratio (4)	87%	99%	90%	78%	82%	82%

(1) See pages 22 through 24 for definitions.
(2) Impairment charges recognized during the three months ended June 30, 2020 totaled $51.3 million, which was comprised of $36.3 million of impairments of real estate investments and $15.0 million of impairments of operating lease right-of-use assets.
(3) Includes maintenance capital expenditures and certain second generation tenant improvements and leasing commissions.
(4) AFFO payout ratio is calculated by dividing dividends declared per common share by AFFO per diluted common share. The monthly cash dividend to common shareholders was suspended following the common share dividend paid on May 15, 2020 to shareholders of record as of April 30, 2020.
Amounts above include the impact of discontinued operations, which are separately classified in the consolidated statements of (loss) income.

EPR 프로퍼티스의 분기별 AFFO와 배당성향, 배당금을 나타낸 실적 공시 자료. (출처: Supplemental Operating and Financial Data, EPR, 2020.06.30.)

부동산 산업에 특화한 성과 지표

부동산 산업에 특화한 재무적 성과 지표는 일반 산업과 다르기 때문에 별도로 살펴봐야 하는 수치가 있다. 앞서 설명한 FFO, AFFO에 이어 순영업소득NOI; Net Operating Income이 바로 그것이다. NOI는 전체 임대수익에서 부동산 관련 경비를 차감한 수치로 부동산 운영수익을 나타내는 지표다. 리츠주의 실적을 발표할 때 관건은 FFO, AFFO 성장률을 비롯해 NOI 성장률과 NOI 마진이 얼마나 개선되었는가 하는 점이다.

NOI 수치를 자본환원율Capitalization Rate로 나눈 값이 리츠의 전체 부동산 가치Gross Real Estate Value이고 여기서 부채를 차감한 값이 순자산가치다. 순자산가치는 리츠처럼 부동산 등 실물자산을 소유하고 운영하는 기업의 가치평가 지표로 자주 쓰이는 개념이니 참고로 알아두자.

리츠의 거의 유일한 수입원은 임대수익인데 이를 좌우하는 것은 임차인이 꾸준히 월 임대료를 지불할 수 있는 재정 능력이다. 미국 리츠 사업 보고서에는 임차인 프로필을 자세히 공시하는 편이라 임차인 퀄리티Tenant Quality의 정량적, 정성적 평가가 가능하다. 평가 기준에는 여러 가지가 있지만 그중 임차인의 현금 능력과 신용등급을 확인하는 것이 가장 중요하다.

리츠는 주요 임차인에 한해 임대료 감당률Rent Coverage이라는 지표를 공시한다. EBITDA에 임대료Rent를 더한 EBITDAR은 임차인의 현금흐름을 나타내는 수치로, 이를 연간 임대비용으로 나눈 배수가 바로 임대료 감당률이다. 이는 몇 년 동안 렌트비를 낼 만큼의 현금을 보유하고 있는지 보여준다. 간혹 규모가 작거나 역사가 짧은 리츠는 경영진이 임차인에게 이러한 임대료 감당률을 보고받지 못하는 경우가 있으니 그런 리츠주에 투자할 때는 특별히 주

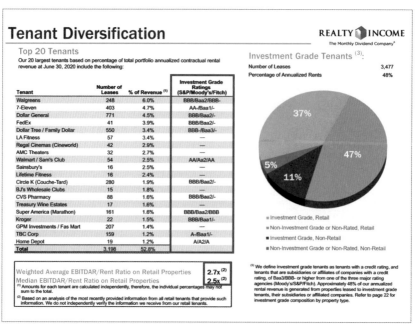

Tenant Diversification

REALTY ■ INCOME
The Monthly Dividend Company®

Top 20 Tenants

Our 20 largest tenants based on percentage of total portfolio annualized contractual rental revenue at June 30, 2020 include the following:

Tenant	Number of Leases	% of Revenue [1]	Investment Grade Ratings (S&P/Moody's/Fitch)
Walgreens	248	6.0%	BBB/Baa2/BBB-
7-Eleven	403	4.7%	AA-/Baa1/-
Dollar General	771	4.5%	BBB/Baa2/-
FedEx	41	3.9%	BBB/Baa2/-
Dollar Tree / Family Dollar	550	3.4%	BBB-/Baa3/-
LA Fitness	57	3.4%	—
Regal Cinemas (Cineworld)	42	2.9%	—
AMC Theaters	32	2.7%	—
Walmart / Sam's Club	54	2.5%	AA/Aa2/AA
Sainsbury's	16	2.5%	—
Lifetime Fitness	16	2.4%	—
Circle K (Couche-Tard)	280	1.9%	BBB/Baa2/-
BJ's Wholesale Clubs	15	1.8%	—
CVS Pharmacy	88	1.6%	BBB/Baa2/-
Treasury Wine Estates	17	1.6%	—
Super America (Marathon)	161	1.6%	BBB/Baa2/BBB
Kroger	22	1.5%	BBB/Baa1/-
GPM Investments / Fas Mart	207	1.4%	—
TBC Corp	159	1.2%	A-/Baa1/-
Home Depot	19	1.2%	A/A2/A
Total	**3,198**	**52.8%**	

Weighted Average EBITDAR/Rent Ratio on Retail Properties	**2.7x** [2]
Median EBITDAR/Rent Ratio on Retail Properties	**2.5x** [2]

[1] Amounts for each tenant are calculated independently, therefore, the individual percentages may not sum to the total.
[2] Based on an analysis of the most recently provided information from all retail tenants that provide such information. We do not independently verify the information we receive from our retail tenants.

Investment Grade Tenants [3]:

Number of Leases: 3,477
Percentage of Annualized Rents: 48%

- 47%
- 37%
- 11%
- 5%

■ Investment Grade, Retail
■ Non-Investment Grade or Non-Rated, Retail
■ Investment Grade, Non-Retail
■ Non-Investment Grade or Non-Rated, Non-Retail

[3] We define investment grade tenants as tenants with a credit rating, and tenants that are subsidiaries or affiliates of companies with a credit rating, of Baa3/BBB- or higher from one of the three major rating agencies (Moody's/S&P/Fitch). Approximately 48% of our annualized rental revenue is generated from properties leased to investment grade tenants, their subsidiaries or affiliated companies. Refer to page 22 for investment grade composition by property type.

리얼티인컴의 임차인 구성. 포트폴리오의 절반 이상을 차지하는 임차인의 신용등급과 재무 상황까지 공시하고 있다. (출처: 기업 공시 자료, IR)

Percentages of Contractual Rent Collected by Month as of July 31, 2020

	Month Ended April 30, 2020	Month Ended May 31, 2020	Month Ended June 30, 2020	Quarter Ended June 30, 2020	Month Ended July 31, 2020
Contractual rent collected[1] across total portfolio	88.4%	84.9%	86.1%	86.5%	91.5%
Contractual rent collected[1] from top 20 tenants[2]	83.0%	82.1%	82.5%	82.5%	90.7%
Contractual rent collected[1] from investment grade tenants[3]	100.0%	98.4%	98.9%	99.1%	100.0%

리얼티인컴이 2020년 2분기 상위 20개 임차인에게 받은 임대료는 82.5%다. 나머지 받지 못한 임대료 17.5%는 임대료 지연(Rent Deferral) 상태다. (출처: SUPPLEMENTAL OPERATING & FINANCIAL DATA, O, 2020.06.30.)

의하자.

또한 각 임차인의 신용등급도 확인할 수 있는데 일반적으로 BBB 이상이면 투자적격 등급Investment Grade으로 비교적 안정적이다. BBB 이상은 영업현금흐름과 차입 레버리지 수준이 건실한 회사로 평가받았다는 뜻이며 이들 임차인이 리츠 전체 포트폴리오의 다수를 구성하면 투자 대상으로서 합격점을 받은 셈이다. 이것 역시 기업마다 공시 범위가 다르고 간혹 공시를 생략하는 곳도 있으니 잘 살펴보자. 리츠주에 투자하면서 해당 리츠 임차인의 신용과 재정 상황을 투명하게 확인할 수 없다는 건 카지노에서 내 손에 있는 카드를 내가 전부 확인하지 못한 채 베팅하는 것과 다를 게 없다.

그 외에 임차인이 사업별로 얼마나 고르게 분포되어 있는가를 나타내는 임차인 다각화Tenant Diversification 정보를 확인하는 것도 중요하다. 비중이 특정 산업이나 한두 회사에 치우쳐 있으면 해당 산업 혹은 기업이 위험해지는 경우 리츠의 수익 모델 전체가 흔들릴 수 있기 때문이다.

왼쪽 이미지에서 리얼티인컴의 임차인 구성 포트폴리오를 보면 다른 리츠 기업 대비 안정적인 재무 상황과 신용등급을 유지하고 있음을 알 수 있다. 전체 임대수익의 48% 이상을 차지하는 임차인이 투자적격 등급이고 전체 수익의 52.8%를 차지하는 임차인의 평균 임대료 감당률은 2.7×로 높은 편에 속한다. 무엇보다 편의점, 약국, 대형 할인마트, 우편 서비스 센터 등 경기와 무관한 필수소비재 관련 사업주가 임차인 구성의 주를 이루는 것은 강점이다. 적어도 이들이 임대료를 내지 못하는 상황까지 가는 재정 악화 가능성은 낮기 때문이다.

하지만 피트니스 센터, 영화관 등 경기에 민감하고 특히 포스트 코로나 시대를 맞아 영업정지를 당한 사업자들도 주요 임차인 목록에 보인다. 분기 실적 발표 때 경영진이 이들에게 어떤 식으로 임대료를 지급받고 있고 임차인과 미지불 임대료 협상을 어떻게 진행하는지 등을 모니터링할 필요가 있다. 이렇게 임대수익을 좌우할 수 있는 주요 임차인 상황은 경영진이 따로 공시하고 있으니 참고하자.

Q 리츠 기업은 어떤 사업구조를 가지고 있나요?

A 미국에서 임대(lease)는 크게 그로스리스(Gross lease)와 넷리스(Net lease)로 구분한다. 그로스리스는 임차인에게 임대료를 제외한 건물 수리, 유지·관리비, 부동산 보유세, 보험료에 책임이 없고 전부 건물주가 부담하는 리스 형태다.

반면 넷리스는 임차인이 상기 비용을 전부 부담하는 임대 계약 구조다. 건물주 입장에서 이 세 가지 비용(유지 관리비, 보유세, 보험료)을 차감한(net) 리스라는 의미에서 트리플 넷리스(TNL; Triple Net Lease)라고 부르기도 한다. 미국 상업용 부동산은 TNL 구조가 일반적이고 상장한 리츠도 대부분 이런 구조를 따른다.

미국 증시에 상장된 리츠들(Public REITs)은 주로 부동산 자산이 분류되는 섹터에 따라 구분되곤 하는데, 그중 특별히 트리플 넷리스 리츠(Triple Net Lease RE-ITs)라고 명시된 그룹이 있다. 미국은 대개 넷리스 형태의 리츠지만 그중에서도 이렇게 특히 TNL 리츠로 분류한 것은 특정 섹터에만 집중하지 않고, 가령 주거용 아파트, 호텔, 카지노, 헬스케어 등 명확히 구분이 가는 어느 한 섹터에서만 임대 사업을 하는 게 아닌 여러 사업자에게 임대하는 리츠다. 역사가 가장 오래된 리츠가 속한 섹터이기도 하다.

미국 증시에 상장한 대표적인 TNL 리츠로는 리얼티인컴, 내셔널 리테일 프로퍼티즈(NYSE: NNN), 스피릿 리얼티 캐피털(NYSE: SRC), 베리트(NYSE: VER), WP 케어리(NYSE: WPC), EPR 프로퍼티스, 글로벌 넷리스(NYSE: GNL) 등이 있다. 이들의 주요 임차인에는 대형 슈퍼마켓, 편의점, 약국, 영화관 등이 있다.

Q 리츠주에 투자할 때 내는 소득세는 어떻게 다른가요?

A 앞서 설명했듯 미국에서 일반 주식의 배당금은 자본소득세를 내지만 리츠주의 배당금은 일반소득(Ordinary Income)으로 구분해 본인 소득 구간에 맞는 소득세를 낸다. 하지만 리츠주 배당금의 성격에 따라서 자본소득(Capital Gains)으로 분류되는 경우가 있다. 리츠의 부동산 자산 매각에 따른 수익 발생으로 받은 현금 배당이 그것이다. 그래서 주주로서 투자금액에 따른 원금을 돌려받는 자본 반환(Return of Capital) 배당은 과세 대상이 아니다. 배당받은 만큼 내 원금 기

준(Cost Basis)이 줄어드는 효과가 있기 때문에 결국 그 주식을 매도하는 시점의 차익은 더 커지고, 그 차익에 대한 세금이 부과된다.

예를 들어 리츠주에 50달러를 투자했는데 그해 리츠가 1달러를 자본 반환 명목으로 배당했다면 그에 따른 세금은 내지 않고 내 주식 매입 단가는 49달러로 낮아진다. 이 주식을 1년 후 54달러에 매도하면 시세차익은 5달러(=54달러−49달러)가 되고 그에 따른 내 세금은 0.75달러(=5달러×15%)다. 이처럼 리츠주 투자에 대한 세금은 일반 기업 주식보다 더 복잡하다.

CHAPTER 4

미국 주식
특수 상황별
체크리스트

내가 산 종목이
M&A를 한다면?
M&A와 주가의 상관관계

업계 1위 기업의 주가가 급락한 이유는?

여기 한 기업이 있다. 업계에서 명실상부 1위인 명품 브랜드를 보유하고 있고 미국 시장점유율이 수십 년째 1위이며 글로벌 시장에서도 입지가 탄탄하다. 나아가 중국 시장을 개척하기 위해 투자하고 있다. 현재 현금흐름이 안정적이며 영업마진도 꾸준히 20% 이상 유지해왔다. 부채비율도 낮다. 향후 4년간 기대하는 영업이익 성장률은 8%, 잉여현금흐름 창출은 10%대 성장세를 예상한다. 다소 저조해진 매출 성장률을 높이기 위해 경영진은 신시장 진출과 신규 상품 전략도 구상 중이다.

그런데 회사 자체와 무관한 대외적 악재로 이 회사 주가가 반토막이 났다. 이 기업의 주식을 어떻게 생각하는가? 영업 모델이 건실하고 시장 확대가 예상되며 재무 건전성도 좋은 편인데 주식이 기업 가치 대비 현저히 낮은 가격에 매매되고 있다면? 이 경우 상당히 매력적인 인수합병 타깃이다. 특히 사업성이 뛰어나면 이미 여러 전략 투자자의 인수 대상 물망에 올라 있을 확률이 높다. 이 기업은 바로 미국을 대표하는 주얼리 기업 티파니NYSE: TIF다.

미국은 M&A 시장이 상당히 활발하다. 오랜 불마켓을 경험하며 S&P500 기업들이 매년 사상 최고치의 영업이익과 현금 보유금을 경신하면서 잉여 현금과 높은 주가 배수를 자랑하는 기업이 많기 때문이다. 이들 기업은 중장기 성장 동력을 위해 M&A를 적극 활용하고 있는데 그 거래량 증가는 궁극적으로 주식시장에 청신호다. M&A 타깃이 되었다는 뉴스만으로 거래 성사 가능성과 별개로 주식이 하루아침에 급등하는 일도 자주 있다.

인수 주체는 전략적 투자를 도모하는 같은 섹터 내 유사 기업일 수도 있고 사모펀드, 헤지펀드 같은 재무적 투자자일 수도 있다. 후자의 경우 인수 대상을 바이아웃Buyout 타깃이라고 부른다. 이들은 주로 인수 대상 기업의 성장성, 영업 효율성, 레버리지, 현금흐름 같은 기본적인 영업과 재무 상황을 검토하고 스스로 밸류에이션을 산정해 인수했을 때의 시너지를 예측해본다. 그 결과 인수합병이 긍정적인 시너지 효과를 창출하고 인수에 필요한 자금조달 계획이 성립하면 인수를 결정한다.

인수 금액은 타깃 회사의 현재 주식 거래가격에 일정 프리미엄을 더해서 제시한다. 개별 M&A 딜마다 달라서 일반화하기는 어렵지만 미국에서는 평균 15~30%의 인수 프리미엄이 일반적이고 밸류에이션과 현재 얼마나 저평가되었느냐에 따라 혹은 다른 인수 관련 고려 사항에 따라 그 이상의 프리미엄도 가능하다. 개인투자자가 알아야 할 것은 인수 대상을 물색하고 딜을 진행하는 전략적, 재무적 기관투자자의 관점이 개인투자자가 투자 대상 기업을

(단위: 백만 달러)

▶ 인수 발표 전 티파니의 영업 실적과 미래 추정 현금흐름

	2016	2017	2018	2019E	2020E	2021E	2022E	2023E	4년 CAGR
Sales	$4,492	$4,488	$5,880	$6,056	$6,299	$6,563	$6,852	$7,167	4.3%
EBITDA	$987	$1,025	$1,252	$1,242	$1,361	$1,444	$1,535	$1,634	7.1%
(−)Depreciation	($205)	($205)	($233)	($239)	($252)	($265)	($278)	($293)	
(−)Amortization	($6)	($7)	($27)	($22)	($20)	($19)	($17)	($16)	
EBIT	$777	$813	$992	$981	$1,088	$1,161	$1,240	$1,326	7.8%
% EBIT margin	17%	18%	17%	16%	17%	18%	18%	18%	
(−)Taxes	($166)	($174)	($212)	($210)	($233)	($248)	($265)	($284)	
NOPAT	$610	$639	$780	$771	$855	$912	$975	$1,042	
+Depreciation				$239	$252	$265	$278	$293	
+Amortization				$22	$20	$19	$17	$16	
(−)Capital Expenditures				($313)	($302)	($308)	($315)	($323)	
(−)Increases in Working Capital				($33)	($28)	($29)	($31)	($34)	
Free Cash Flow				$686	$798	$858	$923	$994	9.7%
%FCF growth rate					16.3%	7.6%	7.5%	7.7%	

Depreciation: 감가상각 | Amortization: 무형자산상각 | EBIT: 이자 및 세전이익 | NOPAT: 세후순영업이익 | Capital Expenditures: 자본지출 | Increases in Working Capital: 운전자본 증가분

볼 때와 크게 다르지 않다는 점이다. 이 말은 M&A 대상이 될 법한 주식에 투자할 수 있는 정보가 공개시장에 충분히 주어진다는 것을 의미한다. 이번에도 답은 기업의 공시 자료에 있다.

이때 주의해야 할 점이 있다. 미국에서는 M&A가 활발하고 딜 발표가 흔하게 이뤄지는 만큼 관련 규제나 기타 시장 상황에 따른 변수 때문에 M&A

딜이 좌초되는 일도 흔하다. 기존 주주이거나 M&A 뉴스 발표 직후 곧바로 매수한 경우에는 딜이 성사되기까지의 차익으로 수익을 실현할 수 있다. 반대로 딜이 무산되면 딜 발표 이전보다 오히려 더 낮은 가격까지 떨어지기도 한다. 이처럼 딜 성사에는 불확실성Uncertainty Risk이 존재하므로 M&A 관련 주를 볼 때는 기업 공시와 시황을 다른 주식보다 훨씬 더 열심히 모니터링해야 한다.

모든 럭셔리 사업을 집어삼킨 루이비통

그럼 2019년 M&A 딜을 발표한 후 2021년 초에 가까스로 성사된 티파니와 루이비통 모에 헤네시LVMH, OTCMKTS: LVMUY의 사례를 보면서 M&A 관련 주 가격이 어떤 상황에서 어떻게 움직이는지 알아보자.

인수 기업과 피인수 기업 모두 상장 회사일 경우Public-to-public Deal 두 기업 간의 주가 배수 차이를 살펴보는 것도 딜 성사 가능성을 알아내는 한 방법이다. 그 차이가 기업 가치 갭Valuation Gap이다. 차트에서 M&A 발표 시점까지 인수 기업과 피인수 기업의 주가 배수 차이를 보면 인수 기업 입장에서 티파니는 매력적인 인수 대상이다. 보다시피 지난 5년간 큰 차이가 없었지만 최근 1년 사이 상대적 격차가 꽤 많이 벌어졌다. 이는 인수 기업이 상대적으로 싼 값에 회사를 인수할 수 있음을 의미한다.

2019년 전 세계 럭셔리 브랜드 업계의 화두는 루이비통의 티파니 인수설이었다. 유럽의 초대형 럭셔리 기업 루이비통은 수차례의 협상 끝에 미국 주얼리 브랜드 티파니를 인수하겠다고 발표했다. 그것은 럭셔리 브랜드 업계의

▶ M&A 발표 시점부터 극대화되는 인수 기업(LVMH)과 피인수 기업(TIF)의 밸류에이션 갭

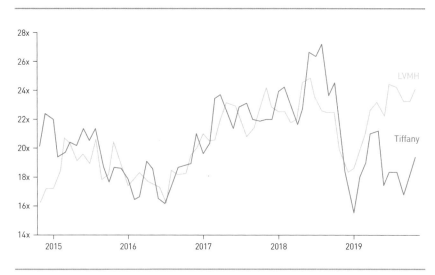

(출처: FactSet)

▶ 티파니의 인수 제의 전후 주가 추이

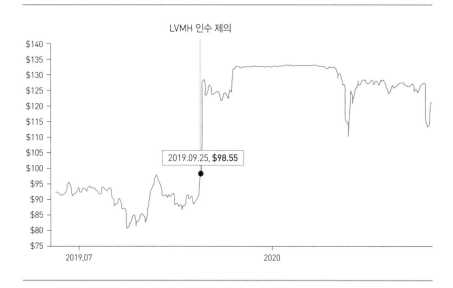

재편을 예고하는 대형 M&A 딜 발표였다. 루이비통이 처음 제안한 인수가는 주당 120달러였는데 티파니 경영진은 기업 가치 대비 너무 낮다는 이유로 협상을 거절했다.

글로벌 주얼리 사업 확장을 신성장 동력으로 삼고 싶었던 루이비통은 여러 차례 협상 끝에 결국 주당 135달러에 인수를 합의했다. 이는 당시 90~100달러였던 티파니 주식에 인수 프리미엄 약 35%를 더한 가격이다. 명품 가방, 패션, 뷰티에서 유통까지 럭셔리 사업의 거의 모든 부문을 소유한 루이비통이 단 하나 부족하던 주얼리 사업을 162억 달러라는 대형 M&A로 손에 넣고자 한 것이다.

M&A 타깃이 된 주식의 매도 타이밍은?

이제 인수합병 대상이 된 티파니의 기존 주주 입장에서 생각해보자. 기업의 펀더멘털에는 문제가 없지만 티파니는 미국과 중국 간의 무역분쟁 탓에 중국 시장이 막히면서 성장 동력이 사라져 주가도 하락하고 지지부진한 상태다. 그런데 규모가 10배 이상 큰 세계적인 브랜드 기업이 현재 주가에 22%를 얹은 가격에 인수제의를 한다. 심지어 경영진은 인수가가 너무 낮다며 거절해 결국 인수 프리미엄을 35% 이상 얻어낸다. 여기까지는 분명 호재다.

중요한 건 이것이다. 이제 어떤 판단을 내려야 하는가? 일단 인수 발표 뉴스가 나오자 티파니 주가는 인수 가격인 135달러까지 뛰었다. 처음 인수 루머가 돌 때 주식이 당시 제시가격 120달러보다 더 높게 거래되었음을 감안하면 시장에는 더 높은 인수가 혹은 또 다른 잠재 인수자가 나타나 인수경쟁이 벌어지리라는 기대심리가 있었던 듯하다. M&A 딜에서 인수 기업과 피인수 기업 주식을 각각 매매하며 차익거래 실현을 전략으로 삼는 헤지펀드 같은 기관투자자들이 개입했을 가능성도 있다.

검색 키워드
Transaction Description,
Transaction Overview, Deal
Consideration, Closing

그렇다면 루이비통이 인수를 결정하고 인수 가격이 주당 135달러로 정해진 뒤에는 무엇을 근거로 매도 결정을 해야 할까? 만약 딜이 성사되지 않을 경우 주식은 어떻게 되고 또 성사되면 내 주식은 어떻게 될까? 그 모든 해답은 기업 공시에 나와 있다.

M&A 딜 발표 때는 주로 인수 기업 측에서 M&A 관련 공시를 발표한다. 이것을 머저 프레젠테이션이라고 하는데 이는 해당 기업 IR 웹사이트에서 쉽게 확인할 수 있다. 보통 딜을 발표한 당일 새벽에 공시한다. 루이비통의 경우 두 번째 인수 협상을 마무리한 직후인 11월 25일 인수합병 발표 자료를 공시했다.

여기서 개인투자자, 특히 인수 대상 기업인 티파니 주식을 보유하고 있는 투자자에게 몇 가지 중요한 정보가 있다. 바로 인수 가격Acquisition Price과 인수 대금 지급 형태Deal Consideration 그리고 인수 성사 조건이다. 공시에 나와 있다시피 인수 가격은 주당 135달러고 100% 현금 인수All-cash Deal 건이다. 딜이 성사되면 티파니 주주는 인수 가격만큼 현금배당을 받고 주식을 청산한다. 만약 거래 대금 지급 방식에 주식 양도가 포함되어 있으면 주식 교환비율(현금과 주식 비율 50:50, 70:30 등 인수 기업의 자금조달 상황에 따라 여러 비율이 있다)에 맞춰 일부는 인수 기업 주식으로 할당받지만 전액 현금 인수면 일이 훨씬 간단하다.

딜 성사에는 머저 프록시 신고서Merger Proxy Statement 제출과 SEC 승인,

TRANSACTION DESCRIPTION
AT A GLANCE

| **LVMH** reaches an **agreement** for the **acquisition** of **Tiffany & Co.** (NYSE: TIF)

| LVMH and the Board of Tiffany agreed on a price of **$135 per share in cash to acquire all outstanding shares of Tiffany & Co.**

· **Equity value** of $16.2 billion (i.e. c. €14.7 billion)

· **Total Enterprise value** of c. $16.9 billion (16.6x 2018A EBITDA *as of January 31, 2019*)

| Transaction subject to the approval of Tiffany's shareholders and the clearance by the relevant regulatory authorities

| **Closing of the transaction expected after anti-trust clearances**

LVMH

NEXT STEPS

Transaction **subject to** approval of Tiffany & Co. shareholders and customary regulatory approvals

➢ Preliminary **proxy statement** to be filed and reviewed by SEC (approx. 3 weeks)

➢ **Tiffany Shareholders' meeting** to vote on transaction (est. 2 to 3 months)

➢ **Regulatory approvals** including anti-trust

Closing expected following anti-trust clearances (est. mid 2020)

루이비통의 티파니 인수 규모와 과정을 알려주는 M&A 관련 공시 자료. (출처: LVMH Reaches Agreement with Tiffany & Co., LVMH, 2019.11.25.)

Termination Fee

A termination fee equal to $575,000,000 (the "termination fee") would be payable by us in the event that the merger agreement is terminated in accordance with its terms:

- (i) by either the Company or Parent, pursuant to the termination date trigger or the requisite vote trigger, or (ii) by Parent pursuant to the company conditions trigger and, in each case (i) and (ii):

  - any person has made an acquisition proposal to the Company or its stockholders (whether or not conditional or not withdrawn) or publicly announced an intention (whether or not conditional and whether or not withdrawn) to make an acquisition proposal with respect to the Company's or any of its subsidiaries; and

  - within twelve (12) months after such termination, the Company enters into any alternative acquisition agreement with respect to any acquisition proposal (with 50% being substituted in lieu of 15% in each instance thereof in the definition of "acquisition proposal"), then immediately prior to or concurrently with the occurrence of such entry into an alternative acquisition agreement; or

- by Parent, pursuant to the change of recommendation trigger or no shop trigger, then promptly, but in no event later than two (2) business days after the date of such termination; or

- by the Company pursuant to the superior proposal trigger, then simultaneously with, and as a condition to, the effectiveness of any such termination.

티파니가 공시한 DEFM 14A에 따르면 루이비통이 인수를 포기해 딜이 성사되지 않을 때 티파니에 지급해야 하는 위약 수수료는 5억 7,500만 달러다. (출처: DEFM 14A, TIF, 2020.01.06.)

인수 대상 기업인 티파니 주주총회의 승인 그리고 각종 반독점법Anti-Trust 적용을 면제해주는 규제 당국의 승인이 필요하다고 명시하고 있다. 여기서 한 가지 빠진 항목은 만약 딜이 성사되지 않을 경우 피인수 기업에 주는 위약 수수료Termination Fee; Break-up Fee다. 주주에게 얼마나 유리한 딜인지 알아내는 한 부분이므로 알아두는 것이 좋다. 그 내용은 며칠 뒤 공시하는 예비 프록시Preliminary Proxy 혹은 더 최종 버전인 확정 프록시Definitive Proxy, DEFM 14A 라는 공시 자료에서 찾을 수 있다.

검색 키워드
Closing Conditions, Conditions to the Merger, Termination Fee, Break-up Fee.

하루아침에 시황이 바뀐다면?

왜 이런 정보가 필요한 걸까? 인수 기업 주주 혹은 이 딜을 관심 있게 지켜보는 시장 참여자, 주식투자자가 이런 걸 아는 것이 왜 중요할까? 그 답을 찾기 위해 시간을 3개월만 빨리감기를 해보자. 2019년 말에서 2020년 3월로 타임 슬립을 하는 것이다. 그때까지 3개월간 인수 가격 135달러를 유지하고 있던 티파니 주가는 3월 중순 20% 이상 폭락했다. 아무도 예측하지 못한 코로나19 사태가 촉발한 미국 주식시장 폭락이 시작된 탓이다.

경기침체 장기화를 예상하는 마당에 럭셔리 브랜드 티파니가 큰 타격을 받지 않을 리 없었다. 당시 급반등한 시장과 함께 루이비통의 인수가 성사될 거라고 믿은 시장 수요의 힘으로 티파니 주가는 어느 정도 회복됐다. 하지만 6월 분기 실적을 발표했을 때 티파니 매출이 43% 이상 급락했다는 뉴스에 주가는 다시 곤두박질쳤다. 주가가 100달러 초반대로 떨어진 그 상황에서 투

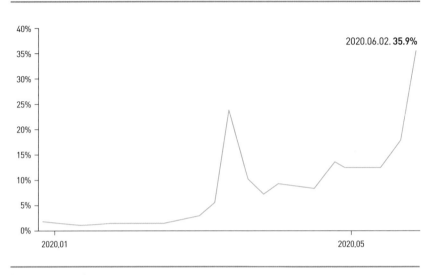

▶ 티파니 주식의 머저 스프레드로 보는 인수합병 성사 리스크

2020.06.02. **35.9%**

(출처: Northstar Risk)

Merger Spread
머저 스프레드

인수 대상 회사가 제시한 주당 인수 가격과 딜이 성사되기 이전인 현재 시장에서 거래 중인 주가와의 차이. 합병의 경우 대상 기업들 사이에 협상한 주식 교환비율과 현재 시장가격에 기반한 교환비율과의 차이를 말한다.

자자가 가장 먼저 생각해야 할 것은 무엇일까? 거시경제 흐름과 주식시장 행보는 예측할 수 없으므로 중요한 건 이미 발표한 루이비통의 인수 딜이 예정대로 진행될 것인가 하는 점이다.

이것은 인수 기업인 루이비통 입장에서 생각해봐야 한다. 인수 기업 측에서 딜을 그대로 진행하거나 혹은 딜을 무산시키는 두 가지 옵션이 있다. 이때 각각의 경우에 따른 손익 계산이 필요하다. 갑작스런 경기침체와 소비심리 위축으로 럭셔리 업계 전반의 불황이 예상되는 시점에 예정대로 인수를 강행하면 이미 제시한 인수 가격은 너무 높은 데다가 그 인수비용을 커버할 시너지 창출 여부는 불확실해진다. 언젠가 인수비용을 합리화할 만큼 수익을 창출하기엔 시간이 예정보다 더 오래 필요하고 투자 회수율도 너무 낮다.

하룻밤 사이에 바뀌어버린 글로벌 경제와 시황을 극복하기에는 인수 대가가 굉장히 크다. 이럴 때는 티파니와 인수 조건을 재협상해 더 낮은 인수 가격으로 조정하는 방법도 있고, 티파니 주가가 많이 떨어졌으니 아예 공개시장에서 이전보다 20% 더 낮은 가격에 주식을 매수해 지분을 확보하는 방법도 있다. 이때 티파니 투자자는 잃을 것밖에 없다.

M&A에서 공시의 중요성

이러한 경우의 수가 발생할 가능성을 분석할 방법이 있다. 앞서 확인한 인수합병 계약 조건을 명시한 기업 공시 내용을 보자. 공시에는 딜이 결렬되면 루이비통은 티파니에 수수료로 약 6억 달러를 지급해야 한다는 인수 조건이 나온다. 그럼 루이비통 입장에서 이 인수 건을 무산시키고 6억 달러를 지불할 만큼 코로나19 사태에 따른 사업의 장기 성장률과 인수 시너지가 받을 타격이 큰지 생각해보자.

그런데 공시한 인수 계약서 어디에도 팬데믹Pandemic 상황이나 미중 무역 분쟁 등 외부 요인이 인수 계약의 불이행 사유가 된다는 조항이 없다. 이것은 재협상 사유조차 되지 못한다. 다만 피인수 기업이 경영상의 문제로 채무 계약Debt Covenants 을 이행하지 못할 경우 인수 건의 전반적인 재협상이 가능하다.

이에 발 빠르게 대처한 티파니는 채권자들과 협상한 끝에 채무 계약 조건 완화 승인을 받아냈고 1분기의 큰 영업손실과 악화한 재정 상태에도 인수 건 진행에 문제를 일으킬 상황을 피했다. 피인수 기업보다 인수 기업 측이 오히려 협상력이 줄어든 셈이다. 결국 루이비통은 티파니의 현재 영업 상태와 주가 하락에도 불구하고 인수 딜을 계속 진행할 것이며, 공개시장에서 티파니 주식을 사들이는 방식으로 인수 가격을 낮추는 일도 없을 것이라고 공식 발표했다. 이후 티파니 주식은 다시 회복했다.

이렇게 끝난 듯싶던 딜은 얼마 지나지 않아 새로운 상황에 접어들었다. 난데없이 루이비통 측이 프랑스 정부에서 받은 서한letter을 핑계로 인수 건에서 아예 발을 빼거나 인수 완료 기간을 연장해야겠다고 티파니에 일방적으로 통보한 것이다. 프랑스 정부가 서한으로 티파니 인수 건을 2021년 1월까지 미뤄줄 것을 루이비통 경영진 측에 지시했다고 전해지지만 이는 어디까지나 루이비통 측의 주장이다.

티파니 측은 인수 계약대로 11월까지 인수 완료를 요구하며 즉각 소송을 거는 것으로 맞대응했다. 참고로 인수합병 계약서Merger Agreement에는 다음 조항이 있다.

The consummation of the Merger is subject to various conditions, including, among others, customary conditions relating to …(iv) the absence of a law or order in effect that enjoins, prevents or otherwise prohibits the consummation of the Merger or any other transactions contemplated under the Merger Agreement issued by a governmental entity.

요약하면 본 인수합병 건의 성사 조건을 나열한 것인데 그중 하나로 '정부 기관으로부터 법적 제재를 받지 않을 경우'도 포함된다. 그러나 프랑스 정부로부터 받았다는 서한이 인수를 철회하라는 강제 법령이 아닌 '조언'이었음이 밝혀지면서 루이비통이 이번 인수 건에서 빠져나갈 길은 없어 보였다. 여기에 반독점법과 관련해 나라별 규제 당국의 허가도 남아 있었다.

결국 2020년 10월 말 루이비통이 IR 사이트에 올린 발표 자료에 따르면 양사는 주당 135달러에서 131.5달러로 인수가를 조정하여 2021년 초까지 딜을 성사하기로 합의Settlement했다. 이에 티파니 주가도 인수가에 근접한 131달러 선으로 회귀했고 2021년 초 우여곡절 끝에 합병이 성사되었다.

어떤 M&A 딜도 발표 뉴스 자체만으로는 성사 가능성을 100% 장담하지 못한다. 주식시장의 불확실성은 언제 어디에나 존재하기 때문이다. 핵심은 M&A 상황에 놓인 대상 기업이 공시한 투자자 자료를 제대로 이해할 경우 적어도 주가가 일시 하락했을 때 매수해야 할지, 매도해야 할지 혹은 그대로 유지해야 할지를 놓고 합리적 판단을 내릴 수 있다는 것이다.

수많은 변수가 있는 주식시장에서도 주가를 움직이는 요인을 이해하고 선제 대응하는 가장 효율적인 대안은 모두 기업 공시에 담겨 있다.

Q&A

Q 미국 증시에 없는 럭셔리 기업에 투자하려면 어떻게 해야 하나요?

A 상장된 럭셔리 기업 중 다수는 미국이 아닌 유럽 증시에 포함되어 있다. 그런 럭셔리 브랜드의 주식에 투자하길 원한다면 방법은 크게 두 가지가 있다. LVMH, 에르메스 등의 럭셔리 섹터를 포함하는 ETF를 매수하여 간접 투자를 하거나 더 직접적인 투자를 원한다면 미국 OTC에서 거래되는 LVMH의 주식을 살 수 있다. 미국에서는 브로커를 통해 ADR 투자를 하는 방식으로 해외 증시 주식에 투자하는 방법도 있긴 하다.

Q S&P500을 구성하던 기업이 인수되어서 청산되면 어떻게 되나요?

A 티파니와 LVMH 인수합병 건은 2021년 1월 7일 성사되었고, S&P500 기업이었던 티파니는 인수 후 공개기업으로서의 청산 과정을 거쳐 티커가 사라지게 되었다. 이후 S&P MidCap 400으로 분류되었던 엔페이즈 에너지(NASDAQ: ENPH)가 티파니의 자리를 차지하며 S&P500 지수 기업으로 등극했다. 이처럼 자격 미달로 인한 퇴출이나 인수합병으로 인한 기업의 주식 소멸에 의해 S&P500 지수 구성원이 빠지면 다른 기업으로 대체된다.

잭팟을 꿈꾸는
미국 IPO 주식
상장주에 투자할 때 알아둘 것

불황에도 높은 인기를 자랑하는 미국 IPO 시장

글로벌 증시를 대표하는 미국 주식시장은 그동안 이어져온 주식시장 활황과 함께 IPO 시장도 크게 성장해왔다. 특히 기술주의 경우 IPO 이후 괄목할 만한 주가 성장을 이루면서 현재 미국 시장을 대표하는 S&P500 지수 중 가장 큰 비중을 차지하고 있다. 특히 최근 몇 년간 테크 스타트업에 밸류에이션 붐이 생기면서 2019년만 해도 핀터레스트NYSE: PINS, 우버, 리프트NASDAQ: LYFT 같은 테크 기업이 대거 상장해 시장의 관심을 한몸에 받았다. 다만 이들 중 다수가 IPO 이후 주가 하락을 겪으며 테크 산업의 밸류에이션 버블 이슈가 대두되기도 했다.

　미국 IPO 시장은 미국의 전반적인 경기와 주식시장 실적에 따라 민감하게 움직이므로 관심 있는 투자자는 전체 시황을 잘 살펴야 한다. 대표적인 예로 미국 내 코로나19 사태가 본격화한 2020년 상반기에 주식시장 변동성이 극대화하자 IPO를 예정했던 기업들이 아예 상장을 철회하거나 무기한 연기했다. 그러다가 증시가 급속도로 반등하고 어느새 코로나19 사태 여파를 회복하는 것을 넘어 코로나19 이전 고점까지 넘어서자 IPO 시장은 다시 활황으로 돌아섰다.

이렇게 시장이 바뀌면서 그동안 상장을 연기해온 미국 기업뿐 아니라 중국 기업까지 미국 증시에서 상장을 진행하기 시작했다. 중국의 온라인 부동산 브로커 기업 베이커자오팡 KE Holdings Inc; NYSE: BEKE, 전기차 업체 샤오펑모터스 NYSE: XPEV, 온라인 자산관리 업체 루팍스 홀딩스 NYSE: LU 등이 뉴욕증권거래소에서 IPO를 했다. 이는 중국 기업의 미국 증시 상장 폐지를 거론할 만큼 미중 갈등이 악화한 시점에도 세계에서 가장 크고 유동성 높은 미국 시장에서 기업공개로 자금조달을 하는 것이 그만큼 매력이 있다는 뜻이다. 실제로 베이커자오팡은 상장 첫날 주가가 87% 이상 급등했다. 경기침체를 비웃기라도 하듯 급증하는 IPO 자금과 상장 이후 주가의 잭팟 행렬에 미국 리테일 투자자가 IPO 주식에 보이는 관심도 한껏 높아졌다.

IPO 스케줄을 알려주는 사이트

미국 IPO 주식투자에 관심이 있는 투자자를 위한 대표적인 사이트가 몇 군데 있다. 먼저 나스닥 거래소의 IPO 캘린더를 보자. 이곳은 미국 증시에 예정된 기업의 IPO 날짜, 상장될 거래소 정보, 주가, IPO 규모, 거래량 등의 정보

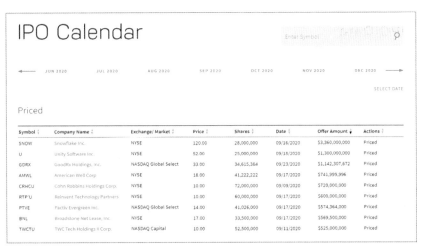

상장 예정 기업의 목록을 볼 수 있는 나스닥 거래소의 IPO 캘린더. (출처: NASDAQ, 2020.09.30. 기준)

를 날짜별로 정리해놓았다. 특히 정보를 월별, 일자별로 구분하고 검색하는 것이 가능해 한눈에 알아볼 수 있다.

IPO 주식 관련 정보가 가장 풍부하고 정리도 잘해놓은 곳은 뉴욕증권거래소의 IPO 센터NYSE IPO Center다. 이곳에서는 날짜별로 IPO 기업을 전부 공시하고 있을 뿐 아니라 뉴욕증권거래소에 신규 상장 신고를 접수한 기업Filed Deals, 기업공개 과정이 무산된 기업Withdrawn Deals, 기업공개 관련 변경 사항을 접수한 기업Amended Deals으로 구분해서 정리해놓았다.

'최근 IPO 기업'Recent IPOs이라는 메뉴에 들어가면 뉴욕증권거래소, 나스닥 등 미국 증권시장 전체에 최근 상장한 기업을 날짜별, 섹터별로 구분해서 볼 수 있다. 나아가 북 러너Book Runners라고 불리는 IPO 주관사 역할을 하는 투자은행 정보와 IPO 규모, 상장 가격, 현재 시장가격 대비 변화까지 정리되어 있다. 또한 최근 30일, 90일, 180일 기준 가장 큰 규모의 상위 10개 IPO 기업 관련 정보를 열람할 수 있다.

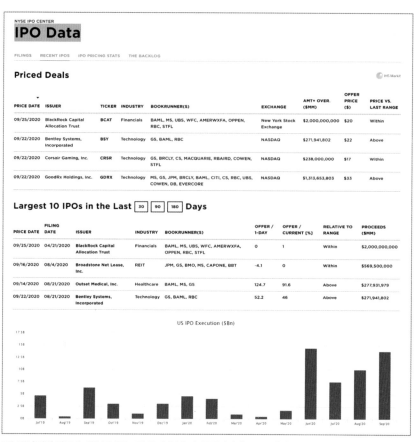

IPO 주식 관련 정보가 가장 풍부하고 잘 정리돼 있는 뉴욕증권거래소 IPO 센터.

US IPO PERFORMANCE - TTM

Total

SECTOR	PROCEEDS ($MM)	NUM OF DEALS	Pricing Range ABOVE% WITHIN% BELOW%			% Change OFFER / 1 DAY	OFFER / 1 MO
Non-Durable Household Products	$1,410,383,000	1		100		9.8	11
REIT	$1,186,800,000	4		75	25	-1.6	-1.5
Consumer Goods	$6,160,190,595	7	43	43	14	28.1	23.8
Consumer Services	$2,109,197,316	6	17	67	16	19	28.2
Financials	$18,407,387,208	25	28	52	20	11.4	20.1
Healthcare	$19,226,523,678	79	28	67	5	32	35.8
Industrials	$2,700,043,600	6	17	50	33	-3.8	4.9
Technology	$17,916,419,761.01	39	49	46	5	27.8	28

지난 12개월 동안의 산업 섹터별 IPO 현황을 보여주는 IPO 통계 페이지. (출처: NYSE, 2020.09.30. 기준)

IPO 통계IPO Pricing Stats 메뉴에서는 총 8개로 구분한 산업 섹터별 IPO 현황도 알 수 있다(지난 12개월 기준). 각 섹터별 IPO 딜 개수와 시장가격이 IPO 가격과 얼마나 차이가 나는지 그 주가 변화율을 IPO 이후 1일과 30일 기준으로 보여주기도 한다.

개인투자자가 IPO 공모주를 살 수 있을까

결론부터 말하면 가능하긴 하다. 그러나 조건이 꽤 까다롭고 비용 측면에서 개인투자자에게 합리적 투자가 아닌 경우가 대부분이다. 이를 정확히 알려면 먼저 미국 IPO 프로세스를 이해해야 한다.

미국 비상장기업이 기업공개를 하는 방법에는 두 가지가 있다. 바로 IPOInitial Public Offering와 직상장DL; Direct Listing이다. 우리가 흔히 알고 있는 '주식 상장'은 일반적으로 IPO를 가리키는데 IPO의 주목적은 주식 발행으로 외부에서 자금을 조달하는 것이다. 이는 기업 가치를 내세워 주식시장 상장과 동시에 추가 주식 발행으로 외부 투자자에게 자금을 확보하는 일이다.

IPO로 기업을 공개하려면 이를 주관하는 투자은행이 반드시 필요한데 이들이 IPO 주관사다. 이들 투자은행은 주관하는 IPO의 공모주를 기관투자자에게 우선배정한다. 즉, 헤지펀드, 사모펀드, 연기금, 기타 대형 기관투자자는 주관사를 거쳐 공모가에서 추가로 할인한 가격으로 공모주를 매입할 수 있다. 사실 누구에게나 매력적인 밸류에이션과 성장성을 갖춘 기업의 공모주는 기관에게 배분할 물량도 모자라기 때문에 이 선에서 공모주 물량이 마감된다.

기관 배정 이후 남은 물량이 있으면 그것을 투자은행의 프라이빗 뱅킹(개인 자산관리 증권 서비스) 부서로 넘긴다. 이때 프라이빗 뱅커PB는 자신이 관리하는 고액자산가HNI; High Net Worth Individuals에게만 공모주 매수 기회를 준다. HNI의 기준은 브로커마다 조금씩 다르지만 적어도 50만 달러 이상 현금성 자산이 있고 순자산 100만 달러 이상 그리고 지난 몇 년간 주거래은행으로 꾸준히 이용해온 VIP 고객이 여기에 속한다.

개인 소견이지만 설사 본인이 고액 자산가 명단에 들어갈 만큼의 자산으로 주식투자를 하고 있더라도 공모주 투자는 기본 최소 물량이 있으므로(최소 수십만 달러 이상) 아무리 기대하는 공모주라 해도 그 정도 자금을 한 종목에 투자할 것인지 심사숙고해야 한다. 정말 좋은 공모주라면 이쯤에서 전부 마감된다고 보면 된다. 개인투자자에게 돌아갈 몫은 없다.

그럼에도 불구하고 개인이 어떻게든 프리IPOPre-IPO 주식을 사고 싶다면 한 가지 방법이 있긴 하다. 세컨더리 마켓Secondary Market; Secondaries에서 거래하는 비상장 주식을 사는 것이다. 세컨더리 마켓 매매업은 투자은행이 하기에 규모가 너무 작은 사업이라 소규모 부티크 브로커를 거쳐야 가능하다. 대표적으로 에쿼티젠EquityZen, 셰어스포스트SharesPost, 포지Forge 같은 브로커가 있는데 이 또한 그들이 요구하는 기본 자격 요건을 갖춰야 한다. 2021년 9월 기준 셰어스포스와 포지는 인수합병되어 포지 글로벌Forge Global이라는 플랫폼으로 통합, 운영되고 있다. 업계 내 가장 큰 비상장 주식 세컨더리 매매 플랫폼이 되었다.

아무튼 거래는 세컨더리 브로커가 요구하는 인증 기준에 부합해야 가능하다. 주로 거주용 부동산을 제외한 순자산 기준 최소 100만 달러 이상, 지난 2년간 연소득이 적어도 30만 달러는 되어야 자격이 주어진다. 그 외에 재산

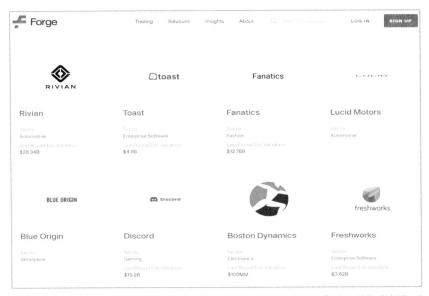

포지 글로벌에서 비상장기업의 최근 밸류에이션과 현재 거래되는 세컨더리 매매가격을 알 수 있다. 관심 있는 기업이 있으면 브로커에게 매수 의향서(Indication of Interest)를 내고 자격 요건을 증빙하는 서류를 제출한 후 거래할 수 있다. (출처: Forge Global, 2021.09.30. 기준)

신고 현황, 신용등급 등 각종 배경 확인을 거친다. 한 건당 최소 투자금액은 10만~30만 달러이며 브로커 수수료 명목으로 투자금액의 5%를 추가 비용으로 내는 점도 각오해야 한다. 참고로 이 모든 것은 미국에서 신분이 확실한 시민권자나 영주권자에게만 주어지는 매매 옵션이며 합법적인 미국 거주자가 아니면 자격이 없다.

결국 한국의 개인투자자가 할 수 있는 것은 IPO 당일 거래 시작 이후에 사는 방법뿐이다. 그에 대한 리스크는 다음 장에서 더 자세히 살펴보자. 그밖에 상장 이후 주가가 오를 것이라 생각한다면 콜 옵션을 매수하는 것도 한가지 방법이다. 관심을 한몸에 받은 주식이 공개시장에서 유통된 이후 반짝 상승세를 보이다가 공모가 이하로 하락하는 경우도 있는데 이를 브로큰 IPO Broken IPO 라고 부른다. 이를 대비해 콜 옵션을 가지고 있을 경우 옵션가에 행사하지 않으면 그만이니 가격 하락을 방어할 수 있다.

만약 개별 공모주에 베팅하기에는 리스크가 부담스럽고 전반적인 미국 IPO 실적에는 기대치가 있어서 투자 의향이 있다면 공모주에 투자하는 인덱스펀드를 선택하는 것도 고려해 볼 수 있다. 대표적으로 FPX NYSEARCA: First Trust US Equity Opportunities, IPO NYSEARCA: Renaissance IPO ETF 등이 있다. 퍼스트 트러스트 펀드인 FPX의 경우 공모주를 직접 매입하는 구조는 아니지만 최근 3년간 미국 증시에 상장한 가장 큰 규모의 IPO 주식을 추종하는 인덱스다.

공모주를 IPO 시점에 매입하고 보유하는 형식의 투자구조를 원한다면 르네상스 캐피털의 IPO 펀드가 있다. 상장 이후 거래일 5일째부터 매수에 들어가 약 2년간 보유 Buy-and-hold 하는 형식이다. 여기에는 세컨더리 마켓에서의 IPO 주식 매입도 포함된다. 롱숏 IPO 펀드 유형도 고려해 볼 수 있는데 이것은 주가 상승을 예상하는 IPO나 스핀오프 주식에는 롱 포지션을, 상장 이후 주가 하락을 예상하는 주식에는 숏 포지션을 잡고 차익을 내는 구조다. 어찌 보면 기관투자자가 접근하는 IPO나 스핀오프 주식투자와 유사한 전략을 추종하지만 이런 부류의 펀드는 대부분 운용 수수료 Expense Ratio가 높다.

▶ 미국 IPO 주식 관련 ETF 펀드

티커	펀드명	운용 자산	운용 수수료	특징
FPX	First Trust U.S. Equity Opportunities ETF FPX	$1,396.7M	0.59%	미국 IPO 주식, 2006년부터 거래 시작
IPO	Renaissance IPO ETF	$94.9M	0.60%	글로벌 IPO 주식, 2013년부터 거래 시작
CSD	Invesco S&P Spin−Off ETF	$60.9M	0.62%	미국 스핀오프(기업분할) 주식, 2006년부터 거래 시작

(2020년 9월 30일 기준)

더 빠르고 간편하지만 리스크가 큰 직상장

직상장은 스팩SPAC주 인수 상장과 함께 IPO를 대체할 수 있는 기업의 또 다른 주식시장 상장 방법이다. 'Direct Public Listing', 'Direct Placement', 'Direct Public Offerings' 등으로도 불린다. 무엇보다 IPO와 다른 형태의 기업공개라는 점을 이해하는 것이 중요하다. 기업공개 과정에서 새로운 주식을 발행해 외부 투자자에게 자금조달을 받는 것이 IPO의 주목적인 것과 달리 직상장은 기존 주주(임직원, 창립 멤버, 초기투자자 등)의 지분을 주식시장에서 매매 가능한 주식으로 교환한다는 차이가 있다.

다만 2020년 12월 23일 뉴욕증권거래소의 직상장 규칙 개정안에 따라 SEC는 뉴욕증권거래소에 상장하는 기업들의 직상장에서도 신주 발행이 가능하도록 승인하였다. 이로써 기업은 직상장을 통해서도 신규 자금조달이 가능해졌고, 더 많은 투자자가 직상장된 기업의 주식을 매매할 수 있게 되었다. 기관이나 IB가 아닌 개인투자자도 첫 거래일에 주가가 급등했을 때 수익을 낼 수 있는 투자 기회가 열린 셈이다. 이번 직상장 제도 개선을 통해 기존 IPO 방식보다 효율적인 대안이 생기면서 미국 IPO 시장의 효율성이 높아지는 효과를 낼 것이라는 평을 받고 있다.

일반적으로 직상장하는 주식은 개장하자마자 바로 거래가 가능하다. 비교적 최근의 직상장 사례로는 2019년에 스포티파이와 슬랙NYSE: WORK, 2020년에 팔란티어NYSE: PLTR가 있다.

뉴욕증권거래소와 나스닥이 공통으로 직상장 방식을 선택하는 기업에 요구하는 최소 요건이 있다. 우선 예상 시총이 2억 5,000만 달러 이상 규모여야 한다. 뉴욕증권거래소의 경우 직상장할 때 형성되는 시가가 반드시 예상

가격 산정 범위 안에 속해야 하고 나스닥은 예상 범위에서 20% 아래까지 용인해준다. 두 거래소 모두 상한가 제한은 없다.

기업 입장에서 IPO와 직상장에는 각각 장단점이 있다. 우선 직상장의 최대 장점은 IPO보다 훨씬 더 빠르고 간편하게 기업공개가 가능하다는 점이다. 반면 IPO의 인수 중개 과정을 생략하므로 기업 가치를 산정하거나 로드쇼 등으로 잠재 기관투자자에게 주식을 홍보해주는 주관사, 즉 투자은행의 도움을 받지 못한다. 직상장 주식은 북 빌딩 과정이 없어서 진입장벽은 낮지만 주식의 기초 수요와 시장 홍보 효과 역시 사라진다. 그러므로 브랜드 인지도가 낮은 기업은 직상장보다 로드쇼로 마케팅이 가능한 IPO 형태가 더 유리할 수 있다. 주관사의 가치평가로 결정하는 공모가 개념 역시 없어서 직상장 주식의 주가는 거래 시작일 시장 참여자의 수급에 따라 시가가 정해진다. 매매 가능한 물량은 기존 주식 보유자(기업 인사이더)가 얼마나 가지고 있고, 그중 얼마나 주식시장에 내놓을지에 따라 한정되어 있다. 어느 정도 주가를 지지해주는 기관투자자나 투자은행이 없기 때문에 변동성이 훨씬 크며 통상 IPO보다 더 리스크가 있다고 보는 이유가 여기에 있다.

기업이 상장하기 전 기존 주주 입장에서는 외부에서 새로 조달하는 자금에 따라 형성된 추가 지분이 없어서 지분 희석 효과Share Dilution도 없다는 것이 장점이다. 또한 직상장은 록업 기간의 규제를 받지 않아 대부분 록업 없이 인사이더들이 상장과 동시에 바로 보유 주식을 팔고 빠져나올Exit 수 있다는 점에서 기업에 유리하다.

Book Building
북 빌딩

기업의 증권 발행을 주관하는 투자은행이 기관투자자에게 배분할 증권의 물량, 수요를 가늠하는 과정. 투자은행은 발행되는 증권에 투자할 수 있는 기관투자자와 일부 개인을 선별해 주식을 공모가나 할인가에 배정한다.

단, 예외적인 경우도 있다. 일례로 2020년 직상장한 팔란티어는 자발저으로 록업 조항을 추가했는데 이는 투자자가 내부자의 당일 지분 매도에 보이는 우려를 잠재우려는 의도인 듯하다. 하지만 이것은 어디까지나 선택일 뿐 IPO 같은 의무적 록업 조항은 존재하지 않는다.

마지막으로 직상장은 IPO보다 비용 면에서 훨씬 저렴한 수단이다. IPO 때는 통상 주관사인 투자은행에 지급하는 자문 수수료를 IPO 규모의 3~7%로 책정한다. 직상장은 주관사가 없는 기업공개이므로 이 막대한 비용을 절감한다는 장점 때문에 비상장기업이 선호하기도 한다. 다만 앞서 말한 단점과 여러 가지 리스크 요인이 있으므로 어느 쪽이 무조건 유리하거나 불리하다고 볼 수 없고 경우에 따라 다르게 봐야 한다.

특히 개인투자자는 관심 있는 기업의 기업공개 형태에 따라 고려해야 할 투자 판단 요인이 다르다는 점을 염두에 두고 결정하자.

미국 공모주 투자자가 알아야 할 6가지 날짜

미국 공모주에 투자할 생각이라면 해당 기업과 관련하여 다음 세 가지 날짜는 기억하는 것이 좋다.

- 공모가 산정일Pricing Date
- 상장 첫 거래일First Day of Trading
- 클로징 날짜Closing Date

통상적으로 말하는 'IPO 날짜'가 바로 공모가 산정일이다. 예를 들어 로빈후드는 2021년 7월 28일 공모가를 결정하고 프라이머리 주식Primary Shares을 기관투자자에게 지정된 공모가에 배정한다. 사실 로빈후드는 이때 일부 개인투자자에게도 배정했는데 매우 이례적인 일이며, 기관에만 배정되는 게 일반적이다. 이처럼 기업공개 이후 처음으로 외부 투자자에게 공모가에 배정하기 때문에 이 날을 통상 상장일이라고 한다. 로빈후드의 경우는 7월 28일이다. 이는 오픈 마켓인 주식시장에서 실제 거래를 시작하는 날짜와 다르다.

그럼 거래를 시작하는 날은 언제일까? IPO 가격 산정일 이후 그다음 거래일(T+1)로, 로빈후드는 7월 29일이었다. 이때부터 일반인도 누구나 주식을 사고팔 수 있으므로 개인투자자 입장에서는 이 날짜가 더 중요하다. 대부분 IPO 가격 산정일 다음 날이라고 보면 된다.

IPO에서는 클로징 날짜도 중요하다. 기업이 IPO나 M&A 등을 통해 자금을 조달할 때 해당 주관사들로부터 거래 대금을 받은(입금이 완료된) 날로 실질적으로 딜이 성사된 날을 뜻하기 때문이다. S-1이나 424B4 공시를 보면 표지나 바로 다음 페이지에 클로징 날짜를 명시하고 있다. 오른쪽 위의 그림과 같이 로빈후드의 경우 8월 2일임을 알 수 있다. 통상 IPO 가격 산정일로부터 2거래일(T+2)이다.

'핫'한 공모주에 참여해 IPO 팝에 따른 단기 차익만 노리고 공모주를 매수 매도하는 것을 플리핑 Flipping이라고 하는데, 미국에서는 원칙적으로 IPO 플리핑을 용인하지 않는다. IPO를 앞두고 거래나 홍보 등을 제한하는 기간을 둠으로써 단기매매로부터 주가를 방어한다. 때문에 미국 시장에서는 플리핑으로 단기 수익을 실

> **IPO Pop**
> IPO 팝
> 상장 당일 혹은 며칠만에 주가가 공모가에서 급등하는 현상.

On August 2, 2021 (the "IPO Closing Date") we completed our initial public offering. Our Class A common stock is traded on the Nasdaq Global Select Market (the "Nasdaq") under the symbol "HOOD". On August 2, 2021, the closing price of our common stock was $37.68 per share.

The rights of the holders of Class A common stock, Class B common stock and Class C common stock are identical, except with respect to voting and conversion. Each share of Class A common stock is entitled to one vote per share. Each share of Class B common stock is entitled to 10 votes per share and is convertible at any time into one share of Class A common stock. Shares of Class C common stock have no voting rights, except as otherwise required by law, and will convert into shares of our Class A common stock, on a share-for-share basis, on the date or time determined by our board of directors following the conversion or exchange of all outstanding shares of our Class B common stock into shares of our Class A common stock. As of the IPO Closing Date, no shares of Class C common stock were issued and outstanding. For more information about our capital stock, see the section titled "Description of Capital Stock."

We are an "emerging growth company," as that term is used in the Jumpstart Our Business Startups Act of 2012 (the "JOBS Act") and, under applicable Securities and Exchange Commission ("SEC") rules, we have elected to take advantage of certain reduced public company reporting requirements for this prospectus and future filings.

로빈후드의 S-1 공시를 보면 클로징 날짜가 8월 2일임을 알 수 있다. (출처: S-1, HOOD, 2021.08.05.)

Company	Current Price	Expiration Date	Number of Shares	Initial Share Price	Offer Size	Date Priced	Indicator(s)
LHAA Lerer Hippeau Acquisition	$9.76	9/1/2021	20,000,000	$10.00	$200,000,000	3/5/2021	
GROY Gold Royalty	$5.30 +0.0%	9/6/2021	18,000,000	$5.00	$90,000,000	3/9/2021	Options Volume News Coverage High Trading Volume
RBLX Roblox	$87.88 +0.0%	9/6/2021	198,917,280	$45.00	$8,951,277,600	3/10/2021	Insider Selling
SVFB SVF Investment Corp. 2	$9.84 +0.0%	9/6/2021	20,000,000	$10.00	$200,000,000	3/9/2021	
SVFC SVF Investment Corp. 3	$9.84 +0.0%	9/6/2021	28,000,000	$10.00	$280,000,000	3/9/2021	
VAQC Vector Acquisition Co. II	$9.70 +0.0%	9/6/2021	45,000,000	$10.00	$450,000,000	3/10/2021	
CPNG Coupang	$29.98 0.0%	9/7/2021	130,000,000	$35.00	$4,550,000,000	3/11/2021	

기업 공시에서 록업 만료일을 찾기 번거롭다면 캘린더로 정리해둔 사이트들을 참고하자. (출처: marketbeat)

현하기 어렵다. 이러한 제약 사항이 없는 경우라도 플리핑으로 수익실현을 하는 경우 브로커의 관리 명단에 들어가 향후 공모주에 참여할 수 있는 투자 대상에서 제외되기도 한다. 또한 이러한 제한 기간 뒤에 주가의 변동성이 커지기 때문에 날짜를 미리 알아두는 것이 좋다. 크게 다음의 세 가지다.

- 록업 기간Lock-Up Period
- 침묵 기간Quiet Period
- 매매 제한 기간Blackout Period

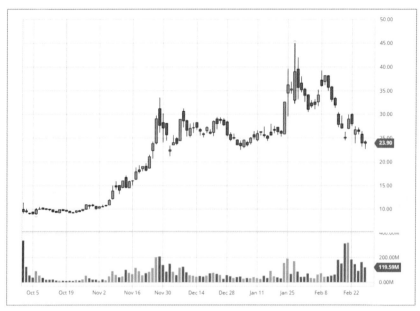

상장 이후 팔란티어의 주가흐름. 2021년 1월 27일에 45달러로 최고가를 기록했으나 록업이 풀리는 2월부터 하락을 시작한 후 한 달 만에 23달러대까지 떨어졌다. (출처: barchart)

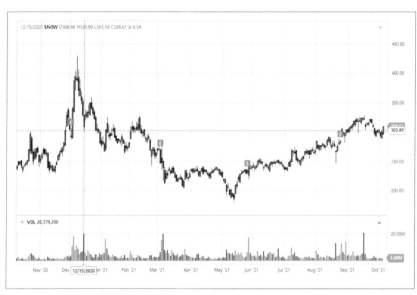

2020년 9월 16일 120달러에 상장된 스노플레이크(NYSE: SNOW)의 주가 흐름. 같은 해 12월 초, 3개월도 되지 않아 390달러 고점을 형성하더니 IPO 록업 기간이 만료된 12월 15일 300달러대로 폭락했다. (출처: barchart)

IPO 이후 내부자가 일정 기간 자사주를 매각할 수 없는 록업 기간은 통상 90일에서 180일 사이다. 록업 만료일Lock-Up Expiration이 지나면 내부자들이 주식을 대량으로 매각하여 주가가 하락하는 경우가 많기 때문에 IPO 주식에 투자한 일반 주주는 특히 조심해야 한다.

2020년 9월 30일 직상장했던 팔란티어가 대표적인 예다. 팔란티어는 록업 기간이 만료된 후 80% 이상의 주식이 시장에 풀리면서 주가가 하락했다. 통상적으로 록업 규정이 없는 직상장 구조였음에도 자발적으로 록업 조항을 포함시킨 팔란티어는 상장 이후 거래 첫날 내부자들이 보유 주식의 20%까지만 매도할 수 있었고, 나머지 80%는 록업 기간이 끝나는 날짜이자 4분기 실적 발표 이후인 2월에 매도가 가능한 계약구조였다. 매매 가능한 물량으로 따지면 갑자기 180억 주가 시장에 풀리게 되는 건데, 당시 3개월 평균 거래량이 약 7,400만 주 수준이었음을 고려할 때 주가에 악영향을 미칠 수밖에 없음을 알 수 있다. 록업 만료를 앞둔 1주일간 상당한 매도세가 형성되어 주가가 30% 이상 하락했다.

이렇게 록업 만료나 유상증자 등의 이유로 주식이 시장에 풀릴 때는 그 시점에서의 평균 거래량(주로 1개월, 3개월 평균 거래량)을 살펴봐야 한다. 그리고 발행주식 총수에서 어느 정도 비율의 물량이 추가로 공급되는지를 이와 비교하면 주가 변동에 얼마나 유의미한 이벤트인지 판단할 수 있다.

기업이 SEC에 공시 자료를 등록한 날부터 SEC에서 해당 공시 자료가 유효함을 승인하고 EDGAR에 공개하는 날까지 주식과 관련해 어떤 의견이나 정보도 발표할 수 없는 기간을 침묵 기간Quiet Period이라고 한다. 일반적인 주식의 경우 주로 회계분기 말 4주 이전부터 기업은 침묵 기간에 들어간다. SEC 규제에 따라서 이 기간에는 기업의 경영진을 포함하여 내부자로 분류되는 인력은 외부 투자자에게 기업의 실적이나 전망, 사업 현황 관련해 어떤 정보도 발표할 수 없다. 큰 지분을 보유한 헤지펀드 매니저와 상시적으로 소통하는 투자 기업의 경영진, IR 직원일지라도 이 기간에는 해당 기업 주식에 조금이라도 영향을 미칠 만한 말을 할 수 없는 것이 원칙이다.

IPO의 경우에는 침묵 기간이 더 길어지는데, S-1 공시가 발표되는 시점에서부터 상장 이후 주식이 공개시장에서 거래되기 시작한 지 40일째가 되는 날까지다. 비공개기업 Private Company 이 공개기업 Public Company 이 되기까지의 공시는 S-1뿐이니 정보 측면에서 우위에 있는 내부자들이 편익을 챙길 수 없도록 하기 위해 더 엄격한 침묵 기간을 지정하는 것이다. 투자자들을 보호하기 위한 SEC의 규제다.

중요한 점은 침묵 기간을 지켜야 하는 내부자에 기업 경영진과 임직원뿐만 아니라 IPO를 주관했던 주관사, 즉 투자은행도 속한다는 것이다. 해당 기업의 IPO 주관사 중에서도 메인 주관사에 소속된 애널리스트는 해당 기업에 대한 의견이나 리포트를 내놓을 수 없다. 메인 또는 대표 주관사가 아니더라도 IPO에 참여했던 투자은행 소속의 애널리스트는 이보다는 더 짧은 25일의 침묵 기간을 지켜야 하고, 그때까지 주식 리서치 리포트를 발행할 수 없다. 또한 록업 만료일 전후로도 15일간의 침묵 기간을 지켜야 한다.

록업 기간이나 침묵 기간과 비슷한 목적으로 행하는 제재 조치인 매매 제한 기간 Blackout Period 이 있다. 기업의 내부자에 해당하는 이들이 자사주 매매를 할 수 없는 금지된 기간을 말한다. 정전을 의미하는 '블랙아웃'에서 유래한 표현이다. 가장 흔한 예로는 주로 어닝 시즌 때 실적 발표 직전 며칠은 내부자들의 주식 매매가 금지된다. 해당 기업의 회계분기 말 이후부터 블래아웃이 시작된다. 기업의 임직원뿐만 아니라 해당 기업의 자금조달에 관여했던 모든 브로커딜러(투자은행 뱅커, 리서치 애널리스트 포함)에게도 리서치 보고서 발표 금지 등의 제한이 있다.

침묵 기간, 매매 제한 기간이 다가온 관심 기업이 있다면 좋은 매매 기회가 될 수 있다. 트레이딩 관점에서 중요한 이유는 침묵 기간이 끝난 후 IB 애널리스트들이 처음으로 주식에 레이팅을 주는 이니시에이션 리포트Initiation Report라는 리서치 보고서를 발표하기 때문이다. 일반적인 리포트보다 훨씬 자세하고 방대한 분량의 기업 분석 내용이 담겨 있고 처음 나오는 투자 의견이기 때문에 시장은 이에 훨씬 민감하게 반응한다. 매매 제한 기간 이후 역시 새로운 공시 정보를 반영한 IB 애널리스트의 매수·매도, 목표 주가 의견에 따라 주가가 심하게 휘청일 수 있기 때문에 주의하는 편이 좋다.

Q&A

Q 미국 주식은 상장 이후 거래 시작 시간이 언제인가요?

A 이건 경우에 따라 다르다. 개장하자마자 바로 거래를 시작하는 경우도 있고 몇 시간 뒤, 그러니까 오전 11시나 정오 혹은 오후에 할 수도 있다. 언제쯤 할지는 당일까지도 알 수 없다. 거래 첫날부터 투자할 생각이라면 거래하는 브로커나 증권사 플랫폼을 이용해 오전에 미리 지정가 주문(Limit Order)을 걸어두는 방법도 있다. 시장가는 거래를 시작하는 순간 수급에 따라 정해진다. 그러나 미리 주문을 넣어둔다고 해서 매매를 보장받는 것은 아니다. 시장가격과 수요에 따라 매수할 수도 있고 그렇지 않을 수도 있다. 예를 들어 스노플레이크의 거래 첫날 상황을 보면 인기가 높은 주식이라 거래를 시작하기도 전에 공모가 120달러였던 것이 단숨에 호가(Asking Price)가 250달러까지 뛰었다.

투자자의 공모주
착시 주의보
IPO 투자 리스크

IPO 얼리버드의 부서진 꿈

미국이나 한국이나 '대박 공모주'를 좇는 투자자의 심리는 매한가지다.

"이거 진짜 대박주야. 더블 이상까지 갈 거니까 지금 빨리 들어가야 해!"

모 테크 기업 상장 당일, 내 주변에도 제2의 테슬라를 찾았다며 흥분해서 거래가 시작되자마자 급등하는 주식을 공모가의 40% 이상 가격에도 아랑곳하지 않고 산 사람이 많았다. 기업을 어떤 측면에서 바라봐도 그 정도 가격에 매매가 이뤄지는 것은 비정상적이었지만 '핫한 정보'를 일찍 얻었다며 공모주 대박을 꿈꾸는 그들을 말릴 수도 없는 노릇이었다. 그 후 한 달도 지나지 않아 공모가 이하로 떨어진 주식을 팔지도 못하고 안고 있던 몇몇 지인이 갑자기 장기투자를 하겠다며 투자한 기업을 공부하기 시작했다. 순서가 뒤바뀌어도 한참 뒤바뀌었다. 원래 주식투자를 하면서 그처럼 흥분해 성장성과 잭팟을 외치는 사람의 말은 들을 가치가 없는 법이다.

나는 공모가에 매수하는 것도 최대한 심사숙고하라고 권유한다. 상장 이후 가격이 공모가보다 상승하기 시작하면 더 달려드는 경향이 있는데 이럴 때는 오히려 피하고 기다리는 편이 좋다. 공모주 주가 하락은 대개 공모 후 3~6개월 시점에서부터 시작된다. 록업 기간이 끝나고 주식 매매 제한이 풀리면 수익실현을 위해 매도하는 세력이 있기 때문이다. 관심 있는 IPO 기업의 S-1을 비롯한 관련 공시들을 주목해서 봐야 하는 이유다.

모든 버블은 시간이 지나고 나서야 명확해진다

2019~2020년 가장 핫하고 규모가 컸던 테크 기업 IPO 5개 중 4개, 즉 우버, 리프트, 도어대시NYSE: DASH, 에어비앤비NASDAQ: ABNB가 공유경제 모델을 기반으로 한 테크 스타트업이었다. 마진을 지키기 힘든 수익 모델이라는 점에서 투자자 사이에서 지속가능성이 낮은 밸류에이션이라고 비판받았다.

이를 극적으로 보여준 것이 바로 2019년 위워크WeWork의 실패한failed IPO(무산되었으니 업계에서는 'shelved IPO'라고 표현하기도 한다)다. IPO를 위해서는 과거 3년 손익계산서와 재무상태표를 의무적으로 공시해야 한다. 위워크의 S-1 공시를 보면 2019년까지 3년 내내 영업적자Loss from Operations와 순손실Net Loss 상태임을 알 수 있다.

위워크의 현금흐름표와 재무상태표를 보면 현금흐름과 자본금 역시 3년 연속 마이너스다. 재무상태표의 총자본Total Equity 항목을 유의해서 보자. 이

▶ **미국 테크 기업의 10대 IPO 규모**

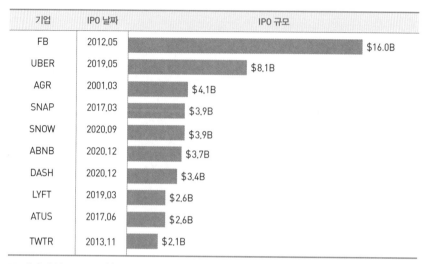

기업	IPO 날짜	IPO 규모
FB	2012.05	$16.0B
UBER	2019.05	$8.1B
AGR	2001.03	$4.1B
SNAP	2017.03	$3.9B
SNOW	2020.09	$3.9B
ABNB	2020.12	$3.7B
DASH	2020.12	$3.4B
LYFT	2019.03	$2.6B
ATUS	2017.06	$2.6B
TWTR	2013.11	$2.1B

FB: 페이스북 | UBER: 우버 | AGR: 아기어 시스템 | SNAP: 스냅 | SNOW: 스노플레이크 | ABNB: 에어비앤비 |
DASH: 도어대시 | LYFT: 리프트 | ATUS: 알티스 USA | TWTR: 트위터 (2020.12. 기준)

▶ **IPO 전후로 폭락하는 IT 스타트업 기업 가치**

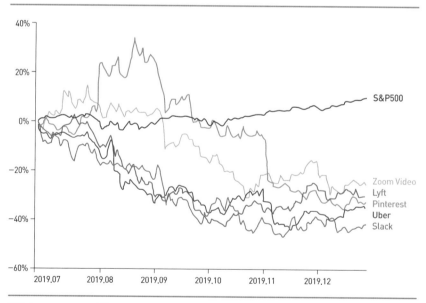

(출처: FactSet, 2020.11. 기준)

The information presented below should be read in conjunction with the information under "Management's Discussion and Analysis of Financial Condition and Results of Operations" and the consolidated financial statements and related notes appearing elsewhere in this prospectus.

(Amounts in thousands, except share and per share data)	Year Ended December 31,			Six Months Ended June 30,	
	2016	2017	2018	2018	2019
Consolidated statement of operations information:					
Revenue	$ 436,099	$ 886,004	$ 1,821,751	$ 763,771	$ 1,535,420
Expenses:					
Location operating expenses—cost of revenue (1)	433,167	814,782	1,521,129	635,968	1,232,941
Other operating expenses—cost of revenue (2)	—	1,677	106,788	42,024	81,189
Pre-opening location expenses	115,749	131,324	357,831	156,983	255,133
Sales and marketing expenses	43,428	143,424	378,729	139,889	320,046
Growth and new market development expenses (3)	35,731	109,719	477,273	174,091	369,727
General and administrative expenses (4)	115,346	454,020	357,486	155,257	389,910
Depreciation and amortization	88,952	162,892	313,514	137,418	255,924
Total expenses	832,373	1,817,838	3,512,750	1,441,630	2,904,870
Loss from operations	(396,274)	(931,834)	(1,690,999)	(677,859)	(1,369,450)
Interest and other income (expense), net	(33,400)	(7,387)	(237,270)	(46,406)	469,915
Pre-tax loss	(429,674)	(939,221)	(1,928,269)	(724,265)	(899,535)
Income tax benefit (provision)	(16)	5,727	850	1,373	(5,117)
Net loss	(429,690)	(933,494)	(1,927,419)	(722,892)	(904,652)
Net loss attributable to noncontrolling interests	—	49,500	316,627	94,762	214,976
Net loss attributable to WeWork Companies Inc.	$ (429,690)	$ (883,994)	$ (1,610,792)	$ (628,130)	$ (689,676)
Net loss per share attributable to Class A and Class B common stockholders: (5)					
Basic	$ (2.66)	$ (5.54)	$ (9.87)	$ (3.87)	$ (4.15)
Diluted	$ (2.66)	$ (5.54)	$ (9.87)	$ (3.87)	$ (4.15)
Weighted-average shares used to compute net loss per share attributable to Class A and Class B common stockholders; basic and diluted	161,324,940	159,689,116	163,148,918	162,482,366	166,301,575

위워크가 공시한 S-1 보고서에 포함된 3년 연속 적자임을 보여주는 손익계산서.
(출처: S-1, The We Company, 2019.09.13.)

는 장부가치Book Value, 순자산가치Net Worth; Net Asset Value 라고도 하는데 총자산Total Assets 에서 총부채Total Liabilities 를 뺀 금액이다. 누적 순손실 규모가 큰 기업의 순자산가치는 마이너스일 경우가 많다. 이 경우 마이너스 장부 가치Negative Balance Sheet 기업이라고 부른다. 이런 기업의 주식을 보유한 주주나 예비 투자자는 향후 발생할 수 있는 미래 이익잉여금Retained Earnings과 유상증자로 생긴 추가 자금을 이 마이너스 장부 가치를 채우는 데 쓸 것이라는 점에 유의해야 한다. 주주에게 돌아갈 이익잉여금은 없다는 말이다.

숱한 밸류에이션 버블 논란 끝에 위워크는 결국 IPO를 철회했다. IPO가 무산된 이후 위워크는 적자 경영과 현금흐름 문제, 추가 투자 유치 실패로 자금난을 겪으며 난항을 겪었다. IPO 결과에 따라 60억 달러의 은행 차입금을 들여올 계획이었는데, 이조차 밸류에이션(470억 달러에서 150억 달러로)과 기업 지배구조상의 이슈 등을 문제 삼는 투자자들에게 외면받았다. 결국에는 2021년 3월 보욱스BowX Acqcuisition Corp.; NASDAQ: BOWX, BOWXU, BOWXW라는 스팩과의 합병을 통한 상장을 발표하며 험난했던 기업공개의 길에 마침표를 찍었다.

참고로 보욱스는 바우캐피털Bow Capital이라는 투자사에서 상장한 스팩으로 미국의 유명 농구선수 샤킬 오닐을 어드바이저로 앉히며 유명인사, 스타 연예인 등을 앞세워 스팩을 상장시키던 열기에 올라타던 곳이기도 하다.

원래 인수합병 같은 기업 이벤트는 인수 기업과 피인수 기업 모두 IR, 8-K 공시 그리고 보도 자료를 통해 합병을 발표하고 관련된 상세 내용을 공시한다. 스팩과의 합병일 때는 인수 주체가 되는 스팩이 SEC에 의무적으로 공시해야 하는 Form 425(인수합병에 대한 사업 보고서 및 투자자 공시 정보Prospectus and Communications on Business Combinations) 공시 및 8-K 중에서 '중요 확정 계약 체결'Entry into a Material Definitive Agreement 섹션을 보면 자세한 내용을 알 수 있다. 스팩 웹사이트를 방문해도 스팩 상장 시 공시한 S-1 외에는 별다른 정보가 없는 경우가 많으니(아직 서류상으로만 존재하는 기업이기 때문에 일반 기업처럼 IR 채널이 없다), SEC의 EDGAR 시스템에서 찾아보는 것이 좋다.

"(…) newly issued shares of Class A common stock, par value $0.0001 per share, of BowX("BowX Common Stock") determined based on a pre-money

UNITED STATES
SECURITIES AND EXCHANGE COMMISSION
Washington, D.C. 20549

FORM 8-K/A
(Amendment No. 1)

CURRENT REPORT
PURSUANT TO SECTION 13 OR 15(D)
OF THE SECURITIES EXCHANGE ACT OF 1934

Date of Report (Date of earliest event reported): March 30, 2021 (March 25, 2021)

BOWX ACQUISITION CORP.
(Exact name of registrant as specified in its charter)

Delaware	001-39419	85-1144904
(State or other jurisdiction of incorporation)	(Commission File Number)	(I.R.S. Employer Identification No.)

2400 Sand Hill Rd., Suite 200
Menlo Park, CA
(Address of principal executive offices)

94025
(Zip Code)

(650) 352-4877
(Registrant's telephone number, including area code)

Not Applicable
(Former name or former address, if changed since last report)

Check the appropriate box below if the Form 8-K is intended to simultaneously satisfy the filing obligation of the Registrant under any of the following provisions:

☒ Written communications pursuant to Rule 425 under the Securities Act (17 CFR 230.425)

☐ Soliciting material pursuant to Rule 14a-12 under the Exchange Act (17 CFR 240.14a-12)

☐ Pre-commencement communications pursuant to Rule 14d-2(b) under the Exchange Act (17 CFR 240.14d-2(b))

☐ Pre-commencement communications pursuant to Rule 13e-4(c) under the Exchange Act (17 CFR 240.13e-4(c))

Securities registered pursuant to Section 12(b) of the Act:

Title of each class	Trading Symbol(s)	Name of each exchange on which registered
Units, each consisting of one Class A common stock and one-third of one redeemable warrant	BOWXU	The Nasdaq Stock Market LLC
Class A common stock, par value $0.0001 per share	BOWX	The Nasdaq Stock Market LLC
Redeemable warrants, warrant exercisable for one Class A common stock at an exercise price of $11.50 per whole share	BOWXW	The Nasdaq Stock Market LLC

Indicate by check mark whether the registrant is an emerging growth company as defined in Rule 405 of the Securities Act of 1933 (§230.405 of this chapter) or Rule 12b-2 of the Securities Exchange Act of 1934 (§240.12b-2 of this chapter).

Emerging growth company ☒

위워크의 스팩 합병 발표가 있었던 3월 26일 공시된 보욱스(BowX) 8-K 표지.
(출처: 8-K/A, BOWX, 2021.03.30.)

enterprise valuation of WeWork of approximately $9 billion(…)"(Form 425, 2021.03.30.)

위의 Form 425 공시에 따르면 스팩 합병 시점에서의 위워크 밸류에이션은 약 90억 달러였다. 불과 1년 반 전 500억 달러에 달하는 밸류에이션으로 평가받았던 것에 비하면 90억 달러는 초라한 가치다. 위워크의 사업 모델은 굉장히 간단하다. 공유경제 모델을 부동산에 도입하고 부동산 리스와 오피스 모델에 혁신을 가져다줄 거라며 테크 기업을 지향했고, 한동안 시장에서도 핫한 테크 성장주에 버금가는 밸류에이션 가격을 산정했다. 하지만 시장의 열기가 가라앉고 사업 모델에 대해 현실적인 평가를 받으면서 일반적인 부동산 기업일 뿐이라는 점이 부각됐고, 결국 부동산 수익 모델에 걸맞은 밸류에이션을 찾아가게 된 것이다.

기업이 IPO를 하는 이유를 생각해보자. 한마디로 공개시장에서 주식을 유통해 자금을 조달하기 위해서다. 주로 주식을 유통하기 전부터 수요가 몰려 시장 과열 양상을 보이는 까닭에 일시적 수급 현상 때문에라도 IPO 주식은 거래 시작 시점에 상승한다. 여기에다 특정 산업(주로 IT) 밸류에이션 버블까지 가세하면 공모 전부터 주가는 크게 부풀려진다.

펀더멘털이 탄탄하고 진정 미래 성장성이 있다면 기업의 공모주 투자는 분명 의미 있는 좋은 투자 대상이다. 단 기업의 펀더멘털과 무관하게 비상장 주식의 가치가 과도하게 치솟을 경우에는 그 시점에 꼭 매수를 해야 하는지 생각해볼 필요가 있다. 지난 IPO 사례를 반면교사로 삼아 핫한 공모주에 무분별하게 투자하는 일은 없어야 한다.

Q IPO 주식도 공매도의 타깃이 될까요?

A 브로큰 IPO를 걱정하는 사람들 중에는 공매도(Short Selling)를 무섭게 여기는 사람도 있다. 이론적으로는 IPO 상장 당일 거래를 시작하는 순간 공매도가 가능하긴 하다. 그러나 현실적으로는 쉽지 않으며 설령 할지라도 공매도가 가능한 물량에 한계가 있어서 매도 세력이 크지 않다. 이것은 공매도 메커니즘을 생각해보면 쉽게 답이 나온다. 숏 포지션은 기본적으로 없는 주식을 빌려서 미리 팔고 미래에 주가가 하락했을 때 사서 빌린 주식을 돌려주는 형식으로 투자수익을 실현한다. 이때 주식을 빌려주는 주체는 브로커(투자은행, 증권사)다.

예를 들어 모건스탠리가 주 브로커라면 먼저 모건에서 숏을 하고 싶은 주식을 빌려야 하는데 IPO 주식은 특히 당일의 경우 브로커 역시 물량을 확보하는 중이라 숏 트레이더에게 빌려줄 수 있는 주식 수에 한계가 있다. 더구나 SEC 현행법상 IPO 상장 주관사였던 투자은행은 이런 주식 대차거래(Short Lending)를 상장일로부터 30일 동안 하지 못한다. 이것은 IPO 기업을 위한 일종의 보호 장치이자 이해상충(Conflict of Interests) 문제를 회피하기 위한 것으로 보인다.

그렇다면 프리IPO 단계부터 참여해 우선 배정을 받은 기관이나 일부 소수 개인에게 주식을 받아 숏을 하는 방법이 있는데 여기에도 한계가 따른다. 더구나 거래 시작 일에는 워낙 거래량이 많고 매매 주체 간의 회전율(Trading Hands)이 높아 거래가 수없이 있기 때문에 주식을 완벽하게 결제(Transfer; Settle)할 때까지 시간이 오래 걸린다. 브로커마다 주식 매매 주문 체결(Execution Fills) 속도와 물량 한도가 제각각 다르고 이것이 야기하는 지연도 있어서 주문량이 많고 거래가 잦은 IPO 주식일수록 생각처럼 쉽게 매매가 이뤄지지 않는다.

인사이더(기업 내부자)의 록업 기간이 풀리는(90~180일) 날짜에 맞춰 공매도 물량이 증가한다는 주장이 있는데 과거 사례를 보면 꼭 그렇지도 않다. 일단 록업 종료 날짜와 공매도 추세가 항상 일관성 있게 비례하지 않는다. 공매도 포지션을 잡는 트레이더 관점에서도 해당 기업 인사이더가 꼭 록업이 풀리는 즉시 지분을 매도할 것이라고 확신할 근거가 없으므로 특별한 상황에 의거해 다른 숏 투자 근거(Short Thesis)가 존재하지 않는 한 수익성 높은 전략이라 볼 수 없다.

혁신과 파괴의 아이콘,
로빈후드의 기업공개

IPO 투자 가이드

IPO 투자는 기관만 유리한 게임인가?

이번에는 현행 SEC법상 미국 증시에서의 IPO 프로세스가 시사하는 문제점
과 개선 방안을 모두 조명할 수 있었던 논란의 로빈후드 IPO를 다뤄보겠다.

미국 주식에 투자하는 사람이라면 이제 로빈후드를 모를 수 없다. 게임스
탑NYSE: GME 주가 폭등 및 폭락 사태는 2021년 한 해의 시작을 화려하게 장
식했다. 이때 미국의 개인투자자 집단이 가장 많이 사용하는 주식 매매 플랫
폼인 로빈후드가 게임스탑을 포함하여 레딧Reddit이라는 온라인 투자 커뮤니
티에서 매수세가 형성된 밈 주식들에 대한 매수정지 조치를 취했다. 이 일로
로빈후드는 미국뿐만 아니라 전 세계 수많은 개인투자자의 원성을 샀다.

여러 사건·사고가 있었지만 로빈후드가 미국 개인투자의 지평을 재정립

한 혁명적인 플랫폼임에는 논란의 여지가 없다. 얼마 전까지만 해도 일반 미국인에게 '주식투자'라고 하면 401-K, IRA 정도밖에 없었을 정도로 불모지 같았던 미국의 개인투자자 시장에 혜성처럼 등장해서 불과 10년도 되지 않아 수백 년 역사를 자랑하는 미국 거대 증권사들을 제치고 개인투자자 시

Meme Stock
밈 주식

미국의 레딧이나 트위터와 같은 온라인 커뮤니티에서 매수를 부추기는 포스팅으로 주목을 받아 유행처럼 언급되며 개인투자자 사이에서 소비되는 주식.

장을 점령한 기업이기 때문이다. 그뿐만이 아니라 개인투자 수요 자체를 증폭시킨 테크 스타트업이기도 하다. 로빈후드의 등장으로 미국의 개인투자자 시장이 급성장했다고 할 수 있을 정도로 이제는 미국 자본시장에서 메이저 플레이어로의 입지가 다져졌다.

한편 로빈후드는 '모두를 위한 금융 민주화'Democratize Finance for All를 위한다는 슬로건 아래 제도권에서는 상상도 하지 못했던 접근법과 상품을 출시하면서 규제라는 측면에서 잦은 마찰을 일으킨 것도 사실이다.

이런 기업이 기업공개를 하는데 IPO 역시 평범할 리 없다. 온갖 노이즈 속에서 2021년 7월에 상장한 로빈후드 사례를 통해 미국 공모주 투자를 공부해보자. 특이한 건 그동안 테크주 IPO에서 항상 논란이 되어왔던 밸류에이션이 아니라 일반적인 기준을 많이 이탈한 기업공개 과정에서 논란이 있었다는 것이다.

미국의 공모주 배정 방식을 다시 한번 살펴보자. 이는 철저하게 기관 중심의 프로세스라는 것을 알 수 있다.

1. 미국 증시에 상장을 원하는 기업이 IB를 고용해 기관투자자들에게 배정Allocate할 주식 물량, 수요를 가늠한다. 이 과정을 '북 빌딩'이라고 한다. IB가 기관별로 배정

하는 주식 수와 투자 금액을 정리해서 수요를 예측한다. 이렇게 만든 자료를 '오더 북'order book이라고 한다.

2. S-1 보고서 등 SEC 의무 공시 자료와 함께 투자자에게 홍보할 마케팅 자료를 만든다. 기관투자자에 한정된 공모주 로드쇼를 개시한다.

3. 기업 경영진과 IB 뱅커들은 로드쇼와 오더 북을 기초로 최종 공모가를 산정하고 기관투자자들에게 주식을 배분한다. 이 날짜가 공모가 산정일이며, 실제 증시에 상장되어 개인투자자가 매매할 수 있는 날은 통상 그다음 날이다.

4. 첫 거래일 이전에 이미 공모주를 배정받은 기관은 록업 조항에 위반되지 않는 시점에서 주식을 매도하고 차익을 실현할 수 있다. 애초에 공모주 배정은 장이 열리자마자 팔아 치우지 않고 장기투자자가 되어줄 기관에 하기 때문에 흔한 일은 아니다. IPO를 주관하는 IB들이 단기 수익실현을 한 주체들에게는 이후 다른 기업 IPO 시 공모주 배정을 제한해버리는 식으로 IPO 가격을 보호하기도 한다.

5. 원칙적으로 IPO 당일 내부자나 기관으로 이루어진 초기 투자 집단에 대한 공모주 공급은 적고, 공모가에 들어가지 못한 개인투자 수요는 폭발적으로 많기 때문에 필연적으로 IPO 팝이 형성될 수밖에 없다(물론 페이스북이나 우버처럼 고평가되어 거래 첫날 오히려 공모가에서 한참 떨어지는 경우도 있다).

이처럼 대부분의 상장기업 주가가 IPO 팝을 경험한다면 훨씬 낮은 공모가에 먼저 주식을 배정받은 기관이 차익을 실현하기 너무 쉬운 불공정한 구조가 아닌가? 합리적인 투자자라면 당연히 가질 수 있는 의문이다.

왜 기업은 처음부터 공모주를 개인에게도 배정하지 않을까? 그러면 더 안정된 수요-공급에 따라서 '적정 주가'에 더욱 근접한 가격에 IPO 가격이 산정될 것이고, 그렇게 책정된 공모가는 증시에 상장된 첫 거래일에 IPO 팝 같은 주가 변동성을 경험하지 않아도 될 텐데 말이다. 'pop'이라는 단어에서 알 수 있듯이, 상장 이후 폭등하여 많게는 공모가의 몇 배를 넘는 가격을 형성하지만 차익실현을 하는 매도세에 의해 주가가 금방 제자리로 돌아와 거품이 꺼지는 현상이 대부분 IPO 팝의 결말이다.

애초에 미국의 IPO 시장에서 공모주를 공모가에 배정받을 수 있는 투자 주체가 기관에 한정된 이유는 상장하는 기업이나 IB 주관사 입장에서 개인투자자가 끼는 순간 예측 불가능한 주가 변동성이 나타날 것이기 때문이다. 밸류에이션을 중요하게 생각하는 기관에게 그들이 합의한 지정가, 즉 공모가에 우선적으로 신주를 발행하면 자금을 더 안정적으로 조달할 수 있지 않겠는가. 적어도 지금까지는 그렇게 합리화되어왔다. 그런데 로빈후드는 이 관례를 뒤엎는 IPO를 단행하며 미국 자본시장에 새로운 방향성을 제시했다.

IPO 시장의 판을 뒤집은 로빈후드

로빈후드가 7월 30일 IPO 공모가 결정 후 최종적으로 SEC에 등록한 공시를 보자. Form 424B4 공시 표지에서 알 수 있는 매우 주요한 정보 몇 가지가 있다.

- 공모가는 38달러로 책정되었다.
- 클래스 A 보통주 총 5,237만 5,000주가 발행된다.
- 이번 IPO를 통해 CEO이자 창립자 블라디미르 테네브와 CCO 바이주 바트는 각각 전체 발행주식의 7.8%를 소유하게 될 것이고, Class B 의결권을 고려하면 각각

Subject to Completion, dated July 27, 2021

Preliminary Prospectus

55,000,000 Shares

Robinhood

Robinhood Markets, Inc.

Class A Common Stock

This is an initial public offering of Class A common stock by Robinhood Markets, Inc. We are offering 52,375,000 shares of our Class A common stock to be sold in the offering. The selling stockholders identified in this prospectus, who are our founders and our Chief Financial Officer, are offering an additional 2,625,000 shares of our Class A common stock. We will not receive any of the proceeds from the sale of the shares being sold by the selling stockholders.

Prior to this offering, there has been no public market for our Class A common stock. We currently anticipate that the initial public offering price per share of our Class A common stock will be between $38.00 and $42.00.

Our Class A common stock will be listed on the Nasdaq Global Select Market (the "Nasdaq") under the symbol "HOOD".

로빈후드의 S-1/A2 첫 페이지(Preliminary Prospectus)에서 IPO 가격 산정 구간을 알려준다. (출처: S-1/A2, HOOD, 2021.07.27.)

424B4 1 robinhood424.htm 424B4

Filed Pursuant to Rule 424(b)(4)
Registration No. 333-257602

Prospectus

55,000,000 Shares

Robinhood Markets, Inc.

Class A Common Stock

This is an initial public offering of Class A common stock by Robinhood Markets, Inc. We are offering 52,375,000 shares of our Class A common stock to be sold in the offering. The selling stockholders identified in this prospectus, who are our founders and our Chief Financial Officer, are offering an additional 2,625,000 shares of our Class A common stock. We will not receive any of the proceeds from the sale of the shares being sold by the selling stockholders.

Prior to this offering, there has been no public market for our Class A common stock. The initial public offering price per share of our Class A common stock is $38.00.

Our Class A common stock will be listed on the Nasdaq Global Select Market (the "Nasdaq") under the symbol "HOOD."

We have three classes of authorized common stock, Class A common stock, Class B common stock and Class C common stock (collectively, our "common stock"). The rights of the holders of Class A common stock, Class B common stock and Class C common stock are identical, except with respect to voting and conversion. Each share of Class A common stock is entitled to one vote per share. Each share of Class B common stock is entitled to 10 votes per share and is convertible at any time into one share of Class A common stock. Shares of Class C common stock have no voting rights, except as otherwise required by law, and will convert into shares of Class A common stock, on a share-for-share basis, on the date or time determined by our board of directors following the conversion or exchange of all outstanding shares of our Class B common stock into shares of our Class A common stock. Upon the completion of this offering, no shares of Class C common stock will be issued and outstanding. For more information about our capital stock, see the section titled "Description of Capital Stock."

Upon completion of this offering, all outstanding shares of our Class B common stock will be held by our founders, Baiju Bhatt and Vladimir Tenev, and their related entities. Upon the completion of this offering, (i) Mr. Tenev, who is also our CEO, President and a director, and his related entities will hold an economic interest in approximately 7.8% of our outstanding capital stock and Mr. Tenev will hold approximately 26.1% of the voting power of our outstanding capital stock and (ii) Mr. Bhatt, who is also our Chief Creative Officer and a director, and his related entities will hold an economic interest in approximately 7.8% of our outstanding capital stock and Mr. Bhatt will hold approximately 38.9% of the voting power of our outstanding capital stock, in each case, assuming such founder exercises his Equity Exchange Rights (as defined herein) to exchange for Class B common stock the Class A common stock received by him in settlement of equity awards that vest and settle in connection with this IPO, and which economic interest and voting power may increase over time upon the vesting and settlement of other equity awards held by such founder that are outstanding immediately prior to the effectiveness of this offering.

We are an "emerging growth company," as that term is used in the Jumpstart Our Business Startups Act of 2012 (the "JOBS Act") and, under applicable Securities and Exchange Commission ("SEC") rules, we have elected to take advantage of certain reduced public company reporting requirements for this prospectus and future filings.

Investing in our Class A common stock involves risks. See "Risk Factors" beginning on page 35.

Neither the SEC nor any state securities commission or other regulatory body has approved or disapproved of these securities or determined if this prospectus is truthful or complete. Any representation to the contrary is a criminal offense.

	Per Share		Total	
Initial public offering price	$	38.00	$	2,090,000,000
Underwriting discounts and commissions(1)	$	1.60	$	88,000,000
Proceeds to us, before expenses	$	36.40	$	1,908,450,000
Proceeds to selling stockholders, before expenses	$	36.40	$	95,550,000

(1) See the section titled "Underwriting (Conflicts of Interest)" for a description of the compensation payable to the underwriters.

We have granted the underwriters an option for a period of 30 days from the date of this prospectus to purchase up to an additional 5,500,000 shares of our Class A common stock, solely to cover over-allotments.

We expect to offer approximately $418 million to $732 million worth of shares of our Class A common stock offered by this prospectus for sale to Robinhood customers through our IPO Access feature on our platform (based on the initial public offering price of $38.00 per share). See "Underwriting (Conflicts of Interest)—Participation by Robinhood Customers in the Offering."

Salesforce Ventures LLC (the "Prospective Investor") has indicated an interest in purchasing up to an aggregate of $150 million in Class A common stock offered in this offering at the initial public offering price. In addition, the Prospective Investor, to the extent it elects to purchase any shares of our Class A common stock in this offering, will enter into a lock-up agreement on substantially the same terms as the lock-up agreements entered into by the holders of our preferred stock and certain non-employee holders of our common stock, which would prohibit the sale of any shares of Class A common stock purchased in this offering by the Prospective Investor for a period of 125 days from the date of this prospectus, subject to a potential partial early release and certain other exceptions as set forth under "Underwriting (Conflicts of Interest)—Lock-Up Agreements." Because this indication of interest is not a binding agreement or commitment to purchase, the Prospective Investor may decide to purchase more, less or no shares of our Class A common stock in this offering, or the underwriters may decide to sell more, less or no shares of our Class A common stock in this offering to the Prospective Investor. The underwriters will receive the same discount from any shares of Class A common stock sold to the Prospective Investor as they will from any other shares of Class A common stock sold to the public in this offering.

The underwriters expect to deliver the shares against payment in New York, New York on August 2, 2021.

로빈후드 공모주 발행 최종 공시인 Form 424B4의 표지. (출처: 424B4, HOOD, 2021.07.30.)

26.1%, 38.9%의 의결권을 가질 것이다.

- 약 4억 1,800만~7억 3,200만 달러의 공모주를 로빈후드 이용자에게 배정할 수 있는 특별 'IPO 액세스'(IPO Access)를 통해서 제공하겠다고 나와 있다. 개인투자자에게 공모가(38달러)에 투자를 할 수 있는 옵션을 열어준 것이다. 미국 IPO 시장 관례상 파격적인 제안이었다.

- 록업 조항에 따라서 IPO를 통한 공모주는 사업 보고서 날짜 기준 125일까지 주식을 매도할 수 없다. 다만 예외 조항이 적용될 경우 록업 일자와 무관하게 매도할수 있다(록업의 예외 조항과 관련한 이 정보는 IPO 이후 로빈후드의 주가 변동성에서 매우중요한 역할을 하는데 그에 대한 매매 전략과 가이드는 제6장에서 자세히 다루겠다).

최종 공시에서 알 수 있듯이 로빈후드의 공모가는 38달러로 책정되었다. 처음 S-1 공시와 수차례의 개정 S-1/A 공시의 증권 신고서에도 나와 있듯이, 최종 날짜까지 이 공모가는 수차례 변경되기 마련이다. 프라이머리 주식의 수요와 합의된 밸류에이션에 따라서 공모주에 대한 적정 가격이 유동적으로 움직이기 때문이다.

마지막 S-1 공시에서의 IPO 가격 구간이 38~42달러였는데 38달러로 최솟값에 최종 결정되었을 때 'Priced at the low-end'라고 표현한다. IPO 관련 뉴스 헤드라인에 많이 등장하는 표현이니 알아두자.

공시 표지에 나와 있는 개요와 주요 포인트에 대한 더 자세한 내용은 S-1 공시 자료의 본문에서 확인할 수 있다. 특히 '오퍼링'The Offering 섹션을 보면 해당 IPO에 관한 자세한 정보가 있다(제2장 55~57쪽 참조). 신주 발행은 총 5,237만 5,000주이며, 그중 주관사 초과 배정 옵션으로 550만 주, 기존 주주로부터 시장에 풀리게 되는 주식까지 반영하면 총 7억 1,600만 주(Class A)

한정가 될 것이라고 설명한다(상장 이후 이것이 발행주식 총수가 된다). IPO를 통한 신주 발행으로 38달러의 공모가 기준 약 20억 달러의 자금을 조달한다는 뜻이다. 또한 자사 트레이딩 앱에서 유저(개인투자자)가 직접 공모주를 공모가에 매수할 수 있도록 하는 'IPO 액세스' 기능을 통해서 공모주의 20~35%가 되는 물량을 개인투자자에게 배정했다(424B4 공시에서 101쪽 참조). 개인투자자도 기관투자자와 똑같이 공모가에 공모주 투자를 할 수 있게 했다는 점에서 이례적인 일이다.

또한 기관에게만 오픈되었던 로드쇼 역시 주말에 라이브 로드쇼 형식으로 스트리밍하면서 CEO가 직접 참가하여 개인투자자와 소통하는 파격적인 이벤트도 하는 등 여러 가지 면에서 비범한 IPO 과정이었다.

CEO와 경영진이 직접 참여하고 개인투자자와 함께한 라이브 로드쇼에서는 소비자 입장에서 그리고 개인투자자로서 궁금한 점을 묻는 재밌는 질문이 많이 나왔다. '로빈후드 로고가 있는 굿즈를 판매할 것인가', '전화 연결이 가능한 서비스를 출시할 것인가' 등이다. S-1 공시에 이미 나와 있는 내용에 대한 질문이 대다수여서 시간 낭비였다는 비판도 많았지만 기관이 아닌 개인투자자와 소통했다는 점에서 의미가 있었다고 평가받았다.

그동안 기관투자자에게만 국한되었던 '공모가 투자 배정 방식'이라는 관례의 가장 큰 이유는 '개인투자자 비율이 높을수록 주가 변동성이 커진다'는 통상적인 관념 때문이었다. 어디까지나 미국 증권시장에서의 통념일 뿐이다. 틀릴 수도 있다는 말이다. 사견이지만 사실 밈 주식에서와 같은 주가 변동성은 단순히 개인투자자 비율이 높아서가 아니라 개인투자자가 애초에 진입장벽이 있어 투자하지 못했던 주식에 투자 기회가 생겨 수요가 몰릴 때 생긴다. 즉 기관투자자들에게 한정되었던 주식에 개인투자자의 접근성이 생겨서 주주 구성에 변화가 생길 때(투자 주체 간 '손바뀜'change of hands이 일어날 때) 주가 변동성이 커진다. 게임스탑 때도 마찬가지였고, 대부분의 IPO 주식 거래 첫날 흔히 일어나는 일이었다. 로빈후드의 IPO처럼 애초에 공모주 물량을 개인투자자에게도 배정해 진입장벽을 없애는 경우라면 오히려 우려하던 주가 변동성이 사라지게 된다. '사고 싶었는데 사지 못했던' 개인투자자의 수요가 첫날부터 몰려서 IPO 팝이 일어날 일조차 없기 때문이다.

결국 로빈후드의 IPO는 숱한 논란 속에서 거래 첫날 공모가 이하인 35달러 선에서 마감되었다. 그 후 이틀 만에 80% 이상 폭등했는데, 이에 대해서는 제6장 트레이딩 전략 부분에서 자세히 다룬다.

로빈후드 S-1 공시에서
알 수 있는 여러 가지 진실

S-1 공시를 읽다 보면 몇 가지 흥미로운 사실을 알 수 있는데, 해석하기에 따라 내부자 트레이딩이라고 간주될 수도 있는 로빈후드 직원들이 관여된 일련

(출처: S-1/A2, p.53, HOOD, 2021.07.27.)

의 주식 매매에 대한 SEC 조사 건이다. 언론에는 보도되지 않아 S-1 보고서가 공시되기 전에는 공론화되지 않았던 사실이다. 이에 대해서는 정확한 규제가 존재하지 않아 SEC에서도 조사에 착수하겠다고만 했을 뿐 특정 조치를 취하지는 않았다. 적어도 공시 시점에서는 그랬다. 따라서 S-1 보고서를 읽는 투자자 입장에서는 이런 일들이 과거에도 있었고 앞으로도 없지 않을 것이기에 SEC 규제 당국과의 마찰이 예고됨에 따라 주가에 상당한 규제 리스크가 존재한다는 것을 인지해야 한다.

일명 '게임스탑 사태'라고도 잘 알려진, 2021년 게임스탑, AMC 등 밈 주식들에 대해 로빈후드(및 여러 증권 거래 플랫폼)의 매매정지 사건이 있었다. 로빈후드의 공시에는 '2021년 초 매매 제한에 대한 건'the 'Early 2021 Trading Restrictions'이라고 명명된 이 사건에 대해 SEC 조사가 들어갔다는 공시 내용이 있는데, 재미있게도 매매정지 자체에 대한 문제가 아니라 로빈후드 일부 직원의 거래 내역에 관해서다.

FINRA
미국 금융산업규제국

미국의 금융 산업 규제 기관으로 미국의 증권사, 더 정확히는 증권딜러(Securities Dealers), 브로커딜러(Broker-dealers)에 해당하는 모든 증권 중개 기관에 대한 규제를 하는 감시·감독의 주체다. SEC는 FINRA를 포함한 증권 산업의 최종 규제 기관 역할을 하는 정부 기관이라고 보면 된다.

SEC와 FINRA 규제를 받는 브로커딜러 기관에 속하는 로빈후드 같은 기업의 임직원은 법적으로 내부자 정보에 따른 증권 매매가 금지된다. 그런데 로빈후드 직원 일부가 게임스탑과 AMC를 포함하여 밈 주식 거래를 하고 있는 상황이었고(여기까지는 괜찮다), 우연히도 해당 주식들에 대한 매매정지 조치가 있었던 1월 28일 직전 매도를 했다는 정황이다. 만약 매매정지에 대한 내부자 정보에 따라서 수익실현을 했다면 이는 엄연히 내부자거래에 해당하는 불법행위다.

물론 이런 상황이었을 수도 있다. 1월 22일 금요일(당일 종가 65.01달러), 어쩌다 보니 로빈후드에 재직하고 있을 뿐 여느 개인투자자나 다를 바 없는 직원 몇몇이 레딧에서 게임스탑 주식이 핫하게 떠오르자 혹시나 하는 마음에서 100주 정도를 매수했다. 별생각 없이 주말을 보내고 다음 주 장을 맞이한 이들은 1월 25일 월요일 76.79달러, 화요일 147.98달러, 수요일 347.51달러까지 주가가 폭등하는 것을 지켜보다가 생각한다. '3일 만에 수익률 +435%면 대박이잖아? 너무 욕심부리지 말고 이쯤에서 정리해야지.' 그러면서 매매정지에 대한 사전 정보에 의해서가 아니라 순수하게 수익실현을 이유로 GME 주식을 정리한다. 그리고 이튿날 로빈후드가 게임스탑을 비롯한 밈 주식들에 대한 매매를 정리했다는 사실을 뉴스를 통해 알게 된다.

'우리 회사지만 나도 이런 조치를 취할 줄은 몰랐네. 어휴, 다행이다. 마침 어제 전부 매도했으니….'

순수한 의도로 한 매매가 '어쩌다 보니' 자사의 매매정지 조치를 피해서 수익실현을 하게 됐다는 것이다. 내부자로서 정보 우위가 있었던 것도 아니고 어쩌다가, 정말 우연의 일치였을 뿐이다. 그러니 잘못한 게 없다…?

정말 잘못이 없을까? 규제는 규제다. 이들은 SEC와 FINRA 내부자거래 조사팀에서 걸려오는 전화 세례와 소환장을 받게 될 것이다. 그리고 S-1 공시에 의하면 실제로 그렇게 되어 각종 규제 당국으로부터 조사가 들어갔다.

또 한 가지 재밌는 사실이 있다. 기본적으로 미국의 모든 증권사와 증권사 직원들은 FINRA에 등록되어 있고 라이선스를 받는다. 따라서 투자은행 같이 브로커딜러로 분류되는 기관에서 일하려면 FINRA 시험(series7, 79, 63 등)을 통과해야 하고 FINRA 라이선스를 받는 것이 관례다. 조금만 공부하면 통과할 수 있는 쉬운 시험이다. 문제는 로빈후드 CEO이자 창립 멤버인 테네브와 바트 모두 FINRA 라이선스가 없다는 거다.

테크 스타트업으로 시작해서 성장한 기업이니 테크 기업으로 분류하자면 CEO가 FINRA 라이선스가 없다는 게 이상한 일은 아니다. 그렇지만 로빈후드가 아무리 테크 기업으로 포장해도 결국에는 증권 거래 플랫폼인 이상 해당 기업 경영진이면 아무래도 FINRA 규율을 따라서 시험을 보고 정식적으로 라이선스를 등록하는 것이 맞다.

수백억 달러 시가총액 기업의 CEO에게 이제 와서 시험을 치르게 하는 것도 웃기지만, 어쨌든 규제 당국이 세운 규칙에는 따라야 할 게 아닌가. 이제 막 월스트리트에 입성하는 20대 초반의 애널리스트들 틈에 껴서 열심히 계산기를 두드리며 재무시험 문제를 푸는 로빈후드 CEO를 볼 수 있을지도 모르겠다.

로빈후드가 미국 증권시장에 불러온 혁신과 투자 업계의 지각 변동 때문에 변화하는 시장의 속도에 아직 뒤처진 규제 당국의 규제 프레임에서 벗어나는 돌발 상황이 자주 발생하게 됐다. 어찌 됐든 로빈후드를 통해 선례가 세

Further, on July 26, 2021, RHF received a FINRA investigative request seeking documents and information related to its compliance with FINRA registration requirements for member personnel, including related to the FINRA non-registration status of Mr. Tenev and Mr. Bhatt. Robinhood is evaluating this matter and intends to cooperate with the investigation.

로빈후드 CEO 블래디미어 테네브와 창립 멤버 바이주 바트가 FINRA에 미등록되어 있는 것과 관련해 조사 요청을 받았다는 내용의 공시다. (출처: S-1/A2, p.53, HOOD, 2021.07.27.)

워질 것이므로 너무 단편적이거나 조급하게 새로운 규제를 만들거나 기존의 틀에서 위법 판단을 내릴 수도 없는 노릇이다.

앞에서 언급한 로빈후드 직원들의 밈 주식 매매 건에 대해서도 어디서부터 규제가 시작되어야 하는지에 대한 잣대가 아직 없다. 브로커딜러의 경우 임직원은 대부분 개별 주식 매매가 전면 금지인 경우가 많은데, 아직까지 로빈후드 사원에 대해서는 어디서부터 어디까지 매매 제한을 두어야 하는지, 금융 투자 인력이라기보다 개인투자자에 더 가까운 그들에게 주식 매매 제한까지 해야 하는지도 아직 법적인 기반이 없다. 로빈후드는 로빈후드대로 선제적으로 컴플라이언스를 강화하면서 규제에 앞서 내부적으로 적극 대응하려 하지만(실제로 공시에서 SEC 출신 직원을 다수 고용했다고 밝히기도 했다), 역시 시간과 돈이 드는 일이고 규제 당국을 상대하는 일인 만큼 효율적이지도 않다.

이처럼 SEC 등에서 완전한 규제와 프로세스가 만들어질 때까지 언론이나 정치적으로 수없이 오르내리면서 주가에 악영향을 끼치는 건 덤이다. IPO 공시를 살펴보며 기업의 비즈니스 모델에 대한 이해와 함께 각종 주가 리스크 요인에 대해 반드시 숙지해야 하는 이유다.

주가를 위협하는 매도 세력에
한발 앞서 대응하는 방법

트레이딩 첫날, 공모가 38달러에도 못 미치는 35달러 선에서 마감했던 로빈후드 주식은 그다음 주 이틀간 85달러(약 +143%)까지 폭등하며 밈 주식의 길을 걷는 게 아닌가 싶었다. 하지만 상장 후 5거래일째가 되던 날 장이 열리자

28% 이상 폭락했다. 이유는 로빈후드의 초기 투자자들이 약 9,800만 주에 달하는 주식을 매도하게 될 것이라는 뉴스 헤드라인 때문이었다. 이처럼 많은 매도 물량이 시장에 풀리면 주가가 희석된다는 식의 소문이 레딧을 비롯한 각종 주식 커뮤니티에 공유되면서 패닉 셀을 유발한 것이다.

문제는 이 공시 내용이 투자자들이 몰랐던 '서프라이즈'가 아니었다는 점과 대부분의 시장 참여자가 헤드라인 이상을 해석하지 않아 불필요한 매도세가 형성되었다는 점이다.

먼저 매도 주체는 로빈후드 상장 이전 초기 투자자로서 전환사채 투자를 했던 벤처캐피털 펀드들이었다. 지난 2월 리빗 캐피털Ribbit Capital, 아이코닉 캐피털Iconiq Capital, 뉴 엔터프라이즈 어소시에이츠New Enterprise Associates, 인덱스 벤처스Index Ventures를 비롯한 VC들이 35억 달러 전환사채로 자금조달을 받은 바 있다.

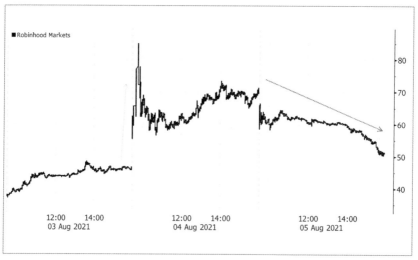

8월 5일 장전에 공시한 로빈후드의 SEC 보고서에 실린 약 1억 주의 매도 물량 암시 때문에 폭락했다(빨간색 화살표). (출처: Bloomberg)

Except as otherwise noted, all information in this prospectus assumes and reflects the following (the "Assumed Share Events"):

- the automatic conversion of all of our outstanding Tranche I convertible notes, of which we had $2,551.7 million in aggregate amount as of March 31, 2021, including accrued interest, into 91,133,420 shares of our Class A common stock upon the completion of this offering, assuming a conversion price of $28.00 (which is the lower of (i) 70% of the assumed initial public offering price of our Class A common stock of $40.00 per share, which is the midpoint of the estimated offering price range set forth on the cover page of this prospectus, and (ii) $38.29), as if such conversion had occurred on March 31, 2021 (the "Tranche I Note Conversion");

- the automatic conversion of all of our outstanding Tranche II convertible notes, of which we had $1,028.0 million in aggregate amount as of March 31, 2021, including accrued interest, into 36,712,877 shares of our Class A common stock upon the completion of this offering, assuming a conversion price of $28.00 (which is the lower of (i) 70% of the assumed initial public offering price of our Class A common stock of $40.00 per share, which is the midpoint of the estimated offering price range set forth on the cover page of this prospectus, and (ii) $42.12), as if such conversion had occurred on March 31, 2021 (the "Tranche II Note Conversion" and, together with the Tranche I Note Conversion, the "Convertible Note Conversion");

기존 S-1 공시의 '오퍼링' 섹션에서 언급된 리세일 내용. (출처: S-1/A2, pp.20~22, HOOD, 2021.07.27.)

We will be required to issue additional shares of Class A common stock upon the automatic conversion of our convertible notes upon the completion of this offering, as well as upon the exercise of our outstanding warrants and options and settlement of our RSUs and future equity-based awards. These and other additional issuances of our capital stock, including issuances of our Class B common stock and Class C common stock, could result in significant dilution to our stockholders.

기존 S-1 공시의 '투자 리스크' 섹션에서 언급된 리세일 내용. (출처: S-1/A2, p.93, HOOD, 2021.07.27.)

The information in this preliminary prospectus is not complete and may be changed. The selling stockholders may not sell these securities until the registration statement filed with the Securities and Exchange Commission is effective. This preliminary prospectus is not an offer to sell nor does it seek an offer to buy these securities in any state where the offer or sale is not permitted.

Subject to Completion, dated August 4, 2021

Preliminary Prospectus

Robinhood Markets, Inc.

Class A Common Stock

This prospectus related to the offer and sale from time to time of up to 97,876,033 shares of Class A common stock of Robinhood Markets, Inc. by the selling stockholders identified in this prospectus. The number of shares offered for sale by the selling stockholders consists of up to 97,876,033 shares of our Class A common stock. We are offering 97,876,033 shares of our Class A common stock issued to the selling stockholders upon the automatic conversion of certain convertible notes held by the selling stockholders in connection with our initial public offering. The convertible notes were issued in a prior private placement transaction prior to our initial public offering.

We are not selling any shares of our Class A common stock in this offering and we will not receive any of the proceeds from the sale of shares of our Class A common stock by the selling stockholders. The selling stockholders will receive all of the proceeds from any sales of the shares of our Class A common stock offered hereby. However, we will incur expenses in connection with the registration of the shares of our Class A common stock offered hereby.

CALCULATION OF REGISTRATION FEE

Title of Each Class of Securities to be Registered	Amount to be Registered (1)	Proposed Maximum Offering Price Per Share(2)	Proposed Maximum Aggregate Offering Price (1)(2)	Amount of Registration Fee (3)
Class A Common Stock, $0.0001 par value per share	97,876,033	$35.12	$3,437,406,279	$375,021.03

1. This Registration Statement registers 97,876,033 shares of our Class A Common Stock issued to the selling stockholders upon automatic conversion of certain convertible notes that were issued by the registrant in a prior private placement transaction.
2. Estimated solely for the purpose of calculating the registration fee pursuant to Rule 457(c) under the Securities Act of 1933, as amended.
3. The proposed maximum offering price per share and proposed maximum aggregate offering price are based on the average of the high and low sales prices of the registrant's Class A common stock as reported on the Nasdaq Global Select Market on July 30, 2021.

8월 5일 공시된 로빈후드의 리세일 S-1 보고서 표지. (출처: S-1, HOOD, 2021.08.05.)

IPO 이전 S-1 보고서에 공시된 바에 의하면 트랑슈Tranche 1, 2로 나뉘는 전환사채는 IPO 클로징 이후 공모가의 70% 또는 약정된 전환 가격으로 주식을 전환할 수 있다. 전환 후 바로 매도가 가능했던 이유는 록업 조항에 의해 상장 이후 90~180일까지는 내부자의 매도가 허용되지 않는 일반적인 IPO와는 다른 절차를 밟았기 때문이다. 로빈후드의 임직원 및 초기 투자자들은 특별 조항이 적용되어 록업 없이 거래 시작일부터 자유롭게 매매가 가능했다.

이 모든 내용은 이미 S-1과 사업 보고서 등에서 수차례 공시된 내용이었고, 오퍼링 개요에도 여러 번 설명되었을 뿐만 아니라 '투자 리스크' 섹션에서도 언급된 내용이었다.

하지만 어째서인지 시장은 과도하게 반응했다. 단지 증권거래법상 IPO 클로징 이후 어떤 유형의 주식 오퍼링이 있다면 공시 의무가 있기에 등록한 보고서였을 뿐(이 경우 신주 발행이 아니기 때문에 '리세일'Re-sale이라고 한다) 새로운 내용은 없었다(전환 가격 제외).

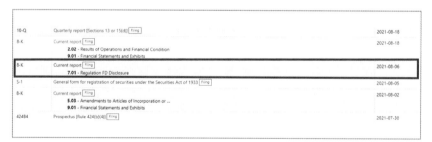

8월 6일 로빈후드가 SEC에 등록한 8-K 공시. 해당 공시에는 전날 발표했던 리세일 S-1 공시에 대한 (재)설명과 다가오는 2분기 실적 발표 날짜 보고가 있었다. 8-K 하단에 'Regulation FD Disclosure'라는 표기를 볼 수 있는데, 이는 기업이 투자자들이 알 권리가 있는(주가에 영향을 미치는) 정보에 대한 선택적 공시(selective disclosure) 발표가 있을 때를 말한다. 즉, 기관투자자 등 '일부' 투자자에게 주요 미공개 정보(MNPI)를 알렸다면 반드시 모든 투자자에게 같은 내용을 공시해야 한다는 SEC의 투자자보호법에 따른 공시의 분류라고 보면 된다. 업계에서는 이를 줄여서 'Reg FD'라고도 한다. (출처: SEC)

8-K 공시를 통해 경영진이 투자자들에게 리세일 공시에 대한 설명을 함으로써 로빈후드 주식은 개장 직후 17% 이상 폭등했다. (출처: barchart)

아나나 다를까 다음 날인 8월 6일, 로빈후드는 8-K 공시와 보도 자료를 냈다. 전날 공시된 매도 가능 물량은 초기 투자자들의 전환사채 전환과 기존 록업 조항에 따른 것일 뿐이며, 그마저도 아직 SEC 승인 절차가 남아 있고, 2분기 실적 발표가 예정된 8월 18일 이전까지는 명시된 트랑슈 1 전환주들의 어떤 매도도 없을 것이라는 해명 아닌 해명 보고서를 공시하며 투자자의 우려를 잠식시켜야 했다. 이로 인해 이튿날 주가는 17% 이상 회복됐다.

원금을 보장하는
주식이 있다고?
스팩주 투자의 명암

스팩 상장과 IPO의 차이

미국에서 '백지수표'Blank Check Company로 불리는 회사가 있다. 이들은 일종의 페이퍼컴퍼니로 인수합병을 목적으로 하는 스팩SPAC 회사다. 스팩은 상장으로 조달한 자금의 80% 이상을 사용해 18~24개월 안에 기업을 인수해야한다. 상장을 진행하며 어느 회사에 투자(인수)할지 정해지지 않은 상태에서 공모 과정을 거치기 때문에 블라인드펀드에 속하는 사모펀드와 유사하다고볼 수 있다. 투자자는 스팩 주식을 사면서 인수합병에 투자할 수 있고 정해진 기간 안에 기업 인수가 이뤄지지 않으면 펀드를 청산해 원금을 돌려받는다. 투자자 입장에서는 언뜻 잃을 것 없는 훌륭한 투자처럼 보인다.

그러면 기업 입장에서 스팩을 하는 이유는 뭘까? 간단히 스팩을 투자 대상 인수를 위한 자금조달 수단으로 생각하면 이해하기가 쉽다. IPO라는 정식 기업공개 절차가 아닌 스팩을 하는 커다란 이유 중 하나는 SEC 규정에 필요한 의무 제출 서류, 세부 공개 절차, 기타 복잡한 규제를 피해갈 수 있기 때문이다. 까다롭고 상세한 재무 상황 보고와 수백 페이지에 달하는 IPO 승인 보고서인 S-1 공시를 생략하고 간단한 절차만 거친 뒤 곧바로 공개시장에서 자금조달을 할 수 있으니 얼마나 좋은가.

IPO와 달리 스팩의 인수 건은 별도의 SEC 심사가 이뤄지지 않는다. 스팩 정관대로 인수 대상 기업 주주들의 권리를 침해하지 않는 이상 스팩 인수를 기반으로 한 상장에는 별다른 제한이나 규제가 없다는 뜻이다. 준비 과정이나 시간이 훨씬 줄어들어 IPO를 대체하는 치트키 같기도 하다. 빠르고 단순한 스팩 공모 이후 투자 기업을 찾아 인수하기만 하면 단기간에 상장이 가능하고 그 과정에서 복잡한 규제와 정규 실사, 기업 밸류에이션은 우회할 수 있다. 일반적인 IPO 절차를 포기하고 스팩으로 눈을 돌리는 이유가 여기에 있다.

주관사인 투자은행의 실사를 거쳐 밸류에이션 끝에 도달한 적정 공모가에 기업공개를 진행하는 IPO와 달리 스팩주는 유닛 단가Unit Price 개념으로 주로 6달러, 8달러 혹은 10달러에 거래가 이뤄진다. 밸류에이션을 할 대상이 정해지지 않았으니 사업 보고서를 기대하긴 어렵고 간소화한 투자자 설명서에 투자 대상 산업 분류라도 명시하면 다행이라고 봐야 한다.

스팩에 숨은 리스크

중요한 건 스팩주가 인수 대상이 정해지지 않은 까닭에 어디까지나 껍데기뿐

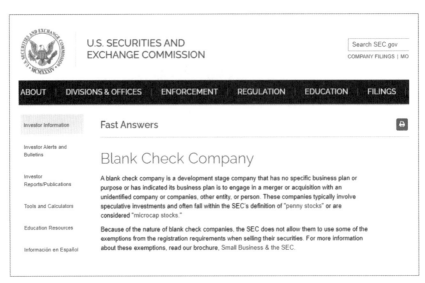

SEC의 정의에 따르면 스팩은 백지수표 회사에 속한다. (출처: SEC)

▶ 스팩(SPAC) 상장에서 청산까지의 과정

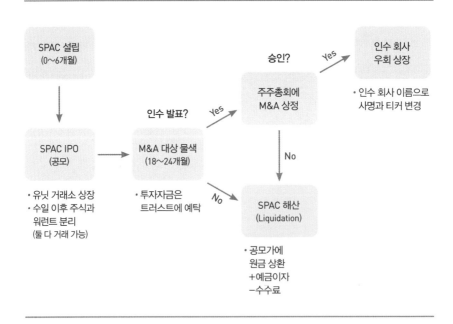

인 페이퍼컴퍼니, 즉 셸컴퍼니Shell Company라는 것이다. 스팩 공모 단계에서 투자자는 인수 대상도, 아무것도 없이 스팩 자체도 아닌 그 스팩을 운영하고 투자처를 발굴해 인수합병을 결정하는 사람들에게 투자하는 셈이다. 투자 대상 정보가 전혀 없고 실제로 아직 정해지지도 않은 채 실체 없이 '성장 가능성이 보이는 기업에 얼마 정도 투자하겠다'는 사업 계획만 있는 상태에서 막연히 운용 주체만 믿고 돈을 맡겨야 한다. 스팩주가 투기Speculation로 비춰지는 이유다. SEC에서 규정하는 스팩의 정의에서도 주로 페니 스톡Penny Stock이라 불리는 유동성이 낮고 주가 변동성은 높은 5달러 이하 단가의 주식에 투자하는 것과 유사한 투자 상품으로 명시하고 있다.

스팩이 성공적으로 인수합병 대상 기업을 찾고 주주총회를 거쳐 최종 인수 승인까지 받으면 청산 절차를 거친다. 이 단계에서 기존 스팩 주식은 1주당 인수 기업 주식 1주로 전환되며 주식의 티커도 회사명과 함께 인수 기업 사명으로 바뀐다. 비상장회사가 이미 상장한 스팩이라는 셸컴퍼니를 인수합병해 우회 상장하는 셈이다.

인수 완료 이후에는 정해진 기간, 행사가 등의 조건에 주식을 살 수 있는 워런트Warrant 행사가 가능하다. 반면 기간 내에 인수 대상을 물색하지 못하거나 주주총회에서 결렬되어 인수에 실패할 경우 스팩은 해산한다. 이때 투자자는 스팩주 공모가에 투자 원금을 돌려받는다.

월스트리트 자본을 끌어모으는 스팩의 명과 암

2020년은 '스팩의 해'였다. 바로 이전 해인 2019년 한 해 상장한 전체 스팩 규모의 6배가 넘는 자금이 스팩 IPO로 몰려들었을 만큼 시장이 폭발적으로 성장했다. 경기침체를 방어하기 위해 미국 정부에서 시장에 조Trillion 단위 달러를 풀어놓자 유동성 과잉 공급으로 0% 금리가 현실화되면서 갈 곳 잃은 현금이 주식시장으로 대거 유입되었다. 이때 투자자를 끌어들이기에 매력적인 스팩이라는 대체 투자처가 각광받기 시작한 것이다. 변동성과 불확실성에 한껏 고조된 주식시장에서 전통 IPO는 높은 밸류에이션을 받기가 쉽지 않다. 아마 그 대체재로 스팩만큼 훌륭한 수단이 없었던 듯하다.

▶ 미국 증시에 상장한 스팩주 규모 추이   (단위: 백만 달러)

Year	IPO Count	Gross Proceeds	Average IPO Size
2021.12.08	581	$156,219.9	$268.9
2020	248	$83,379.0	$336.2
2019	59	$13,600.3	$230.5
2018	46	$10,751.9	$233.7
2017	34	$10,048.5	$295.5
2016	13	$3,499.2	$269.2
2015	20	$3,902.9	$195.1
2014	12	$1,739.2	$144.9
2013	10	$1,447.4	$144.7
2012	9	$490.5	$54.5
2011	15	$1,081.5	$72.1
2010	7	$496.5	$70.9
2009	1	$36.0	$36.0
TOTAL	1,055	$286,724.8	

IPO Count: IPO 수 | Gross Proceeds: 총수익 | Average IPO Size: IPO 평균 규모 (출처: SPACinsider)

요즘처럼 펀더멘털과 주가와의 괴리가 심하게 나타나는 증시에서 스팩주는 일종의 모험이다. 단순한 시장의 과잉 열기Hype만으로도 주가가 폭등하는 투기 양상을 보인다. 물론 이것을 잘 이용해 단기성 수익률을 목표로 접근하면 투자금이 몇 배 이상 불어나는 이상적인 상황을 맞을 수도 있지만 그 반대의 경우도 분명 존재하므로 리스크를 감안해야 한다.

다음의 가상 시나리오로 시장의 기대심리와 가속화된 모멘텀에 따라 스팩주가 어떻게 세 자릿수 수익률을 올릴 수 있는지 이해해보자.

▶ **어느 스팩주의 100% 수익률 실현 시나리오**

ABC라는 스팩주가 상장한다.

공개시장에서 거래를 시작한 ABC주를 매수하는 투자자는 ABC라는 스팩이 보유한 투자자금의 지분을 사는 것과 마찬가지다. 이 시점에서 ABC 주가는 보유자금에 따라 단가를 책정해 유닛당 10달러다(주가 10달러).

몇 개월 뒤 시장에 ABC가 기업 X를 인수할 거라는 루머가 돈다. X는 차세대 자율주행시장 성장을 견인할 유망 스타트업이라고 한다.

이 루머만으로 ABC 주가는 40% 가까이 뛴다(주가 14달러).

얼마 후 ABC는 기업 X를 인수합병한다고 발표하며 투자 설명서를 배포한다.
S-1 공시 수준의 상세한 내용은 없지만 그나마 인수 대상은 공개했다.

아직 딜 성사 가능성이 불투명하지만 어쨌든 M&A 대상 발표라는 호재에
ABC 주가는 추가로 40% 상승한다(주가 19.6달러).

▶ 인수 발표 이후 급등한 SPAC주의 주가 상승 사례

SPAC	상장 시기	주당 가치	인수 대상 기업	인수 발표 후 주가	수익률
Vectol Q Acquisition Corp	2018년	$10.00	Nikola Motors	$79.73	+697%
Tortoise Acquisition Corp	2019년	$10.00	Hyliion	$31.84	+218%
Graf Industrial Corp	2018년	$10.00	Velodyne	$20.53	+105%

10달러였던 주가가 19.6달러로 2배 가까이 상승하는 게 너무 억지스러운 전개라고 생각하는가? 하지만 실제로 최근 있었던 몇몇 스팩 사례는 모두 이런 과정을 밟았다. 근래 가장 핫했던 스팩 공모주 니콜라NASDAQ: NKLA가 창사 이래 5년간 단 한 대의 차도 만들거나 판매하지 못하고 만년 적자 상태였음에도 불구하고 뉴욕 증시에 성공적으로 데뷔해 한때 포드 시총까지 넘봤던 이유가 여기에 있다.

인수 대상 회사의 가치평가 없이 단지 인수 대상을 발표하는 것만으로도 주가가 급등하는 모양새를 보이자 투기성 짙은 스팩주를 향한 우려와 함께 이것이 증시 정점의 징후라는 말이 돌기도 했다. 버블 논란 속에서 치솟은 주가가 결국 모멘텀을 잃고 하락세로 전환한 사례도 있었다.

스팩 투자의 현실적인 엑시트 타이밍

그런데 최근 미국 스팩 시장이 심상치 않다. 스팩 열기 자체가 많이 수그러들었을 뿐 아니라 스팩에 무분별하게 진입했던 많은 개인투자자가 이제는 똑똑

하게 투자하기 시작했기 때문이다. 불과 몇 개월 전만 해도 불같이 뜨거웠던 시장이 과도기를 겪는 듯 보인다.

큰 화제를 몰고 다니며 행동주의 헤지펀드로 유명한 빌 애크먼의 '퍼싱 스퀘어 톤타인 홀딩스'Pershing Square Tontine Holdings 사례를 보자. 빌 애크먼은 현재 미국 스팩 사상 최대 규모의 자금 모집에 성공해 NYSE에 순조로운 상장을 마치고 현재 'PSTH'라는 티커로 거래되고 있다.

다른 대부분의 스팩주와 달리 주당 20달러에 공모했고 향후 '사업 성숙기인 유니콘 기업'Mature Unicorns 또는 코로나19로 타격을 받은 기술 분야의 비상장기업을 사들일 계획이고, 물색 중인 인수 대상 기업 중 밸류에이션 100억 달러 이상인 데카콘Decacorn 비상장기업들이 많다며 투자자들을 끌어들였다.

원래 기준 가격NAV인 20달러 선에서 거래되던 PSTH는 별다른 뉴스 없이도 2021년 초 32.95달러까지 65% 이상 급등했다. 2021년 1분기는 스팩 붐이라고 불릴 정도로 작년에 이어 스팩주의 IPO가 성황이었고, 특히 개인투자자의 수요가 폭발한 시장 과열 현상으로 수많은 스팩주가 상장 직후부터 몇 배수에 거래되던 시기였다. PSTH 역시 사상 최대 규모의 스팩이라는 점과 '빌 애크먼 효과'까지 더해져 인수합병 대상에 대한 아무런 언급이 없었음에도 연초 랠리를 이어갔다. "곧 데카콘 기업을 인수하겠다는 스팩 합병 발표를 할 것이다."라는 기대심리가 사실상 전부였다.

2월 중순에 예정되었던 빌 애크먼의 헤지펀드 퍼싱 스퀘어의 '연간 투자자의 날'Annual Investor Day에 발표될 공시에 대한 기대심리가 주가를 끌어올리는 모멘텀으로 이어졌던 것이다. 스팩이 상장될 기업과 인수합병을 체결하는 것을 'Definitive Merger Agreement'라고 하며 보통 이를 'DA'로 줄여서 부르는데, 이후 DA에 관한 소식이 없자 주가는 다시 하락했다.

그러다 2021년 6월, 유니버설 뮤직이라는 대형 인수 주체를 발표하면서 다시금 주목받았었다. 하지만 비상장기업을 합병해 상장하는 통상적인 스팩과 달리 스팩으로 유니버설 뮤직 소수지분minority stake 매입 후 또 다른 회사의 지분 매입 권리를 오퍼하는 스파크SPARC(기업인수권리회사) 모델이라는 상당히 복잡한 구조의 딜임이 밝혀졌다.

이러한 거래 방식은 SEC 규제 당국의 승인이 원활하지 않았음은 물론 기존 스팩 투자자에게도 어필하지 못했다. 결국 딜 구조 발표 후 주가는 20% 이상 하락했다. 물론 시간이 지나도 아무런 인수합병 발표가 없자 시장 열기는 급격히 냉각됐고 주가는 스팩의 NAV로 회귀해 2021년 12월 현재 20달러 이하에 머물고 있다. 빌 애크먼은 수개월 안에 PSTH와 합병할 새로운 기업을 찾아야 할 것이다.

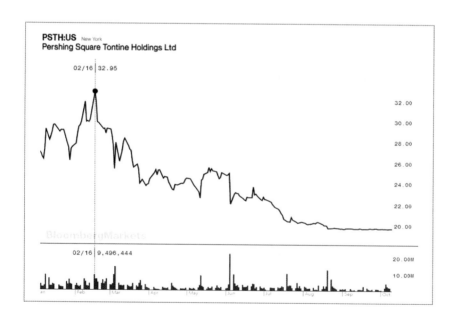

이런 일련의 사건을 통해 스팩주의 엑시트 시점을 생각해볼 수 있다. 보다시피 스팩주가 가장 크게 급등하는 구간은 '합병 성사'closing 시점이 아닌, '합병 발표'announced 시점이다. DA 발표 시점이 바로 스팩의 가장 이상적인 수익 시점이라고 볼 수 있다. 스팩주의 업사이드는 '원금 보장'과 '합병에 대한 기대'다. 합병이 실제로 성사되고 스팩이 청산되어 새롭게 상장된 기업 주식으로 거래되는 순간 두 가지 업사이드는 모두 사라지고 여느 일반 주식과 다를 바가 없어진다. 그때부터는 해당 기업의 실적과 미래 성장성이 반영된 주가로 거래될 것이고 여기서부터는 전혀 다른 접근법이 필요하다.

Q&A

Q   스팩주와 비교되는 페니 스톡은 무엇인가요?

A   SEC가 규정하는 페니 스톡의 정의는 주가 5달러 이하의 소규모 회사 주식을 가리킨다. 보통 OTC에서 매매가 이뤄지는데 상장, 유지 조건이 맞을 경우 정규 거래소에서 거래되는 페니 스톡도 있다. 예전에는 이들 주식의 매매 호가(Bid/Ask Quotes)가 기록된 일일 매매지를 핑크색 종이에 인쇄해 배포했기 때문에 핑크 시트 스톡(Pink Sheet Stocks)이라 부르기도 했다. 대부분 변동성이 높고 거래량은 적은 소형주다. 투기성 주식이 많아 페니 스톡이라고 하면 대체로 고위험 주식으로 인식한다.

반대로 OTC에서 거래가 이뤄지는 주식이라고 해서 모두 페니 스톡은 아니다. 해외 주식시장에 상장한 주식 중 특정 요건 미달로 미국 OTC에서 거래하는 주식도 있다. 네슬레(OTCMKTS: NSRGY), 닌텐도(OTCMKTS: NTDOY), 폭스바겐(OTCMKTS: VWAPY)이 대표적인 예로 이들은 페니 스톡이 아니다.

Q OTC 주식은 무엇인가요?

A 뉴욕증권거래소, 나스닥 같은 정규 거래소가 아닌 OTCBB(Over the Counter Bulletin Board), OTC 링크라는 쿼테이션 서비스(Quotation Service) 플랫폼에서 브로커딜러(Broker-dealer)를 거쳐 매매가 이뤄지는 장외거래 주식이다. 유망한 비상장기업을 싼 가격에 살 수 있다는 장점도 있지만 단점이 더 많다. OTC 시장 자체가 유동성이 낮다 보니 정규 거래소에 상장해 거래가 이뤄지는 주식에 비해 거래량이 적고 호가 스프레드(Bid-Ask Spread)가 커서 원하는 시기와 가격에 매매가 잘 이뤄지지 않을 수 있다. 또 SEC 규제가 없어서 일반 기업 같은 공시 투명성을 기대하기 어렵다. 회사 정보도 제공하지 않아 펀더멘털 분석이 불가능한 경우도 많다. 마진 거래나 공매도도 금지되어 있다.

스팩구조의
숨은 보너스
워런트와 레버리지 효과

워런트, 알아야 보이는 스팩주의 숨은 보너스

스팩의 가장 큰 매력은 미래 성장성이 있는 비상장 기업과의 인수합병 이후 주가 상승으로 기대할 수 있는 수익률이다. 인수합병에 성공하지 못해도 원금과 은행 예금이자 수준으로 돌려받기 때문에 기회비용과 수수료를 제외한 비용 없이 원금을 보장받는다. 제로금리 시대니 이자는 무의미하고 결국 원금 상환이라고 보면 되겠다. 그런데 미국 스팩주는 보통 워런트 형태의 권리증서와 동시에 발행한다. 스팩주는 공모 단계부터 주식과 워런트를 한

Warrant
워런트

정해진 기간에 일정 행사가격으로 주식이나 채권을 매입할 권한을 소유자에게 부여하는 권리행사권 증서다. 투자자에게는 워런트 자체 가격보다 권리행사 증서로 실현할 수 있는 투자수익, 즉 워런트의 미래 가치가 더 매력적인 요소다. 기대수익의 레버리지 효과로 매입 자산의 가격 변동 폭보다 워런트의 가격 변동 폭이 더 크다.

쌍Paired의 유닛Unit으로 구성해 상장하는 것이 특징이다. 그리고 스팩의 유닛은 거래소 상장 이후 여느 주식과 마찬가지로 증권사 플랫폼에서 바로 거래가 가능하다.

실제 스팩주 사례를 살펴보자. 2019년 4월 란카디아 홀딩스NASDAQ: LCA라는 스팩이 나스닥에 상장했다. 란카디아는 2,500만 주 유닛을 공모가 10달러로 상장했는데 유닛 구성은 클래스 A 보통주 1주와 3분의 1개의 상환 가능 워런트Redeemable Warrant다. 보통주와 워런트를 1 대 1 비율로 구성하지 않는 이유는 분리 이후 워런트 발행에 따른 주가 희석을 방지하기 위해서다. 상환가능 워런트란 주가가 지정 가격을 넘어설 경우 발행 주체인 스팩에 워런트를 매수할 권리가 있는 일종의 소프트 콜Soft Call 옵션 개념이다.

란카디아 주식은 20일 이상 주가가 18달러 이상으로 거래가 이뤄질 경우 발행사가 주당 0.01센트 가격으로 매입할 권리가 있다. 따라서 워런트 소유자는 18달러라는 상한가 한도가 있다고 생각하면 이해하기 쉽다. 워런트 처분 기간Redemption Period은 30일로 이 기간 내에 워런트를 시장에서 매매하거나 워런트를 행사해 보통주로 교환하는 식으로 처분할 수 있다.

유닛을 상장할 때 티커는 LCAHU(유닛은 뒤에 'U'가 붙는 것이 관례다), 보통주 티커는 LCA, 워런트는 LCAHW(워런트는 'W'가 붙는다)다. 스팩의 S-1 공시에 따르면 이 유닛은 공시 날짜 기준으로 52일째에 주식과 워런트로 분리한다. 일반적으로 워런트는 정수Whole Number 개수의 소유만 가능하므로(소수점 이하는 버려지는 셈) 1 대 3 비율의 워런트 분리인 경우 3배수로 소유하고 있어야 손해 보지 않는다.

이를테면 9개의 유닛을 보유하고 있어야 유닛 분리 후 3개의 워런트를 받을 수 있다. 만약 10개의 유닛을 보유했다면 분리 후 '10/3=3.333'개가 아니라 정수인 3개의 워런트를 받으므로 0.333개를 잃는 셈이다. 또한 스팩의 유닛 분리는 반드시 8-K 공시를 선행하므로 공시 확인이 중요하다. 이때 공시하는 8-K 보고서에는 감사를 마친 재무제표와 스팩 공모로 조달한 자금을 반영한 자본금 변경 사항까지 나오니 꼭 워런트 내용이 아니어도 스팩에 투자했다면 참고삼아 확인하는 것이 좋다.

Redemption of warrants	Once the warrants become exercisable, we may redeem the outstanding warrants (except as described herein with respect to the private placement warrants): ▪ in whole and not in part; ▪ at a price of $0.01 per warrant; ▪ upon a minimum of 30 days' prior written notice of redemption, which we refer to as the 30-day redemption period; and ▪ if, and only if, the reported closing price of our Class A common stock equals or exceeds $18.00 per share (as adjusted for stock splits, stock dividends, reorganizations, recapitalizations and the like) for any 20 trading days within a 30-trading day period ending on the third trading day prior to the date on which we send the notice of redemption to the warrantholders.

워런트의 발행사 매입 권리를 설명하는 란카디아 홀딩스의 S-1 공시.

▶ 란카디아 홀딩스의 워런트 권리행사 설명

권리행사 (Exercisability)	워런트 행사로 보통주 1주를 매수할 수 있다.
행사가 (Exercise price)	워런트 주당 11.50달러에 스팩주를 인수할 수 있다(스팩마다 다르지만 보통 스팩 공모가가 10.00달러인 주식의 워런트 행사가는 11.00~11.50달러다).
행사 기간 (Exercise period)	스팩의 인수합병 성사(closed) 뒤 30일 이후 혹은 스팩 공모 뒤 12개월 이후 둘 중 더 후기인 시점.
만기 (Expiration)	상환 조건에 따른 조기 상환이나 스팩 청산이 아닌 경우 워런트는 스팩 인수합병 성사 이후 5년이 지난 시점에 만기가 된다. 단, 스팩을 정해진 기간 동안 인수하지 않으면 워런트 권리행사 역시 사라지고 주식과 함께 워런트도 주주에게 공모가에 반환된다.

(출처: S-1, LCA, 2019.04.18.)

워런트로 수익을 극대화하는 방법

이제 스팩주와 함께 따라오는 워런트라는 보너스 증권을 이해했으니 어떻게 하면 이 워런트로 똑똑하게 트레이드하면서 투자수익을 극대화할 수 있는지 알아보자. 워런트 원리를 잘 이해하면 스팩의 인수합병 발표 전후로 움직이는 스팩 주가 차익 이상의 수익률을 얻을 수 있다. 참고로 스팩의 인수합병 발표까지 기간은 보통 18~24개월이지만 기한 마감 전 주주총회에서 기한 연장이 가능한 경우도 있다. 앞서 말한 란카디아 사례를 다시 살펴보자.

De-SPAC

스팩주의 인수합병 건이 완료 (Closing of the Acquisition)된 이후 기존의 스팩 주체가 청산되는 과정을 말한다. 스팩명이 사라지고 인수 대상 회사명과 새로운 티커를 따라 상장하므로 'De-SPAC'이라 부른다.

란카디아는 2020년 6월 29일 골든 너겟 온라인 게이밍Golden Nugget Online Gaming이라는 온라인 카지노 회사와의 인수합병을 발표했다. 이것이 성사되면 란카디아 주식은 사명이 골든 너겟으로 바뀌고 티커도 GNOG로 변경돼 거래가 이뤄진다De-SPAC. 인수합병 발표 전 공모가 10달러대에서 거래가 이뤄지던 LCA 주식은 골든 너겟이라는 인수 대상을 발표한 뒤 이틀 만에 주가가 16.35달러까지 뛰었다.

인수 완료 단계나 그 이후 상장하는 골든 너겟을 장기 보유할 생각이 없다면 인수 발표 시점인 이때를 매도 타이밍으로 잡을 수도 있다. 이때 공모가에 스팩을 매수한 주주라면 수익률이 벌써 63.5%에 이른다. 소유한 워런트는 행사 가능 기간인 '인수합병 완료 후 30일'이 지난 시점까지 기다려야 하지만 말이다.

스팩구조를 기반으로 한 인수도 엄연한 인수합병 건이므로 SEC에 프록시(제2장 참조) 보고서를 반드시 공시해야 한다. 프록시는 인수합병 건 승인을

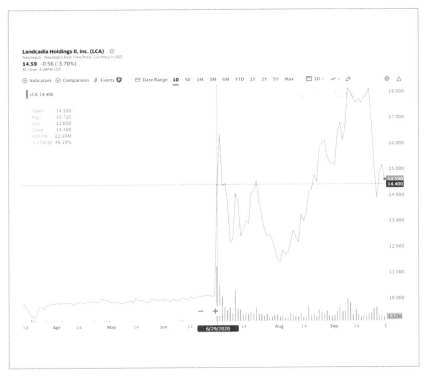

인수합병 발표 후 거래량과 주가가 급등한 란카디아. (출처: Yahoo Finance, 2020.09.30. 기준)

SPAC 인수합병 발표 당일 공시한 DEF-14 보고서의 투자자 설명서 커버 페이지. (출처: DEF/A-14A, LCA, 2020.06.29.)

위한 주주총회에서 의결권이 있는 주주들이 꼭 알아야 하는 모든 정보를 명시하고 있으므로 스팩 인수 대상을 자세히 알고 싶으면 반드시 확인해보자.

공시 내용을 전부 읽기 힘들다면 주요 거래 내용Key Tran- saction Terms 섹션이라도 확인하자. 인수합병 이후 회사의 기업 가치Pro-forma Enterprise Value가 7억 4,500만 달러라는 것과 간단한 밸류에이션 지표를 알 수 있다(골든 너겟의 선행 매출액 약 1억 2,200만 달러의 6.1×로 가치 배수를 산정했다).

아직 완료Closed하지 않은 인수 건이라 모든 것이 유동적이고 적정 가치에 관한 의견도 분분하지만 예시를 위해 골든 너겟의 인수합병 이후 장기적 목표 주가를 34달러라고 가정해 보자. 현재 주가 17달러 근처에서 거래가 이뤄지는 LCA의 주주라면 기대수익률은 100%다. 그럼 LCAHW 소유자의 기대수익률은 얼마나 될까? 먼저 이 워런트의 행사가를 보자. 11.5달러에 행사가 가능하니 현재 ITM In-the-money 워런트다. 이 경우 워런트의 내재가치는 골든 너겟의 예상주가 34달러와 워런트 행사가 11.5달러의 차이인 22.5달러다. 현재 시장에서 거래가 이뤄지는 LCAHW 시가는 6.4달러니 워런트 기대수익률은 252%다. 단순 보통주의 기대수익률 대비 2.5× 더 크다. 이것이 바로 워런트의 '레버리지 효과'다.

현재 LCA 주식은 18달러 이하로 거래가 이뤄지고 있으니 워런트를 조기 상환할 콜 리스크Call Risk도 없다. 그렇지만 레버리지는 좋은 방향으로 움직일 때는 한없이 좋지만 하락하는 방향일 때는 연계 주식보다 훨씬 더 하락폭이 크므로 조심해야 한다. 지금은 주식이 17달러선에서 거래가 이뤄져 행사가 11.50달러보다 높으니 어느 정도 방어하고 있지만 행사가 밑으로 떨어질 Out-of-the-money 정도로 주가 하락을 야기하는 사건이 일어나면 워런트 가격은 그보다 더 큰 타격을 받는다.

워런트의 내재가치 Intrinsic Value

행사가치 Execution Value 라고도 불린다. 연계 주식의 현재 주가가 워런트 행사가격보다 높을 때 워런트 행사로 얻을 수 있는 수익, 즉 현재 주가와 워런트 행사가의 차이다. 수익을 얻을 수 있는 구간인 ITM 상태일 때, 워런트의 가치는 가장 높다.

- 옵션·워런트 증권 행사가($11.50) < 매입 가능한 주식의 주가($17.00)

  → ITM(In-the-money)

- 행사가($11.50) > 주가($10.25) → OTM(Out-of-the-money)

- 행사가($11.50) = 주가($11.50) → ATM(At-the-money)

스팩의 워런트가 지닌 레버리지 효과 때문에 인수합병 발표나 성사 시점에 실현할 단기 수익을 노리고 집중 거래하는 트레이더들도 있다. 워런트의 특성상 매매량이 적고 비유동적인 시장이라 매매가 원활하지 않을 수 있지만 최근 미국 개인투자자 사이에 스팩주에 보이는 관심과 인기가 늘어나는 만큼

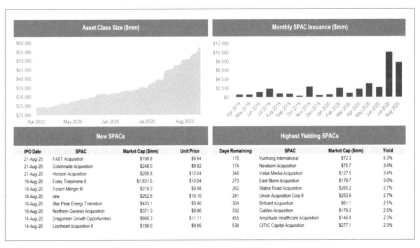

사상 최고치를 갱신하는 미국 SPAC 시장 규모. (출처: SPAC Analytics, Alpha Rank SPAC Monitor, 2020.08.30.)

점차 커지는 시장임에는 틀림없다.

스팩의 두 가지 매력
: 단기 차익실현과 분산투자 효과

미국 스팩 투자에 관심이 있다면 수시로 업데이트하는 스팩주의 공모 현황을 모니터링하는 습관을 들이자.

결국 스팩주의 진정한 가치는 투자 대상을 선별하고 진정 사업 가치가 있는 기업을 발굴해 인수함으로써 일반적인 IPO보다 더 효율성 있게 공개시장에 상장해 가치를 실현하는 데 있다. 만약 스팩주나 워런트를 투자 대상으로 보고 관심을 기울이는 중이라면 스팩을 운용하는 투자 인력과 그들의 투자 과정까지 신뢰할 수 있는지 따져봐야 한다.

스팩주는 개인투자자가 주식처럼 살 수 있는 일종의 블라인드 풀Blind Pool인 사모펀드와 유사한 개념이라 분산투자 차원에서도 매력적이다. 단기 차익을 목표로 들어가는 경우라면 인수합병 발표 시점(일종의 밈이 되어버렸지만 흔히 'DA가 떴다'고 표현한다)을 주목해야 할 것이고, 장기적으로 접근한다면 스팩 합병 이후 성공적인 우회 상장에 이어 계속 성장할 주식을 스팩 원금 가격에 '싸게' 진입한다는 사실에 의의를 두어야 한다. 후자의 경우 길게는 2년 이상 투자금을 묶어놓을 여력이 필요하다.

미국 주식분할의
오해와 진실
주식분할이 주가에 미치는 영향

큰 조각을 잘라서 파는 것일 뿐

피자 한 판을 주문해 친구들과 나눠 먹기 위해 여섯 조각으로 잘린 피자를 더 잘라 열두 조각으로 만든다면 어떨까? 여기서 달라진 것은 무얼까? 여섯 조각 피자가 열두 조각으로 잘려도 먹을 수 있는 피자의 총량은 달라지지 않는다. 피자 자체가 더 생긴 것은 아니기 때문이다. 한 사람당 먹는 양에도 변함이 없다. 원래 큰 조각 하나를 먹던 친구는 이제 작은 조각 2개를 먹는 것뿐이다. 소식하는 편이라 작은 조각 하나만 먹는 친구는 애초에 큰 조각 하나를 주어도 절반 정도는 남길 것이다. 먹을 수 있는 양에 변한 것은 아무것도 없다. 단지 조금만 먹고 싶을 때 먹기 편리하도록 세팅한 것이 전부다.

주식분할Stock Split 원리도 이와 같다. 적어도 이론상으로는 그렇다. 주식분할은 말 그대로 기존 주식을 일정 비율로 나누는 것이며 기업의 펀더멘털과는 무관하다. 펀더멘털과 관련해 어떤 신호를 보내지도 않는다. 기업 자체에는 아무런 변화가 없기 때문이다. 유일한 변화는 주식의 단가Price Tag다. 예를 들어 1,000달러짜리 주식을 1주 갖고 있는데 그것을 4 대 1로 분할하면 250달러짜리 주식 4주를 갖게 된다. 내가 그 주식에 총 1,000달러를 투자하고 있다는 점에는 변함이 없다.

왜 테슬라는 주식분할 발표 이후 50%가 뛰었을까

주식분할 원리를 머리로 이해한 뒤 미국의 주식분할 사례를 보면 당황스러울지도 모른다. 2020년 7월 30일 애플이 4 대 1로 주식분할을 하겠다고 발표했는데 발표 당일 주가가 11% 이상 뛰었고 한 달이 덜 지난 시점에는 30% 가까이 상승했다. 또한 2분기 실적 발표 후 지지부진하고 오히려 하락세이던 테슬라도 8월 11일 주식분할을 발표한 직후 하루 만에 13% 상승했다.

애플은 지금까지 총 네 번 주식분할을 했다. 1987년, 2000년, 2005년에는 각각 2 대 1 비율로 진행했고 2014년에는 7 대 1 비율로 이뤄졌다. 그리고 2020년 4 대 1 비율로 주식분할을 발표했다. 만약 1987년부터 애플 주식 1주를 갖고 있었다면 2020년 현재 그 1주는 224주(=2×2×2×7×4)가 되어 있을 것이다.

이 주식을 바라보는 시장의 인식에는 변화가 생기기 시작한다. 특히 개인투자자에게 큰 심리적 변화가 일어난다. 단지 인식 차이이고 심리적인 것뿐이지만 아무튼 이들은 시장을 움직이는 한 축이므로 분명 주가에 영향을 미친

애플(위)과 테슬라(아래)가 주식분할을 발표한 날부터 주식분할 전 마지막 거래일(8월 28일)까지의 주가 변화율. 차트의 주가는 주식분할 이후의 가격이다. (출처: Koyfin, 2020.09.30. 기준)

다. 단순히 생각하면 가격 부담 때문에 고려조차 하지 않던 1,000달러가 넘는 주식이 갑자기 250달러가 되면 '한번 사볼까' 하는 인식 변화가 일어난다. 이 경우 더 넓은 범위의 리테일 투자자를 끌어들일 수 있어서 주식의 유동성에 긍정적 효과를 준다. 기관투자자 입장에서는 아무런 변화가 없다. 1주에 100달러든 1만 달러든 기업 가치에는 변화가 없고 투자 규모도 펀드 전체에서 특정 종목이 차지하는 비율(%)로 조정하기 때문에 투자 포지션이 바뀔 일도 없다.

사실 '투자자의 접근성을 높이기 위해'라는 주식분할의 이유로도 주가 폭등 현상을 전부 설명할 수는 없다. 미국 개인투자자는 단주Fractional Share라고 해서 1,000달러 주식 1주를 살 수 없으면 그 주가의 일부만 매수할 수도 있기 때문이다. 예를 들어 애플 5달러, 테슬라 10달러 식의 주식 보유가 가능하다. 물론 증권사가 보유한 주식을 개인투자자가 증권사로부터 일부 매수하는 것이지만 주식의 일부만 매수한다는 개념에는 변화가 없다. 더구나 요즘에는 여기에 증권사 수수료도 거의 없다.

이런 식의 투자구조가 가능함에도 불구하고 기업이 주식분할을 하는 이유는 급성장한 리테일 투자자의 심리를 이용해 주가 상승을 기대하기 때문이라고밖에 달리 해석할 수 없다.

워런 버핏이 주식분할을 하지 않는 이유

유동성도 공급해 주고 단기적이나마 주가가 상승하는 효과를 낸다면 왜 다들 주식분할을 하지 않는 것일까? 그건 주식분할에 그럴 만한 단점도 있어서다. 성장세인 기업 가치를 반영해 주가가 계속 올랐을 경우 오른 주가의 액면가만 따지면 아무리 비싸졌어도 장기투자를 하는 가치투자자에게는 문제가 되지 않는다. 주당 가격이 높아진 것과 주식이 고평가된 것은 전혀 다른 의미라는 것을 기억하자.

높은 단가에도 주식분할을 하지 않으면 기업 가치에 중점을 두는 장기투자자를 주주로 끌어들이고 유지할 수 있는 반면, 주식분할로 액면가가 낮아지면 단지 단가가 싸다는 이유만으로 주식을 사는 단기성 자금이 몰리면서 기업이 선호하지 않는 투자자가 유입된다. 이는 곧 변동성이 높아진다는 것을 의미한다. 이런 이유로 주식분할을 선호하지 않는 기업도 많은데 그 대표적인 사례가 버크셔 해서웨이 주식이다.

1962년 워런 버핏이 주당 7.50달러에 지분을 보유한 이 주식은 현재 31만 달러로 약 4,150,000% 상승했다. 주식이 너무 비싸지자 그동안 언론, 애널리스트 심지어 주주들까지 워런 버핏에게 왜 주식분할을 하지 않느냐고 수차례 물었다. 그 답변으로 워런 버핏이 남긴 유명한 말이 있다.

> "주식분할을 한다는 이유로 주식을 매수하는 부류의 투자자는 주주가 되지 않았으면 한다. 기업 가치와 무관한 이유로 주식을 매수하는 사람은 기업 가치와 상관없는 이유로 주식을 매도할 것이기 때문이다." (letter to shareholders, 1984.)

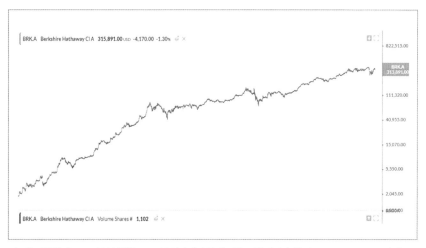

버크셔 해서웨이(BRK-A)의 시총은 4,950억 달러이며 주가는 약 31만 달러다. (출처: Koyfin, 2020.09.30. 기준)

주식분할이 다우 지수에 미치는 영향

다우 지수와 S&P500 지수에 모두 포함된 애플을 예시로 보자. 주식분할은 각 시장지수에 어떤 영향을 미칠까? 우선 애플이 4 대 1로 주식분할을 해도 S&P500 지수에는 영향을 미치지 않는다. 주식분할 효과로 주가가 상승해 시총이 올라간 만큼 지수를 차지하는 비중에는 영향이 있겠지만 주식분할 자체가 S&P500 지수를 움직이는 일은 없다.

반면 다우 지수에는 큰 변화가 일어난다. 다우 지수는 구성 종목의 가격 가중price-weighted 방식으로 산정한 인덱스다. 즉, 다우 지수에 편입된 30개 기업의 시총이 아닌 단순 주가의 평균값이 움직이는 정도를 나타내는 지수다. 따라서 주식 단가가 절대적으로 높은 기업의 주가 움직임에 민감하게 반응한다. 400달러대인 애플 주식이 4 대 1로 분할해 단가가 100달러대로 낮아지면 애플 주가의 움직임이 다우 지수에 미치는 영향력은 훨씬 떨어진다. 대신 다우 지수를 구성하는 나머지 29개 주식의 주가 변화가 인덱스에 미치는 영향력은 상대적으로 더 커진다.

다음 차트는 만약 애플이 2020년 초에 주식분할을 했다면(진한 파란색 선) 그동안 애플의 주가 상승이 지수에 미치는 영향이 현저히 줄어들어 다우 지수가 현재보다 훨씬 더 하락한 상태였으리라는 것을 보여준다. 그간 애플을 포함한 대형주의 주가 상승이 지수 전체를 끌어올리는 주요 원동력이었기 때문이다.

주식시장은 때로 이성적이지 않다. 아니, 대부분 이성적이지 않게 움직인다고 보는 게 맞다. 이론적 결과야 어찌됐든 대형주의 주식분할을 호재로 인식해 주가가 상승하는 현상이 나타나는 시장에서 투자자는 어떻게 대처해야 할까? 이미 주식분할을 발표해 상승 곡선에 오른 주식을 추격 매수하기에는

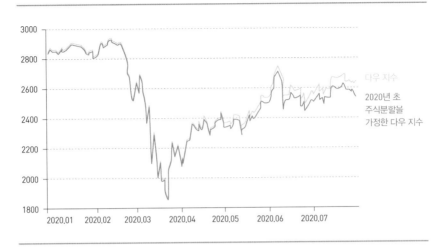

▶ 애플의 주식분할이 2020년 초에 실행됐다고 가정한 다우 지수와 실제 다우 지수 추이 비교

(출처: Dow Jones Market Data)

리스크가 지나치게 크고 기대수익률도 너무 낮다. 과거 주식분할 사례를 보면 뉴스를 공시하는 당일 시장에서 가장 크게 관심을 받고 이후로도 제법 관심을 받으면서 주가가 상승했다. 리테일 투자시장이 폭발적으로 성장한 최근에는 이 상승폭이 더 커지는 추세다.

그러나 막상 주식분할한 후에는 원래 수준으로 돌아오거나 주가가 오히려 하락한 사례도 많다. 이는 주식분할 전후의 시총 변화로 알 수 있는 사실이다. 만약 주식분할 이후 다우 지수에 새로 편입되는 등 별개의 호재가 작용하면 주가의 추가 상승을 기대할 수도 있다. 반면 너도나도 그걸 기대한 상태에서 주식을 매수할 경우 그 기대심리가 이미 반영된 가격으로 매수하므로 막상 그것이 현실로 나타나도 상승폭에 제한이 있다. 이때는 차라리 다른 건전한 성장주 중 주식분할을 예상하는 주식에 투자하는 편이 낫다. 좋은 주식은 펀더멘털 성장과 더불어 주식분할로 유동성을 추가 공급해 주가 성장을 가속화하기도 한다.

대표적으로 월스트리트에서 주식분할의 다음 타자로 가장 많이 입에 오르내리는 아마존을 예시로 보자.

일단 주가를 액면 그대로만 보면 단가 3,200달러는 리테일 투자자가 심리적으로 접근하기 어려워하는 수준이다. 더구나 늘 애플을 견제하는 아마존 입장에서 애플의 주식분할 뉴스와 그에 따른 주가 행보는 충분히 분할을 고려해볼 만한 상황이다. 아마존은 아직 다우 지수에도 포함되지 않았는데 이것도 너무 높은 주가 때문이다. 앞서 말했듯 다우 지수 산정 방식에서는 아마존 같은 주식을 지수에 포함하면 나머지 기업 주식과의 균형이 깨지는 탓에 다우 지수 위원회Committee에서는 지수 편입을 허가하지 않는 상태다.

3,000달러가 넘으면서도 여전히 가파르게 상승하는 주가 추이를 고려하면 아마존은 15 대 1, 더 크게는 20 대 1까지도 주식분할이 가능하리라고 본다. 비슷한 논리로 구글, 넷플릭스, 마이크로소프트, 치폴레 멕시칸 그릴NYSE:CMG, 어도비 등의 주식도 주식분할을 예상할 수 있다.

아마존은 1997년 IPO를 한 이래 세 번 주식분할을 했으나 전부 1990년대에 이뤄졌다. 성장주가 되어 주가 가치에 프리미엄이 더해지면서 급등하기 시작한 2000년대 들어서는 한 번도 주식분할을 한 적이 없다. 만약 IPO 당시 18달러였던 아마존 주식을 100주 보유했다면 세 차례의 주식분할과 그간의 주가 성장을 반영해 투자금이 1,800달러에서 380만 달러로 불어나 있을 것이다.

아무튼 주식분할은 일시적 유동성 공급 면에서는 호재일 수 있으나 펀더멘털이 건전하고 기업 가치가 성장할 때 이뤄져야 주가가 오른다. 기업의 성장성에는 변함이 없는데 주식분할만 한다고 장기적으로 주가가 오르는 건 아니다.

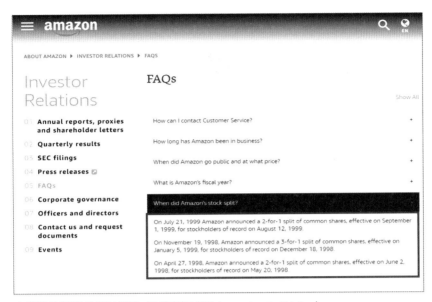

아마존의 주식분할 역사를 설명하는 IR 웹사이트. (출처: Amazon Investor Relations)

Q   미국의 주식분할과 한국의 액면분할은 뭐가 다른가요?

A   한국에서 말하는 '액면분할'은 엄밀히 따지면 미국의 '주식분할'과 다른 개념이다. 회계기준이 다른 미국 주식에는 사실상 액면가 개념이 없기 때문에 영문 그대로 주식분할이라고 하는 것이 정확하다. 한국은 액면가가 정해지면 그 이하로는 주식 발행이 원칙적으로 불가능하며 주주총회에서 따로 승인을 받아야 한다. 주가가 액면가 이하로 내려가면 증자가 불가능한 것이다. 미국 기업은 애초에 액면가가 존재하지 않아 주식 발행에 이러한 제약이 없다. 결국 미국 주식은 액면분할이 아닌 주식분할이라고 하는 것이 맞다. 무액면가 주식을 발행하는 미국 기업은 상대적으로 주식분할과 주식병합(Reverse–Stock Split)이 용이하고 덕분에 자금조달 면에서 유동성이 높다는 장점이 있다.

애플 주식 실물 증권(Stock Certificate). 액면가가 존재하지 않아 표기도 없다. 대신 해당 주주가 소유한 주식의 개수만 표기되어 있다.

Q 주식병합은 뭔가요?

A 단가가 낮은 주식을 합쳐 주가를 높이는 것을 말한다. 예를 들어 주당 50센트 주식 10주를 합쳐 5달러 주식을 만드는 식이다. 주식병합은 주식분할과 반대로 낮은 주가를 끌어올리기 위해 사용한다. 주식 수가 줄어든다는 점에서는 감자와 비슷하지만 자본금과 주주의 지분 가치에 변함이 없다는 것이 다르다. 미국 나스닥 거래소의 상장 규정에 따르면 1달러 이하로 떨어진 주가가 3개월 이상 지속되는 주식은 상장 폐지된다. 따라서 재정 상태가 좋지 않은 페니 스톡이 주가를 1달러 이상 수준으로 유지하기 위해 곧잘 사용하는 전략이다.

배당 축소, 배당 정지를
예고하는 조짐
배당주 투자 시 유의할 점

배당률이 높으면 주주친화적인 기업일까

미국 기업은 전체적으로 주주친화적이고 배당성향도 높다. 따라서 매월 혹은 분기마다 꼬박꼬박 나오는 현금배당을 목표로 고배당주에 집중 투자하는 전략도 나쁘다고 할 수는 없다. 문제는 배당주 선정 기준을 단순히 '배당률이 높다', '오랜 배당 역사가 있다'에 둘 때 생긴다.

미국 기업의 배당금은 배당성향에 따라 정해진다. 기업은 목표 배당성향 Target Payout Ratio에 따라 배당금을 산정한다. 배당률은 그 결과값일 뿐이다. 그러므로 기업의 배당성향을 따질 때는 배당률 변화가 아닌 배당성향 추이를 살펴야 한다. 불황 속에서도 주가가 우상향하는 동시에 배당까지 성장하는 기업은 분명 있다. 하지만 과거 배당성향이 배당 지속가능성까지 보장해주는

▶ 미국 섹터별 배당성향 비교

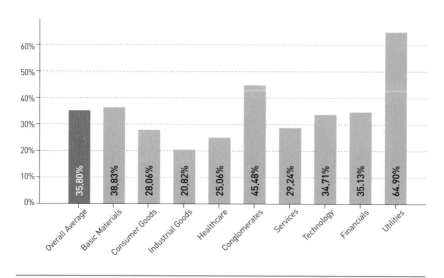

참고로 부동산과 리츠주는 배당성향을 산정하는 회계기준 차이로 비교 대상에서 제외됐다.
Overall Average: 전체 평균 | Basic Materials: 기초 원자재 | Consumer Goods: 소비재 | Industrial Goods: 산업재 | Healthcare: 헬스케어 | Conglomerates: 복합기업(여러 사업을 영위하는 기업들이 지주회사로 연결된 기업체) | Services: 서비스업 | Technology: 기술 | Financials: 금융 | Utilities: 유틸리티 (출처: Dividend.com, 2016.07.04.)

것은 아니다.

배당금의 의미를 잘 생각해 보면 답이 나온다. 배당은 기업이 잉여자본금을 주주에게 환원해 주는 것이다. 따라서 주로 성숙기에 들어선 기업이 배당성향이 높은 편이다. 성장을 위해 투자하는 자본지출이 필요한 기업은 잉여자본금을 배당금 형태보다 투자 자본으로 쓴다. 물론 성숙기에 접어든 고배당 기업도 배당금의 지급 원천인 EPS와 현금흐름 등의 실적이 악화하면 배당을 유지할 수 없다.

먼저 '배당률이 높다'라는 말의 의미를 제대로 파악해야 한다. 그럼 배당률 산정 방식을 보자.

$$\text{배당률 Dividend Yield \%} = \frac{\text{연간배당금 Annualized Dividend Per Share}}{\text{현재 주가 Current Price}}$$

배당률이 높다는 것은 산술적으로 두 가지를 의미한다. 하나는 연간 배당금이 높다는 것이고 다른 하나는 현재 주가가 낮다는 것이다. 예를 들어 연간 배당률이 2.5%인 기업 A가 있다고 해보자. A사 주식의 연간 배당금은 2.5달러고 현재 주가는 100달러다. 그런데 경영 악화와 대외적인 악재가 연속으로 발생해 주가가 반토막이 나면서 50달러가 되었다. 이제 배당률은 5%다. 과연 A사 주식은 당신이 생각하는 '고배당주'인가? 이런 상황에 처한 기업은 대개 배당을 축소하거나Dividend Cut, 배당을 일시적으로 정지한다Dividend Suspension.

배당금 지급 사항은 기업 이사회Board of Directors와 경영진이 합의해서 결정하는 문제다. 이들은 다음 분기 실적 발표 때 혹은 더 시급한 경우에는 다음 배당 지급 기준일이 다가오기 전에 주주에게 알리는 언론 보도Press Release 형태로 공시한다. 그 결정을 내리기 전에 배당 축소 조짐을 감지한 시장은 이미 발 빠르게 반응하기 때문에 주가 하락 시점에 기업의 배당률이 높아 보이는 왜곡 현상이 발생한다.

가령 다른 기업 B는 특별히 주가 하락을 겪지 않았지만 현재 배당률이 5%라고 하자. 이 주식은 안전한 고배당주인가? 이 또한 알 수 없는 일이다. 배당금 대비 수익이 없을 수도 있고 적당한 수익 유보가 있어야 가능한 투자 여력에 문제가 있을 수도 있다. 중장기적 수익성 악화로 배당성향이 올라가는 경우라면 언제든 배당 축소도 가능하다. 미국 주식시장은 배당 축소에 민감하게 반응하며 배당 축소를 공시하는 순간 주가가 급락한다. 배당률이 높다고 그것을 액면 그대로 받아들여 투자하면 자칫 낭패를 볼 수도 있다.

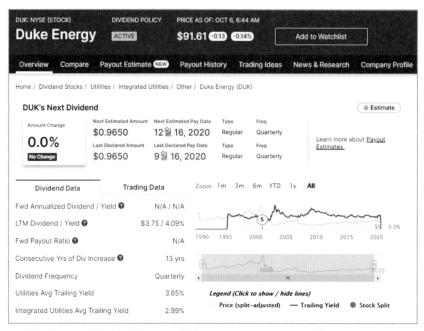

배당주 분석에 관련된 다양한 지표를 보여주는 사이트. (출처: Dividend, 2020.10.07. 기준)

▶ S&P500 종목 중 배당 축소·중지한 종목 개수 현황

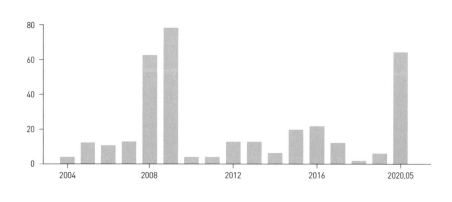

코로나19 사태가 촉발한 경기침체의 타격이 가장 컸던 2020년 2분기(5월 4일 기준) 동안 배당금을 축소, 중지한
종목은 총 639개였다. 이는 2009년 금융위기 이후 최고 수치다. 위의 그래프는 S&P500 종목에 한정된 수치를
나타낸다. (출처: CNBC)

그 반대의 경우도 성립한다. 예를 들어 연간 배당률이 1.0%인 기업 C를 생각해 보자. C사의 연간 배당금은 주당 1달러, 현재 주가는 100달러다. 그리고 C사와 같은 업계에 있는 경쟁사의 평균 배당률은 2%대다. 이때 C사 주식을 저배당주로 간주하고 배당 투자 대상 목록에서 제외해야 할까? 배당률만 보고는 알 수 없다. 결론은 왜 다른 유사 기업 대비 배당률이 낮은지 그 이유에 따라 달라진다. 배당을 지급할 만큼 충분한 실적이 나오지 않아서, 신사업 개발 등 성장을 위해 현금 유보율을 늘려서, 현금흐름에 문제가 있어서 등 여러 가지 이유가 있을 수 있다. 다시 말해 지금 낮은 배당률이 성장에 집중하기 위한 일시적 현상인지, 아니면 경영악화에 따른 경보음인지에 따라 투자 고려 대상이 될 수도 있고 아닐 수도 있다.

그래서 고배당주가 고배당인 이유, 저배당주가 저배당인 이유를 반드시 알아야 한다. 그 이유를 찾으려면 기업 공시와 재무제표를 볼 수밖에 없다.

전반적인 경기 상황 때문이든 기업 자체의 문제로든 배당금을 지급할 현금 여력이 없는 기업은 언제든 배당을 축소하거나 아예 중지할 수 있다. 그러니 배당주 투자를 할 때는 배당률이라는 단편적 지표뿐 아니라 배당의 지속 가능성을 이해하기 위해 기업의 전체 재무 현황을 살펴봐야 한다.

기업의 배당성향을 이해하려면
재무제표의 어느 곳을 봐야 할까

모든 해답은 재무제표에 있다. 그러면 재무제표의 어느 부분을 어떻게 보고 해석해야 기업의 배당성향을 제대로 이해할 수 있을까? 배당금을 결정짓는

PART I - FINANCIAL INFORMATION
Item 1. Financial Statements

AT&T INC.
CONSOLIDATED STATEMENTS OF INCOME
Dollars in millions except per share amounts
(Unaudited)

	Three months ended June 30,		Six months ended June 30,	
	2020	2019	2020	2019
Operating Revenues				
Service	$ 37,051	$ 41,023	$ 75,934	$ 81,707
Equipment	3,899	3,934	7,795	8,077
Total operating revenues	40,950	44,957	83,729	89,784
Operating Expenses				
Cost of revenues				
Equipment	3,978	4,061	8,070	8,563
Broadcast, programming and operations	5,889	7,730	12,643	15,382
Other cost of revenues (exclusive of depreciation and amortization shown separately below)	8,116	8,721	16,458	17,306
Selling, general and administrative	9,831	9,844	18,591	19,493
Asset impairments and abandonments	2,319	-	2,442	-
Depreciation and amortization	7,285	7,101	14,507	14,307
Total operating expenses	37,418	37,457	72,711	75,051
Operating Income	3,532	7,500	11,018	14,733
Other Income (Expense)				
Interest expense	(2,041)	(2,149)	(4,059)	(4,290)
Equity in net income (loss) of affiliates	(10)	40	(16)	33
Other income (expense) – net	1,017	(318)	1,820	(32)
Total other income (expense)	(1,034)	(2,427)	(2,255)	(4,289)
Income Before Income Taxes	2,498	5,073	8,763	10,444
Income tax expense	935	1,099	2,237	2,122
Net Income	1,563	3,974	6,526	8,322
Less: Net Income Attributable to Noncontrolling Interest	(282)	(261)	(635)	(513)
Net Income Attributable to AT&T	$ 1,281	$ 3,713	$ 5,891	$ 7,809
Less: Preferred Stock Dividends	(52)	-	(84)	-
Net Income Attributable to Common Stock	$ 1,229	$ 3,713	$ 5,807	$ 7,809
Basic Earnings Per Share Attributable to Common Stock	$ 0.17	$ 0.51	$ 0.81	$ 1.06
Diluted Earnings Per Share Attributable to Common Stock	$ 0.17	$ 0.51	$ 0.81	$ 1.06
Weighted Average Number of Common Shares Outstanding – Basic (in millions)	7,145	7,323	7,166	7,318
Weighted Average Number of Common Shares Outstanding – with Dilution (in millions)	7,170	7,353	7,192	7,347

See Notes to Consolidated Financial Statements.

배당 지급 가능한 기업의 영업이익 및 순이익 산출 관련 주요 항목을 볼 수 있는 AT&T의 손익계산서.
(출처: 10-Q, T, 2020.08.05.)

것은 기업의 배당성향이므로 먼저 그 배당성향을 어떤 수익 지표에 적용하는지 알아야 한다. 일반적으로 기업 순이익과 주당순이익에 배당성향을 적용해 배당금을 책정한다. 다만 리츠 같은 특수한 경우에는 주당순이익이 아니라 AFFO 수치에 배당성향을 적용한다. 이해를 돕기 위해 텔레콤 회사 AT&T를 예로 들어보겠다.

왼쪽은 AT&T의 2020년 2분기 10-Q 공시 자료 중 일부다. 우선 10-Q의 손익계산서Consolidated Statement of Income에서 두 가지 항목을 살펴보자. 그것은 보통주 당기순이익Net Income Attributable to Common Stock과 희석주당순이익 Diluted Earnings Per Share Attributable to Common Stock이라는 두 지표다.

통상 이들 수치에 배당성향을 적용하면 해당 분기 배당금을 책정할 수 있다. 이번 분기 AT&T가 발표한 배당금은 주당 52센트였으니 연간 배당으로 환산하면 2.08(=$0.52×4)달러다. 현재 주가가 27달러대이므로 선행 배당수익률Fwd Yield은 6.93%(=$2.08/$30)로 상당히 높은 편이다. 이번 분기 주당순이익은 재무제표에 나와 있듯 주당 17센트이므로 배당성향은 305.8%(=$0.52/$0.17)다. 뭔가 이상하지 않은가. 17센트에 불과한 주당순이익으로 어떻게 52센트나 되는 배당금을 지급한단 말인가? 300%가 넘는 배당성향은 또 무슨 말인가?

그럼 주당순이익을 산정하는 기업의 순이익Net Income이 어떻게 이뤄졌는지 재무제표 항목을 하나하나 짚어보자. 손익계산서의 가장 첫 줄에 영업활동에 따른 매출Total Operating Revenues이 있고 그 밑에 각종 영업비용 항목이 있다. 대부분 통신 사업 장비비용, 수신비용, 방송·프로그램 운영비용 그리고 SG&A 비용이다. 영업비용의 마지막 두 항목도 합해서 100억 달러에 가까운 큰 비용인데 바로 자산손상차손Asset Impairments과 감가상각비Depreciation &

Amortization다. 이들 비용을 전부 차감해서 나온 영업이익마진Operating Income Margin이 겨우 8%대다.

여기까지만 봐도 이상하다는 감이 와야 한다. 자산손상차손이나 감가상각비처럼 실제 현금 지출이 아닌 회계비용이 전체 영업비의 약 3분의 1을 차지하면서 영업이익이 적어 보이게 만들고 있다. 통신사는 그 특성상 통신 관련 각종 인프라, 장비, 건물, 부동산 등 규모가 큰 유형자산이 많은데 회계규정상 그 자산상각비를 전부 차감하고 영업이익을 산정한다.

영업이익 아래 비용 항목 중 눈에 띄는 건 20억 달러가 넘는 이자비용이다. 사업 개발과 성장을 위한 차입비용이 큰 것은 당연하다. 부채와 가깝게 분류하는 우선주 발행도 상당해 우선주 배당비용(우선주 이자비용)도 있다. 이 모든 비용을 차감해 보통주 주주에게 돌아가는 당기순이익을 산정한다. 이 당기순이익과 주당순이익은 기업이 속한 산업의 특성을 전혀 고려하지 않고 표준 회계기준에 따라 계산한 것이다. 이렇게 따지면 AT&T의 주당순이익은 주주에게 배당을 지급할 여력이 있는지 판단하는 기준인 실제 현금 보유력과 거의 무관하다.

따라서 AT&T 경영진은 순이익이 아닌 잉여현금흐름을 기준으로 배당성향을 책정해 분기별 배당금 지급 사항을 공시한다. 다음은 2020년 2분기 어닝스 발표 자료에 공시한 배당성향 관련 내용이다. 잉여현금흐름을 기준으로 49%의 배당성향을 적용해 주당 52센트의 배당금을 지급했음을 알 수 있다.

배당금을 지급할 현금 여력인 잉여현금흐름 산정 기준은 오른쪽의 공시자료에서 보다시피 영업현금흐름 Net Cash from Operating Activities에서 자본지출 Capital Expenditures을 차감한 금액이다. 기업 가치평가에 사용하는 잉여현금흐름 계산은 이보다 더 정교하게 산정하기 위한 추가 가감 항목이 있으나 여

AT&T Reports Second-Quarter Results

Strong cash flows reflect resiliency of core subscription businesses; balance sheet strengthened; business transformation underway

- **Diluted EPS** of $0.17 as reported compared to $0.51 in the year-ago quarter
- **Adjusted EPS** of $0.83 compared to $0.89 in the year-ago quarter (did not adjust for COVID-19 impacts: ($0.03) of incremental costs and ($0.06) of estimated revenues)
- **Cash from operations** of $12.1 billion
- **Capital expenditures** of $4.5 billion; purchased additional $1 billion in new spectrum for 5G
- **Free cash flow** of $7.6 billion; total dividend payout ratio of 49%[1]
- **Consolidated revenues** of $41.0 billion

2020년 2분기 AT&T의 어닝 릴리즈 중 배당 가능 현금흐름 관련 사항. (출처: Earnings Release, T, 2020년 2분기)

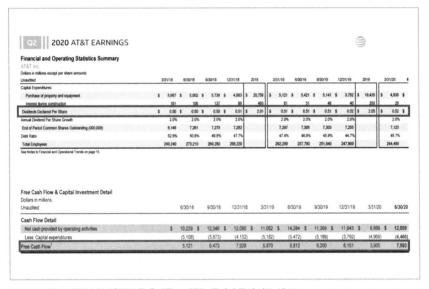

AT&T 분기별 배당금과 잉여현금흐름 추이를 보여주는 투자자 공시 자료. (출처: Financial and Operational Trends, T, 2020년 2분기)

기서는 일단 생략한다. AT&T라는 특정 기업 경영진이 정의하는 잉여현금흐름 계산이고 결국 배당성향을 보여주기 위한 계산법이라 대표 항목인 자본지출 정도만 차감한 것으로 보인다. 5G, 파이버 브로드밴드Fiber Broad-band, HBO Max 등 신성장 동력을 위한 5G 관련 사업 개발에 공격적으로 투자하고 있는 만큼 잉여현금흐름은 대부분 자본 투자로 이어지고 있다. 잉여현금흐름 추이를 보면 지난 몇 분기에 걸쳐 영업현금흐름이 꾸준히 상승하고 있다. AT&T 경영진의 최근 어닝 콜에서 CFO는 자본지출 투자 규모와 현금흐름을 정확히 명시했다.

"연초에 발표한 200억 달러 규모의 자본지출 계획은 아직 유효합니다. 현금흐름은 영업활동에 따른 현금 증가분을 목표로 하고 있고 자본지출을 절감하는 식의 현금 유보는 하지 않을 겁니다." (Senior Executive VP & CFO, 2020년 2분기 어닝 콜)

주주 입장에서 이 기업은 성장을 위한 자본 투자를 소홀히 하지 않으면서 정상적인 영업활동에 지출하는 영업비용, 이자비용 등을 충분히 감당할 만큼 잉여현금흐름 창출 능력이 있음을 알 수 있다. 적어도 지금까지의 실적과 공시 내용을 바탕으로 판단하면 현재의 배당성향을 유지하면서 배당금을 축소하거나 중지하는 일은 없을 것이라는 결론이 나온다. 다만 향후 실적 발표 때 기업 영업 환경에 문제가 생겨 영업현금흐름이 원활하지 않은 듯한 수치가 보이고 이자비용이 급증하는 레버리지가 발생하거나 앞서 계획한 자본지출 규모를 변경해야 할 만큼 현금 부족 상황이 온다면 그때는 배당성향 유지 가능성에 의문을 던져볼 수 있다.

기업의 영업, 재무 상황을 종합적으로 이해하지 않고 과거 배당성향이나 현재 배당률만으로 배당투자 판단을 내리는 것은 무의미한 일이다. 배당률 뒤에 숨은 의미를 꼭 이해하고 투자에 활용하도록 하자.

배당주 배당성향 체크리스트

- **기업 실적**Earnings and Cash Flow

  기업의 이익과 현금흐름(EPS, AFFOPS, FCF)이 배당과 함께 성장하고 있는가? 기업 이익이 성장해야 지정 배당성향에 따라 배당금도 성장한다. 충분한 현금 보유력이 없으면 배당을 지급할 여력도 없다.

- **배당성향 변화 추이**

  배당성향을 올려서 배당금이 커진 것은 경영진과 이사회가 기업의 미래 이익이 상승할 것이라고 판단했기 때문이다. 그 반대의 경우는 기업 이익 악화 신호이자 배당성향 축소 조짐이다.

- **배당 패턴**Dividend History/Trend

  배당금이 일관성 있게 유지 혹은 성장하고 있는가? 변동성이 큰 편인가? 과거 배당 컷 혹은 중지가 있었다면 어떤 이유에서였는가?

- **배당률 산정 기준**

  과거 1년간 지급한 배당금 기준LTM인가, 아니면 가장 최근 발표한 배당금액이 앞으로 1년간 계속 유지된다고 가정한Forward 배당률인가? ETF 배당의 경우 배당률 산정 시 분모에 사용하는 기준 가격이 펀드 주가인지 혹은 순자산인지, 주가와 순자산에 큰 차이가 있는지도 확인한다.

Q 배당 패턴이 다른 주식들 간 배당률 비교는 어떻게 해야 할까요?

A 미국은 기업마다 배당 주기가 다르므로(월별, 분기별, 반기별) 배당주를 비교하려면 연간 지급하는 주당 배당금, 즉 배당률(Dividend Rate)을 기준으로 비교 평가해야 한다. 월별 지급하는 종목은 배당금×12/주가, 분기별로 지급하는 종목은 배당금×4/주가로 산정한다. 참고로 연간 배당수익률(Annualized Dividend Yield)은 다음 두 가지 방식으로 표기한다.

선행 수익률(Fwd Yield)은 가장 최근 발표한 주당 배당금을 연간 지급액으로 환산하는 방식이다. 예를 들어 지난 분기까지 주당 40센트였던 배당이 이번 분기부터 42센트로 늘어났다면 배당수익률은 '$0.42×4/현재 주가'다. 배당수익률을 표기할 때는 주로 선행 수익률을 사용하는 것이 표준이다. 배당성향이 유동적인 환경이라 과거 배당 지급 역사보다 최근 배당금을 기준으로 산정해야 향후 배당성향에 투명하게 반응할 수 있기 때문이다.

후행 수익률(LTM Yield; Trailing Yield)은 지난 12개월간 지급·발표한 배당금을 기준으로 배당수익률을 산정하는 방식이다. 지난 3개 분기까지 주당 40센트였던 배당이 이번 분기부터 42센트로 늘어났다면 배당수익률은 '($0.40×3+$0.42)/현재 주가'다.

호재가 있었는데
왜 주가는 상승하지 않았을까
투자심리 읽는 법

이미 주가에 반영된 호재는 영향력이 없다

누구나 알고 있다시피 주가는 미래 가치를 반영한다. 한 가지 중요한 사실은 미래 가치 개념에 시장의 기대심리도 포함되어 있다는 점이다. 그러므로 현재의 주가 개념을 정확히 설명하면 아래와 같다.

현재 주가＝기업의 미래 가치＋시장의 기대심리

이 기대심리는 긍정적 혹은 부정적일 수 있어서 기업의 미래 가치에 프리미엄을 얹기도 하고 디스카운트하기도 한다. 이것을 흔히 마켓 프리미엄, 마켓 디스카운트라고 한다. 어찌 보면 이는 당연한 일이다. 주가란 결국 시장이 받아들이는 기업 가치이므로 내재가치와 별개로 시장의 기대심리에 따라 등락이 있을 수밖에 없다. 그런데 이 사실을 머리로 이해하는 것과 체감하는 것은 서로 다른 얘기다.

2020년 7월 22일 테슬라의 2분기 실적 발표가 있었다. 그 실적은 테슬라의 성장과 실적에 보수적인 월스트리트 애널리스트의 컨센서스를 충분히 상회했다.

컨센서스는 53억 7,000만 달러인 반면 실제 매출은 60억 달러 이상을 기록했다. EPS는 평균 0.03달러를 예상한 애널리스트 평균과 달리 0.50달러로 높게 나왔다. 지난 4분기 연속 흑자Positive Net Income를 기록한 덕분에 그간 테슬라가 목표로 한 S&P500 지수 편입의 최소 조건도 충족했다. 언론은 장마감 이후 발표한 2분기 실적을 크게 다뤘고 이것이 호재로 받아들여지면서 주주들 역시 다음 날 급등하는 주가를 기대하고 있었다.

그러나 다음 날 테슬라 주가는 거의 변동이 없다가 오히려 소폭 하락하기

FINANCIAL SUMMARY
(Unaudited)

($ in millions, except percentages and per share data)	Q2-2019	Q3-2019	Q4-2019	Q1-2020	Q2-2020	QoQ	YoY
Automotive revenues	5,376	5,353	6,368	5,132	5,179	1%	-4%
of which regulatory credits	111	134	133	354	428	21%	286%
Automotive gross profit	1,016	1,222	1,434	1,311	1,317	0%	30%
Automotive gross margin	18.9%	22.8%	22.5%	25.5%	25.4%	-12 bp	653 bp
Total revenues	6,350	6,303	7,384	5,985	6,036	1%	-5%
Total gross profit	921	1,191	1,391	1,234	1,267	3%	38%
Total GAAP gross margin	14.5%	18.9%	18.8%	20.6%	21.0%	37 bp	649 bp
Operating expenses	1,088	930	1,032	951	940	-1%	-14%
(Loss) income from operations	(167)	261	359	283	327	16%	N/A
Operating margin	-2.6%	4.1%	4.9%	4.7%	5.4%	69 bp	805 bp
Adjusted EBITDA	572	1,083	1,175	951	1,209	27%	111%
Adjusted EBITDA margin	9.0%	17.2%	15.9%	15.9%	20.0%	414 bp	1,102 bp
Net (loss) income attributable to common stockholders (GAAP)	(408)	143	105	16	104	550%	N/A
Net (loss) income attributable to common stockholders (non-GAAP)	(198)	342	386	227	451	99%	N/A
EPS attributable to common stockholders, diluted (GAAP)	(2.31)	0.78	0.56	0.08	0.50	525%	N/A
EPS attributable to common stockholders, diluted (non-GAAP)	(1.12)	1.86	2.06	1.14	2.18	91%	N/A
Net cash provided by (used in) operating activities	864	756	1,425	(440)	964	N/A	12%
Capital expenditures	(250)	(385)	(412)	(455)	(546)	20%	118%
Free cash flow	614	371	1,013	(895)	418	N/A	-32%
Cash and cash equivalents	4,955	5,338	6,268	8,080	8,615	7%	74%

2020년 2분기 테슬라 실적 발표 자료. (출처: Press Release, TSLA, 2020.07.22.)

까지 했다. 어닝 서프라이즈라는 특급 호재에도 불구하고 주가가 더 오르지 않느냐며 화를 내는 주주도 많았다. 왜 예상을 뛰어넘는 좋은 실적을 발표했는데도 주가는 제자리였을까? 이렇게 반문해보면 답은 간단하다.

"테슬라에 투자한 주주들 중 실적이 좋지 않게 나올 거라고(2분기 순이익이 마이너스일 것이라고) 생각하면서 매수한 사람이 있을까?"

테슬라의 미래 가치를 이해하고 그 이상까지 갈 것이라고 믿은 사람들은 이미 주식을 보유함으로써 자신의 기대심리를 주가에 선반영했다. 향후 5년, 10년 치 미래 가치를 선반영해 테슬라를 매수한 사람은 벌써 매수한 상태고, 반대로 테슬라의 성장세에 회의적인 사람은 시장에 참여하지 않아 실적 발표 이후의 주가에 영향을 주지 않는다. 아예 비관적으로 보고 고평가된 기술주라고 믿는 투자자는 테슬라 주식을 공매도한 상태니 그 포지션을 청산하지 않는 이상 그들 역시 주가에 영향을 미치지 않는다.

당장 오늘의 주가 차트로는 각기 포지션이 다른 시장의 수많은 투자자가 제각각 어떤 기대심리로 매매하는지 알아낼 방법이 없다. 한마디로 테슬라 주식이 호재에도 반응하지 않은 이유는 이미 호재에 따른 기대심리를 반영한 주가에 매매되고 있었기 때문이다.

주가는 거짓말을 하지 않는다

이처럼 주가를 견인하는 기대심리라는 동력은 역방향으로도(더 쉽게, 더 큰 강도로) 적용되므로 주의해야 한다. 큰 폭의 주가 상승을 유발할 특별한 사건이나 요인을 촉매Catalyst라고 한다. 보유한 주식의 수익실현이나 포지션 조정을 계획 중이라면 해당 주식의 촉매를 예상하는 날짜를 미리 확인해두고 그 전날과 당일만큼은 주가흐름을 예의 주시하는 것이 좋다. 가령 테슬라는 분기 실적 발표일 외에 S&P500 지수 포함 여부가 결정되는 9월 4일과 CEO 일론 머스크가 배터리 기술을 포함해 기업의 미래 청사진을 발표한다고 대대적으로 홍보한 배터리 데이Battery Day, 즉 9월 22일이 주요 촉매 날짜였다.

처음 순이익 기록을 기대한 2분기 실적 발표 결과는 앞서 설명했으니 그 다음으로 S&P500 지수 포함이라는 촉매 건을 보자. 미국 시장을 대표하는 S&P500 지수에 포함되는 것은 상당히 의미 있는 일이다. 지수에 편입되는 것 자체가 큰 호재라서 주가가 상승하는 동력으로 작용한다.

운용수익의 벤치마크가 대부분 S&P500 지수인 자산운용사, 연기금 같은 기관투자자는 테슬라 규모의 시총 종목이 편입될 경우 지수 추종을 위해서라도 매수하지 않을 수 없기 때문에 그 매수세에 따른 주가 상승이 이뤄지기도 한다. 참고로 2020년 기준 S&P500 지수를 추종하는 운용자금은 약 11조 달러가 넘는다. S&P500 지수 편입은 주가에 꽤 의미 있는 사건이므로 이를 결정하는 특별위원회Index Committee가 여러 가지 조건을 충족하는지 검토한 후 최종 결정을 내린다.

S&P500 지수에 편입되려면 시총이 최소 82억 달러 이상인 미국 법인으로 시장 유동성이 높고 발행주식 총수의 절반 이상이 시장에 유통 중Public Float이면서 가장 최근 분기를 포함해 지난 4개 분기 동안 연속 순이익을 지속해야 한다. 그러나 이것은 어디까지나 정량적 평가 기준일 뿐이다. 명시하진 않았어도 위원회가 시장 효율과 건전성을 위해 중요하다고 판단하는 정성적 기준도 있으므로 위 조건을 전부 충족한다고 해서 지수 편입이 확정되는 것은 아니다.

테슬라가 바로 그런 경우다. 그동안 무섭도록 상 승한 주가를 뒷받침한 것은 S&P500 지수에 편입 될 거라는 시장의 기대심리였다. 실제로 2분기를 기준으로 지수 편입 요건을 다 갖추자 테슬라 불스 는 이를 기정사실로 인식하고 있었다. 하지만 막상 편입 여부를 결정하는 날이 오자 기대와 달리 테 슬라는 지수 편입 종목으로 지정받지 못했다. 시장

열기에 따른 그간의 주가 상승이나 시총, 순이익 지표와 별개로 S&P위원회 는 오버밸류에이션over-valuation, 시장 변동성, 매출과 순이익의 지속가능성 등을 이유로 퇴짜를 놓은 것이다.

당시 주가 변동성이 낮아지는 구간이 지속되면 S&P위원회에서 재검토하 겠다는 의견이 있었고 3개월 후인 11월에 최종 승인되어 12월 21일 기준으 로 S&P500 지수 편입이 이루어졌다. 이런 경우 지수에 편입되어 매매가 시작 되는 날짜가 아닌, 최종 승인 날짜인 11월 17일을 기준으로 호재이기 때문 에 지수 추종 기관들이 포트폴리오에 편입하는 매수세가 확실시 되는 상황 에서 매수를 하는 것이 맞다. 지수를 구성하는 종목Component으로서 매매가 시작되는 시점부터는 이미 모든 호재가 반영되어 지수 편입 자체만으로는 추 가 상승 동력이 없고 또 다른 촉매가 필요하다.

또 다른 롤러코스터 예시로는 모더나NASDAQ: MRNA가 있다. 코로나 백신 테마주로 주목받아서 2020년 한 해 상당한 랠리를 이어갔으나 2021년 2분 기 어닝 시즌부터 줄곧 백신 공급 물량에 대한 긍정적인 시그널을 보내왔던 경영진의 어닝 콜 및 각종 애널리스트 데이, 콘퍼런스에서의 발언들로 주가가 본격적으로 호전Pickup되기 시작했다. 백신 테마주인 만큼 모더나 같은 기업

의 주가를 가장 크게 좌우하는 것은 백신 공급계약에 따른 매출 증대 '가능성'이다. 여기서 키워드는 가능성, 즉 매출 성장에 대한 기대심리다. 앞으로 꾸준히 백신의 추가 공급량 확정에 대한 기대가 지속되어야 주가가 성장하는 것이고, 이에 반하는 작은 시그널이나 공시상의 데이터가 시장에 감지되면 모멘텀은 무너진다. 2021년 여름을 기준으로 모더나 주가 추이를 살펴보자.

7월 한 달간 아르헨티나 정부와 2,000만 회분 공급계약 체결, 일본 정부와 다케다 제약과 2022년까지 백신 5,000만 회분과 부스터 백신 공급계약 체결, 타이완 정부와 2022년까지 부스터 백신 포함 2,000만 회분, 2023년까지 추가 1,500만 회분 공급계약 체결에 이어 S&P500 지수에 새롭게 편입되는 등 호재의 연속이었다. 여기에 추가적인 글로벌 공급 확정에 대한 기대를 반영해 7월 한 달간 모더나의 주가는 50% 급등하였고 8월 52주 신고가에 도달하기까지 추가적으로 30% 급등하는 등 기록을 갈아치웠다. 추가 공급계약뿐만 아니라, 세 번째 백신을 접종한 사람들의 항체가 증가한다든지 부스터 샷에 대한 긍정적인 뉴스, 모더나 백신 자체적인 효과성 증가, 미국 FDA 승인 발표 그리고 추가적인 백신 관련 제약 상품 개발 파이프라인에 대한 업데이트 공시가 발표될 때마다 주가에는 호재로 즉각 반영됐다. 3개월 만에 주가가 약 2배가 된 셈이고, 연초부터 따지면 현재까지YTD; Year To Date 300% 이상의 수익률로 4배나 뛴 것이다. 하지만 이건 어디까지나 앞으로의 공급량과 개발에 대한 '기대치'가 지속될 때의 이야기다. 이런 것들이 한순간에 무너지는 때가 오는데, 바로 기대심리가 이끌던 모멘텀에 대한 반증 데이터가 발표되는 공시가 뜰 때다.

특정 지역에 공급했던 모더나 백신의 오염contamination 뉴스가 뜨면서 해당 국가가 추가적인 백신 수입을 중단할 수도 있다는 우려에 주가가 급락했던 시

모더나의 차트에 표시된 부분이 아래의 표에서 설명하는 날짜다. (출처: barchart, 2021.11.30. 기준)

▶ **모더나의 매매일별 종가와 주요 공시 및 이벤트(2021년 7~9월)**

매매일	종가(달러)	주요 공시 및 이벤트
6.30	234.98	글로벌 각국 정부와 향후 몇 년간의 공급계약 체결이라는 호재와 함께 성장에 대한 기대심리로 급등했던 주가
7.21	321.11	모더나 S&P500 지수 편입한 날
8.3	386.51	2분기 실적 발표 이후 급등·급락했던 주가
8.10	456.76	장중 52주 신고가(497.49) 달성
11.3	345.92	3분기 실적발표 이후 급락했던 주가
11.5	236.99	변이바이러스에 대응하는 추가 백신 개발에 대한 기대심리(경영진 공시)

점이 여러 번 있었다. 급등하는 주가에 가장 크고 확실한 브레이크는 역시 어닝 시즌 때의 공시였다. 2021년 3분기 어닝 시즌을 예시로 분석해보자.

가장 오른쪽 열에서 볼 수 있다시피 애널리스트들이 예측하던 3분기 매출, 영업이익, EPS까지 모두 20% 이상 낮은 값으로 빗나간 실적을 발표했다. 백신 보급에 대한 성장주인만큼 다른 건 몰라도 매출성장률에 있어서 20%

▶ **모더나의 2021년 3분기 실제 실적 수치와 애널리스트 컨센서스 비교**   (단위: 백만 달러, 백만 주)

Income Statement Analysis	3QA	3QE Consensus	3QA vs. Consensus
mRNA-1273	$4,810	$5,827	−17%
Other	$159	$373	−57%
Net Revenue	**$4,969**	**$6,200**	**−20%**
Cost of Sales	$722	$1,180	−39%
SG&A	$168	$141	19%
R&D	$521	$483	8%
Total OpEx	$1,411	$1,804	−11%
Operating Income	**$3,558**	**$4,399**	**−19%**
Interest Income/(expense)	$4	$0	−
EBT	**$3,552**	**$4,346**	**−18%**
Taxes	$219	$499	−56%
Net income GAAP	**$3,333**	**$3,897**	**−14%**
EPS GAAP(diluted)	**$7.70**	**$9.22**	**−16%**
Diluted Shares	434	−	−

이상 기대보다 낮은 수익을 올렸다는 사실에 주가는 실적 발표 당일과 그다음 날까지 약 35% 가까이 하락했다. 이렇게 실제 실적 발표치와 스트리트 컨센서스 수치의 비교는 어닝 릴리즈에도 발표되고 각종 공시 및 뉴스 속보로 실시간 업데이트되는 정보이며, 특히나 성장을 담보로 한 이러한 모멘텀 주식은 실적 발표와 애널리스트 기대치와의 괴리에 크게 반응하니 공시 알람을 켜두는 방식으로 모니터링하고 대응할 수 있다.

모든 주식은 미래 가치에 따른 기대심리를 선반영한다. 현재 주가는 시장이 인식하는 기업의 미래 가치에 관한 기대를 선반영한 숫자다. 이에 따라 그 기대심리에서 조금이라도 이탈하는 행보를 보이는 순간 주가는 바뀐 기대심리를 반영한 새로운 숫자를 향해 움직인다. 이 점을 명심하자. 주가는 거짓말을 하지 않는다.

CHAPTER 5

현실적인
미국 주식투자 전략

수익률을 좌우하는 것은
리스크 관리
헤지로서의 매매 지정가와 옵션 전략

현실적인 투자수익이라는 허상

어느 날 한 변호사 친구가 내게 영상을 하나 보내주었다. 최근 본 것 중 가장 '현실적인 투자 철학' 강론이란다. 그 친구는 주식을 제대로 시작하겠다며 책을 여러 권 사서 읽고 유료 강연도 듣고 유튜브에서 유명한 슈퍼개미의 투자 영상도 보면서 기초를 다졌다고 했다.

"그래서 가장 인상 깊었던 내용이 뭔데?"

"현실적인 목표를 설정하고 욕심을 부리지 마라! 자기는 1년에 더도 덜도 말고 딱 50%만 뛰면 만족하고 원금을 회수하는 걸 철칙으로 삼았대."

"음, 너는 현실적인 목표를 세웠어?"

"나는 초보니까 큰 욕심 부리지 않고 연 30%로 잡으려고."

대체 어디서부터 잘못된 것일까? 투기를 부추기는 것과 다름없는 어느 개인투자자의 강연? 현실적인 조언이라며 새겨듣는 내 친구의 순진함? 이 친구가 말하는 '큰 욕심 부리지 않고 연 30%'는 그야말로 대담무쌍하고 경이로운 수익률이다!

하긴 주변에서 소위 '주식으로 대박이 났다'는 사람들의 말을 들으면 몇 개월 만에 50% 수익을 올렸다느니, 몇 년 동안 묵혀둔 주식이 대박이 나서 10배가 뛰었다느니 하는 성공 스토리뿐이다. 그래서 30% 정도면 소박하게 느껴지는 걸까? 연 30% 수익이란 1,000만 원 원금이 1년 후 1,300만 원, 10년 후에는 1억 3,786만 원이 되는 약 1,380%의 수익률을 말한다. 참고로 같은 기간 미국 주식시장 벤치마크 인덱스인 S&P500의 수익률은 연평균 성장률CAGR이 14%다.

수용 가능한 리스크를 정하는 게 먼저

큰 욕심 부리지 않겠다던 그 친구는 주식계좌를 열고 '정말 믿을 만한 소스'에서 얻었다는 정보를 기반으로 재무제표는커녕 사업 모델조차 제대로 이해하지 못한 어느 게임 회사에 투자했다. 미래 성장성을 고려하면 올해 안에 적어도 30% 이상 오를 것이라 확신하며 보유한 현금 대부분을 투자했다. 이 정도면 안전한 투자처라 굳이 분산투자를 할 필요도 없다고 했다. 그 친구의 계좌가 1년 후 어떻게 되었는지는 굳이 설명하지 않겠다. 애초에 안전하면서 연 30%인 투자 대상이란 존재하지 않는다. '안전'과 '두 자릿수 수익률'은 기본적으로 서로 양립할 수 없다.

과연 현실적인 기대수익은 어느 정도일까? 여기에 정답은 없지만 적어도 비현실적 기대수익은 가려낼 줄 알아야 한다. 지금 같은 제로금리 시대에 은행이자와 비교하기는 곤란하고 최소한 웬만한 채권 이자나 인플레이션보다는 높아야 하므로 이 지점을 최저 기대수익률로 삼을 수도 있다. 그 이상은 본인이 수용 가능한 리스크의 정도에 따라 차이가 있다.

주식 60%, 채권 40%이라는 가장 흔한 비율의 포트폴리오를 구축할 경우 연 8~10%가 현실적인 목표 수익률이고, 오랜 기간 채권 수익률의 저하로 주식 비중이 높은Equity biased 포트폴리오가 시장을 지배하는 최근 트렌드를 감하여 주식만으로 포트폴리오를 짤 경우All-equity 연 10~15% 수익률도 충분히 현실적이다. 다시 말하지만 보장받는 최소 수익률이 아닌 평균 리스크 수용도를 감안했을 때 현실적으로 실현 가능한 평균 기대수익률이다.

투자수익은 종목 선별과 투자 전략에서 오는 게 아니라 리스크 크기에 따라 다르다. 2배 리스크를 수용하면 기대수익도 2배가 된다. 그러므로 목표 수익률을 제대로 확립하려면 단순 기대수익 가능성이 아니라 리스크 대비 수익 가능성을 이해해야 한다. 누군가가 '수익률 20% 보장' 등을 내세우며 접근하면 더 들을 것 없이 바로 차단하기 바란다. 〈그것이 알고 싶다〉에서나 볼 수 있는 금융사기 피해자가 자신이 될 수 있으니 말이다.

모든 투자 전략의 기본, 리스크 관리

사람들은 대부분 수익률을 좇느라 리스크의 중요도를 간과하지만 사실 모든 투자 상품과 전략의 기본은 리스크 이해다. 리스크는 단순히 '손실 가능성'이 아닌 '수익 변동성'으로 이해하는 것이 가장 정확하다. 아이러니하게도 나는 리스크 관리의 중요성을 헤지펀드 업계에 들어와서야 제대로 이해할 수 있었다. 헤지펀드는 공격적인 투자 전략으로 알려져 있지만 실은 뮤추얼펀드나 다른 기관투자자보다 훨씬 더 보수적이고 리스크 관리를 핵심으로 여긴다. 애초에 시장수익률을 상회하는 '절대수익'을 올릴 수 있는 이유가 뛰어난 리스크 헤지 전략으로 리스크 대비 높은 수익률Risk-adjusted Returns을 실현하기 때문이다. 괜히 '헤지'펀드라고 불리는 게 아니다.

개인투자자에게 가장 효과적인 리스크 관리는 포트폴리오의 자산분배 전략이다. 음의 상관관계인 자산을 적절히 배분함으로써 급변하는 시장 움직임에도 평균 수익률을 방어하도록 포트폴리오를 구성하는 것이 이상적이다. 자산군의 세부 종류와 각각의 비중 선택은 개인의 리스크 성향과 재정 상황, 생애주기 등에 따라 크게 달라진다. 그렇기 때문에 아래 그래프에서 자신이 어

▶ **보상에 따른 리스크 수용도와 현금 보유 비율의 상관관계**

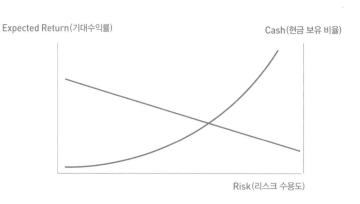

왼쪽 세로축과 진한 파란색 선은 위험-보상의 상관관계를 나타낸 것으로, 리스크 수용도가 높을수록 기대수익률도 높아지는 것을 보여준다. 오른쪽 세로축은 현금 보유 비율로 초록색 선은 리스크 수용도가 높을수록 현금보유비율은 낮아진다는 것을 보여준다.

디쯤 위치해 있는지 인지한 뒤 포트폴리오 전략을 구성해볼 필요가 있다.

왼쪽의 그래프가 단순해 보이지만 여기서 많은 사람이 착각하거나 잘못 이해하는 두 가지가 있다. 먼저 '고위험 고수익'이 내포하는 위험-보상의 상관관계다. 그래프에서 보듯 리스크와 수익은 비례한다. 투자자가 수용해야 하는 리스크가 클수록 그에 따른 보상도 커야 하므로 투자 자산의 기대수익률은 더 높다. 혹은 기대수익률이 높은 자산일수록 투자자가 수용해야 하는 리스크 크기도 더 커진다. 기대수익률과 리스크는 양의 상관관계가 있을 뿐 어디에도 인과관계는 존재하지 않는다. 따라서 '리스크가 높아서 수익률도 높다'는 말은 성립할 수 없다. 고위험 고수익을 좀 더 정확히 표현하면 '리스크가 높을수록 기대수익률과 손실 가능성이 높다'가 맞다.

Negative Correlation
음의 상관관계

두 자산의 움직임이 서로 반대인 경우를 말한다. 한쪽 자산가격이 올라갈 때 다른 쪽 자산가격은 내려가고 그 반대의 경우도 마찬가지다. 서로 움직임이 반대인 두 자산에 절반씩 투자하면 포트폴리오 전체 자산의 움직임이 급격히 오르내리지 않는다. 즉 시장이 어떻게 움직이든 포트폴리오 전체의 변동성을 작게 유지할 수 있다. 헤지펀드는 음의 상관관계를 가진 자산들로 구성된 포트폴리오를 구축해 가격 변동성을 최소화하고 수익률을 극대화한다.

Positive Correlation
양의 상관관계

두 자산의 움직임이 같은 방향으로 움직이는 것을 말한다. 한쪽 자산가격이 올라갈 때 다른 쪽 자산가격도 올라가고 그 반대의 경우도 마찬가지다. 가령 반씩 양의 상관관계로 포트폴리오를 구성하면 두 자산이 움직이는 방향은 같다. 즉, 포트폴리오 전체의 변동성은 시장에 따라 같이 움직인다. 이는 투자자가 가장 피해야 할 상황이기도 하다.

리스크 관리에 관한 오해

두 번째 흔한 착각은 리스크 수용도가 곧 리스크 감당 능력이라고 잘못 이해하는 것이다. 리스크 수용도Risk Appetite; Risk Tolerance란 개인이 리스크를 받아들이는 성향을 말한다. 이는 수익 추구를 위해 손실 가능성이 높은 불확실성을 어느 정도까지 감수할 수 있는가를 나타내는 지표다. 이것은 크게 위험추구Risk-seeking, 중립Risk-neutral, 위험회피Risk-averse 성향으로 나뉘는데 위험추구 쪽으로 갈수록 리스크 수용도가 높으며 각 성향에 따른 포트폴리오 전략은 전혀 다르다.

리스크 수용도가 높은 사람은 포트폴리오 내 고위험군 자산 비중이 높다. 주식의 경우 성장주를 선호하며 투자 상품에서는 옵션과 레버리지를 적극 활용한다. 상대적으로 리스크 관리에 둔감한 경향도 있다. 반면 리스크 수용도가 낮은 사람은 채권, 금 등 리스크를 제어하는 자산 비중이 높다. 주식의 경우 배당주를 선호하며 레버리지나 옵션 트레이딩은 기피하는 편이다.

반면 리스크 감당 능력Risk Capacity; Risk Threshold은 개인의 성향이 아닌 객관적 지표다. 이는 리스크가 현실로 나타나 포트폴리오에 손실이 났을 때 그 손실을 감당할 수 있는 한계치를 말한다. 당연히 이것은 개인의 재정 능력이나 전체 자산 규모에 따라 다르다. 다시 말해 리스크 수용도가 높은 사람이 꼭 리스크 감당 능력까지 높은 것은 아니다. 이것을 착각하면 투자에 따른 기대수익률은 투기와 다를 게 없어지고 만다.

지인들은 내게 포트폴리오 리뷰를 자주 부탁한다. 사적인 투자 상담은 그 자체만으로도 한계와 위험 요소가 있기 때문에 항상 거절하지만 "정 그러면 가장 이상적인 안전자산 배분비율이라도 알려달라."며 좀처럼 나를 놓아주지 않는다. 나는 이 질문에도 답변을 주지 않는다. 정확히 말하면 답변을 줄 수가 없다. 모든 투자자에게 일괄 적용할 수 있는 '이상적인 안전자산 배분 비율'이란 애초에 존재하지 않기 때문이다.

증권가에서 일하며 수억대 연봉을 받고 뉴욕 맨해튼 시내가 한눈에 내려다보이는 부동산까지 소유한 30대 중반인 친구에게 이상적인 포트폴리오와 아이들 대학등록금을 대느라 빠듯하지만 그동안 열심히 모아둔 월급으로 노후를 위한 재테크를 하고 싶어 하는 50대 지인의 포트폴리오 배분 전략은 근본적으로 다를 수밖에 없다. 그것은 리스크 관리도 마찬가지다.

손실 방어를 위한 최소한의 클릭

첫 번째 원칙, 돈을 잃지 마라Rule #1. Don't lose money.

두 번째 원칙, 첫 번째 원칙을 잊지 마라Rule #2. Don't forget Rule #1.

우리가 주식투자를 하는 궁극적인 이유는 수익을 실현하기 위해서다. 하지만 그에 앞서 기본적인 전제는 '돈을 잃지 않는 것'이다. 수익을 내는 것보다 손실을 방어하는 법이 훨씬 어려운 이유는 대다수가 돈을 잃지 않는 방법에 대해서 잘 생각해보지 않기 때문이다. 당장 수익을 내고 싶어 조급하니 돈을 잃을 수 있다는 가능성에 대해서 생각해볼 겨를도 없다.

대부분의 사람이 손실을 내는 가장 크고 흔한 이유는 투자한 종목에 대한 손실과 수익실현에 대한 기준점 없이(아무런 계획 없이) 진입했기 때문이다. 수익을 내는 트레이더는 사고파는 시점을 미리 정해놓고 포지션을 잡는다. 손실을 반복하는 사람은 매수만 하고 매도 시점을 본인도 모른다. 수익이나 손실에 대한 기준이 없으니 언제 포지션을 청산하는 게 맞는지 알 리가 없다. 후자를 우리는 트레이더가 아닌 겜블러라고 부른다. 그들은 전략과 계산에 의한 투자 결정이 아닌 심리에 휩쓸린 감정 매매를 한다. 이런 경우 손실은 증폭되기 쉽다. 손실이 발생하는 순간 기준점 없이 계속 홀딩하고 있다가

손실이 증폭되거나, 작은 수익에도 섣불리 실현해서 이후 주가가 추가로 상승하면 기회비용에 의한 또 다른 손실을 떠안는다.

이런 기본적인 실수를 방지하기 위해서 자주 쓰이는 방법으로 손절Stop Loss; S/L과 익절Take Profit; T/P의 지정가 설정과 자동 매매가 있다. 주가의 평균 변동성 구간을 나타내는 ATRAverage True Range에서 1.5배를 벗어나는 구간에서 지정가에 손절매나 수익실현이 자동으로 이루어지도록 지정가 주문Limit Order을 걸어놓는 방법이 자주 쓰인다. 모든 상황에 적용되는 완벽한 룰은 없지만 대개는 이렇게 ATR에서 벗어나는 구간을 엑시트Exit(투자금 회수) 시점으로 설정한다. 평균적으로 예측되는 변동성 구간 내에서 엑시트를 할 경우 불필요한 매매가 되어 오히려 매도 후 주가가 원래 수준으로 회복하거나 수익실현 후 주가가 더 상승해버리기 때문이다. 물론 종목마다, 섹터마다 베타(시장 수익률)가 다르고 변동 폭의 편차가 심하니 해당 주식에 대한 기술적 분석과 펀더멘털 이해를 바탕으로 S/L, T/P 지정가를 정해야 한다. 특히 어닝 시즌에 가까운 경우 변동성이 더욱 증가하기 때문에 어떤 시기에 진입하느냐에 따라 지정가에 대한 허용 범위도 크게 다르니 유의하자.

하방 보호 전략의 풋 옵션

미국에서는 개인투자자도 흔하게 쓰는 하방 보호Downside Protection 전략으로 옵션 트레이드가 있다. 한국에서는 현재 미국 주식 개별주에 대한 옵션 매매를 할 수 없지만 보유 주식에 대한 옵션 가격과 변동성Implied Volatility 추이만 모니터링해도 특정 시점에서의 주가 변동성을 어느 정도 예측하고 대응할 수 있기 때문에 알아두는 편이 좋다. 메인 포지션인 종목의 매수Long Buy에 대한 헤지 명목으로 풋 옵션을 매수하는 전략인데 다운사이드 리스크를 보호한다고 해서 보호 풋Protective Put이라고도 한다.

이해를 돕기 위해 간단한 예시를 들어보겠다. ABC 기업의 주식을 주당 100달러에 100주 매수하고 이에 대한 다운사이드 헤지를 위해 3개월 만기의 90달러 풋 옵션을 주당 5달러에 주고 사는 것이다. 원리는 단순하다. 옵션의 만기일 전에 행사할 수 있는 권리가 있는, 말 그대로 매수할 수 있는 옵션이 주어질 뿐이기 때문에 내가 매수한 주식이 하락할 경우 풋 옵션의 가치가 상승하면서 해당 포지션에 대한 내 총체적 손실 규모는 감소하는 효과를 준다.

100달러에 매수한 ABC 주식에 대한 장기투자자가 단기적으로 예상되는 변동성 때문에 하락장에 대한 헤지로 3개월 후 만기일인 풋 옵션을 매수한다. 옵션을 매수한 지 2개월이 지난 시점에서 주가가 40% 폭락해 60달러가 되었다고 하자. 아무런 헤지 없이 순매수만 하는 포지션Long Only, Naked Long이었다면 손실은 4,000달러였을 테지만 풋 옵션을 매수해둔 덕분에 이 시점에서 옵션을 매도하면 2,500달러의 수익을 얻는다(500달러의 옵션 비용 제외). 따라서 이 종목에 대한 순손실은 4,000달러가 아닌 1,500달러가 된다.

주가가 하락하면서 풋 옵션의 가치는 상승하고 따라서 매수한 주식의 손실을 상쇄시키는 것이다. 위 예시에서는 주가 하락으로 인한 손실 한도는 1,500달러로 제한되어 있다고 볼 수도 있겠다. 만기일 전까지 주가가 충분히 하락했다고 판단되는 시점에서 풋 옵션을 매도하고 주식만 보유하든지, 아니면 옵션 수익으로 하락한 주가에 추가 매수를 하면서 평균 단가를 낮추는 방법도 있다.

이러한 주식과 보호 풋 옵션의 매수 조합을 구현하려면 반드시 고려해야

▶ 하방 보호 풋 옵션 시나리오: 주가 40% 하락 시

A. ABC 주식 매수(Long ABC)

진입 평단가(Stock Price)	$100
보유주식 수(#of shares)	100
진입 가격(Cost Basis)	$10,000
현재 주가(Current Price) (진입 평단가 대비 −40%)	$60
기대 손실(Unrealized Loss)	($4,000)

B. 3개월 만기 풋 옵션 매수(Buy Protective Put)

옵션 행사가(Strike Price)	$90
계약 수(#of Contract)	100
옵션 프리미엄(Option Premium)	$5
옵션 비용(Cost of Option)	$500
옵션 가치(Option Value)	**$2,500**
순손실(Net loss, Dawnside Risk)	($1,500)

할 사항이 있다. 모든 상황에서 이런 식의 옵션 페어링이 수익을 극대화해주지는 않는다. 우선 나의 메인 포지션인 매수 종목에 대한 장기적인 확신이 있어야 한다. 적어도 1년 이상 투자를 지속할 것이고 적정 가치에 수렴함에 따라 상승할 것이라는 확신이 필요하다. 또한 앞으로 단기간의 변동성 혹은 불확실한 변수에 의한 일시적 하락세가 예상될 때에만 이런 식의 조합이 말이 된다.

만약 6개월 정도의 단기 수익을 노리고 매수한 종목이라면 3개월 혹은 6개월 만기의 보호 풋을 사는 건 의미가 없다. 메인 포지션은 단기간 상승할 것이라고 생각하면서 또 같은 기간 단기적 하락을 전제로 하는 풋 상품을 매수한다는 것은 상충되기 때문이다. 매매 비용(옵션 프리미엄과 기회비용)만을 증가시키는 불필요한 매매가 될 뿐이다.

투자계의
냉정과 열정 사이
가치주와 성장주, 채권과 주식의 상관관계

성장주와 가치주 구분하기

사실 나는 가치주와 성장주를 별개의 투자 형태로 정의하는 이분법적 구분에 동의하지 않는다. 가치주든 성장주든 결국 기업 '가치'에 무게를 두고 향후 주가 상승에 베팅하는 투자이기 때문이다. 다만 그 가치의 중점을 어디에 두느냐의 차이가 있을 뿐이다. 아무튼 투자 업계에서 기본적으로 사용하는 용어니 가치주와 성장주 투자 개념을 정리해보자.

주로 단기 수익 편향의 시장 성격 때문에 성장주 대비 가치주가 조명을 받기는 쉽지 않다. 가치주를 선호하는 투자자는 오히려 이 단기성 덕분에 가치주가 과도하게 저평가되어 좋은 주식을 '싸게 살' 환경을 마련해준다고 말한다. 또 장기적 관점에서 가치주 수익률이 성장주의 평균 수익률보다 높다고

cyclical stocks
경기순환주

경기의 상승과 하락에 따라 주가가 상승과 하락을 동반하는 주식을 뜻한다. 경기와 주가의 흐름이 같기 때문에 주가의 방향을 예측할 수 있다. 그 반대 개념으로 경기방어주(Defensives; Non-Cyclicals)가 있다.

주장한다('장기적' 투자 기간은 사람마다 다르므로 일반적 사실이 아닌 '주장'이라고 표현하겠다).

가치주는 주로 경기순환주 섹터 주식이 많고 경기회복세 초기 단계에 가치를 실현해 수익률이 높아지는 특성이 있다. 반면 불마켓일수록 수익률이 저조하다. 성장주를 선호하는 투자자는 시장이 저평가된 가치를 인정하기까지 걸리는 시간을 불필요한 비용으로 보기도 한다. 성장주의 가치는 시장에 선반영돼 수익률이 가시적이고 성장세의 기대감이 지속되는 한 계속 상승한다. 주로 저금리 환경에서 불마켓일 때 성장주 수익률은 시장수익률을 상회하고 경기가 전반적으로

▶ **성장주와 가치주 비교**

	성장주(Growth Stocks)	가치주(Value Stocks)
가격	전체 시장보다 높은 가격에 거래되고 투자자도 기꺼이 그 높은 가격에 매수한다. 기대 성장률을 감안하면 비싸지 않은 주가라고 인식한다. P/E, EV/EBITDA 등 주가 배수가 높다.	시장 대비 낮은 가격. 기업의 적정 가치 대비 주가가 현저히 낮다. 시장에서 아직 가치를 인정받지 못하지만 향후 가치가 주가에 반영될 것이라는 기대로 매수한다. 상대적 주가 배수가 낮다.
펀더멘털	마이너스 어닝이거나 낮은 순이익이지만 최근 성장률 혹은 향후 기대 성장률이 높다. 매크로적 시황과 무관하게 높은 성장을 기대하는 경우가 많다.	같은 산업군 유사 기업 대비 저평가되었다. 주로 펀더멘털은 탄탄한데 특정 요소 때문에(컨센서스에 못 미친 분기 실적, 소송, 경영진 문제 등) 시장이 과잉 반응해 일시적으로 주가가 떨어진 기업이다.
변동성	가격 변동성이 높다. 모멘텀 트레이딩에 취약하고 특히 새로운 기업 공시나 실적 발표 시기에 변동성이 높아진다. 호재 또는 악재로 작용하는 뉴스에 민감도가 높아 주가 변동 폭이 크다.	시장 평균 대비 낮은 변동성. 다만 저평가된 주식 가치를 시장가격에 반영하기까지 오랜 시간이 걸리고, 그사이 저조한 수익률을 감안해야 하므로 단기투자자에게는 기회비용과 리스크가 크다.
대표 섹터	IT, 임의 소비재(Consumer Discretionary)	금융주, 유틸리티, 에너지

하락세일 때 가장 먼저 타격을 입는다.

두 마리 토끼를 동시에 잡는 법

다음 그래프를 보면 역대 경기침체기(IT, 부동산 버블 붕괴 이후)에는 가치주 수익률이 성장주 수익률을 압도하지만(지수 〉 100 구간) 그 외 경기호황, 상승장에서는 성장주 수익률이 시장을 압도하는 패턴이 이어지고 있다.

  아래 그래프에서 색으로 표시한 기간은 미국의 역대 경기침체기를 나타내

▶ **경기 사이클에 따른 가치주와 성장주 상대적 P/E***

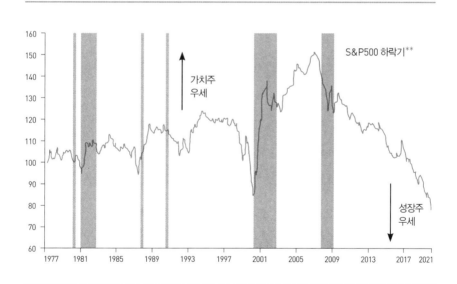

* 가치주 P/E를 성장주 P/E로 나눈 비율. 수치가 클수록 가치주가 우세한 구간을 뜻한다.
** 회색 하이라이트로 표시된 구간은 경기침체기(Recession)를 뜻한다.
가치주와 성장주의 P/E와 MSCI 세계지수는 1977년을 100으로 해서 2021년 1월 1일까지의 데이터를 사용했다.
(출처 : MSCI, Refinitiv Datastream, J. P. Morgan Asset Management)

는데 그 기간 동안 가치주의 가파른 수익률 상승세를 볼 수 있다(그래프의 반등 구간은 가치주 P/E의 상대적 우세). 반대로 침체기를 벗어나 경기가 호전될수록 성장주의 득세가 시작되는데, 예를 들어 2009년부터 줄곧 이어져왔던 미국의 불마켓 동안 성장주의 상대적 수익률이 점점 높아지는 것을 볼 수 있다(그래프가 하락할수록 성장주 P/E의 상대적 우세).

결국 성장주든 가치주든 자신의 투자 성향에 따라 그리고 매크로적 시장 상황에 따라 흐름에 맞춰 투자 판단을 내리는 것이 옳다. '가치투자를 하겠다'며 포트폴리오를 100% 가치주로 구성하는 것도, 눈앞의 수익률을 좇아 무조건 성장주에 올인하는 것도 현명한 방법은 아니다. 아무도 어느 한쪽을 택하라고 강요한 적 없다. 가치주와 성장주 구분은 그저 투자 프레임워크 중 하나일 뿐이다.

가치주, 성장주 모두 기업 가치에 중점을 두되 시황에 따라 비율을 조정하며 수익을 극대화하는 것이 최선의 방법이다. 당장 1년 안에 결판을 볼 게 아니라 향후 5년, 10년 투자할 계획이라면 말이다. 그래서 주식투자는 어렵다. 개별 주식을 이해하는 것뿐 아니라 시장흐름과 각종 경제 지표의 움직임을 보는 안목도 필요하니 시장을 큰 그림으로 보는 연습을 하자.

'주식 60 : 채권 40' 포트폴리오, 이 전략이 의미가 있을까?

시장을 큰 그림으로 보기 위해서는 주식시장보다 훨씬 더 큰 자금이 움직이는 채권시장의 자금흐름Fund Flows을 볼 줄 알아야 한다. 시장의 사이클뿐 아니라 미국 주식시장도 완벽히 이해할 수 있기 때문이다. 채권시장을 움직이는 것은 결국 금리다. 금리는 실질금리Real Rate에 인플레이션(물가상승률)을 더한 값이므로 미 연준이 정하는 기준금리 외에 실질금리의 벤치마크로 쓰이는 경제성장률GDP Growth Rate과 인플레이션Rate of Inflation에 주목하면 금리의 방향성을 알 수 있다.

지금은 초저금리 시대다. 2021년 하반기 미 연준은 그동안 0~25bps(0.00~0.25%) 수준에서 유지되던 기준금리를 단계적으로 올리겠다는 금리인상Rate Hike 계획을 발표했다. 미국 시장금리의 대표격이라고 할 수 있는 미국 10년물 채권 수익률을 보면 작년부터 상승세를 보였지만 아직도 역사적 저점 수준이다. 다시 말하면 채권 가격은 사상 최고치라는 뜻이다.

주식과 반대로 움직이는 채권 자산을 포트폴리오에 일정 비율 보유하고 있으면 하락장이 와도 대처가 가능하다는 것이 오랜 기간 검증된 전략이었다. 다만 유난히 예외적인 상황이 많은 지금의 시장에서는 주식과 채권 가격의 동조 현상이 종종 일어나 더 이상 방어자산으로서의 기능도 상실한 듯 보인다. 금리가 역대 최저치를 벗어나지 못하는 상태에서 위험자산과 안전자산의 동반 랠리가 일어나는 것이다. 시장에 과도한 유동성이 풀려 주식시장이 가파르게 상승함과 동시에 미 연준의 양적완화QE 정책과 대량 국채 매입으로 금리는 하락하고 채권 가격은 올라갈 수밖에 없었다.

이는 채권뿐 아니라 금처럼 주식의 방어자산으로 취급되는 상품 역시 마찬가지다. 주식, 채권, 금 모두 같은 방향으로 움직이는 것이다. 하지만 이는 어디까지나 단기적인 현상일 뿐 장기적인 자산 가격 추이를 보면 두 자산은 반대 방향으로 움직이는 게 맞다. 그럼에도 지금의 높아진 유동성으로 인플레이션까지 가세한다면 채권투자자는 갈 곳이 없다. 그렇다면 이런 환경에서 채권투자는 정말 아무 의미가 없는 것일까?

물론 꼭 그렇지만은 않다. 현실적으로 추가적 금리하락을 기대하며(채권 가격의 추가 상승을 기대하며) 채권투자를 하는 것은 의미가 없다. 저금리, 저인플레이션 등 매크로적인 시황이 오늘의 채권투자자에게 불리한 건 사실이다. 하지만 주식시장의 변동성 대비 상대적으로 안정적이고 절대적인 고이자수익 채권에 투자하는 것은 유리할 수 있다. 예를 들어 미국의 투자적격 등급IG; Investment Grade 회사채나 고수익HY; High Yield 회사채의 경우 요즘 같은 경기침체기에 채무불이행 위험Default Risk이 상승하면 미국 국채 대비 훨씬 더 높은 금리 스프레드Spread를 지급해야 하기 때문이다.

장기투자 관점에서 보면 코로나19로 유발된 경기침체가 10년간 지속될 거라 생각하지 않는 이상 경기회복 이후 채권을 포함한 포트폴리오는 제 역할을 충분히 발휘할 수 있다. 게다가 만기 1년 이하의 단기채라면 사실상 현금이나 다를 바 없다.

채권을 꼭 포트폴리오에 편입하지 않아도 좋다. 예전에는 주식 60%, 채권 40%라는 '이상적인' 자산 배분비율이라는 것이 존재했고 지금도 이를 추종하는 세력이 있지만, 이것이 누구에게나 적용되는 마법의 절대 비율은 결코 아니다. 채권투자가 상대적으로 불리한 시황이고 자신이 세운 투자 목표에 부합하지 않은 상품이라면 방어자산으로 차라리 현금 보유를 택하는 것도 좋다. 핵심은 내 상황과 나의 투자 목적(고배당, 단기 차익실현, 장기투자, 원금보장 안전성 등)이 무엇인지 정확히 알고 특정 상품이나 종목을 선별해야 한다는 것이다. 이를 위해서는 시장흐름을 읽을 줄 알고, 내가 고를 수 있는 선택지에 대해 제대로 이해하는 것이 필수다. 지금 매입하지 않는 것이 합리적이라고 해서 6개월 후, 1년 후에도 같은 결론이 나올 거라는 보장은 없다. '내가 투자하지 않는 것에 대해서까지 알아야 한다니' 하고 생각하겠지만 원래 투자란 그렇다. 내가 특정 자산에 왜 투자하는지는 물론 왜 투자하지 않는지도 명확히 알고 있어야 한다. 그래서 투자는 어렵다.

Q&A

Q 시장흐름을 살필 때 어떤 경제 지표를 봐야 하나요?

A 사실 몇 가지로 축약하기 어려울 정도로 살펴야 하는 경제 지표들은 너무나 많다. 하지만 특정 섹터나 개별 기업 주식과 무관하게 전반적인 시장흐름을 주도할 수 있을 정도의 영향력을 가진 지표들은 다음과 같다.

- 연방기금금리(Federal Funds Rate): 연방준비제도(Federal Reserve, 줄여서 '연준')이 연방공개시장위원회(FOMC)를 통해서 정하는 달러 기반 자금조달의 기준금리이며, 통화량 공급 조절 정책(Monetary Policy)을 위한 도구로 쓰인다. 달러 가치와 전체적인 시장 유동성을 좌우하는 가장 기본 요소이기 때문에 트레이더들은 금리 변화에 매우 민감하다. FOMC의 주요 일정과 회의록은 연준 사이트에서 확인할 수 있다(456쪽 참고).
- 미국 국채 수익률: 10년 국채 수익률(10-yr Treasury Yield)과 30년 국채 수익률(30-yr Treasury Yield)이 주요 벤치마크로 사용된다.
- LIBOR(London Inter-Bank Offered Rate): 런던 금융시장에서 은행 간 단기 자금을 거래할 때의 금리를 뜻한다(1개월 혹은 3개월 선행 금리).
- 인플레이션: 연준의 목표 인플레이션(Fed Target Inflation)과 실제 물가인 소비자물가지수(CPI; Consumer Price Index)
- 주요 환율: 미국 달러(USD), 유로-달러(EUR/USD)와 엔-달러(JPY/USD) 환율은 미국에서도 환헤지나 국제시장에서의 자금흐름을 트래킹하는 데 주요하게 본다. 한국 투자자의 경우 원-달러(KRW/USD) 환율을 눈여겨볼 필요가 있다.

이러한 지표들은 주식 정보 사이트에서 경제 캘린더(Economic Calendar)를 통해 모니터링할 수 있다. 워낙 중요한 시장 지표들이기 때문에 거의 실시간으로 언론에 보도되어 뉴스로도 접할 수 있지만, 시장은 그보다도 더 빨리 반응한다는 것을 잊지 말자. 특히 미 연준 의장(Fed Chair)의 콘퍼런스나 발표가 있는 날은 주의하는 것이 좋다. 올해의 경우 2021년엔 제롬 파월 의장이 시장흐름에 대해서 코멘트한 방향에 따라 장외시간 거래부터 그다음 날까지 시장은 단기적이지만 매우 큰 가격 변동성을 보였다.

시의적인 측면이 있지만 코로나19발 경기침체 이후로는 실업률(Unemployment Rate)이나 미국 노동부가 매주 목요일 발표하는 실업수당 청구 건수(Federal & State Jobless Claims) 등의 고용 지표에도 예상을 어긋나는 수치인 경우 시장이 민감하게 반응하기 때문에 팔로해준다.

경제 지표는 아니지만, 대선이나 외교 정책(Foreign Affairs), 새로운 정책 발표와 같은 굵직한 정치적인 이벤트도 시장에 중대한 영향을 미치는 만큼 흐름을 읽을 줄 알아야 한다.

부의 지렛대를
걷어차야 할까?
레버리지가 수익률에 미치는 영향

레버리지, 투자자의 친구인가 적인가

기대수익률이 더 높은 자산에 집중하는 것과 레버리지로 수익률을 끌어올리는 것 중 어느 쪽이 더 효과적인 전략일까? 결론부터 말하면 레버리지가 더 효과적인 전략이다. 레버리지 없이 수익률을 극대화하기 위해서는 고위험-고수익 자산에 더 집중할 수밖에 없는데 그러면 분산 효과가 떨어져 포트폴리오 전체 리스크가 커져버리기 때문이다.

레버리지 투자를 할 계획이라면 레버리지 효과가 주는 결과 값의 의미를 잘 생각해보자. 다음의 표에서 보듯 33% 수익률에 3배 레버리지를 활용하면 100% 수익률로 만들어주지만 반대로 33% 손실인 상황에서는 레버리지가 원금을 0으로 만들어버린다. 이걸 레버리지의 '원금이 녹는'Principal Meltdown

▶ 시장 변동성에 따라 3배 차입 효과가 수익률에 미치는 영향

A. 변동성이 적은 우상향 마켓의 경우

	1	2	3	4	5	6	7	8	9	10	최종 수익률
1×	2%	3%	−2%	3%	1%	−8%	10%	−2%	−1%	2%	7.3%
$100	$102	$105	$103	$106	$107	$99	$108	$106	$105	$107	
3×	6%	9%	−6%	9%	3%	−24%	30%	−6%	−3%	6%	16.4%
$100	$106	$116	$109	$118	$122	$93	$120	$113	$110	$116	

B. 변동성이 심한 우상향 마켓의 경우

	1	2	3	4	5	6	7	8	9	10	최종 수익률
1×	1%	5%	−6%	6%	−5%	−12%	−8%	8%	10%	7%	3.3%
$100	$101	$106	$100	$106	$100	$88	$81	$88	$97	$103	
3×	3%	15%	−18%	18%	−15%	−36%	−24%	24%	30%	21%	−7.6%
$100	$103	$118	$97	$115	$97	$62	$47	$59	$76	$92	

C. 극단적인 하락장의 경우

	1	2	3	4	5	6	7	8	9	10	최종 수익률
1×	−33.3%										−33.3%
$100	$67										
3×	−100%										−100%
$100	$0										

현상이라고 한다. 왼쪽의 표에서 보다시피 우상향하는 시장일지라도 변동성이 심한 시황에서는 레버리지를 쓰지 않았을 때의 수익률을 훨씬 하회하거나 심한 경우 원금도 회복하지 못할 정도로 손실을 입을 수 있다.

비교적 안정적인 레버리지 ETF 활용법

레버리지 투자가 리스크가 크지만 적절히 활용할 경우 이만한 수익률 제고 전략도 없다. 가장 쉽게 접근 가능한 레버리지 ETF 상품을 살펴보자. 상대적으로 안정적이고 장기적인 투자를 위해서 미국 증시 전체를 따라가는 전략으로 특정 시장지수를 추종Index Tracked하는 여러 ETF가 있다. 대표적으로 시총 기준 미국의 우량 기업들이 포진되어 있는 S&P500 지수, 대형 기술 성장주 위주인 나스닥100 지수가 있겠다. S&P500 지수 추종 ETF 펀드로는 스테이트 스트리트State Street 운용사가 출시한 SPY NYSEARCA: SPDR S&P 500 Trust ETF, 뱅가드의 VOO NYSEARCA: Vanguard 500 Index Fund ETF, 그리고 아이셰어의 IVV NYSEARCA: iShares Core S&P 500 ETF가 있다. 같은 개념으로 지수 추종을 하되 2배 혹은 3배 레버리지Long leverage를 활용한 ETF 상품들이 있다. S&P500 지수 수익률을 그대로 따라가는 것이 아닌 200%, 300% 수익률을 목표로 하는 레버리지 상품이다.

그래프에서 보듯 하락장일 때 2배, 3배 강도로 더 큰 폭으로 하락한다는 리스크에 노출되어 있지만, 해당 타이밍에 저점 매수Dip Buying 전략으로 추가 매수를 한다거나 새로운 진입 시점으로 잡는다면 반등장에서 더 큰 폭의 회복과 수익률을 노릴 수 있다. 3× 레버리지 ETF에 투자했을 때 원금이 녹

▶ S&P500 지수 추종 레버리지(2x, 3x) ETF 비교

Ticker	VOO	SSO	UPRO
Name	Vanguard S&P500 ETF	ProShares Ultra S&P500	ProShares UltraPro S&P500
Index	S&P500	S&P500	S&P500
Leverage	1×(없음)	2×	3×
Expense Ratio	0.03%	0.91%	0.93%
AUM	$270B	$4.81B	$3.35B
Shares Outstanding	645M	35.7M	24.9M
ADV(1month)	4,937,396	2,503,714	5,183,927
Issuer	Vanguard	ProShares	ProShares
Inception Date	2010.09.07.	2006.06.19.	2009.06.25.
1Yr Return	24.94%	51.33%	82.18%
Dividend Yield	1.24%	0.17%	0.04%

연수익률은 2021년 11월 기준 1년 수익률을 의미한다.
Expense Ratio: 수수료 | AUM(Asset Under Management): 운용자산 규모 | Shares Outstanding: 유통주식 총수 | ADV(Average daily volume, 1month): 최근 한 달 일평균 거래량 | Issuer: 운용사 | Inception Date: 출시일 | 1Yr Return: 연수익률 | Dividend Yield: 배당률

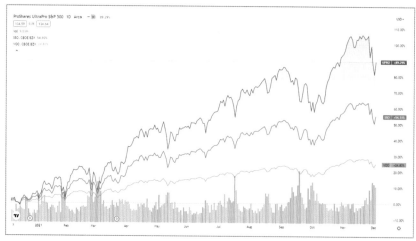

(출처: tradingview)

아내릴 정도의 쇼크는 기초자산인 S&P500 지수가 33% 이상 폭락했을 때인데, 역사적으로 이 정도 규모의 폭락장은 글로벌 마켓에서조차 찾아보기 어렵다(그런 일이 일어나지 않는다는 장담이 아니다, 확률상 낮다는 의미일 뿐). 인덱스 추종 펀드로만 장기투자하는 패시브 투자는 개인투자자에게 가장 보편적이고 유리한 투자 전략이다. 레버리지 상품과의 비율을 조절해 활용한다면 효과적인 포트폴리오 관리가 가능하다. '레버리지'가 갖는 부정적인 뉘앙스 때문에 무조건 회피할 필요는 없다는 뜻이다.

역방향으로 시장을 숏하는, 증시 하락에 베팅하는 레버리지 상품도 있

▶ 나스닥100 지수 추종 레버리지 ETF 비교

Ticker	QQQ	QLD	TQQQ
Name	Invesco QQQ Trust	ProShares Ultra QQQ	ProShares UltraPro QQQ
Index	NASDAQ100	NASDAQ100	NASDAQ100
Leverage	1×(없음)	2×	3×
Expense Ratio	0.20%	0.95%	0.95%
AUM	$209B	$6.19B	$18.6B
Shares Outstanding	531M	70.8M	114M
ADV(1month)	45,482,852	3,082,709	41,603,392
Issuer	Invesco	ProShares	ProShares
Inception Date	1999.03.10.	2006.06.19	2010.02.09
1Yr Return	28.25%	57.03%	88.88%
Dividend Yield	0.45%	0.00%	0.00%

연수익률은 2021년 11월 기준 1년 수익률을 의미한다.
Expense Ratio: 수수료 | AUM: 운용자산 규모 | Shares Outstanding: 유통주식 총수 | ADV(1month): 최근 한 달 일평균 거래량 | Issuer: 운용사 | Inception Date: 출시일 | 1Yr Return: 연수익률 | Dividend Yield: 배당률

다. SQQQ NasdaqGM: ProShares UltraPro Short QQQ, SPXS NYSEARCA: Direxion Daily S&P500 Bear 3X Shares, SPXU NYSEARCA: ProShares UltraPro Short S&P500 등이 그에 해당한다. 단기적인 매매수익을 목표로 특정 기간 하락장에 대비해 일부 비중 Exposure을 가져가는 전략이 쓰이기도 한다. 다만 이는 실행하기 매우 힘들 뿐더러(하락 타이밍을 기가 막히게 예측할 수 있다면 써도 좋다!), 이런 식의 숏 레버리지 상품들은 거래량이 많지 않고 운용자산 AUM도 크지 않아 유동성 문제가 있기 때문에 조심할 필요가 있다. 일반적으로 장기투자자에게 증시 방향과 역행하는 레버리지 전략은 추천하지 않는다.

Q&A

Q 레버리지 ETF는 어떻게 구성되고 운용되나요?

A 나스닥100 지수를 추종하는 대표 ETF인 QQQ 그리고 3배 레버리지를 활용하는 TQQQ를 예시로 들어 비교해보자. TQQQ는 추종 지수인 나스닥100 수익률의 300%를 타깃하여 운용되는 것은 맞지만, 그렇다고 해서 QQQ가 보유한 종목들을 3배 비중으로 보유한다는 뜻은 아니다. QQQ가 보유한 상위 5개 종목이 애플 12%, MS 11%, 아마존 8%, 테슬라 6%, 엔비디아 5%라고 해서 TQQQ가 애플 비중을 3배, MS 3배, 이런 식으로 매수하지는 않는다. TQQQ의 상위 비중 자산들은 달러 14%, 애플 9%, MS 8%, 미국 단기채 국채(T-Bills) 7%, 아마존 6% 순이다. 예를 들어 지수 수익률 2배를 타깃한다는 뜻은 레버리지를 활용해 $100M(1억 달러) 자산을 펀드에 보유한다면 $200M 규모의 인덱스 익스포저를 가져가는 것이다. 인덱스가 1% 상승해서 $2M의 수익이 났다면, 펀드는 $102M이 되었으니 인덱스 익스포저는 그 2배인 $204M가 있어야 한다(이해를 돕기 위해 여기서는 백만 단위로 표기).

당연히 하락장에서의 레버리지 ETF의 리밸런싱은 일부 손실을 피할 수 없다. 인덱스 익스포저를 자동적으로 줄임으로서 추가적인 손실에 대한 방어는 가능하지만, 그 시점까지의 손실률은 그대로 안고 가야 하고 펀드의 운용 규모는 그만큼 줄어들기 때문이다.

이해를 돕기 위해서 아래 예시를 들어보겠다. 아래는 연속되는 하락장과 반등이 찾아왔을 때 추종하는 인덱스와 2× 레버리지 ETF의 수익률과 펀드 자산 금액 비교다.

	Day 1	Day 2	Day 3	Day 4	Day 5
인덱스	100	99	98.01	97.03	96.06
종가	99	98.01	97.03	96.06	100
인덱스 수익률	−1.00%	−1.00%	−1.00%	−1.00%	4.10%
2× 레버리지 펀드	$100	$98.00	$96.04	$94.12	$92.24
종가	$98.00	$96.04	$94.12	$92.24	$99.80
2× 펀드 수익률	−2.00%	−2.00%	−2.00%	−2.00%	8.20%

마지막 반등한 날(Day 5)을 비교해보면 알겠지만 인덱스 자체는 100달러로 회복했지만 2배 레버리지 인덱스펀드는 99.80달러로 온전히 원금 회복이 되지 않는다. 이유는 앞서 설명했던 레버리지의 메커니즘 때문이다. 하락장에서 폭락한 비율이 2배 더 큰 만큼 원금이 회복되려면 하락한 비율보다 더 큰 비율로 증가해야 하고, 여기에 레버리지 기능이 추가되어 기초자산의 회복률보다 더 높은 상승폭이 필요하기 때문이다. 2배 레버리지 상품이 원점으로 돌아오기 위해서는 정확히 8.42% 상승이 필요하다.

이 예시는 매우 단편적인 하락 시나리오이고 현실에서는 이보다 훨씬 더 큰 낙폭과 변동성이 있기 때문에 그러한 경우 레버리지 상품의 리스크는 더 커지고 손실율은 증폭될 수밖에 없다. 레버리지 ETF 상품이 수익률을 극대화할 수 있는 좋은 도구이긴 하지만 그럼에도 장기화되는 하락장이나 변동성이 증가하는 구간에서는 더 적극적인 매매 전략이 필요하다.

골드만삭스와 JP 모건의
투자 의견은 믿어도 될까
애널리스트 리포트 읽는 법

애널리스트 리포트 어떻게 보아야 할까

"JP 모건이 사라는데? 연말까지 20% 이상 오를 거래. 더 비싸지기 전에 지금 들어갈까?"

연말에 받은 성과급을 모 바이오테크 회사의 주식에 전부 넣겠다는 친구의 말이다. 친구는 얼마 전까지만 해도 제약 업계에서 10년 이상 일한 자신이 가장 잘 안다며 가격에 거품이 낀 게 분명하다면서 눈길도 주지 않던 종목을 투자은행의 리포트 하나에 매수를 고려하고 있었다.

"아니, 그럼 골드만에서 네가 지난달에 산 M사 주식 매도 의견 나오면 다 팔 거야?"

내 나름대로 한껏 뼈가 담긴 말이라고 던졌더니 그 말이 채 끝나기도 전에 친구가 나를 다그쳤다.

"뭐? 골드만에서 매도 추천 나왔어? 언제? 그 리포트 나한테 좀 보내봐."

"……."

외국계 투자은행들의 매수 매도 추천 리포트가 국내 기관과 개인투자자 할 것 없이 모든 시장 플레이어에게 상당한 영향력을 행사하고 있는 건 부정할 수 없는 현실이다. 미국 증시에서도 애널리스트 리포트의 위력은 상당하지만 그 본연의 역할과 투자자가 그것을 바라보는 시각은 한국과 많이 다르다. 미국 주식을 하면서 참고할 수밖에 없는 증권사 리포트를 과연 어떻게 바라봐야 현명하게 투자할 수 있을까?

미국 주식투자에서 증권가 리서치 애널리스트의 주식 분석 보고서는 매우 중요하다. 이것은 상대적으로 정보 접근성이나 산업, 기업의 전문지식이 부족한 개인투자자가 해당 주식을 가장 빠르게 이해할 수 있는 귀중한 리소스다. 그러나 정보 분별력과 판단력 없이 리소스를 접하는 건 오히려 투자에 걸림돌로 작용할 수 있다.

한국 증권사의 애널리스트 보고서를 보면 매도 의견은 거의 찾아볼 수 없다. 전반적으로 투자 의견 인플레이션이 심해서 '적극 매수'는 매수, '매수'는 중립, '중립'은 사실상 매도로 볼 수 있다. 이는 기업과 증권사와의 갑을관계에서 파생한 구조적 문제가 빚어낸 관행인 듯하나 이 때문에 가장 손해를 보는 쪽은 개인투자자다.

반면 미국에서는 투자은행이 증권 업무를 수행하고 투자은행의 리서치 부서 소속 애널리스트가 주식 보고서를 발표하는데, 이들의 매수 매도 추천 비율은 균형이 잡힌 편이다. 미국 투자은행 리포트를 보면 중립Neutral·비중 유지Equal Weight부터 매도Sell, 비중 축소Underweight, 적극 매도Strong Sell 등 주가 분석에 따른 하향조정Downgrade 리포트가 자주 나오는 편이다. 애널리스트의 독립성을 보장하고 대상 기업의 눈치를 볼 일이 없기에 그만큼 소신있고 질 높은 리포트를 많이 볼 수 있다.

미국은 뉴욕증권거래소 규정상 투자은행별로 각 회사 전체 추천 비중을 보고서마다 의무적으로 공개해야 한다('애널리스트의 이해상충 규정'SR-NASD-2002-12이라는 FINRA 법). 또한 매년 바이사이드 투자 인력이 각각의 투자은행 애널리스트를 평가한 전문성, 독립성, 객관성 순위를 공개한다. 이에 따라 미국 투자은행은 자사 공신력을 높이기 위해서라도 무조건 매수 추천을 하거나 수준 미달의 리포트를 써낼 수 없다. 꼭 이런 제도 때문이 아니어도 기관과 개인투자자의 요구 수준이 높아서 그런지 투자은행 리포트의 기준치 자체가 상당히 높다. 이 구조에서 가장 큰 수혜자는 미국 주식에 투자하는 개인투자자다.

미국 증권 업계는 전반적으로 선진화한 상태지만 미국이든 한국이든 애널리스트 기업 분석 보고서를 볼 때는 공통적으로 주의해야 할 점이 몇 가지 있다.

실제 주가를 뒤쫓기 바쁜 목표 주가

아이러니하게도 증권가에서 말하는 목표 주가는 분명 '목표'로 하는 주가인데 역으로 현재 주가흐름을 따라갈 때가 종종 있다. 애널리스트의 목표 주가가 시장가격과 연동하거나 심지어 실제 주가를 후행하는 경우도 있다. 아무리 소신 있는 애널리스트라 해도 자기 이름을 내걸고 시장에 분석 결과를 발표하다 보니 주가가 치솟는데 혼자 목표 주가를 떨어뜨리기는 힘든 일이다. 이런 현상은 특히 성장주에서 종종 나타나는데 이는 애널리스트가 분석한 펀더멘털과 밸류에이션 모델의 결과값이 실제 시장에서 거래되는 가격과 편차가 큰 경우가 흔하기 때문이다.

그 대표적인 사례가 테슬라다. 아래의 표는 3개월이라는 짧은 기간에 많

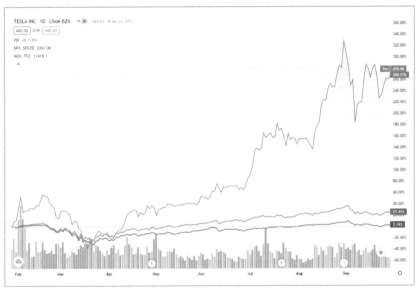

테슬라 주가(파란색 선)와 같은 기간 S&P500, NASDAQ 지수(주황색 선) 수익률 비교. (출처: tradingview, 2020. 10.01. 기준)

Sep-23-20	Upgrade	Deutsche Bank	Hold → Buy	$400 → $500
Sep-23-20	Reiterated	Robert W. Baird	Neutral	$332 → $360
Sep-23-20	Reiterated	Robert W. Baird	Neutral	$322 → $360
Sep-18-20	Reiterated	Piper Sandler	Overweight	$480 → $515
Sep-16-20	Reiterated	Credit Suisse	Neutral	$280 → $400
Sep-11-20	Reiterated	UBS	Neutral	$160 → $325
Sep-10-20	Upgrade	CFRA	Sell → Buy	
Aug-26-20	Reiterated	Jefferies	Buy	$1200 → $2500
Aug-14-20	Upgrade	Morgan Stanley	Underweight → Equal-Weight	$1050 → $1360
Aug-14-20	Upgrade	BofA Securities	Underperform → Neutral	$800 → $1750
Jul-29-20	Reiterated	Morgan Stanley	Underweight	$740 → $1050
Jul-28-20	Downgrade	Bernstein	Mkt Perform → Underperform	$900
Jul-24-20	Upgrade	Argus	Hold → Buy	
Jul-24-20	Downgrade	Daiwa Securities	Outperform → Neutral	
Jul-23-20	Upgrade	Cowen	Underperform → Market Perform	
Jul-23-20	Downgrade	New Street	Buy → Neutral	
Jul-22-20	Reiterated	BofA Securities	Underperform	$500 → $800
Jul-21-20	Downgrade	JMP Securities	Mkt Outperform → Mkt Perform	
Jul-17-20	Reiterated	Credit Suisse	Neutral	$700 → $1400
Jul-16-20	Reiterated	Citigroup	Sell	$246 → $450

애널리스트들의 테슬라 목표 주가 변경 예시. 주식분할 이전의 주가임을 참고하자. (출처: finviz, 2020.10.01. 기준)

게는 2배 이상 목표 주가를 수정한 증권가 애널리스트의 목표 주가와 매수 매도 의견 변경 목록이다.

기업의 펀더멘털을 기반으로 한 밸류에이션과 예상 주가는 어느 정도 컨센서스가 이뤄진 보수적인 가격대였다. 하지만 2020년 초부터 9월까지 테슬라 주식은 나스닥종합주가지수IXIC 대비 10배 이상 상승하는 저력을 보였다. 2분기 실적 발표 때 첫 순이익을 기록하는 어닝 서프라이즈가 있었으나 그것은 이미 선반영된 상태였고 이후 특별한 촉매 요인이 없었음에도 불구하고 400% 이상 상승하며 상반기 미국 주식시장에서 가장 핫한 종목으로 떠올랐다. 심지어 주식분할을 발표하고 2주 만에 60% 추가 상승하기도 했다.

펀더멘털에 변화가 없는 기업의 주가가 4배 이상 상승하고 시장이 주가에 계속 프리미엄을 부여해 거래량이 오히려 치솟으니 증권 업계가 당황하는 건 당연하다. 보수적인 밸류에이션으로 매도 의견이 주를 이뤘던 애널리스트의 상당수가 비중 축소·매도에서 중립·비중 유지로 평가Rating를 변경했다. 목표 주가를 적게는 30%, 크게는 2배 이상 상향조정하는 증권사도 나타났다. 이는 시장 모멘텀이 끝없이 빌드업Build-up하면서 상승이 증폭하는 성장주의 펀더멘털 분석에 나타나는 한계라고 할 수 있다.

재무적 숫자로 설명할 수 없는 시장의 기대심리를 잔뜩 반영해 주가의 상승세가 이어지면 애널리스트는 어느 정도 시장심리를 후반영해 목표 주가를 수정하기도 한다. 이 경우 오르는 주식은 목표 주가를 상향조정하고 폭락하는 주식은 하향조정한다.

또한 투자은행은 전체 조직의 업무 특성상 헤지펀드, 주요 연기금 같은 대형 기관투자자의 트레이드를 중개하거나 자문하므로 기관의 자금흐름을 가장 먼저 파악할 수 있다. 가령 기관이 어떤 섹터, 어떤 종목을 선호하고 매수

중에 있으며 어떤 종목을 매도하는지 등의 펀드의 자금흐름Fund Flows을 기반으로 주가흐름 대세를 가장 먼저 읽어낸다. 이 부분 역시 목표 주가나 투자 의견에 어느 정도 선반영하므로 또 한 번 실제 매매가격을 후행하는 셈이다.

어느 쪽이든 이미 한 발 늦은 목표 주가라서 의미가 희석된다.

애널리스트의 목표 주가보다 더 중요한 것

그럼 애널리스트 보고서에서 눈여겨봐야 할 것은 무엇일까? 목표 주가보다 중요한 것은 바로 실적 추정치를 확인하는 일이다. 해당 기업의 실적 추정치 변화를 보는 것이 투자 의견보다 더 정확하다. 목표 주가나 투자 의견에 변화가 없어도 애널리스트가 실적 추정치를 상향조정한다면 이는 그 주식에 모멘텀이 있다고 본다는 뜻이다.

예를 들어 매도 의견을 고수하던 애널리스트가 분기 실적 발표 전 경영진과의 미팅에서 새로운 자금조달 힌트를 얻거나 시장에 뜻밖의 호재가 생겼을 경우 매도 의견은 유지하되 일전에 발표한 비관적인 실적 예상치를 다소 상향조정할 수 있다. 펀더멘털을 움직일 만큼 새로운 사실이나 뉴스가 아니기에 전체 밸류에이션 방향과 목표 주가에는 변함이 없지만 일시적 개선점은 반영하는 셈이다.

한 명의 애널리스트만 예상 실적치를 조정하는 게 아니라 여러 투자은행이 같은 추세를 보여 컨센서스를 이룬다면 단기간 주가를 크게 움직이는 원동력이 되기도 한다. 애널리스트들의 실적 추정치 평균을 월스트리트 컨센서스, 줄여서 스트리트 컨센서스Street Consensus라고 부른다. 실제로 어닝 시즌 동안 단기 주가를 움직이는 가장 큰 동력은 추정치 대비 실제 발표한 수치 Actuals와의 갭이다. 애널리스트 추정치보다 훨씬 웃도는 실적을 발표하면 컨센서스를 넘어섰으므로Beat the Consensus 주가가 치솟지만 컨센서스를 하회하는 실적이 나오면Scored Below Consensus 주가는 떨어진다.

밸류에이션과 시장가격의 갭에 담긴 의미

그러면 투자자는 애널리스트 리포트와 목표 주가를 어떻게 이해해야 할까? 우선 애널리스트의 업무는 해당 산업과 기업을 깊이 이해하고 이를 바탕으로 가치평가를 해서 가까운 미래 주가에 최대한 근접하는 예상치를 산정하는 일이다. 현재 80달러에 거래가 이뤄지는 주식의 목표 주가를 100달러로 잡았다고 반드시 다음 분기까지 100달러가 될 거라는 의미는 아니다. 투자자는 오늘 내가 투자한 기업의 주가가 적정 가치에 도달하는 데 올해 연말까지가 아닌 몇 년이 걸릴 수도 있음을 기억해야 한다. 심지어 자신이 산정한 적정 가치에 영원히 미치지 못할 수도 있다.

결국 투자자는 개인보다 정보 접근성이나 전문성에서 우위인 애널리스트의 기업 분석 내용을 참고하되, 스스로 기업의 펀더멘털에 따른 가치평가를 하고 적정 주가를 산정해야 한다. 이는 시장이 기업 가치를 제대로 받아들이고 저평가된 주가를 어디까지 끌어올릴지 혹은 고평가된 주가를 어디까지 끌어내릴지에 베팅하는 일이기도 하다.

애널리스트 의견은 분명 시장을 움직이는 하나의 큰 축이지만 액면 그대로 받아들일 게 아니라 투자자 입장에서 무엇이 중요하고 무엇을 어떻게 거르며 들어야 하는지 인식하려는 노력이 필요하다.

증권사 리포트 체크 포인트

1. 애널리스트의 목표 주가는 회의적 시각에서 최대한 비판적으로 보자.

- 애널리스트는 미래를 예측하는 사람이 아니다. 기업 가치와 시장 가치의 차이를 이해하고 목표 주가를 어떤 방법으로 도출했는지, 애널리스트의 의견을 어떤 방식으로 반영했는지 이해한다.

- 주가가 애널리스트가 산정한 기업 가치(목표 주가)에 미치지 못할 잠재적 리스크 요인을 충분히 감안한다.

2. 해당 산업과 기업의 객관적 팩트만 구분해서 소화한다.

- 비계량적 정보와 결론을 그대로 수용하지 않는다.

- 한 증권사 리포트에만 의존하지 않고 최대한 여러 명의 애널리스트 보고서를 참조, 비교해 주가 방향의 객관성을 유지한다.

- 어느 애널리스트의 리포트를 참조하든 항상 컨센서스와 비교한다. 업계 평균 컨센서스와 차이가 클 경우 왜 그런지 이해한다.

3. 애널리스트 분석과 경영진 예측의 근거 자료를 확인하고 비교한다.

- 이 애널리스트는 왜 이런 가정을 했는가?(미래 성장률, 영업마진, 점유율 등)

- 그 가정의 근거는 무엇이며 타당한가?

- 경영진의 가이던스와 얼마나 차이가 나고 그 차이는 어디서 비롯되는가?

- 현재 기업 상황과 시황을 보았을 때 말이 되는 모델인가?

이처럼 애널리스트 리포트는 물론 시황, 경영진 가이던스, 자신의 의견 등을 비교해보며 기업 가치를 끊임없이 반문하고 분석하는 훈련을 하자.

Q&A

Q 개인투자자가 애널리스트 보고서를 볼 수 있나요?

A 아쉽게도 한국과는 달리 미국 IB(증권사) 리서치 리포트를 무료로 볼 수 있는 방법은 없다. 대체로 미국은 제도권 금융권에서 제공되는 정보는 상당한 프리미엄이 붙어 접근을 제한하는 편이다. 기관조차 직접 거래하는 클라이언트가 아닌 이상 IB 애널리스트의 리포트를 제공받지 못하고 돈을 지불해야 한다. 개인투자자의 경우 미국 증권계좌를 소유하고 있다면 그와 연계된 IB에서 제공하는 리서치는 무료로 볼 수 있다.

대신 애널리스트의 목표 주가와 투자 의견(rating), 그에 사용된 기본적인 수치들은 거의 실시간으로 각종 증권 뉴스 포탈에 올라오고 그 투자 의견의 변화 추이만 종합해서 종목별로 열람할 수 있는 무료 사이트가 많으니 이를 참고할 수 있다. 전체 리포트를 열람하고 싶다면 유료 서비스를 사용해야 한다. 유명 애널리스트의 목표 주가와 투자 의견 변경이 단기적이더라도 그날 주가에 크게 영향을 미치는 경우가 있으니 관심 종목이 있다면 그 정도는 팔로우하는 것이 좋다. 가끔 주식투자 커뮤니티(Seeking Alpha, The Motley Fool 등의 종목 분석 커뮤니티)에서 특정 종목에 대한 IB 리포트 일부를 공유하고 애널리스트의 가치평가 방법 및 그에 대한 분석을 하는 글(post)들이 종종 올라오니 참고하면 되겠다.

Q IB나 증권사의 이익을 위해 소속 애널리스트의 투자 의견을 이용하기도 하나요?

A 매매 주체가 IB인 경우 자기자본이 아닌 브로커딜러로서 클라이언트의 자금을 매매하는데, 이것을 해당 IB 하우스의 직접적인 포지션이 있어서 그에 따라 투자한다고 해석하기엔 무리가 있다. 즉, IB가 저점 매수를 하고 싶어서 일부러 리서

치 애널리스트들이 '매도 추천'을 하는 경우는 있을 수 없다. 자기자본으로 증권을 매매하지 않기 때문이다. 예전에는 자기자본투자(PI: Principal Investment) 부서가 있어서 투자은행이 직접 돈을 투자, 운용했지만 2008년 금융위기 이후 투자은행 규제를 강화하는 차원에서 시행된 볼커 룰(Volcker Rule) 이후 자기자본투자를 금지했다. 리서치 애널리스트가 편향된 투자 의견을 낼 수 있는 상황은, 같은 IB 내에 있는 IBD(Investment Banking Division) 부서(인수합병 및 자금조달 등 기업금융 부서, 흔히 말하는 '뱅킹' 부서)의 클라이언트 기업을 커버할 경우다. 미국은 IB 같은 대형 금융 회사의 이해관계 상충(COI: Conflict of Interests)에 관한 문제를 대단히 엄격하게 관리 감독한다. 리서치 부서의 애널리스트가 커버하는 기업에 대해서 조금이라도 비즈니스 관계가 있다면 그 내용을 전부 공시한다. IBD와 주식 리서치(Equity Research; 주식 애널리스트가 기업 분석과 투자 의견을 내는 리서치 부서) 사이에 정보차단벽(Chinese Wall)이 존재하기 때문에 부서 간 정보 교류가 있을 수 없다.

예를 들어 IBD 부서에서 특정 기업의 IPO를 주관한다면 해당 기업 가치에 대해서 높게 평가받을수록 좋기 때문에 같은 IB의 리서치 부서 애널리스트가 매수 추천 및 우호적인 밸류에이션을 산정하는 것을 선호할 것이다. 하지만 COI 문제로 그런 식의 애널리스트 레이팅은 있을 수 없다. 애널리스트가 리서치를 일시 중단해야 하는 기간(Hold Period)이 있어서 그 기간 동안에는 레이팅 자체를 못 한다. 이 모든 관리 감독은 SEC에서 한다.

투자자의 가장 큰 적은
바로 자신
투자 원칙을 지킨다는 것

시간과 시장이 검증한 투자 원칙

투자 원칙 없이 주식투자를 하는 것은 도박이나 다를 바 없다. 여기서 '원칙'
이란 교과서에 나오는 절대적인 투자 규범을 말하는 게 아니다. 누구나 자신
만의 투자 철학과 원칙을 세우는 것이 맞다. 누군가가 알려주어서가 아니라
스스로 투자 원칙을 세우려면 자신을 잘 알아야 한다. 물론 이건 상당히 어
려운 일이다.

"투자자의 가장 큰 문제이자 적은 자신이다."

벤저민 그레이엄의 이 말에는 투자 실패에 관한 모든 요인이 녹아 있다. 개
인의 편향, 자기 확신, 감정에 휘둘린 판단 착오 등 주식투자의 성패를 가르
는 모든 요인은 결국 투자를 실행하는 자신에게 있다. 모든 사람에게 일괄 적

용되고 수익률을 보장하는 절대적인 투자 원칙은 있을 수 없지만 적어도 꽤 많은 사람이 오랜 시간 시장에서 검증한 몇 가지 보편적 투자 원칙은 있다.

이를 참고해 자신의 투자 원칙에 효과적으로 적용해보자.

1. '고위험 고수익'에 내포된 위험과 보상 체계를 정확히 이해하고 수익실현과 손절매 기준을 세운다. (언제 팔지 모르겠다는 사람들은 자신이 애초에 왜 샀는지도 잘 모르는 경우가 많다!)
2. 투자 기간이 길수록 자산 수익률 리스크는 낮아진다.
3. 정액분할투자DCA; Dollar-Cost Averaging를 한다.
4. 포트폴리오 조정Portfolio Rebalancing으로 리스크를 낮추고 수익률을 높인다.
5. 투자 원칙을 지킨다, 반드시! (너무 뻔한 말 같은가? 아이러니하게도 투자 전문가도 지키기 힘들어한다.)

첫 번째 원칙은 가장 쉽고 단순하지만 의외로 잘못 이해하고 있는 사람이 많다. 자산의 기대수익률이 높을수록 투자 위험도는 높아진다. 문제는 이 리스크-보상 체계를 역으로 해석할 때 생긴다. 고위험자산, 변동성이 크고 리스크가 높은 주식에 투자한다고 반드시 고수익을 보장받는 것은 아니다. 고위험 투자는 높은 수익률로 이어질 수도 있고 낮은 수익률 혹은 원금 손실로 이어질 수도 있다. 그래서 고위험자산이다.

'세상에 공짜 점심은 없다'는 말을 기억하자. 만약 어느 정도 높은 리스크를 감수하고 고위험 성장주에만 집중하는 ETF나 개별 종목에 투자했다면 그 리스크에 따른 결과값을 이해하고 손실 기준점을 확립해야 한다. 단기간 큰 수익률을 안겨줄 수 있으나 급락할 경우 어느 정도까지 손실을 감당할 수 있는지 손절매 기준을 미리 계획해야 막상 그 상황에 닥쳐도 감정에 휘둘리지 않고 의연하게 대처할 수 있다.

두 번째는 장기투자 원칙이다. 투자 기간이 길수록 전체 가격 변동성이 낮아지므로 수익률 리스크 또한 낮아진다. 이는 통계학적으로 변동량Variance이 적어진다고 한다. 사견이지만 개인투자자가 가장 지키기 힘든 것이 장기 보유 원칙이 아닐까. 다른 금융 자산도 마찬가지지만 특히 주식투자는 장기 보유하며 하락세든 상승세든 관계없이 초기 투자 전략, 투자 판단을 고수하는 것만으로도 리스크를 상당 수준 제거할 수 있다. 이것이야말로 개인투자자가 기관을 따라잡는 혹은 이기는 방법이다. 개인이 복잡한 금융상품 활용 없이 헤지 효과를 보는 전략이기도 하다.

현실을 보자면 단기간 많이 오른 주식을 매도해 수익을 실현하거나 갑자기 하락하는 주식이 불안해서 혹은 어설프게 매도하고 싶어서 섣불리 매도하는 경우가 많다. 그런 다음 많이 올랐다고 생각한 주식이 매도 이후 꾸준히 추가 상승하거나 일정 기간 하락세이던 주식이 곧 회복해 장기적으로 고수익 종목이 되면 후회한다. 장기투자를 하겠다면서 왜 3개월째에 나타난 급락을 버티지 못하고 1년도 되지 않은 시점에 스스로 생각하기에 '오를 만큼 오른' 주식을 매도하는 걸까? 그건 펀더멘털 변화도, 개인적인 현금 필요성도 아닌 오로지 가격 변동성만 보고 감정적으로 판단한 행위의 대가다. 단기 수익에 연연한다는 것은 곧 투자 수익성이 아닌 주가 변동성에 휘둘린다는 뜻이다. 주식투자자에게 최대의 적은 감정이다. 감정에 의존한 매매 때문에 치르지 않아도 될 비용까지 지불하는 경우가 얼마나 많은가.

변동성에 대응하는 포트폴리오 원칙

세 번째는 변동성을 최소화하는 효과적인 투자 전략이다. 즉, 특정 포지션에서 한 번에 매수하지 않고 투자 사이클 내내 정기적인 금액을 매수해 평균 단가를 낮추는Cost Averaging 방법이다. 특히 이것은 변동성이 높은 시기에 기계적인 매매를 함으로써 감정적인 매매를 방지한다.

다음 그래프는 지난 10년간 S&P500 지수와 시장 변동성을 나타내는 VIX 지수를 보여준다. 두 지수 사이의 갭이 가장 큰 구간은 역대 버블 붕괴 이후 찾아온 큰 폭락장이다. 이러한 폭락장에서 시장 최저점, 바로 이전의 최고점 혹은 회복 장세 초기같

Volatility Index
VIX 지수

시카고옵션거래소(CBOE)에 상장한 S&P500 지수 옵션의 향후 30일간 변동성에 보이는 시장의 기대심리를 나타낸다. VIX 지수가 높으면 그만큼 변동성이 높을 거라고 예측하는 투자자가 많다는 뜻이므로 시장의 불안정함을 의미해 '공포지수'라고도 불린다. 시장 지수와 반대로 움직이는 특징이 있다.

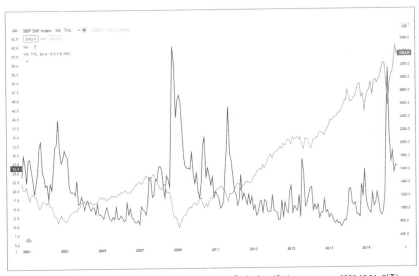

S&P500 지수(파란색 선)와 VIX 지수(빨간색 선)의 20년간 변화 추이 비교. (출처: tradingview, 2020.10.01. 기준)

은 시장 타이밍을 미리 예측할 수 있는 사람은 아무도 없다. 시장 사이클을 기반으로 하는 저점 매수, 고점 매도는 애초에 불가능하다.

그러나 분할투자 원칙을 지키면 매수 매도의 의사결정 필요성을 제거해주므로 갑자기 찾아오는 변동성과 불확실함 속에서도 포트폴리오를 키워갈 수 있다. 장기투자라는 가정하에 투자 기간 전체를 두고 봤을 때 평균 매수가격은 저가 매수가 되고, 평균 매도가는 고가 매도가 되도록 하는 것이 정액분할투자의 특장점이다.

예를 들어 A기업 주식을 전체 주식 포트폴리오의 5% 비중으로 하고 싶다면 저점이다 싶은 타이밍에 한꺼번에 물량을 전부 매수하는 것이 아니라 이번 주에 1,000달러, 다음 주에 추가로 1,000달러만큼 매수하면서 목표 비중까지 기계적으로 매수하는 식이다. 오늘 매수한 가격이 지난주에 매수한 가격보다 더 상승하면 아깝지 않느냐고? 두 달 후에 매수하는 가격이 지난주보다 30% 하락할 수도 있다. 매도 전략도 마찬가지다. 한 번에 수익을 실현하려 하지 말고 일정 기간 동안 분량을 조금씩 매도해 평균 매도가격이 특정 순간의 매도가격보다 높아질 확률을 키우는 것이다.

네 번째는 포트폴리오 조정 효과를 최대한 유리하게 이용하는 전략이다. 기관에서는 이를 리밸런싱Rebalancing이라고 하는데 가령 포트폴리오가 주식 60%, 채권 30%, 금 10%라면 분기마다 그 비율을 유지하도록 투자금을 조정한다는 뜻이다. 만약 해당 분기에 주식이 급상승해 포트폴리오의 주식 비중이 80%까지 증가했다면 원래 목표로 한 배분비율에 따라 주식 물량 20%를 청산해 채권과 금에 각각 재분배하는 식이다.

매 분기 말(3·6·9·12월 마지막 2일 또는 3일)에 시장 전체적으로 포트폴리오 리밸런싱이 이루어지면서 주가 조정이 이루어지는 경향이 있다. 주로 연기금이나 뮤추얼펀드(회사형 펀드), 보험 회사의 자산운용사 등의 패시브펀드 Passive Funds들이 리밸런싱을 한다. 이들에게는 내부적으로 자산 배분에 대한 가이드라인이 있어서 그에 맞추어 포트폴리오를 운용해야 하기 때문이다.

그에 비해 헤지펀드 같은 액티브펀드Active Funds는 특별한 제약이 없고 포트폴리오 변동에 대해서는 수시로 조정하며 자산비율이 아닌 헤지 포지션으로 방어하기 때문에 리밸런싱을 할 필요가 없다.

개인투자자 관점에서 유용한 포인트는 주기적으로 있는 리밸런싱 시점에 주로 대규모 매도세Sell-off가 있으니 (특히 해당 분기 주식시장이 많이 상승했을 때) 그러한 가격 변동성이 있을 것을 미리 감안하는 것이다. 일시적인 변동성이니 매매 필요성에 대해서 다시 한번 생각해볼 수도 있지만, 만약 더 적극적인 대응을 하고 단기적으로라도 수익을 내고 싶으면 리밸런싱 기간에 시장 ETF에 대한 풋과 콜 옵션을 적절히 활용하는 방법도 있다. 다만 리밸런싱 기간의 주가 방향이 역행하는 경우도 있으니 이런 흐름을 제대로 읽을 수 있을 때 단기매매 전략으로 이용하도록 하자.

Put/Call
풋, 콜

선물 거래에서 자산 가격의 상승에 베팅하는 콜(Call), 가격의 하락에 베팅하는 풋(Put) 옵션이 있다. 상대적으로 적은 금액(옵션비용)으로 큰 규모의 방향성 투자가 가능한 레버리지 및 헤지 기능을 가지고 있는 상품으로 리스크 관리 차원에서 쓰이는 경우가 많다.

포트폴리오 조정 원칙을 잘 적용하면 과열된 자산으로 조정장이 오기 전에 자동 수익실현이 가능하고, 서로 반대 방향으로 움직이는 다른 자산에 재분배함으로써 시장 상황이 어떻게 변해도 방어 수준의 수익률을 유지할 수 있다. 특정 자산 배분 전략과 비중을 반드시 유지하는 기관이 필수적으로 행하는 이 원칙을 개인투자자가 적용하지 않을 이유는 없다.

자산군별 조정이 아니어도 포트폴리오 조정은 가능하다. 만약 포트폴리오가 주식 100%일지라도 그 안에서 각기 다른 섹터, 가치주나 성장주 등의 구분에 따라 배분 원칙이 있으면 충분히 적용할 수 있다. 핵심은 시장흐름대로 따라가며 관망하다가 실제로 조정장이 발생했을 때 갑자기 대응하려다 더 큰 손실을 입는 사태를 방지하고 원칙적으로 움직여 리스크를 최소화하는 데 있다.

다섯 번째는 가장 중요한 '투자 원칙을 지키자'다. 앞서 말한 원칙은 예시일 뿐이다. 알고 있다시피 긴 시간 동안 시장에서 검증받은 보편적인 투자 원칙을 예시로 설명해주는 사람은 아주 많다. 그것을 소화하고 자기 것으로 만드는 것 혹은 자신의 투자 성향과 재정 상황에 맞게 변형해 자기만의 투자 원칙을 세우는 것은 각자 자유다. 다섯 가지가 아닌 열 가지, 서른 가지 투자 원칙을 만들 수도 있다.

중요한 건 자신에게 최적화한 투자 원칙을 세우고 그것을 반드시 지키는 실행력이다. 주식투자에 실패한 사람은 이러한 투자 원칙을 몰라서가 아니라 알고도 지키지 못한 경우가 태반이다. 미국 주식시장이라는 큰 바다에 뛰어들면서 이 정도 준비운동은 해야 하지 않을까 싶다.

Q **분할매수의 종류와 각각의 장단점은 무엇인가요?**

A 정액분할매수(DCA)는 주기적으로 정해진 금액을 투자하는 방법(예를 들어 한 달에 100만 원)인 만큼 주가가 떨어졌을 때는 자동으로 더 많은 수의 주식을 매수하고, 주가가 오를 때에는 덜 매수한다. 즉 매입하는 주식 수는 단가(Cost Basis)에 따라 변한다. 내가 투자하는 금액은 일정하게 고정되어 있기 때문이다.

가치분할매수(VA; Value Averaging)는 내가 목표하는 자금규모와 기간을 먼저 정한 후 역산해서 정기적으로 투자해야 하는 금액이 정해지는 방식이다. 10년 후 투자금을 10억 원으로 만드는 목표를 세웠다고 가정하자. 이를 위해 매년 1억 원씩 포트폴리오를 키우기로 결정했다면, 먼저 첫 해에 1억 원을 투자한다. 그해 증시가 좋아서 주가도 오르고 연말쯤 1억 2,000만 원이 되었다면, 다음 해에는 1억 원을 투자하는 것이 아닌, 8,000만 원만 투자하는 것이다. 반대로 마켓이 좋지 않아 첫해에 포트폴리오가 7,000만 원으로 줄었다면 이듬해 투자하는 금액은 1억 3,000만 원이 되는 식이다. VA의 원리는 주식의 평단가가 아닌, 주가가 상승세일 때는 더 적게, 주가가 하락세일 때는 더 많이 투자함으로써 내가 산정한 밸류 패스(Value Path)보다 주가나 마켓이 더 올랐을 때에는 투자규모를 축소함으로서 리스크를 줄이고 반대의 경우 투자규모를 늘리면서 수익률을 제고하는 것이다. 주가나 마켓 변동성에 따라 주기적으로 투자하는 금액이 일정할 수 없기 때문에 DCA보다 더 손이 많이 가는 전략이기도 하고 계속 변화하는 다음 주기 투자금액에 대비해서 계속 현금을 가지고 있어야 하므로 관리(Discipline) 면에서도 쉽지 않다.

DCA의 대안으로 고안된 개념이지만, 장기적으로 보았을 때 VA가 DCA보다 더 높은 수익률을 안겨준다는 실증적인 증거도 없다. 두 전략 모두 주가의 변동성에 일희일비하지 않고 기계적으로 포트폴리오를 증식한다는 면에서 역할은 같다. 어떤 방법이 더 맞는지는 자신의 투자 성향에 달렸다. 수시로 마켓이나 포트폴리오를 모니터링하고 상시적인 대응을 할 여유가 없는 개인투자자의 경우는 비교적 수동적이지만 그만큼 손이 덜 가고 원칙에서 벗어날 위험이 적은 DCA를 더 선호하는 편이다.

CHAPTER 6

미국 주식
트레이딩
전략과 기본

주가 변동에 대응하는
투자 전략의 기본
캐털리스트 트레이딩

투자에는 원칙이 필요하다

"전쟁의 승패는 싸우기 전에 판가름 난다." Every battle is won before it is fought.

《손자병법》에 나오는 유명한 말이다. 이를 트레이더에게 적용시켜 "투자를 계획하고 계획한 대로 투자하라." Plan the trade and trade the plan라는 말이 있다. 매매 원칙과 전략을 세우고 반드시 그대로 실행해나가야 한다는 의미다.

흔히 기업 공시를 읽거나 기업, 산업, 더 나아가 시장을 공부하고 이해하는 행위가 단지 펀더멘털에 기반한 가치투자, 장기투자를 위함이라고 착각하곤 한다. "그런 거 공부하느라 시간 쏟아봤자 아무 소용없어. '묻지 마' 투자가 최고야."라는 말을 주변에서 많이 들었을 것이다. 아무것도 모르고 남들 따라서 매수한 주식의 수익률이 열심히 공부하고 전략을 세워 실행한 투자보다 훨씬 높았다는 거다. 단언컨대 그저 운이 좋았을 뿐이다. 지속가능하지도 않을뿐더러 도박과 아무런 차이가 없다. 이런 유혹에 빠지지 않도록 공시를 활용해 수익을 낼 수 있는 다양한 트레이딩 전략과 매매 기법을 사례와 함께 설명한다.

개인투자자에게 가장 현실적인 투자수익은 주식을 사고파는 매매수익이 아니라 장기 보유에서 얻는 수익이라는 점을 명심하자. 주식투자는 장기전이다. 앞으로 수없이 마주할 하락장이나 변동성이 큰 시황에서 때론 방어적으로 때론 공격적으로 대응할 수 있으려면 다양한 전략을 갖춰야 한다.

주가가 갑자기 요동치는 이유

펀더멘털, 즉 기업의 중장기적 실적, 재무 상황, 지배구조, 산업의 구조적 변화, 규제 등과 무관하게 시장이 반응하는 데에는 크게 두 가지 루트가 있다. 뉴스 헤드라인만으로 긍정 또는 부정적으로 인식하여 주식을 매매하는 헤드라인 효과Headline Effects 가 있고, 투자자들이 이미 숙지하고 있는 기업 이벤트Corporate Event에 대해 호재인지 악재인지를 판단하여 주식을 매매하는 캐털리스트 트레이딩Catalysts Trading이 있다. 전자는 헤드라인에 의해, 후자는 캐털리스트에 의해 매매 방향이 결정된다는 뜻에서 각각 '트레이딩 온 헤드라인'Trading on Headlines, '트레이딩 온 캐털리스트'Trading on Catalysts'라고 표현한다.

여기서 'Catalysts'는 '촉매'라는 의미인데, 주가가 크게 상승하는 계기가 될 수 있는 기업의 특별 이벤트를 가리킨다. 캐털리스트의 종류에는 여러 가지가 있는데 중·장기 캐털리스트Long-term Catalysts와 단기 캐털리스트Short-term Catalysts, 하드 캐털리스트Hard Catalysts와 소프트 캐털리스트Soft Catalyst

종류	Hard Catalysts	Soft Catalyst
정의	주가에 직접적인 영향을 미치고, 구체적인 날짜와 재무적 영향을 미치는 실행 아이템이 있다.	주가에 영향을 미칠 수 있지만, 다른 주가 동인들과 복합적으로 작용하여 영향이 상쇄될 수도 있다. 기점이 되는 특정 날짜나 기업의 구체적인 액션이 없어 간접적인 효과를 준다.
예시	• 실적 발표(실적, 가이던스, 컨센서스 조정) • 투자자의 날, 애널리스트의 날(경영진의 전략 발표, 가이던스 업데이트 등의 내용에 따라) • 인수의향 발표(MOU) • 인수합병 발표(M&A Announcement) • 자사주 매입(Share Repurchases) • 자산 매입·매각(Asset Purchases/Sale) • 배당 뉴스(배당 축소, 배당 일시 정지, 배당금의 상향 또는 하향조정) • 경영진 또는 이사회 멤버 교체 • 행동주의(Activist) 헤지펀드 지분 업데이트	• 애널리스트의 투자 의견 변화(상향, 하향, 최초 의견 공개 등) • 관련 산업 규제(강화, 완화, 입법 추진 등의 뉴스) • 신사업 개발, 신약·신상품시장 확대 • 원자재 가격의 변동 • 기타 기업에 영향을 미치는 매크로 변수의 변화

로 구분할 수 있다.

타이밍과 관련하여 장기 캐털리스트는 인수합병, 기업분할, 흑자 전환, 신사업 개발 등 유기적 성장의 기폭제가 되어주는 기업 자체적인 주가 동인이 있다. 더 넓은 범주에서는 해당 산업의 성장, 경기 회복, 금리 등 매크로 이벤트가 될 수도 있는데 공통점은 그 단계에 가기까지 시간이 걸린다는 것이다. 몇 년이 걸릴 수도 있는 일이다.

어닝 시즌을 효율적으로 이용하는 법

단기 캐털리스트의 가장 대표적인 예는 어닝 시즌이다. 성장주일수록 특히 더 주목받고 분기 실적 발표 전후로 변동성이 크기 때문에 이를 노리고 하는 '어닝 플레이'Earnings Play라는 단기 매매 전략도 있다. 특정 기업의 실적이 컨센서스보다 높게 나올 것으로 예상할 경우 실적 발표 직전에 매수했다가 예상대로 좋은 실적이 나오고 경영진의 가이던스도 상향되어 주가가 상승하면 바로 수익을 실현하는 매매법이다.

적어도 5% 이상의 수익을 기대하고 포지션을 취하는 경우가 많다. 특히 장외 시간에 실적을 발표하는 기업의 경우 애프터마켓과 프리마켓에서 주가 변동이 크기 때문에 목표 수익률을 10% 이상까지 잡기도 한다. 이때 주의해야 할 점은 목표 수익률 이상으로 주가가 움직였을 때 반드시 수익실현을 해서 원칙을 지켜야 한다는 것이다. 1거래일 이내에 수익을 실현하려는 매도세에 의해 한 번 튀어 올랐던 주가가 제자리를 찾아가거나 첫날만큼의 상승세를 유지하지 못하는 경우가 대부분이기 때문이다. 따라서 단기 수익을 목적으로 어닝 시즌에 매매하는 개인투자자라면 수익이 나는 구간에 수익실현 Take Profit 주문을 걸어두는 것이 좋다.

물론 반대 방향으로 베팅할 수도 있다. 컨센서스나 경영진 가이던스보다 시원찮은 실적이 예상될 경우 숏 포지션을 취하고 실적 발표 당일 주가가 하락하면 커버(환매)하여 수익을 실현하는 방법이다. 대표적인 예가 테슬라 등 밸류에이션 논란이 따라다니는 성장주들인데 실적 발표를 기점으로 숏 포지션 비율Short Interest이 상승하는 것을 볼 수 있다. 특히 테슬라는 애초에 성장에 대한 기대치가 워낙 높다 보니 실적이 컨센서스를 넘어서더라도 단순히 실적이 좋았다 정도로는 주가가 오르지 않고 오히려 하락하는 경우가 많았다. 특히 테크 성장주가 종종 겪는 일이다. 향후 10년 이상의 미래 가치가 주가에 반영돼 있기 때문에 그 기대치를 넘어서는 호재가 나오지 않으면 주가가 떨어지기 마련이다.

　실적 발표일뿐만 아니라 투자자의 날이나 애널리스트의 날에도 같은 논리가 적용된다. 경영진이 어떤 새로운 가이던스나 성장 전망을 제시하느냐에 따라 호재가 될 수도 있고 악재가 될 수도 있기 때문에 단기 캐털리스트로 분류되며, 이런 이벤트를 앞두고 포지션을 취하는 트레이더가 많다. 앞서 예로 든 테슬라를 보면 2020년 하드 캐털리스트인 배터리 데이(기업의 성격상 투자자의 날과 같은 기능)에서 경영진이 발표한 향후 전략이 주가 흐름에 큰 영향을 미쳤다. 많은 주주가 이날 전후의 주가 변동을 예의 주시하고 적절히 대응했다.

　주가를 움직일 만큼 큰 기대심리가 반영된 촉매의 실현 여부가 결정되는 이벤트는 반드시 기억하고, 해당일에 근접해서 주가 흐름을 주시하는 것이 좋다. 상·하방 어느 쪽이든 변동 폭이 크고 예상과 반대 방향으로 움직일 수도 있기 때문에 목표 수익을 거두거나 손실을 방어하기 위해 익절 또는 손절 주문을 걸어두는 것이 좋다. 실제로 많은 데이트레이더가 어닝 시즌과 같은 큰 캐털리스트를 앞두고 이런 방식으로 매매한다.

　변동성도 커지는 시기인 만큼 단기 차익을 노리고 매매할 수도 있지만, 장기투자자에게는 추가 매수 또는 수익실현을 위해 일부 자금을 움직일 기회가될 수 있다. 주요 공시 날짜만이라도 캘린더에 표시해두자. 당일과 프리마켓, 애프터마켓이 주가 변동 폭이 가장 크고 단기간 매매수익 또는 손실이 극대화되는 시기이니 민첩하게 대응한다면 유의미한 수익을 거둘 수 있다. 장기투자 기조에 영향을 주지 않는 캐털리스트라면 매매를 하지 않는 것도 유효한 전략이지만, 적어도 주가가 단기적으로 왜 그렇게 크게 움직였는지는 이해할 수 있어야 포트폴리오의 리스크 관리가 가능할 것이다.

시장과 주가는
무엇에 의해 움직이는가?
매크로 트레이딩

개인투자자에게 매크로 트레이딩이란?

매크로 트레이딩은 금리, 환율, 주식 및 채권, 원자재 등 다양한 상품시장의 방향과 추세를 예측해 수익을 창출하는 헤지펀드 전략이다. 조지 소로스와 줄리언 로버트슨이 매크로 펀드로 시작해 월가의 전설이 된 대표적 인물이다. 그렇다면 개인투자자에게 매크로 투자, 매크로 트레이딩이란 어떤 의미일까? 모든 경제 지표를 확인하고 시장 변동성에 따라 잦은 매매를 해야 한다는 뜻이 절대 아니다. 적어도 시장을 움직이는 매크로 팩터들과 그것이 나의 포트폴리오에 어떤 영향을 미치는지 정도는 이해하자는 뜻이다. 투자의 8할은 대응의 영역이며 시장을 예측할 수는 없어도 시장 움직임에 대응할 수는 있다.

미국 시장의 가장 큰 동력으로 작용하는 몇 가지 매크로 이벤트를 예로 들어 경제의 흐름과 함께 개인 포트폴리오 차원에서 대응할 수 있는 전략을 알아보자. 미국 증시와 관련된 뉴스 헤드라인만 보고도 자산군별 가격의 방향성을 대략적이나마 머릿속에 그릴 수 있어야 한다. 시장을 움직이는 주요 매크로 팩터의 변화에 따라 미국 증시의 자금 흐름이 어디에서 어디로 흘러갈 것인가를 판단하는 연습을 해보자. 더 이상 미국 국채금리Treasury Yield가 상승한다고 해서 반드시 주식시장이 하락한다든지 하는 통상적인 주식-채권의 관계가 절대적으로 성립하는 시장이 아니기 때문에 '어떠한 이유로' 채권 수익률이나 기타 변수가 움직였는지가 중요하다.

채권의 경우는 특히 10년물 국채10-Year Treasury를 주시해야 한다. 그 이유는 채권 상품Fixed Income 세계의 벨웨더 역할을 하고 전반적인 경제와 금리 방향성을 제시하기 때문이다. 일반적으로 채권 수익률이 상승하는 경우Rising Bond Yield 달러는 강세를 보이는데 이는 '상대가치 트레이드'Relative Value Trade가 작용한 예시이다. 상대적으로 금리가 높은 채권에 대한 수요가 더 커지면서 세계 자본이 미국 채권으로 몰리고 달러 수요가 상대적으로 증가하면서 달러 환율이 상승하는 것이다.

인플레이션 우려가 있을 경우Inflationary Pressure에는 중앙은행이 긴축 통화정책Tight Monetary Policy을 시행하고 이로 인해 연방기금의 금리Federal Funds Rate(단기 금융시장 금리)를 올리는 식으로 대응하며 통화 공급량을 줄이고 물가상승폭을 제한한다.

또한 금리 상승기에는 기술성장주들을 대표로 하는 롱 듀레이션 주식Long Duration Stocks은 하락하고, 가치주 등 숏 듀레이션 주식Short Duration Stocks과 하이일드High Yield 주식(고배당주)이나 고수익 단기채는 상승하는 편이다. 금리가 오르고 이자율(밸류에이션에 적용되는 할인율 반영)이 오를수록 현금흐름이 더 먼 미래에 창출되는 투자 자산은 만기 시점에서의 수익률에 불리하기 때문이다.

인플레이션이 너무 가파르게 진행될 경우, 인플레이션에 대한 헤지 자산 수요가 급증하여 에너지, 금속 채굴Metals & Mining, 원자재Commodities 자산 가격이 상승할 뿐 아니라 채권에 대한 수요도 증가하여 채권 가격이 오르는 현상이 보이기도 한다. 특히 스태그플레이션이 선반영된 시장에서 자주 보이는 양상이다. 공급체인 이슈Supply Chain Issues로 인한 경제 성장률 둔화와 인플레이션이 동시에 진행되어 스태그플레이션이 일어날 경우 에너지와 원자재 가격이 상승한다. 가격 압박에 따른 EPS 기대치 하락으로 기업 실적 전망치도 하락하고, 결국 주식시장 역시 하락세를 보인다. 공급체인 이슈에는 코로나19뿐만 아니라 미국 증시에 직·간접적인 영향을 미치는 중국의 내수·공급 지표도 포함된다. 중국의 부진한 산업 생산율이나 소매 판매율 등이 글로벌 공급체인 이슈를 촉발한다.

인플레이션에서의 투자 전략

코로나19 발발 이후 미국 증시 최대의 화두인 인플레이션을 중심으로 매크로 트레이딩의 예를 들어보겠다. 미국 정부의 적극적인 재난지원자금으로 2021년 현재 미국에는 코로나 이전보다 5조 달러 이상 많은 통화량이 유통되고 있다. 인플레이션 압박이 심화되고 있기에 미 연준은 물가를 잡기 위해 자산 매입 규모 축소를 통해 유동성을 조절하는 테이퍼링Tapering 시그널을

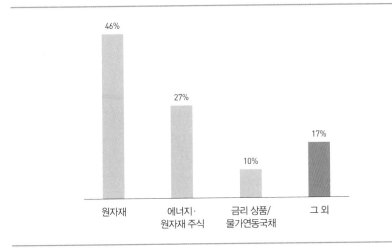

▶ 기관투자자를 대상으로 한 포트폴리오 내 인플레이션 헤지용 자산에 대한 설문 결과

(출처: JPMorgan Research)

내보내고 있다. 재닛 옐런 재무부 장관과 제롬 파월 연준 의장이 시장에 내뱉는 한마디 한마디에 증시가 출렁이는 것을 쉽게 확인할 수 있을 것이다. 이런 상황에서 가능한 인플레이션 헤지 트레이딩을 생각해볼 수 있다.

위의 표를 보면 기관투자자들은 가장 효율적인 인플레이션 방어자산으로 원자재를 꼽았다. 이는 원자재 선물 및 관련 주식에 투자함을 뜻한다. 주식 섹터 중에서는 에너지, 금속 채굴 섹터에 포함된 주식들을 가리킨다. 물가연동국채TIPS; Treasury Inflation Protected Securities 같은 확정금리 상품들은 상대적으로 방어가 덜될 뿐만 아니라 수익률 측면에서 헤지용 주식보다 열위에 있어 덜 선호한다.

구체적인 예로 알코아NYSE: AA 주식을 보자. 2020년 상반기, 코로나19로 미국 정부의 수조 달러 유동성 공급이 시작되면서 헤지펀드들 사이에서 인플레이션 헤지 트레이드로 가장 인기가 많았던 종목이다. 재밌는 건 헤지 트

증시 전체를 반영하는 S&P500 지수(파란색 선)와 알코아 주가 추이 비교. 차트에서 왼쪽 축은 S&P500 지수(SPX)를, 오른쪽 축은 알코아 주가를 나타낸다. (출처: barchart)

Key Macro Forecasts

forecasts across asset classes

	Return in % over last				Current Level	Forecasts			Unit	Up/ (downside) in %		
	12 m	3 m	1 m	YTD		3m	6m	12m		3m	6m	12m
S&P 500 ($)	31.8	1.8	-3.4	17.1	4353	4550	4700	4800	Index	4.5	8.0	10.3
10 Year Government Bond Yields												
US	-5.3	0.1	-1.8	-3.4	1.54	1.60	1.60	1.60	%	6 bps	6 bps	6 bps
Commodities												
WTI	86.3	3.2	9.5	56.1	75	87	77	77	$/bbl	15.4	2.2	2.2
Brent	85.2	5.3	8.2	51.7	79	90	80	80	$/bbl	14.3	1.6	1.6
Copper	41.5	-0.9	-1.5	19.8	9281	10500	11000	11500	$/mt	13.1	18.5	23.9
Gold	-7.1	-2.5	-3.9	-8.5	1737	2000	2000	2000	$/troy oz	15.1	15.1	15.1
FX												
EUR/USD	0.2	-2.1	-1.0	-4.6	1.17	1.20	1.23	1.25		2.8	5.4	7.1
USD/JPY	5.5	0.7	1.3	7.9	111	110	108	106		-1.3	-3.1	-4.9
GBP/USD	5.4	-2.5	-1.5	-1.0	1.35	1.41	1.46	1.49		4.2	7.9	10.1
USD/CNY	-5.3	0.0	-0.3	-1.2	6.46	6.40	6.30	6.15		-0.9	-2.5	-4.8

Source: Bloomberg, Datastream

2021년 3분기 말 기준 IB 애널리스트들의 매크로 지표 전망치 예시.

레이드였는데 주가 상승폭도 커서 수익이 크게 발생했다는 것이다.

장기투자 관점에서 알코아 같은 주식을 본다면 비즈니스 모델의 이해와 성장성, 재무 안전성에 대한 분석이 단연 수반되어야 한다. 알코아는 보크사이트를 채광해서 알루미나 혹은 알루미늄으로 제조, 판매하는 기업이다. 결국에는 알루미늄 가격이 기업 실적을 좌우한다. 그러므로 알부미늄 선물 가격을 주시해야 하고, 다른 원자재 선물가와 비교한 상대적 가치 그리고 현금흐름을 중심으로 보는 것이 맞다.

하지만 인플레이션 헤지 트레이드로서 포지션을 구축할 때는 조금 다르다. 장기적 관점에서의 인플레이션 상승률과 주식시장에 미치는 영향, 원자재(알루미늄)의 글로벌 수급 현황과 전망치 등 매크로 분석이 필요하다. 알코아는 기업 펀더멘털과 헤지 기능이 모두 긍정적으로 작용한 사례다. 기업 자체적인 영업·재무적 성과도 좋았을뿐더러 인플레이션 우려가 커지고 장기채 금리가 상승하는 국면에서 원자재 관련주로서 빛을 발했다. 그 덕에 최근 하락장에서도 주가가 크게 상승한 것이다.

연준 의장의 금리 관련 발언Fed Commentary이나 재무부 장관의 정책 방향성을 암시하는 발언Monetary Direction에 따라 시장이 반응하여 증시가 하락하는 경우는 매크로 쇼크에 의한 것이다. 이런 국면에서는 알코아와 같은 원자재 관련주, 에너지주들이 강세를 보인다.

미국 시장에서는 애널리스트들이 분기별 보고서 외에 주요 매크로 이벤트나 매크로 쇼크가 있을 때도 수시로 매크로 전망 관련 보고서를 발표하니 참고하자.

검색 키워드

Macro Forecast, Macro Outlook, Commodities Futures, US 10Yr Bond Yield Outlook

벨웨더 주식이 가리키는 시장과 섹터의 방향성

주로 경기순환주에 속하는 기업들이 벨웨더 주식 Bellwether Stock으로 분류된다. 본질적으로 경제 전반적인 상황과 해당 섹터에 대한 선행지표Leading Indicators 역할을 하기 때문이다. 벨웨더 주식이 어닝 시즌에 좋은 실적을 발표한다는 것은 경제 상황이 호전되리라는 강한 시그널이다. 미국에서는 이들 기업이 어닝 시즌 초기에 실적 발표를 하기 때문에 미국 기업 실적 발표 자체에 대한 벨웨더 주식이라고 불리기도 한다.

그렇다고 해서 모든 벨웨더 주식이 시가총액 수조 달러를 자랑하는 블루칩인 것은 아니다. 그들이 투자 적격 기업이라는 얘기도 절대 아니다. 벨웨더 주식이 시그널로 전해주는 정보와 시장 인사이트를 활용해서 코로나19 이후의 미국 증시처럼 이례적으로 빠르게 움직이는 시장 사이클에서도 포트폴리오 탄력성을 유지하고 리스크를 잘 관리하는 것이 관건이다.

이를 코로나19 이후의 증시에 적용해보면, 경제 재개Normalization, Economy Reopening 관련 뉴스 및 기대심리와 함께 다우 지수나 S&P500 지수가 상승한 것은 벨웨더 주식이 이끄는 경기순환주나 가치주 등의 주가 상승으로 인한 것이다. 한편 성장주는 상대적으로 약세를 보였다.

벨웨더 주식 중 대표적인 것으로 원자재 관련주들이 있다. 앞서 인플레이션 헤지 트레이드로 언급한 알코아 주식이 좋은 예다. 인플레이션, 미국 정부의 정책 방향성, 중앙은행의 통화정책 등 여러 가지 매크로 상황에 따라 상당히 높은 상관관계로 움직이는 주식이기 때문에 기본적인 매크로 경제를 이해하고 주가 흐름을 읽을 수만 있다면 중단기적 트레이딩 수익을 낼 수 있다. 이에 대해 구체적인 사례와 함께 트레이딩 전략을 설명하겠다.

항공 산업이나 호텔·숙박업에 해당하는 주식들은 넓은 의미에서 모두 벨웨더 주식이다. 여행 수요는 물론 비즈니스 수요를 가장 먼저 소화하는 수익모델을 갖고 있기 때문이다. 특히 호텔 산업의 주요 수익원은 개인보다는 출장이나 콘퍼런스 등 기업의 비즈니스 고객이다. 그러므로 이들 주식의 주가 추이는 전반적인 경기회복 또는 침체의 시그널을 준다. 메리어트, 힐튼, 에어비앤비 등이 대표적이다.

건설업, 특히 건설장비 업체 역시 미국뿐 아니라 글로벌 경제 흐름을 선반영하는 벨웨더 주식이 될 수 있다. 대표적으로 캐터필러NYSE: CAT를 들 수 있다. 최근에는 구글 알파벳 같은 기업도 넓은 의미에서는 테크 산업의 벨웨더 주식으로 분류되며, 아마존은 이커머스 및 리테일 섹터의 벨웨더 주식으로 분류되기도 한다.

애플 효과! 빅테크의 뉴스에 울고 웃는 주식들

상시적 변수에 대응하는 매매 전략

주가 동조화를 활용하는 매매 전략

"시장에 대한 생각이 왜 바뀌셨죠?"Why did you change your opinion on the markets?

"팩트가 달라지면 그에 따라 제 의견도 달라집니다. 당신은 그렇지 않나요?"When the

facts change, I change my opinion. What do you do, sir? (존 케인즈의 인터뷰 중)

주가는 기업 관련 뉴스 헤드라인 하나로도 크게 움직일 수 있다. 더러는 하나의 헤드라인이 해당 기업뿐 아니라 연관된 여러 기업의 주가에도 영향을 미쳐 연쇄 반응을 일으키기도 한다. 이런 주가흐름을 '주가 동조화'Sympathy Move라고 한다. 예를 들어 JP 모건과 관련해 어떤 뉴스가 나오면 비교 대상군에 속하는 다른 금융··은행주인 씨티 그룹, 웰스 파고, 뱅크 오브 아메리카,

골드만삭스 주식 역시 별다른 뉴스나 공시가 없어도 같이 반응해 움직인다.

비교 기업군으로 분류하는 직접적인 유사 기업만이 아니라 공급체인에 속하는 연관 기업 역시 마찬가지다. 2020년 하반기 '배터리 데이'에서 테슬라의 CEO 일론 머스크는 향후 전기차 배터리 비용 감축 계획과 테슬라의 자체 셀Cell 생산 가능성을 발표했다. 당일 테슬라 외에 큰 타격을 받은 것은 테슬라의 배터리 주요 공급사인 아시아 기업들의 주식이었다. 테슬라의 뉴스에 즉각 반응해 한국 LG화학이 5.5%, 중국 CATL이 4.7% 하락했고 일본 파나소닉도 4.3% 하락했다. 어떤 주식이든 사업 모델을 포함해 펀더멘털을 이해해야 해당 기업 주가뿐 아니라 여기에서 파생하는 여러 시장 변수를 이해하고 적절히 대응할 수 있다.

많이 간과하는 것 중 하나가 '이미 내 포트폴리오에 편입한 주식들을 관리하기도 바쁜데 어떻게 다른 주식들까지 모니터링하느냐'며 신경 쓰지 않아도 된다고 생각하는 것이다. 하지만 내 포트폴리오의 변동성에 가장 큰 영향을 미치는 요인 중 하나가 바로 기존 투자 종목과 높은 상관관계에 있는 다른 기업 주식들이다. 내가 투자한 종목의 유사·경쟁 기업군Comparable Companies이 어떻게 트레이딩되고 있는지 반드시 알아야 한다. 직접적으로 주가에 영향을 미치는 가장 큰 요소에 속하기 때문이다. 같은 방향으로 움직일 것인지, 반대 방향으로 움직일지 정도는 파악할 수 있어야 한다.

테크 기업의 사례를 들어보겠다. 테크 섹터는 헤드라인 및 동조화 트레이드로 움직이는 변동 폭도 훨씬 크고 그 빈도수도 높다. 가장 핫한 섹터이고 자본이 가장 집중되어 있기 때문이다. 그래서 기업 간의 역학관계가 더 복잡하긴 하지만 그만큼 시장의 비효율을 이용해 수익실현을 하기가 쉬워 트레이더에게 기회가 더 많다. 구체적인 사례로 어펌 홀딩스NASDAQ: AFRM(이후 줄여

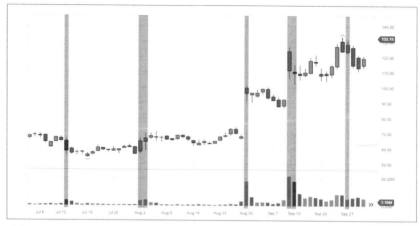

기업 자체적인 공시 및 유사·경쟁 기업군의 움직임에 따른 어펌의 주가 추이. (출처: barchart, 2021.9.30. 기준)

▶ **어펌의 주가 테이블과 주요 공시 및 이벤트(2021년 7~9월)**

매매일	종가 (달러)	주가 변동 (달러)	주가 등락률 (%)	거래량 (주)	주요 공시 및 이벤트
7.13	58.21	−6.79	−10.45%	9,661,600	애플과 골드만삭스가 어펌 홀딩스를 견제하기 위한 BNPL 서비스 출시를 발표했다. 골드만이 할부 금액에 대한 대부자가 되어 내부적으로는 이미 'Apple Pay Later'라는 서비스명으로 출시를 준비 중임을 알리는 뉴스가 나왔다.
8.2	64.71	8.39	14.90%	9,233,300	8월 1일(심지어 이날은 일요일이었다!), 스퀘어가 애프터페이 인수를 발표하고, 자사 IR 사이트와 SEC에 8−K, 보도 자료를 공시했다. 8월 2일 월요일 프리마켓부터 거래량이 급증하고 주가가 30% 가까이 급등했다.
8.3	66.67	1.96	3.03%	10,602,700	장 마감 직전 애플과 어펌 홀딩스의 BNPL 파트너십이 공시됐고, 캐나다 애플 유저를 대상으로 12~24개월 할부 서비스 출시를 알리는 뉴스가 나왔다. 공시 직후 거래량 급증과 함께 주가가 15% 이상 급등하면서 오후 3시 30분에 발러틸러리 홀트(Volatility Halt)가 발동했다.
8.30	99.59	31.69	46.67%	44,400,800	아마존 효과(Amazon Effect)!
9.9	92.06	4.52	5.16%	10,966,600	4분기 실적 발표(장 마감 이후)
9.10	123.7	31.64	34.37%	54,061,600	4분기 어닝 서프라이즈에 의한 주가 상승
9.28	114.52	−13.85	−10.79%	14,847,300	마스터카드가 새로운 무이자 할부 서비스를 출시하며 BNPL 시장 진입을 발표했다. 또한 이날은 미국 증시가 전체적으로 매우 큰 낙폭을 경험한 날이었다.

서 '어펌')를 보자.

핀테크·페이(결제) 서비스 관련 기업으로는 페이팔, 스퀘어, 애프터페이
OTCMKTS: AFTPY, 아디엔, 쇼피파이가 있다. 카드사로는 비자, 마스터카드, 캐
피털원NYSE: COF, 아메리칸 익스프레스NYSE: AXP, 디스커버 파이낸셜 서비
스NYSE: DFS 등이 있고, 더 넓은 범위에서는 애플페이, 구글페이까지 생각해
서 애플, 구글까지도 관련 주식으로 포괄할 수 있다.

참고로 직접적인 유사·경쟁 기업군은 아니지만, 어펌 매출의 3분의 1 이상
이 펠로톤에서 비롯되기 때문에 펠로톤 역시 같은 그룹으로 보는 게 맞다. 비
즈니스 모델과 사업 현황은 기본적으로 알고 있어야 하는 이유가 이 때문이
다. 애널리스트 밸류에이션 테이블에는 이런 관련 주식들이 항상 함께 보인
다. 해당 기업 하나의 밸류에이션보다 같은 유사·경쟁 기업군과 비교했을 때
의 상대적 가치를 보는 것이 훨씬 더 의미가 있기 때문이다.

어펌의 2021년 7~9월 월평균 거래량은 각각 260만 주, 320만 주,
1,600만 주 수준이었다. 약 20거래일간의 평균 거래량과 주요 이벤트 및 공
시 시점에서의 거래량을 비교해보자. 일반적인 주가 변동성이 아닌 기업에 직
접적인 영향을 미치는 사업상의 변화에 의한 주가 변화를 구분해야 하는데,
이런 점이 주가만이 아니라 평소보다 확연히 증가한 거래량에서도 나타난다.

어펌은 2021년 1월 IPO 이후 이커머스 산업의 성장, 선구매−후결제BNPL;
Buy Now Pay Later 서비스 수요 증가로 주가 역시 탄탄대로를 달리던 테크 기업
이다. 그런데 7월 13일 주가가 하루에 10% 이상 하락했다. 어펌 자체적으로
는 특별한 이벤트나 공시가 없었는데 왜 이렇게 폭락했을까? 평균 200만 주
정도의 거래량은 1,000만 주가 넘어서는 등 매도세가 상당했다. 바로 애플이
어펌을 견제하기 위해서 골드만삭스와 파트너십을 맺어 BNPL 서비스를 제공

하겠다고 발표했기 때문이다. 골드만삭스가 할부 금액에 대한 대부자가 되어 내부적으로는 이미 'Apple Pay Later'라는 서비스명으로 출시를 준비 중이라는 소식이었고, BNPL 시장에 애플이라는 대기업이 뛰어든 것은 어펌 주가에 엄청난 악재였다.

8월 2일, 어펌의 주가가 15% 가까이 뛰었다. 이 주식만 지켜본 투자자라면 프리마켓부터 치솟는 거래량과 폭등하는 주가에 어리둥절했을 것이다. 아무리 살펴봐도 어펌에서 발표한 기업 공시나 보도 자료 등은 없었기 때문이다. 해답은 스퀘어에 있었다. 주가 폭등 바로 이전 날인 8월 1일(심지어 이날은 일요일이었다!) 스퀘어가 애프터페이 인수를 발표했던 것이다. 스퀘어는 이번 인수 건에 대해서 자사 IR 사이트와 SEC에 8-K, 보도 자료를 공시했고, 다음 날 경영진이 직접 콘퍼런스 콜을 리드하며 주주에게 해당 인수 건에 대한 설명회를 진행했다. 스퀘어 공시에서는 인수 목적이 BNPL 사업 확장 및 성장이라고 구체적으로 설명되어 있다.

통상 이런 M&A 뉴스가 뜨면 주가가 뛰는 쪽은 인수 대상 기업이니 애프터페이의 주가 상승을 예상할 수 있다. 역시나 애프터페이는 70달러였던 주가가 인수 뉴스가 뜨자 96달러까지 폭등하기도 했다. 그런데 조금만 더 생각해본다면(특히 어펌 주주라면), 어펌으로서도 굉장한 호재임을 알 수 있다. 유사·경쟁 기업군 안에서, 그것도 가장 직접적으로 사업 라인이 겹치는 2개 기업이 인수합병을 했으니 말이다. 애프터페이와 마찬가지로 스퀘어나 페이팔 등 유사한 기업으로부터 BNPL 사업 확장이라는 이유로 인수 대상이 될 가능성이 시사된다. 또 굳이 인수 대상이 되지 않더라도 어펌의 주 사업 모델인 BNPL 비즈니스에 대해 시장이 관심을 갖고 있음을 확인한 만큼 어펌에 호재가 될 이유는 너무나 많다. 발 빠른 투자자들은 시장 신호에 따라 어펌 홀딩스 주식을 매수했고, 당일 장중에는 30%까지 급등했다가 상승분의 절반을 내주고 15% 상승한 채로 마감했다.

8-K와 헤드라인으로
급등·급락주를 포착하는 매매 전략

아무리 장기투자를 지향하는 가치투자자라고 해도 펀더멘털 자체가 바뀌는 변수가 생기면 단기적인 매도·매수 판단을 내려야 할 때도 있다. 이런 상황이 가장 빈번하게 일어날 때가 어닝 시즌이다. 정기적인 실적 발표일 외에 주주총회나 각종 투자자의 날, 애널리스트의 날 같은 기업의 주요 이벤트 전후로 시장에 전해지는 뉴스는 물론 산발적인 기업 관련 뉴스도 단기적인 주가 변동성을 야기하므로 주의해야 한다. 전자의 경우 정기적인 공시 날짜가 있어서 사전에 대응 방안을 모색할 수 있지만, 후자는 갑자기 뜬 뉴스 헤드라인만으로도 주가가 크게 움직인다는 점에 유의하자.

이런 현상을 '헤드라인 드리븐 마켓'Headline-driven Market 이라고 한다. 이럴 때 주가 변동 폭은 대개 장이 열리기 전인 프리마켓과 장 이후 애프터마켓에서 가장 큰데, 같은 섹터에 속하는 기업 중 해당 기업 주가에 커다란 영향을 미치는 유사·경쟁 기업군의 실적과 뉴스도 모니터링해야 한다. 비교 기업군의 주가는 어느 정도 같이 움직이기 때문이다.

이번엔 8-K 공시를 활용한 단기 수익실현 기회를 살펴보자. 전문 투자가가 아닌 이상 수많은 기업의 SEC 공시를 전부 모니터링하면서 매매할 수는 없지만, 적어도 투자한 기업에 대한 공시 알림 정도는 설정해두는 것이 좋다.

대부분 'Filings Alert Notification' 같은 기능이 있어서, 관심 기업의 새로운 공시가 떴거나 관련 뉴스 헤드라인이 뜨면 알림을 받을 수 있다.

8-K 보고서는 '예기치 않은 상황에 대해 주주에게 보고하는 내용'Report of Unscheduled Material Events or Corporate Event이다. 사전 계획에 없어서 실적 발표, 10-Q, 10-K 등과 같은 정규 공시에는 포함되지 않았으나, 그사이에 성사된 특정 이벤트가 기업에 큰 영향을 미칠 것으로 보여 공시하는 보고서다. 기업은 주가 변동에 중요한 요소가 될 수 있는 모든 사업 업데이트에 대해서 반드시 발표해야 한다는 의무를 진다. 언제 어떤 내용으로 뜰지 모르는 공시이고, SEC에 업로드됨과 동시에 보도 자료도 함께 공시되기 때문에 일반 투자자 입장에서 접근성도 좋고 소화하기 쉬운 형태로 전달되는 정보다. 이 정보를 어떻게, 얼마나 빠르게 그리고 얼마나 잘 활용하는가는 개인에게 달렸다.

앞서 꾸준히 예로 들었던 어펌의 8-K 공시를 보자. 8월 27일 오후, 아마존과의 파트너십을 체결하여 앞으로는 아마존에서 소비한 금액이 50달러 이상일 경우 어펌의 BNPL 모델에 따라 월 할부로 지불할 수 있게 되었다는 공시가 8-K 보고서를 통해 발표됐다. BNPL 서비스를 상장한 지 1년도 채 되지 않은 성장 기업 어펌이 글로벌 이커머스 시장을 점령하다시피 한 아마존 유저에게 서비스를 제공한다는 이 뉴스는 단순 호재를 넘어서 장기적인 비즈니스 모델에 대한 마일스톤급 성과다. 어펌 기업과 공시를 주시하고 있던 잠재적 투자자나 단기 수익을 노리는 데이트레이더가 이런 기회를 놓칠 리 없다.

공시 다음 거래일인 8월 30일 월요일, 프리마켓부터 평소의 20배가 넘는 거래량이 보이더니 장이 열리는 즉시 주가가 50% 이상 폭등했고, 그날 종가는 46.7% 상승한 채로 마감됐다. 장기투자자 중에서도 이날 하루 상승폭을 보고 일시적인 수익실현 기회로 인식한 사람들이 많았을 것이다.

8월 27일 금요일, 장 마감 시각에 가까워서 SEC EDGAR 시스템 및 자사 IR 사이트에 올라온 8-K 보고서. 아마존과의 BNPL 파트너십을 알리는 사업 업데이트로, 기업 입장에서는 사업 전환점이자 성장 관련 마일스톤급 뉴스이기 때문에 파트너십 체결 이후 바로 투자자에게 공시했다. (출처: 8-K, AFRM, 2021.08.30.)

섹터 전체를 위협하는 매크로 변수에 대응하는 법

두 가지 이상의 요인이 복합적으로 작용하여 주가를 크게 움직이는 경우도 있다. 9월 28일은 미국 증시가 전체적으로 매우 큰 낙폭을 기록한 날이었다. 옐런 재무부 장관이 상원 청문회에 출석해 '국가 부도 위기'를 언급하며 부채 한도Debt Ceiling를 올리지 않으면 미국이 채무불이행, 즉 국가 부도 사태에 빠질 수도 있다고 공표했기 때문이다. 미국 연방정부의 빚은 28조 4,000억 달러로 한도가 정해져 있는데, 2020년 여름에 이미 한도가 초과돼 재무부가 비상조치로 운영해온 상황이었다.

이 발언 이후 국채 금리가 상승하고 인플레이션 장기화 우려까지 겹쳐 S&P500 지수가 2% 이상 급락했다. 언뜻 보면 시장 전체가 하락한 것 같지만, 워낙 빅테크 기업 중심으로 움직이는 지수들이기에 일부 에너지 주식이나 경기 방어 섹터 주식들은 오히려 상승하기도 했다. 이런 시황은 금리에 민감한 기술 성장주들에 악재인데, 테크주 비중이 큰 나스닥 역시 크게 하락했으며 특히 높은 레버리지의 고성장주 중에는 10% 가까이 급락한 주식이 많았다. 어펌도 여기에 포함됐다.

또한 어펌 홀딩스에 악재로 작용한 동조화 움직임이 있었는데, 바로 마스터카드가 새로운 무이자 할부 서비스 'Mastercard Installments'를 출시하며 BNPL 시장에 뛰어든다는 뉴스였다. 앞서 강조했듯이 유사·경쟁 기업군 주가 추이를 같이 봐야 하는 이유다. 이런 경우는 '매크로 쇼크와 유사·경쟁 기업군 트레이드', 다시 말해 '매크로 팩터와 개별 주식 타격'이라는 두 가지 요소가 한꺼번에 작용해 주가 하락의 폭이 커질 수밖에 없다.

이처럼 매크로 변수에 의해 주가 변동성이 나타날 경우 특정 섹터 비중을 축소하거나 확대하는 방식으로 포트폴리오를 리밸런싱하는 것이 좋다. 일시적인 변동성이 아니라 앞으로 당분간 이어질 사이클이 새로 시작되는 경우일 때가 더 많기 때문이다.

주가를 움직이는
어닝 시즌의 핵심 포인트
어닝 플레이

어닝 시즌 전의 기대심리를 이용하라

어닝 시즌을 활용하여 매매하는 것을 앞서 언급했듯이 '어닝 플레이'라고 하며, '트레이딩 온 어닝'Trading on Earnings이라고도 한다.

예를 들어 이커머스 업계가 전반적으로 좋아지면 해당 섹터 내 기업들의 주가는 같이 상승한다. 또 리테일 산업이 크게 타격을 받는 시장 지표가 발표되면 다 같이 하락세를 보인다. IT 주식의 경우 섹터 밸류에이션이 전체적으로 크게 상승한 경우 대형 기술주의 주가가 집단적으로 상승하는 현상을 보인다. 이때는 실적에 따른 주가 상승이 아니라 시장이 부과하는 밸류에이션 프리미엄이 높아진 상황임을 유의해야 한다.

반대로 같은 섹터 내 특정 기업 뉴스가 나머지 경쟁 업체에 악재로 작용하는 경우도 있다. 같은 시장 내에서 한정된 시장 파이를 두고 점유율 경쟁을 하는 업종에서는 특정 기업의 매출 성장률이 눈에 띄게 높아지면 비교 기업 주가에 조정이 올 수 있다. 이럴 때 아직 실적 발표를 하지 않은 기업의 주식은 시장의 기대심리가 복합적으로 작용해 변동성이 커지는 경향이 있다.

2021년 4분기 실적 발표를 앞둔 9월 8일 어펌의 미결제 약정액을 확인해 보면, 일단 긍정적인 시그널이 더 많다는 것을 알 수 있었다. 미결제 약정액 중 콜 옵션 체결 물량이 훨씬 더 우세하면서 옵션 프리미엄 가격 또한 급격히 상승하는 추세였기 때문이다.

Open Interest
미결제 약정액

선물이나 옵션 등 파생상품 투자를 하지 않더라도 주식투자를 하면서 상식적으로 알아두어야 하는 개념들이 있는데, 그중 하나가 미결제 약정액이다. 선물이나 옵션에서 지수나 특정 주식이 오르거나 내릴 것으로 예상하는 투자자가 매수 또는 매도 포지션을 잡게 되는데, 주식과 달리 파생상품에서는 만기일 전까지 시황에 따라 상시적으로 손익이 변화하는 '오픈 상태'에 있다고 해서 오픈 인터레스트라고 말한다. 거래 주체들의 특정 시장 또는 주가 포지션 방향성에 대한 지표가 되어주기 때문에 일반 주식투자자들에게도 유용한 정보가 될 수 있다.

거래량 또한 평소의 3배 이상으로 뛰며 콜 옵션 매수 및 풋 옵션 매도 물량이 눈에 띄게 증가했다. 8일 기준 콜 옵션 약 3만 4,000건과 풋 옵션 1만 건이 거래된 것이다. 실적에 대한 긍정적인 투자자 정서가 반영된 매매 패턴이 형성되고 있었다. 실적 발표 당일까지 미결제 약정액으로는 약 16만 콜과 10만 풋 옵션이 있었고, 풋 옵션에 대한 내재변동성 Implied Volatility 이 급격히 감소하면서 풋 옵션에 대한 매도세가 꾸준히 있었다는 것을 알 수 있었다. 전반적으로 '어닝 서프라이즈'를 기대하는 시장 시그널이었다.

미결제 약정액의 움직임에서도 충분히 알 수 있듯이, 분기 실적에 대한 기대심리가 고조된 가운데 어펌 주식은 9일 하루도 유의미한 상승세(+5.16%)와 2배 이상 증가한 거래량으로 마감됐다.

실적 발표 후의 시장 대응 전략

실적 발표는 9월 9일 목요일 장 마감 이후에 이루어졌고, 오후 5시에 실적에 대한 콘퍼런스 콜이 진행됐다. 공시 전체가 아닌 헤드라인과 표지의 주요 하이라이트만 훑어보아도 스트리트 컨센서스 대비 훨씬 양호한 실적임을 알 수 있다. 경영진이 자체적으로 추정한 성장세와 실적을 훨씬 웃도는 4분기 사업 결과 및 다음 회계연도 1분기 가이던스가 제시됐다.

몇 가지 하이라이트만 살펴보자면, 어펌의 매출은 전년 대비 71% 증가한 2억 6,180만 달러를 기록했다. 이런 이익은 이커머스 비즈니스에서 가장 중요한 수익 지표인 총상품거래량GMV; Gross Merchandise Value이 106% 증가한 데 힘입은 결과다. 당기순손실, EPS −48센트는 컨센서스 −29센트에 못 미쳤으

EX-99.1 2 affirm_q421earningsrelease.htm EX-99.1

Exhibit 99.1

Affirm Reports Fourth Quarter and Fiscal Year 2021 Results

Exceeds Fourth Quarter Financial Outlook

Accelerates Q4 Gross Merchandise Volume Growth to 106% and Total Revenue Growth to 71% Year Over Year

Expands Network by Nearly Doubling Active Consumers and Growing Active Merchants by Over 400% Year Over Year

Expects Fiscal Year 2022 GMV Growth of At Least 50%, or 70% Excluding Peloton, Prior to Any Benefit from the Recently Announced Amazon Partnership

Financial Outlook

The following table summarizes Affirm's financial outlook for the first quarter and fiscal year 2022 periods.

	Fiscal Q1 2022	Fiscal Year 2022
GMV	$2.42 to $2.52 billion	$12.45 to $12.75 billion
Revenue	$240 to $250 million	$1,160 to $1,190 million
Transaction Costs	$145 to $150 million	$605 to $620 million
Revenue Less Transaction Costs	$95 to $100 million	$555 to $570 million
Adjusted Operating Loss[2]	$(68) to $(63) million	$(145) to $(135) million
Weighted Average Shares Outstanding	275 million	290 million

9월 9일 장 마감 이후 발표된 8-K에 포함된 어펌의 2021년 4분기 실적 보고서. (출처: 8-K, EX-99.1, AFRM, 2021.09.09.)

나, 이런 성장 기업에 무엇보다 중요한 매출과 성장세가 기대치를 훨씬 넘어섰다는 사실(실제 2억 6,180만 달러 vs. 추정 2억 2,639만 달러)에 주목하자. GMV의 성장 덕분에 또 한 가지 중요한 성장 지표인 활성 판매자Active Merchants 수가 5배 이상(412%) 급증했고, 활성 소비자Active Consumers 수도 97% 이상 증가했다고 발표했다.

'재무·사업 전망'Financial Outlook 섹션에서는 경영진이 올해 실적 가이던스를 상향조정하며 성장 전망에 대해서 시장에 긍정적인 시그널을 보내고 있다. 이번 회계연도에는 총매출이 약 12억 달러, GMV 또한 52% 증가한 126억 달러에 이를 것으로 내다봤다. 공시 하이라이트 부분에 강조되어 있듯이, 이 수치는 최근 발표된 아마존과의 BNPL 파트너십으로 예상되는 시너지 효과는 반영하지 않은 수치다. '아마존 효과'까지 반영한다면 향후 실적 가이던스는 추가로 상향조정될 가능성이 있다는 점을 내포하고 있다.

전체적으로 여러 가지 면에서 '대박' 수준의 실적 발표 결과였고, 주가는 그날 하루 34.37% 상승한 선에서 마감됐다. 다만 이때 주가가 장중에 꾸준히 상승한 게 아니라 프리마켓부터 형성된 매수세에 의해 장이 열리자마자 30% 이상 폭등한 가격에 거래되기 시작했다. 이때 매수를 하면 이미 모든 뉴스가 선반영된 가격에 매매하게 되어 추가 수익은커녕 손실을 입을 확률이 높다. 수익실현을 하는 단기 트레이더의 매도세에 의해 발표 익일 주가에 조정이 오기도 한다.

이런 시간 지연에 의한 손실을 최대한 줄이려면 지정가 주문Limit Order을 걸어두어 지정가 외에는 매매를 하지 않는 방법이 좋다. 반대로 주가가 이미 충분히 상승한 만큼 차익실현 세력이 나올 것으로 예상하고 숏 포지션을 취하는 방법이 있다. 데이트레이더들이 자주 쓰는 방법이다.

주가를 움직이는 실적 발표의 주요 포인트

- 당기 실적이 애널리스트 컨센서스를 넘어섰는가, 아니면 못 미치는가?

- 당기 실적이 경영진이 예상한 목표치, 가이던스를 달성했는가?

- 실적 수치들에 반영 또는 미반영된 요소는 무엇이며, 그 이유는 무엇인가?

- 경영진의 실적 가이던스에 어떤 변화가 있었는가?(다음 분기, 해당 회계연도 말)

- 실적 외 사업에 영향을 미치는 새로운 뉴스가 있는가?(자산 매입 또는 매각, 파트너

  십, 경영진 변경, 규제, 소송 등)

검색 키워드

Beat Estimate, Financial Outlook, Guidance, Revised Up/Down, Street Estimate/Consensus, Earnings Beat, Earnings Surprise, Fall Short of Expectations

매매를 할 수 없다고?
미국의 매매정지 제도

변동성이 심한 장에서 꼭 확인해야 할 것

장중은 물론이고 장 마감 이후 애프터마켓이나 개장 이전 프리마켓에서 주가에 영향을 줄 수 있는 공시 내용이 발표되는 경우가 종종 있다. 특히 미국 시장에는 이를 반영해 장외 시간에 매매하는 트레이더들이 많기 때문에 개장 이후에는 이미 폭발적인 급등세 또는 급락세가 일어난 가격으로 거래되는 경우가 많다. 앞서 예를 든 어펌 홀딩스의 어닝 플레이도 같은 경우다. 이처럼 시장의 단기적, 장기적 변수들로 인해 변동성이 커질 경우에는 거래소나 기업 자체적으로 매매를 제한하는 행동을 취하기도 한다. 이에 대한 기본적인 내용을 알아둔다면 변동성 높은 시황을 대응하는 데 도움이 될 것이다.

먼저 변동성이 심한 (또는 심할 것으로 예상되는) 주식에 대해 미국의 각 증권거래소에서 해당 증권의 거래를 일시적으로 중단시키는 조치를 '트레이딩 홀트'Trading Halt라고 한다. 개별 종목에 한해서 취해지는 조치이기 때문에 '개별주 서킷 브레이커'Single Stock Circuit Breaker라고도 한다. 주가의 급등락을 안정시키기 위해서 또는 기타 규제상의 이유로 5분 동안 모든 매매가 정지된다. 이 시간 동안 오픈 오더Open Order는 취소되지만 옵션은 실행할 수 있다.

주가 변동성을 가져온 이유가 무엇이냐에 따라 매매정지 조치에도 여러 가지가 있다. 매매정지가 풀린 이후의 주가 변동성과 그에 대한 대응 전략이 저마다 다르기 때문에 정확하게 구분해서 인지할 필요가 있다.

이에 반해 개장 직후 매매가 되지 않고 정지된 경우를 '헬드 앳 오픈'Held at Open이라고 한다. 경영진의 스타일에 따라 다르지만 많은 기업이 실적 발표나 8-K 공시와 같이 중요한 발표를 할 경우 개장 전이나 장 마감 이후에 한다. 투자자들이 내용을 충분히 숙지하고 트레이딩 결정을 내리도록 하기 위해서다. 하지만 의도와 달리 현실적으로는 장외 시간에 공시된 뉴스의 민감도에 따라 개장 때까지 매수·매도세가 한쪽으로 크게 기울면서 주문 실행Execution Fill이 지연되는 바람에 변동성이 한층 더 증폭되기도 한다. 이 일시적인 현상을 해소하기 위해서 증권거래소 재량으로 매매정지를 하는데, 이 때문에 개장 이후에도 해당 증시는 거래되지 않고 개장이 미루어진다. 그래서 이를 '헬드 앳 오픈' 혹은 '오프닝 딜레이'Opening Delay라고 한다.

매매정지에는 크게 구속력이 있는 것Regulatory과 구속력이 없는 것Non-regulatory으로 구분할 수 있는데, 이 역시 주가 변동을 야기하는 사유에 따라 성격이 다르니 다음의 종류를 참고하기 바란다.

변동성에 의한 매매정지: Volatility Halt

특정 주식의 등락폭이 허용 가능한 거래가격 범위ATPR; Acceptable Trading Price Range를 넘어선 수준에서 15초 이상 거래가 지속될 경우 5분 동안 취해지는 매매정지 조치다. ATPR은 지난 5분 동안 거래된 주가의 평균 가격을 기준으로 산정하므로 주식마다 기준이 되는 가격이 다르다. 일반적으로 미국 동부 시간 기준 오전 9시 45분에서 오후 3시 30분 사이는 호가창Trading Window에서 ATPR을 5% 이상 벗어난 경우, 개장 후 15분과 장 마감 이전 25분까지는 ATPR 구간을 10% 이상 벗어난 경우에 이 조치가 이루어진다.

참고로 S&P500 주식의 경우 1등급Tier 1 NMS National Market Systems 주식, 러셀2000 Russell2000 주식은 주가가 3달러 이상인 주식을 대상으로 시행되는 매매정지 기준이다. 2등급Tier 2 주식은 각각 10%, 20% 이상 ATPR에서 벗어났을 때, 3달러 이하인 페니 스톡의 경우 각각 20%, 40% 이상, 1달러 이

▶ 발러틸러티 홀트(Volatility Halt)

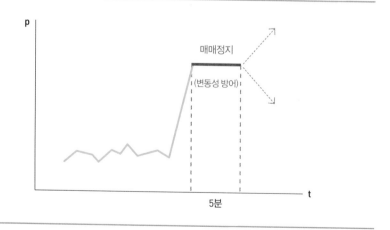

하인 페니 스톡은 50% 이상 ATPR에서 벗어나면 매매정지가 된다.

주요 공시 발표에 의한 매매정지: News Halts

캐털리스트가 예고되거나 일어났을 때 시행되는 매매정지다. 주가 등락폭이 클 것으로 예상되는 특정 캐털리스트의 발표를 앞두고 기업 측에서 해당 증권거래소에 직접 요청함으로써 이루어진다. 앞으로 공시할 내용이 주가를 크게 움직일 것으로 예상하고 경영진이 선제적으로 방어하는 것이다.

대표적인 예로는 실적 발표일에 여느 때와는 달리 가이던스를 크게 상향 또는 하향조정한다거나, 경영진 교체 또는 대규모 M&A 발표가 있을 때를 들 수 있다. 특히 제약·바이오테크 기업은 주로 신약이나 FDA 승인 발표 등의 경우가 그러하다. 공시 직후 주가가 요동치는 일을 사전에 방지하기 위해서

▶ **뉴스 홀트(News Halt)**

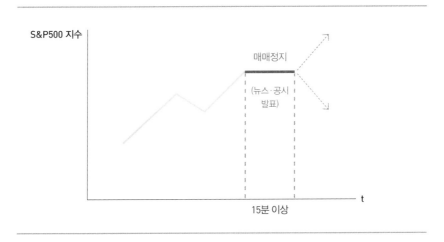

시장 참여자들이 해당 내용을 충분히 숙지할 수 있도록 또는 큰 변동성을 예상해서 트레이딩 전략을 짜고 패닉 셀 또는 패닉 바잉을 일으키지 않도록 하기 위해서다. 이런 종류의 매매정지에는 반드시 8-K 공시가 뜬다.

컴플라이언스에 의한 매매정지: Compliance Halts

컴플라이언스상의 문제 때문에 시행되는 매매정지다. SEC, FINRA 같은 규제 당국과 NYSE, NASDAQ, AMEX 등의 증권거래소 자체적으로 규제상의 이유를 들어 매매정지를 한다. 대표적인 예로는 상장폐지 발표, 비정상적인 매매(주로 내부자 트레이딩이 의심되는)에 대한 조사 착수, 의무 공시 자료 디폴트default(감사 불충분의 10-Q나 10-K 공시, 공시되었어야 할 기업 이벤트가 공시되지 않았거나 내부자의 매매 기록이 누락된 경우) 등이 있다. 당연히 이런 종류의

▶ 컴플라이언스 홀트(Compliance Halt)

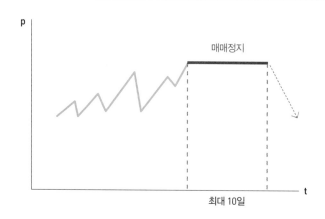

434

매매정지는 악재로 작용하고 정지가 풀린 이후 주가가 폭락한다. 'SEC 매매
정지'SEC Trading Suspension 라고도 한다.

증시를 멈추는 브레이크: Circuit Breaker

앞서 설명한 개별주 서킷 브레이커Exchange Circuit Breaker에 해당하는 트레이
딩 홀트는 상·하방 모두에 대한 변동성을 약화하기 위한 조치이지만, 증권거
래소에서 증시 전체에 대해 매매정지를 하는 서킷 브레이커는 증시 '폭락' 사
태에서 발동되는 구조다. 커브Curb 라고도 한다.

서킷 브레이커가 발동되는 기준은 증시 폭락 강도에 따라 레벨 1, 2, 3으
로 구분된다.

▶ **서킷 브레이커(Circuit Breaker)**

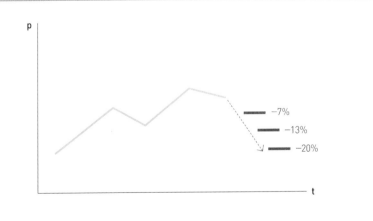

- 레벨 1: S&P500 지수 7% 이상 하락 시(전날 종가 기준)

- 레벨 2: S&P500 지수 13% 이상 하락 시

- 레벨 3: S&P500 지수 20% 이상 하락 시

미국 동부 시간으로 오후 3시 25분(장 마감 35분 이전)까지는 레벨 1, 2 서킷 브레이커 발동이 가능하고(15분간 매매정지), 그 이후로는 발동되지 않는다. 매매정지가 풀려 정상적으로 거래되는 것을 '트레이드 리줌'Trades Resume 또는 '트레이드 리점션'Trade Resumption이라고 한다.

급등주와 급락주를 노리는
리버스 트레이더와 숏 셀러

오른쪽의 이미지는 증권 매매 플랫폼에서 '증권거래소 NYSE, AMEX, ARCA, NQ.NM에 등록되어 거래되고 있는', 'ETF를 제외한', '평균 거래량이 5억 주 이상'의 '미국 주식'이라는 필터를 적용했을 때 해당 거래일, 특정 시각에서 가장 큰 가격 변동을 보인 티커들을 변동 폭 순으로 나열한 것이다. 왼쪽의 초록색 리스트는 급등률이 높은 티커들이며, 오른쪽의 빨간색 리스트는 급락률이 높은 순서로 티커들을 보여준다.

잦은 매매를 하는 데이트레이더들이 자주 모니터하는 리스트이고 자신의 매매 성향에 맞게 해당 필터를 조절해서 보이는 티커를 컨트롤할 수도 있다. 이를테면 시총 기준 얼마 이하, 혹은 페니 스톡을 결과 값에서 제외한다거나 거래량 기준을 더 상향 조정할 수도 있다. 거래량 및 주가가 급등, 급락하는

Ticker	Last	CHANGE ▼		Ticker	Last	CHANGE ▲	
OPP RT	0.0080	+0.0009	12.68% ▲	VLTA	8.37	-2.87	-25.53%
CEI	4.08	+0.66	19.30%	BBBY	16.66	-5.54	-24.95%
SPCE	26.03	+3.47	15.38%	KSS	46.50	-7.16	-13.34%
PROG	1.25	+0.17	15.74%	CCXI	17.11	-2.45	-12.53%
RIDE	8.42	+1.06	14.40%	NCNA	2.45	-0.33	-11.87%
ONE	0.4790	+0.0525	12.31%	RNW	10.62	-1.18	-10.00%
PRGO	48.50	+5.00	11.49%	KMX	132.09	-14.36	-9.81%
AMTX	18.05	+1.73	10.60%	CRVS	5.72	-0.60	-9.49%
CXDC	0.4599	+0.0324	7.58%	GTHX	13.58	-1.31	-8.80%
LIZI	3.10	+0.25	8.98%	M	22.68	-2.02	-8.18%
ZOM	0.5461	+0.0386	7.61%	ALT	11.69	-1.07	-8.39%
AVIR	35.06	+2.93	9.12%	UFAB	3.34	-0.28	-7.73%
GOTU	3.06	+0.26	9.29%	AXSM	31.75	-2.42	-7.08%
LAC	22.20	+1.69	8.24%	JWN	26.86	-2.20	-7.57%
ASXC	1.88	+0.14	8.05%	ACY	60.80	-5.14	-7.79%
APRN	6.90	+0.49	7.64%	IRNT	18.55	-1.48	-7.39%
COE	2.62	+0.17	6.71%	TCS	10.35	-0.80	-7.17%
JKS	44.91	+3.06	7.31%	MITQ	2.86	-0.21	-6.84%
MTL	4.15	+0.29	7.51%	SNMP	1.07	-0.07	-6.14%
FORG	38.91	+2.91	8.08%	HLTH	12.35	-0.79	-6.01%
SPIR	12.95	+0.82	6.76%	BIG	45.28	-3.10	-6.41%
GOGO	17.90	+1.12	6.67%	LPI	78.81	-5.69	-6.73%
PLG	1.94	+0.12	6.59%	CRCT	28.74	-1.92	-6.26%
DQ	55.79	+3.44	6.57%	TGNA	19.72	-1.29	-6.14%
NAK	0.4830	+0.0310	6.86%	FL	46.38	-3.01	-6.09%
MOHO	0.6050	+0.0300	5.22%	RGS	3.68	-0.25	-6.36%
API	29.00	+1.63	5.96%	GPS	23.20	-1.48	-6.01%
SSL	19.12	+1.05	5.81%	TYRA	16.00	-0.91	-5.38%
AXU	1.50	+0.08	5.63%	EXPR	4.82	-0.29	-5.68%
EDU	1.97	+0.12	6.49%	DBI	14.20	-0.89	-5.90%
TLGT	0.3970	+0.0210	5.59%	ENDP	3.18	-0.19	-5.64%
VCYT	47.82	+2.58	5.70%	KNBE	20.63	-1.36	-6.18%
TAL	4.67	+0.26	5.90%	EDIT	40.17	-2.33	-5.48%
DAO	11.80	+0.60	5.36%	CHS	4.68	-0.28	-5.65%
SY	4.22	+0.21	5.24%	EVK	2.83	-0.12	-4.07%
TSP	36.77	+1.76	5.03%	PRTY	7.83	-0.44	-5.32%
SID	5.39	+0.25	4.86%	WSM	181.74	-9.92	-5.18%
QFIN	20.77	+0.94	4.74%	GES	21.39	-1.16	-5.14%
PAYX	113.10	+5.25	4.87%	LILM	9.83	-0.52	-5.02%
ITP	0.3961	+0.0150	3.94%	LUMN	12.56	-0.65	-4.92%
HIMX	10.66	+0.47	4.61%	HMLP	4.99	-0.25	-4.77%
UEC	3.03	+0.14	4.84%	REE	4.67	-0.27	-5.47%
GGB	4.98	+0.22	4.62%	NERV	1.70	-0.07	-3.95%
HYZN	6.31	+0.28	4.64%	SIG	81.54	-3.86	-4.52%
NEW	0.5600	+0.0282	5.30%	SRAD	22.99	-0.79	-3.32%

주가 변동성 기준으로 급등주와 급락주 순위를 보여주는 패널로, 미국 주식 매매 플랫폼에서 흔하게 볼 수 있다. 단, 전형적인 밈 주식이나 페니 스톡이 자주 등장한다는 점을 유의하자. (출처: Interactive Brokers)

주식을 한눈에 보면서 단기 수익 기회를 포착하기 위해 참고한다.

물론 리스크가 매우 크다. 여기에서 반드시 유의해야 할 점이 있다. 바로 급등주 리스트에 가장 크게 급등한 주식을 매수하고 급락주 리스트에 있는 주식 중 보유 주식이 있다면 매도하거나 새롭게 공매도에 들어가는 행위는 위험하다는 것이다.

이런 주식들은 대부분 프리마켓부터 매수세나 매도세가 이미 형성되어 거래량이 급등한 종목들이다. 리스트에 티커가 보이는 순간 주가를 움직인 모멘텀이 이미 반영되어 있는 경우가 많다. 따라서 섣불리 블라인드 매매를 할 경우 큰 손실을 보는 건 자명하다. 과열 구간에 진입해서 어느 정도 주가 변동성이 줄어들었을 때는 이미 매수 시점보다 훨씬 더 낮은 가격에 안정화 구간을 찾고 있을 테니 말이다. 바로 이 점을 이용해 반대로 매매하는 트레이더도 있다(현재의 모멘텀을 역행한다고 해서 리버스 트레이드Reverse Trade라고 한다). 예를 들어 위의 일간 등락률Daily Movers 차트에서 가장 많이 급등한 주를 공매도하고 가장 크게 급락한 주를 매수하는 식이다. 이러한 트레이드가 빈번하게 이루어지기 때문에 이에 대한 증권법상 제재도 있다.

위 리스트의 특정 티커들 옆에 빨강색 원으로 주의Warning 심볼이 붙어 있는 것을 볼 수 있다. 증권 매매 플랫폼에 따라 심볼은 다를 수 있지만 이것이 의미하는 바는 같다. 업틱 룰Up-tick Rule이 적용되는 티커라는 의미다. 업틱 룰은 SEC가 정의하는 증권법상의 규정이기 때문에 반드시 이해해야 기본적인 트레이딩 실수를 피할 수 있다.

재밌는 건 공매도세가 예견되어 공매도 호가를 제한하는 조치인 업틱 룰이 좌측의 초록색 급상승Best Mover 티커들 옆에도 종종 보인다는 거다. 대개의 경우 이전 거래일에 주가가 많이 빠져서 업틱 룰의 효력이 발생하고 이튿날 회복을 넘어선 급등세를 보였기 때문이다. 어제까지만 해도 하락세였던 주가에 매도(혹은 공매도)를 했다면 손실을 봤을 테고 그에 역행해서 매수를 한 리버스 트레이더들에게 수익을 다 내어준 셈이 된다.

논란의 공매도에 대한 브레이크, 미국식 업틱 룰

미국 증시의 투명성과 공정성 그리고 효율적인 시장의 감시 감독을 위해 존립하는 SEC 입장에서 공매도란 참 머리 아픈 시장 기능이다. 분명 시장의 효율성 증대와 가격 버블 제거를 통한 적정 가격 형성이라는 순기능도 있지만 이를 악용하거나 불법적인 과정으로 이득을 취할 수도 있는 제도가 공매도이기 때문이다.

공매도의 기본 전제에 대해서 생각해볼 필요가 있다. 우리가 주식을 매수하는 이유는 낮은 가격에 사서 더 비싼 가격까지 상승할 것으로 기대하고 높은 가격에 팔기 위해서이다. 공매도 주체인 숏 셀러 역시 추구하는 것은 똑같다. 현재 가격이 너무 비싸니 지금 사지 않고 앞으로 더 낮은 가격에 매수할 것을 기대하고 지금의 높은 가격에 매도한다. 매수와 매도 시점이 순서만 바뀌었을 뿐 궁극적인 목표는 같다. 일반적인 매매는 낮은 가격에 사서 높은 가격에 파는 것이고Buy Low, Sell High 공매도는 높은 가격에 팔고 낮은 가격에 사려는Sell High, Buy Low 것이다.

그런데 높은 가격에 파는Sell High 시점이 특정 세력이 담합하거나 가격 발견Price Discovery의 이유를 넘어서 주가 폭락을 겨냥한 것이라면 그 자체로 주가 하락의 모멘텀이 되고, 이것은 시장 효율성을 해치는 행위라는 의견이 나오기 시작했다. 가령 어느 헤지펀드가 공매도 포지션을 잡았다는 뉴스가 뜨면 그 헤드라인 자체만으로 주주에게는 벌써 악재다. 정보상 우위에 있는 기관투자자가 공매도를 했다면 개인투자자가 모르는 악재에 대해서 알고 있기 때문이 아닐까 하는 우려에서 매도를 하기도 한다. 그렇게 해서 단기간 매도세가 형성되면 실제로 주가가 크게 하락하는 자기충족적 예언Self-fulfilling Prophecy이 실현되는 것이다. 그리고 이러한 시장심리를 이용해 의도적인 공매도 공시를 하는 숏 셀러가 있을 수 있다. 이를 위해서 만들어진 법이 바로 업틱 룰이다. 직전 가격Previous Trade Price 이하로는 공매도 호가 제출을 금지하는 SEC 증권거래법이다. 예를 들어 주가가 100달러인 주식을 공매도하기 위해서는 100달러를 초과하는 금액을 호가로 제출해야만 매도가 가능하다.

초기 업틱 룰은 현재 적용되는 업틱 룰보다 더 엄격했다. 기존의 업틱 룰은 모든 주식에 대해서 공매도 포지션에 들어갈 시 반드시 현재 주가보다 높은 가격에 공매도 가격을 지정할 수 있도록 규정했다. 게다가 이미 매수한 주체들의 매도(롱 포지션의 엑시트)가 숏 셀링보다 먼저 체결되도록 했다. 이런 식의 규제가 공매도에 의한 주가 조작을 방지하기는커녕 아무런 상관관계가 없다는 것이 자명해지자 SEC는 지난 2007년 업틱 룰을 시행 중지시켰다.

정의하기 애매하기에 항상 논란이 따르지만 어떤 이유에서든 주가 조작, 시장 조작Market Manipulation은 불법행위다. 공매도 공시를 통해 기존 주주의 패닉 셀을 유발하는 베어 레이드Bear Raid가 공매도 세력에 의한 주가 조작이라면, 같은 논리로 레딧 등의 소셜미디어에서 흔하게 이루어지는 매수세 형성 또한 주가 조작이고 규제 대상이다. 시장 가격 조작은 상·하방 모두 열려 있고 '세력'의 기준 또한 모호하다. 규제 당국은 기존의 업틱 룰보다 더 합리적이고 효과적인 규제를 만들어야 했고, 2010년 SEC가 다시 도입한 공매도 제재법이 있었으니 그게 바로 업틱 룰이다. 새롭게 다시 도입한 규정이라고 해서 '업틱 룰 대안책'Alternative Uptick Rule이라고 하고, 한층 더 복잡해지고 업그레이드된 버전으로 아직까지 시행되고 있다. 'SEC Rule 201'이라고도 부른다. 요지는 그대로다. 공매도의 남용이나 공매도 자체로 인한 하락 모멘텀을 제한하여 낙폭이 심한 변동성을 줄이고자 하는 일종의 제어장치다.

단 여러 가지 조건에 부합해야 한다. 먼저 적용 대상은 장외시장OTC을 포함한 미국의 증권거래소에 등록된 모든 주식 중 숏 셀링 서킷 브레이커가 발동한 주식에 한한다. 숏 셀링 서킷 브레이커는 해당 거래일 장중 하락폭이 전일 종가Last Closing Price 대비 10% 이상일 때 발동한다.

숏 셀링 서킷 브레이커가 발동되는 순간부터 업틱 룰은 자동 적용되고 당일 거래일과 그다음 거래일까지 종일 적용된다. 금요일 오전 9시 44분에 서킷 브레이커가 발동한 주식의 경우 다음 주 월요일 애프터마켓 종료 시간인 밤 10시까지 업틱 룰이 적용되는 식이다. 숏 셀링 서킷 브레이커는 미국의 장 개장과 마감 시간인 오전 9시 30분에서 오후 4시 사이에만 트리거되지만 업틱 룰은 프리마켓과 애프터마켓을 포함한 모든 거래 시간 동안 유효하다.

업틱 룰이 발동되는 순간부터 그다음 거래일까지 해당 주식의 공매도는 호가 이하로는 금지된다. 즉 현재 주가National Best Bid보다 높은 가격Up-tick에 호가를 제시해야만 공매도가 가능하다. 예를 들어 주가가 100달러인 주식이 장중에 10% 이상 하락해 90달러가 되었을 때 공매도 지정가를 위한 호가 제출은 90달러를 초과하는 금액이어야 한다.

업틱 룰은 숏 셀러가 아니더라도 알고 있으면 도움이 되는 트레이딩 룰이기에 소개한다. 다만 업틱 룰은 공매도 자체를 금지하는 것이 아닌 공매도 호가에 대해 제재를 가하는 룰임을 기억하자. 이미 크게 하락한 주식이기 때문에 업틱Uptick에서만 공매도 포지션을 개시할 수 있다는 것이다. 즉 업틱 룰이 적용된 종목에 공매도가 몰린다는 건 하락한 상태에서도 공매도 포지션을 잡은 트레이더가 많은 경우이므로 하락 모멘텀에 취약할 수밖에 없는 종목이라는 점을 이해할 필요가 있다.

Q&A

Q 업틱 룰이 연속으로 발동될 수 있나요?

A 업틱 룰 효력 발생에 대한 횟수 제한은 없다. SEC 증권거래법에 따르면 숏 셀링 서킷 브레이커는 연달아 여러 번 발동될 수 있고 그런 경우 해당 주식의 업틱 룰 또한 연달아 트리거되기 때문에 업틱 룰이 적용되는 기간이 더 길어진다. 예를 들어 2일 연속 전일 종가 대비 10% 이상 하락한 주식은 숏 셀링 서킷 브레이커가 연달아 발동되고, 업틱 룰도 연속으로 발동될 수 있는 것이다.

Q 전일 종가가 없으면 서킷 브레이커는 발동하지 않나요?

A 매매정지는 전일 종가에 해당하는 이전 마지막 매매 체결가(Last Sale Price)를 기준으로 적용된다. 서킷 브레이커의 발동 시점인 주가 하락 10% 이상의 기준점이 '전일 종가'인데, 전일 장중에 매매정지가 취해져서 장 마감까지 지속되었다면 종가가 없기 때문이다.

이제 막 상장된 IPO 주식이거나 스핀오프된 기업의 주식인 경우도 전일 종가가 존재하지 않으므로 거래 개시일이 2일 지난 후부터 숏 셀링 서킷 브레이커가 발동한다. 다시 말하면 IPO 당일에는 업틱 룰이 적용되지 않는다.

어닝 시즌을 보내는
어느 헤지펀드 트레이더의 하루

05:55 기상

이 시기에는 알람 소리를 들을 것도 없이 6시가 되기 전에 눈이 번쩍 뜨인다. 어젯밤 읽다가 잠든 100여 쪽이 넘는 분기 실적 자료의 여백은 이런저런 메모와 급하게 계산하느라 휘갈긴 숫자로 뒤덮여 있고 간간히 노란색 형광펜이 중요 부분을 강조하고 있다.

형광펜을 손에 쥔 채 잠이 들었는지 베개와 얼굴까지 노란 형광색이 물들어 있는 꼴이 가관이다.

06:00 블룸버그 앱, 이메일 확인

이르면 새벽 6시부터 공시를 올리는 기업들도 있다. 혹시나 해서 눈을 뜨자마자 휴대전화로 블룸버그 앱을 확인한다. 다행히 아직 올라온 공시는 없다. 곧바로 이메일을 열어보니 새벽 사이 벌써 수십 개의 이메일이 와 있다. 셀사이드 애널리스트들이 보내온 분석 내용이다. 어제 있었던 기업들의 실적 발표 분석, 예측치와의 갭 그리고 향후 조정 의견이다. 심지어 벌써 업데이트한 엑셀 모델을 완성해서 보내준 애널리스트도 있다. 이것 때문에 그 팀 전체가 밤을 샜을 게 뻔하다. 오늘 있을 실적에 관해 의견을 보고하는 이메일도 있다. 어제 시황 정리와 오늘 시황을 예고하는 시장 업데이트 이메일도 여럿 와 있다. 전부 빠르게 훑어본다.

06:10 출근 준비

샤워를 하면서 잠을 깬다. 머릿속은 내 투자 포지션과 오늘 있을 어닝 콘퍼런스의 각종 대응책으로 가득하다. 정신이 없어서 샴푸를 했는지 기억나지 않아 그냥 다시 했다. 아마 두 번 했을 것이다.

06:27 우버 출근

아마존에서 대량 구입한 캔 커피를 하나 들고 빌딩 로비로 내려가니 앱으로 부른 우버가 나를 기다리고 있다. 사무실까지 걸어서 20분 거리에 살기 때문에 평소에는 운동 삼아 걷지만 어닝 시즌 때만큼은 우버로 이동한다. 단 1분이라도 일찍 출근해야 한다. 새벽이라 맨해튼 거리도 한산한 편이다. 4분 만에 회사에 도착했다.

06:31 데스크 도착, 블룸버그 로그인

자리에 앉자마자 블룸버그에 로그인한다. 그새 공시가 뜬 기업이 수두룩하다. 내가 투자한 기업도 있고 관심 있게 모니터링하는 기업도 있다. 투자할 일은 없지만 내 포트폴리오의 종목과 같은 섹터 내에 있는 경쟁사라 팔로하는 기업도 있다.

'세상에…, 어닝 미스인 것까지는 알겠는데 무슨 일이 있었기에 60% 넘게 차이가 나는 거야?'

한 기업의 분기 매출과 EBITDA 수치가 형편없게 나왔다. EPS는 물론 모든 영업 실적 지표가 월가 예상치의 반에도 미치지 못하는 수치들이 보인다. 내가 숏 포지션(공매도)을 잡은 기업이다. 내가 만든 밸류에이션 엑셀 파일을 열어 확인해보니 내가 예상한 상승 폭Upside에 가깝다.

07:30 PM에게 상황 보고

헤드 트레이더이자 포트폴리오매니저PM가 사무실에 들어온다. 그에게 어제

Portfolio Manager
포트폴리오매니저

헤지펀드 조직에서 가장 높은 직책. 펀드를 대표하는 펀드매니저로 펀드 내 모든 투자 결정권을 컨트롤한다. PM은 투자 포지션을 최종 승인하고 애널리스트, 트레이더의 성과평가와 인사고과를 담당한다. 대개 펀드 설립부터 투자자 모집, 투자 집행, 엑시트까지 펀드의 모든 과정을 직접 담당하고 책임지는 펀드 내 최고결정권자다. PM이 누구냐에 따라 펀드의 자금 모집 성패가 갈릴 정도로 PM의 과거 운용 실적과 업계 평판은 매우 중요하다.

Pre-market/
After-market
프리마켓과 애프터마켓

프리마켓은 미국 동부 시간 기준 새벽 4시부터 정규 주식시장 개장 시간인 오전 9시 30분까지 이뤄지는 시간외거래이며, 애프터마켓은 정규장 이후 오후 4시부터 8시까지 열리는 시간외거래. 'Extended-hours Trading'(연장시간 거래)이라고도 한다.

있었던 트레이드와 내 포지션 조정 사항을 간단히 보고한다. 이런 식의 보고는 2분 이상 넘기면 성격 급한 PM이 짜증을 내는 터라 최대한 간략하게 내가 왜 특정 포지션을 취할 수밖에 없었는지 열심히 설명한다. 알았다며 고개를 끄덕이는 그를 뒤로하고 나는 재빨리 자리로 돌아와 새로운 실적 발표 결과에 맞춰 내 모델을 다시 산정해본다.

08:00 프리마켓, 실적 발표 시작

내 포트폴리오에 있는 기업들 중 오늘 예정된 실적 발표는 총 4개 기업이다. 하나는 프리마켓, 또 하나는 장중인 오전 10시 그리고 나머지 2개는 애프터마켓 시간이다. 투자 종목과 별개로 같이 모니터링해야 하는 기업은 오늘 실적 발표할 기업까지 합해 12개다. 하나도 놓치면 안 되므로 정신을 바짝 차리고 전부 모니터링해야 한다. 오전 8시, 가장 먼저 발표하는 리테일 기업의 어닝 콜에 직접 다이얼인한다. 이미 공시한 어닝 릴리즈, 인베스터 프레젠테이션은 전부 훑어본 상태다.

08:35 어닝 콜 릴레이, 포지션 조정

다행히 첫 번째 기업은 이미 공시한 내용 외에 특별한 사항이 없다. 애널리스트들도 예상치와 크게 차이가 나지 않는 실적에 별다른 질문을 하지 않고 콜이 끝났다.

곧 10시에 있을 어닝 콜이 관건이다. 새벽부터 기대치와 현저히 다른 실적(60% 이상의 어닝 미스)을 발표하는 바람에 프리마켓부터 주가가 요동치더니 벌써 5% 이상 빠져 있다. 내 입장에서는 괜찮은 상황이다. 다만 앞으로 숏 포지션을 늘려야 할지 빨리 판단을 내려야 한다.

연간 2% 매출 성장률을 예상하고 있었는데 이번 분기 매출 성장은 마이너스에다 목표로 한 EBITDA 마진율보다 200bp(2%) 이상 하회하는 영업 실적을 경영진이 뭐라고 해명할까? 앞서 발표한 공시상으로는 마케팅과 프로모션에 투자한 비용 대비 기대한 매출 증대 효과가 나지 않은 것으로 보인다. 전반적으로 이커머스E-Commerce 경쟁 업체에게 맥을 못 추고 있는 상태다. 한 차례 큰 일시 해고Layoff를 단행했지만 인건비는 아직도 높은 편이다. 디지털 채널을 키우겠다며 대규모 자본지출을 들이고 부채를 끌어들였는데 이 정도 수준의 EBITDA라면 당장 앞으로 원금과 이자 상환 능력에도 문제가 있어 보인다.

중국에 진출해 신시장을 개척하겠다는 계획은 요즘 악화한 미중 관계로 불투명해진 상태다. 아직 턴어라운드가 가능한 몇몇 변수가 남아 있긴 해도

EBITDA/Sales
EBITDA 마진율

법인세, 이자, 감가상각비 차감 전 영업이익(EBITDA)을 매출액으로 나눈 값이다. 숫자가 클수록 매출에서 차지하는 실질적인 영업이익이 크다는 의미로, 동일 섹터 내에서 수익성을 비교하는 지표로 사용하기도 한다. 섹터에 따라 평가 기준이 다르다.

Basis Point
베이시스포인트(bps)

금리나 수익률을 표시할 때 쓰는 만분율의 단위로, 1bp는 0.01%다.

이 정도면 이미 악재가 충분하다. 오늘 실적을 전부 모델에 반영해도 아직 내가 계산한 업사이드에 한참 못 미친다. 주가가 더 하락할 수 있는 폭이 20% 남아 있고 이제 시작인 듯하다. 모건스탠리 트레이더에게 전화해 추가 숏 물량을 주문한다.

10:00 어닝 콜, 실시간으로 반응하는 시장

어닝 콜을 시작하자 헤드셋에서 준비된 실적 발표 내용Prepared Comments을 읽는 낯익은 목소리가 들려온다. CFO가 이번 분기 실적과 그 배경을 설명하고 있다. 오늘따라 너무 천천히 말하는 것 같아 답답하다. 빨리 Q&A로 넘어갔으면 좋겠다. 아마 셀사이드 애널리스트들이 내가 생각하는 질문을 대신해줄 것이다. CFO의 마지막 멘트가 끝나고 오퍼레이터가 질문을 받겠다고 하자 애널리스트의 질문 공세가 이어진다.

블룸버그 터미널이 자동 타이핑해서 올리는 회의록을 하나의 스크린에 띄우고 두 번째 스크린에는 내 모델을, 세 번째 스크린에는 주가 차트와 트레이딩 화면을, 네 번째 스크린에는 트래킹하고 있는 나머지 기업의 속보가 뜨는 창을 띄운다. 어느 것 하나 덜 중요한 게 없다. 한꺼번에 소화해야 하는 정보와 분석량에 1초라도 긴장을 늦출 수가 없다.

한 시간째 이어지는 어닝 콜에서 애널리스트들의 질문 폭탄이 쏟아지는 동안 차트는 빠르게 움직인다.

"중국에 매장 개수를 확장한다는 계획은 아직 유효한 겁니까?"

"연중 리모델링한 매장들의 실적까지 연율화해도 매출이 감소하는 게 맞습니까? 연초에 제시한 재개발 자산 투자회수율로 계산하면 앞뒤가 맞지 않는데요."

주가 6.1% 하락.

"현재 부동산(상가 건물, 매장들) 소유자인 리츠와 렌트를 재협상해 비용을 절감할 필요가 있어 보입니다. EBITDAR 비율이 너무 낮은 거 아닙니까?"

"리파이하기로 한 중장기 기업 대출Term Loan은 예정대로 진행하는 겁니까? 현금흐름이 이대로라면 내년부터는 이자비용도 감당하기 힘든 상황으로 보입니다."

Re-finance(Re-Fi)
리파이낸스
대출 등의 자금조달을 재구성하는 것.

6.6% 하락.

"배당 컷이 아니라 아예 배당 중지를 해야 할 것 같은데 하지 않는 특별한 이유라도 있나요?"

8.1% 하락. 나이스!

"가이던스를 아예 주지 않는 것보다 지난 가이던스에서 현실적으로 하향 조정하는 게 나을 텐데 이번에 발표하지 않은 이유가 뭡니까?"

경영진이 진땀을 흘리며 해명하고 답변하는 동안 주가는 곤두박질쳤다. 콜을 시작하기 전에 미리 주문을 걸어둔 게 다행이다. 처음부터 숏 포지션을 크게 잡지 않은 것을 조금씩 만회하고 있었다.

11:10 어닝 콜 진행 중

콜이 끝날 기미가 보이지 않는다. 시장이 예상대로 움직이고 있으니 다른 기업들의 실적 발표나 챙겨봐야겠다. 관심 있게 지켜보던 셀타워Cell-tower 관련 기업 실적이 그럭저럭 나온 것 같다. 몇 주 전 만들어놓고 방치해둔 밸류에이션 모델을 열어봤다. 투자할 만한 기업인데 아직은 주가가 너무 비싼 것 같다. 이래서는 수익이 20%도 나오지 않는다. 매수 타이밍이 아닌가 보다.

　오전 중에 호텔 섹터의 여러 기업에서 실적 발표가 있었다. 장 마감 후 내 포트폴리오 종목과 유사한 기업들이 어떤 상황인지 읽어봐야겠다.

12:50 늦은 점심

점심을 배달 주문하려는데 모건스탠리 트레이더에게 전화가 왔다. 오전에 낸 주문을 처리했다는 보고였다. 일부 물량은 내가 원한 가격대에 처리하지 못했지만 뭐 이 정도면 양호하다.

small cap
스몰캡
스몰 캐피털(Small Capital)의 약자. 소형주를 뜻하며 미국에서는 시총 기준 3억~20억 달러의 기업을 말한다.

　내가 묻지도 않았는데 갑자기 요즘 자기가 보고 있는 스몰캡 IPO 종목이 하나 있는데 특별히 할인가에 배정해줄 수 있다며 내게 매수 의향이 있느냐고 묻는다. 어닝 시즌이라 내가 실사는커녕 처음 들어본 스몰캡 비상장기업까지 분석할 겨를은 없다. 더구나 그렇게 핫한 IPO 건이면 왜 진작 사람들이 몰리지Over-subscribed 않았겠는가. 관심도 없는 나한테까지 팔 물량은 없었을 것이 분명하다. 지금은 바쁘니 일단 보류해두라고 했다.

　그는 점심을 자기가 쏘겠다며 내 사무실로 랍스터롤 3개와 24온스(약 700밀리리터)짜리 대형 아이스커피를 배달시켜준다. 참고로 이 트레이더는 나와 거래하는 매매량만으로도 한 해 얻는 수익이 백만 달러가 넘는다. 그래서 시도 때도 없이 내게 먹을 걸 보낸다. 내가 살이 찐 건 얘 때문이 분명하다.

13:30 비교 기업의 실적이 좋지 않을 때

앞서 실적 발표를 마친 두 호텔 주식이 심상치 않다. 커다란 시장 중 하나인 샌프란시스코 호텔 시장 전체의 객실당 매출RevPAR 수치가 많이 떨어졌다. 샌프란시스코 테크 시장 수요에 기대 최근 신축 공사가 많이 들어갔는데 그에 따른 과잉 공급이 가장 큰 문제였다. 작년 동기 대비 객실 점유율이 현저하게 떨어졌다.

　장 마감 이후 실적 발표 일정이라 아직 아무런 발표도 없는 내 포트폴리오 내의 유사 기업 하나도 이 뉴스에 벌써부터 주가가 떨어지고 있다. 심지어 샌프란시스코 시장점유율이 아직 미미한 주식인데도 호텔 섹터 전체가 움직이면서 쓸데없이 영향을 받고 있다. 마음 같아서는 추가 매수를 하고 싶지만 혹시 모르는 일이니 실적 발표가 나올 때까지 기다리기로 한다. 변수는 언제나 존재하게 마련이니까.

15:45 거래량이 높은 마감장에 대응

뉴욕 증시 마감은 뉴욕 시간 기준 오후 4시다. 오후 3시 45분부터 장 마감까지 15분간은 하루 중 거래가 제일 활발한 시간대 중 하나다. 매매 물량도 많고 변동성도 굉장히 높다. 나도 이때만큼은 하던 일을 모두 멈추고 시장 모멘텀과 내 트레이드를 모니터하기 위해 차트에 집중한다. 순식간에 15분이 지나가고 오늘 장이 마감한다.

16:00 장 마감, 계속되는 실적 발표

지금부터는 애프터마켓 트레이딩 시작이라 평소에는 그 움직임까지도 계속 보겠지만 오늘은 다르다. '장 마감 이후'라고만 명시한 몇몇 기업의 실적 발표가 언제 갑자기 뜰지 모르기 때문에 거기에 집중해야 한다.

그래도 장이 끝났으니 한숨 돌리고 마시다 만 커피를 물처럼 마셔대고 있는데 블룸버그 터미널에 팝업 창이 연달아 15개가 떴다. 하필 내가 보유한 종목 2개가 동시에 실적 발표를 한다. 수없이 뜨는 공시 자료를 다운 받아 빠르게 읽는다. 계속 같은 과정의 반복이다. 어닝 릴리즈에 발표한 주요 실적 수치와 컨센서스 그리고 내가 만든 모델 수치와 비교해본다. 인베스터 프레젠테이션에서 더 자세한 영업과 전략 부문의 업데이트를 파악한다. 새로운 가이던스가 나왔는지, 변경 사항은 있는지 등을 확인하고 필요하면 모델을 업데이트한다. 곧이어 진행하는 어닝 콜을 들으며 경영진의 추가 설명과 Q&A를 듣는다.

결국 판단해야 하는 것은 이 새로운 정보의 홍수 속에 내 투자 의견과 어긋나는 게 있는지, 투자 포지션 변경이 필요한 사건이 있었는지, 새로운 실적 발표로 내 밸류에이션이 바뀌는지 등이다. 만약 내 밸류에이션이 틀렸다는 사실이 입증되면 과감하게 포지션을 뒤집는 결정도 해야 한다. 반대로 밸류에이션에는 변화가 없는데 시장이 이상할 정도로 과잉 반응했다면 그에 따라 추가 매수 혹은 추가 매도를 실행한다.

20:00 추가 공시 확인

엊그제 실적 발표한 기업들의 10-Q가 나왔다는 공시가 떴다. 10-Q는 다른 공시들에 비해 가장 늦게 나오는 편이다. 며칠 전 관심 있게 실적 발표를 지켜보던 기업 중 하나가 10-Q에만 나타나는 중요한 업데이트를 했다. 자사주 매입 물량에 관한 새로운 가이던스다.

경영진을 이해할 수 없다. 이토록 중요한 정보를 왜 수십 페이지가 넘는 10-Q 보고서의 한쪽 구석에 별것 아니라는 듯 한 줄로 간단히 공시하는 걸까? 이미 이사회 결정도 난 내용일 텐데 어닝 릴리즈 첫 페이지에 공시해야 하는 것 아닌가? 시장과 이런 식으로 소통하니 몇 년째 주가가 지지부진하지. 전략인지 실수인지 알 수가 없다. 내일 직접 전화해서 물어봐야겠다.

CFO와 콘퍼런스 콜 미팅을 잡자고 IR 팀에 곧바로 이메일을 보냈다. 어닝 시즌이라 그런지 이메일을 보낸 지 5분도 채 지나지 않아 바로 답장이 왔다. 내일 오후 2시에 콜을 하자고 한다. 오케이.

23:00 퇴근

오늘 내가 주시하고 있던 12개 기업이 발표한 공시 자료를 전부 프린트해 주석 하나하나까지 꼼꼼히 다 읽었다. 수백 쪽 분량의 내용이지만 몇 년째 이렇게 하다 보니 속독하면서 계산하는 것은 이제 일도 아니다. 중요한 건 내 밸류에이션 모델 업데이트와 그에 따른 최종 투자 판단이다.

동시에 열어둔 엑셀 파일만 수십 개라 컴퓨터가 과부하에 걸렸는지 갑자기 시스템 '다시 시작' 경고 창이 떴다. 이제 집에 갈 시간이라고 알려주는 것 같다. 내일 실적 발표 예정인 기업들의 모델 몇 개를 프린트한 것을 들고 집에 가기로 한다. 자기 전에 다시 한 번씩 점검해 봐야겠다.

24:30 취침

내일도 일찍 일어나야 하니 빨리 자야겠다. 아직 다 재검토하지 못한 자료가 몇 장 남아 있지만 도저히 더 이상 읽을 힘이 없다. 머리맡의 서류들을 밀어놓고 자기로 한다. 오늘밤은 얼굴에 형광펜 자국이 남지 않게 펜 뚜껑을 제대로 닫고 침대에서 멀찌감치 던져두었다.

미국 주식시장은 전 세계 주식시장의 50% 가까이 차지할 만큼 규모가 크다. 그만큼 큰 자본을 움직이는 기관투자자들이 많지만 2020년 초 폭락장 이후에 유입된 리테일 투자자들이 폭발적으로 늘면서 시장의 한 축을 구성하고 있다. 블룸버그에 따르면 코로나19 사태 이후 리테일 투자자는 시장 참여자의 20%를 차지한다고 밝혔다. 그리고 이들은 주식투자와 관련해 다양한 리소스들을 제공하는 사이트들을 효율적으로 사용하며 양질의 정보로 무장한 채 주식시장에 참여하고 있다.

다음은 인지도가 높고 무료 이용이 가능하며 어느 정도 퀄리티가 있어서 컨트롤할 수 있는 유용한 사이트를 정리한 자료(알파벳 순)다. 단 정보 차별화를 위해 프리미엄 멤버십(유료) 회원에게만 제공하는 부분도 있으나 굳이 유료 서비스까지 이용하지 않아도 원하는 종목과 시황 정보, 투자 아이디어를 대부분 얻을 수 있다.

▶ **SEC 기업 공시자료 열람**
BAMSEC : bamsec.com ｜ EDGAR : sec.gov

▶ **전반적인 시황, 매크로 뉴스 확인**
Bloomberg : bloomberg.com ｜ CNBC : cnbc.com
CNN business : edition.cnn.com/business ｜ Market Watch : marketwatch.com

▶ **애널리스트 투자 의견과 컨센서스 수치 확인**
Benzinga : benzinga.com ｜ Finviz : finviz.com
Google Finance : google.com/finance ｜ Investing.com : investing.com
Koyfin : koyfin.com ｜ MarketBeat : marketbeat.com/stocks
TradingView : tradingview.com ｜ Yahoo! Finance : Finance.yahoo.com

▶ **종목 스크리닝과 재무제표 정리**
Macrotrends : macrotrends.net ｜ Stockrow.com : stockrow.com

▶ **헤지펀드 및 유명 기관투자자들의 포트폴리오(일부) 확인**
Gurufocus : gurufocus.com | WhaleWisdom : Whalewisdom.com

▶ **개별 종목 분석과 투자 아이디어 제공**
Finbox : finbox.com | MarketScreener : marketscreener.com
Seeking Alpha : seekingalpha.com | The Motley Fool : fool.com
VIC : valueinvestorsclub.com

▶ **개별 종목 혹은 펀드의 기술적 분석**
Barchart : barchart.com | MorningStar : morningstar.com
StockChart : stockcharts.com | Zachs : zacks.com

▶ **ETF 관련 사이트**
ETF Database : etfdb.com | ETF Trends : etftrends.com

▶ **배당주 관련 사이트**
Dividend.com : dividend.com | Dividend Investor : dividendinvestor.com

▶ **기업 실적 발표와 캘린더 제공**
Alpha Street : news.alphastreet.com | Earnings Whisper : earningswhispers.com
Fidelity eResearch : eresearch.fidelity.com/eresearch/goto/conferenceCalls.jhtml
TipRanks : tipranks.com

▶ **IPO와 SPAC, 비장상 기업 관련 사이트**
CB Insights : cbinsights.com/research—unicorn—companies
Nasdaq IPO : nasdaq.com/market—activity/ipos
NYSE IPO : nyse.com/ipo—center/filings | SPAC Analytics : spacanalytics.com
SPAC Insider : spacinsider.com | SPAC Research : spacresearch.com

▶ **포트폴리오 시뮬레이션**
Portfolio Visualizer : portfoliovisualizer.com

▶ **매크로 경제 지표**
Fed : federalreserve.gov/releases/h15 | FRED : fred.stlouisfed.org